前浪后传 ❷

宋高宗时代的大人物

唐博 著

SPM 南方传媒 | 广东人民出版社
·广州·

图书在版编目（CIP）数据

宋高宗时代的大人物 / 唐博著. —广州：广东人民出版社，
2023.5（2023.11重印）
ISBN 978-7-218-15590-6

Ⅰ.①宋…　Ⅱ.①唐…　Ⅲ.①历史人物—生平事迹—中国—
南宋　Ⅳ.①K820.442

中国版本图书馆CIP数据核字（2021）第 262988 号

SONGGAOZONG SHIDAI DE DARENWU

宋高宗时代的大人物

唐博　著

出 版 人：肖风华

选题策划：柏　峰
责任编辑：赵　璐
责任技编：周星奎
装帧设计：书窗设计
封面绘图：李　亮
制　　图：张雪烽

出版发行：广东人民出版社
地　　址：广州市越秀区大沙头四马路10号（邮政编码：510199）
电　　话：（020）85716809（总编室）
传　　真：（020）83289585
网　　址：http://www.gdpph.com
印　　刷：恒美印务（广州）有限公司
开　　本：787mm×1092mm　1/16
印　　张：23.5　字　　数：350千
版　　次：2023年5月第1版
印　　次：2023年11月第2次印刷
定　　价：88.00元

如发现印装质量问题，影响阅读，请与出版社（020-85716849）联系调换。

人物关系图

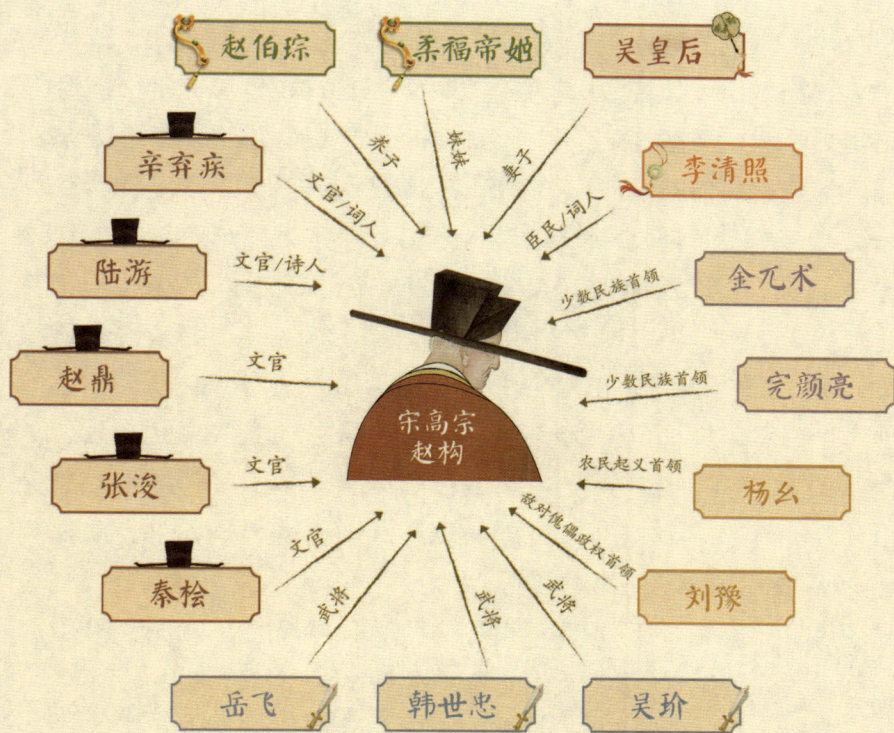

赵伯琮 ——养子→ 宋高宗赵构
柔福帝姬 ——妹妹→ 宋高宗赵构
吴皇后 ——妻子→ 宋高宗赵构
辛弃疾 ——文官/词人→ 宋高宗赵构
李清照 ——臣民/词人→ 宋高宗赵构
陆游 ——文官/诗人→ 宋高宗赵构
赵鼎 ——文官→ 宋高宗赵构
张浚 ——文官→ 宋高宗赵构
秦桧 ——文官→ 宋高宗赵构
金兀术 ——少数民族首领→ 宋高宗赵构
完颜亮 ——少数民族首领→ 宋高宗赵构
杨幺 ——农民起义首领→ 宋高宗赵构
刘豫 ——敌对傀儡政权首领→ 宋高宗赵构
岳飞 ——武将→ 宋高宗赵构
韩世忠 ——武将→ 宋高宗赵构
吴玠 ——武将→ 宋高宗赵构

宋高宗赵构：我和我的时代

我是赵构。他们管我叫"宋高宗"。

这是庙号，是死后追授的。

这是个优质的庙号。大概只有在位较久，才配称"高"。

平心而论，我当之无愧。因为我是：

——大宋最长寿的皇帝。八十一岁高龄，甚至可跻身中国皇帝前五名。

——大宋中兴的重建者。"继体守文"，保住了半壁江山。我用过两个年号：建炎和绍兴。前者意味着重建，后者意味着复兴，加起来就是我最大的功绩。

——大宋第二个太上皇。当了三十五年皇帝，倦了，传位给养子赵伯琮。他很孝顺，比亲生儿子还亲。经常向我汇报，陪我聊天，给我煎药。我就这样，退而不休，又当了二十五年幸福的太上皇。

算起来，我实际掌权了六十年，超越了爹爹赵佶（宋徽宗）和大哥赵桓（宋钦宗），更超越了仁宗皇帝。要知道，太祖、太宗、真宗皇帝在位时间加起来，也才六十二年。

宋徽宗坐像 。台北故宫博物院藏　　　　　宋钦宗坐像。台北故宫博物院藏

　　"宋高宗时代"很漫长，且名副其实。

　　算起来，我当过皇帝，做过皇子和王爷，也一度沦为人质，差点当了敌人的俘虏。见证了王朝的起死回生，经历了迁都、逃亡和兵变，主导了收军权和杀元帅的计划，忍受了丧子之痛。

　　"宋高宗时代"很丰富，且波澜壮阔。

　　算起来，我麾下有岳飞、韩世忠这样的忠臣良将，有秦桧、张浚这样的"知名"宰相，有辛弃疾、陆游这样的文学巨匠，也有李清照、柔福帝姬这样的女性角色。我还跟金兀术（完颜宗弼）、完颜亮交过手。

　　"宋高宗时代"最不缺的，就是大人物，以及他们的精彩故事。

　　而我，是他们的幕后大佬，有时候被迫充当他们的背景板，但在关键时刻，我会出来一锤定音。

一、亡国

如果没有靖康之变，我还会在康王府无忧无虑地快活。因为，在众多兄弟里我排行老九，军国大事轮不到我操心，除非哥哥们都死绝。

"死绝"，原本只是戏谑之言，却居然成了现实。

我一直觉得，宋金"海上之盟"这事，挺不靠谱的。为了收复燕云，功盖祖宗，爹爹不惜跟并不熟悉的金人联手，去进攻和好百余年的辽国。结果，不但仗没打赢，收回的地盘也打了折扣。更糟糕的是，金人看出大宋"金玉其外，败絮其中"，以为"诚可欺也"，便屡屡找碴儿，制造边衅，最后演化成一场灭国战争。

宋高宗坐像。台北故宫博物院藏

金人势如破竹，兵临开封城下。爹爹招架不住，慌忙自称太上皇，躲到南方去了，把皇位传给了大哥赵桓。然而，这不是换个皇帝就能解决的事啊。

城墙上，大臣李纲领着军民们殊死抵抗；城墙外，各路勤王大军正在集结，人数是金兵的好几倍；黄河北，没被攻陷的州城纷纷派兵袭击，金兵的后路不稳。

如果再扛几个月，没准就能把这支金兵赶跑，甚至消灭。

可是，大哥等不及了。他派人出城跟金人接触，带回了金人退兵的条件：黄金五百万两、白银五千万两充当军费，以及割让太原、中山、河间三镇。

金人为了抢钱、抢地盘，提出的条件过于夸张。以开封的积蓄，就算是把全城百姓都卖了，也凑不齐这么多钱；放弃三镇，意味着放弃黄河天险，中原不保，随时亡国。

这么苛刻的条件，大哥居然接受了，在城里搜刮钱财，并给三镇发去交割的诏书。

按照金人要求，交割完毕前，大宋派亲王和宰相去金营作抵押。

谁愿去呢？谁敢去呢？

所有的王爷都默不作声。只有我自告奋勇，带着少宰张邦昌，一道前往金营当人质。那年，我才十八岁。

深入虎穴，我故作镇静，不卑不亢。不过，对金人的凶残，我也早有耳闻，还是心虚。好在金军主将斡离不（完颜宗望）没有为难我，还算以礼相待。就这样，我在金营度过了难熬的半个月。

勤王大军里有个叫姚平仲的将领，为了抢功，夜袭金营，中了埋伏，没有成功。然而，这件事竟然意外地救了我：由于我事先不清楚、没参与，从而打消了金人的疑心，保住了性命；而金人觉得，我这个人质，分量不够，不足以保证他们的安全。为了让他们在捞够钱财后顺利撤走，必须更换更大牌的人质。

于是，我和张邦昌竟被放回来了。接替我的，是五哥肃王赵枢。一入金营，竟是永诀。他被金人裹挟着一路向北，一去不返，死在五国城①。

肃王北去，最大的受益者就是我。想一想，如果不是姚平仲劫营，入住五国城的第一个大宋亲王，必然是我。当皇帝这事，就跟我无关了。

谁也没想到，肃王成了我的替身。历史就是这样吊诡。感谢五哥。

我回到了开封，接受了英雄般的荣誉：加封太傅、静江奉宁军节度使。我很清楚，这一切都是拿首都的民脂民膏、三镇百姓的福祉，乃至勤王将士的性命换的。

钱财换不来永久的和平。

没过多久，金人又打了过来。惊惶之间，大哥再次点了我的名。于是，我又领到了出使金营议和的差事。不同的是，我刚走到磁州②，就被当地居民拦了。

---

① 五国城，今黑龙江哈尔滨依兰县。

② 磁州，今河北磁县，隶属河北邯郸，是中国磁窑文化发祥地。

一开始，我有点蒙，不知所措。后来我回过味了：倘去金营，九死一生；留在磁州，就是抗旨，论罪当死。怎么都是个死，与其窝囊地死在敌营，不如建功立业战死沙场。于是，我留下了，绕道折回相州①，还上书朝廷，说明自己不再北上纯属无奈。

就这样，金国大营少了一个亲王俘虏，大宋多了一个中兴君王。

最初聚在我麾下的，是相州知州汪伯彦、磁州知州宗泽，以及一个名叫岳飞的青年将领。他们就是我的台柱子。

不久，朝廷发来了蜡诏，标示十万火急。大哥非但没有治我的"抗旨"罪，反而给了我"河北兵马大元帅"的头衔。眼下，金兵正在围攻开封，他让我赶紧领兵进京勤王。

我顿悟：麾下的地盘、军队和文官武将，才是我的护身符。

既是护身符，就不能轻易亮出来。就这点人马，即便杀到开封，也打不过金兵；一旦拼光了，我这个"大元帅"不就成光杆司令了吗？届时，谁还会在乎我？谁还会救我？大哥还会宽恕我吗？

当然，皇命在身，必须做个姿态。于是，我开始调兵遣将了：宗泽带一队人马南下勤王，我带着主力部队在大名府绕场一周，随后向东运动，移防东平府②，避敌锋芒。反正，兜圈子干耗，观望着事态的变化。

就在这年，大哥昏招迭出，不但将李纲、种师道等忠臣良将踢出决策层，还居然听信术士郭京的建议，派几千"神兵"出城迎敌。结果，"神兵"一触即溃，金兵随即破城。

接下来，就是大规模搜刮、诱骗、抓捕。繁华的开封变成了人间炼狱。爹爹、大哥和一众兄弟姐妹，以及我的家眷，都当了金人的俘虏。在金人驱赶下，他们排成大队，一路向北。

我曾欲亲自带兵，救出父兄，却被手下人劝住。诚然，金人势大，万一解救不成，再把自己搭进去，不值当的。最终，只能眼巴巴看着他们渐行渐远，从此消息中断，生死不明。

---

① 相州，今河南安阳，位于磁州以南，岳飞的家乡汤阴即相州下辖的县。

② 东平府，治所位于今山东东平县。

撕心裂肺之余，又一个坏消息传来：当年跟我一同出使的宰相张邦昌，被金人立为皇帝，改国号为"楚"。以前的臣子摇身一变成了天子，那我该往哪儿摆呢？

因此，一提起张邦昌，我就一肚子火。

不过，据说这家伙先是自杀未遂，而后以泪洗面，不立年号，不受朝贺，不用天子礼仪，连大内宫门都贴上"臣张邦昌谨封"。耗到金人前脚撤走，他后脚就宣布退位，把流落民间的孟太后（宋哲宗的废后）抬出来，尊为元祐太后，垂帘听政，还派人给我送来了传国玉玺。显然，他所做的一切，是在千方百计地巴结我、讨好我，给他自己铺后路。

眼下，亲兄弟里只有我不是俘虏。延续大宋国祚，我无疑最有资格。如今，玉玺在手，百官劝进，我还等什么？还有必要谦让吗？

一场亡国惨剧，却意外成全了我的皇帝梦。这是天意，还是讽刺？

二、重建

靖康二年（1127）四月，金兵走了，张邦昌打开城门，迎接我派出的将士进驻开封。劫后余生的百姓，从惊惶和混乱中逐渐平静下来。不过，庙堂之上的官员们还是心慌。

城破之际，他们没有自杀殉国，没有保家卫国。他们只做两件事：不停地搜刮民间金银和美女，一股脑地献给金人；向金人立的伪皇帝张邦昌跪呼万岁。如今，金人走了，张邦昌退位，他们又说当初的屈膝投降，只是为了保一城生灵。按照儒家标准，他们的表现是窝囊的。按照大宋的律法，他们都应该被治罪。

所有人都怕被清算，其实也包括我自己。大哥封我为河北兵马大元帅，令我率军勤王，我虽招兵买马，但总躲着金兵，既没营救父兄，也没救助首都。

因此，我不是英雄，大家也不是豪杰，所有人都是一丘之貉。既如此，我还何必追究官员们的罪责呢？至于城破亡国的责任，那就甩给蔡京、童贯等人吧。谁让这些奸臣误国呢？

我赦免了开封，却不想返回开封。

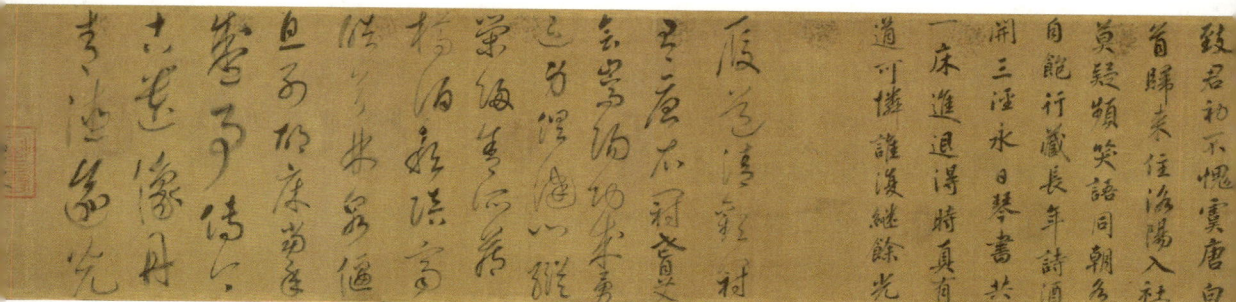

赵构在《会昌九老图卷》后的题跋。该楷草二体书法作品，笔法严谨，收放自如，显示了深厚的书法功力。故宫博物院藏

因为，那里依旧是抗金前线，不安全；而且，我不信任那里的人。

我去了南京应天府①。这里是陪都，离开封不远，有水路和陆路直通江南，比开封更便捷，也更安全。

汴河之上，不少开封的官员成群结队坐船东下，赶去应天府接驾。几乎所有人都认为，我是众望所归的。不过，还有个障碍实在绕不开：爹爹、大哥都健在，我当皇帝，得他俩同意，否则名不正言不顺。然而，他俩都被抓走了，音讯全无，这可怎么办呢？

就在我犯愁的时候，一个叫曹勋的人出现了。他是爹爹的近臣，从"北狩"队伍里脱逃，带来了爹爹写在御衣衣领里的字条，上面有熟悉的瘦金体字。这字，假不了。

曹勋还说，母后把我的名字贴在象棋的"将"上，投入棋盘，而这枚"将"恰好落在棋盘的主位上。这是怎样的寓意，谁都能看懂。

不管曹勋的话是真的，还是编的，他帮我搬开了先前的心理包袱。最起码，爹爹和娘娘都是认可我当皇帝的。

靖康二年（1127）五月初一，登基大典在应天府举行。虽然陈设简陋，但程序完备。我先是登上中兴受命坛，向北远眺，大哭一场，纪念注定回不来的爹爹和大哥，而后来到府衙，登上皇位，接受百官朝贺，改年号建炎，正式延续大宋国祚。

———————

① 南京应天府，今河南商丘。

孟太后随即撤帘归政，使我一开始就能在名义上号令天下。

上台伊始，我就宣布大赦天下。张邦昌等官员都免于处罚，只有蔡京、童贯等奸臣的子孙没有赦免。此外，还有更大的事在等我决断，那就是新政权的都城摆在哪里。

我的麾下，派系错综复杂。有宗泽、李纲为代表的主战派，有黄潜善、汪伯彦为代表的主和派，有康王旧臣，也有开封官员。

掺和着用人，是我选任高级干部的一贯原则。大家叽叽喳喳，各有主张，造成"且要异论相搅，即各不敢为非"的效果。这是我从老祖宗宋真宗那里学来的驭人术。这能让我以超然的姿态做出调和、取舍，防止权臣独大、权力滥用。

不过，它也有副作用：党争的风气，新政权全盘接了。随之而来的闹腾，我不得不接受。

金人蹂躏了两年，但大宋江山还算基本完整，开封、洛阳、大名①、应天，四个都城都在宋军手里。只是丢了太原、大名一线以北。黄河以北还有好多地盘在我掌控下。因此，开封虽无险可守，但也并非孤悬敌前。

宗泽主张，还都开封，统筹北方抗金；李纲主张，迁都陕西，利用秦岭天险跟金人抗衡；也有人主张定都应天，这里既是我登基的地方，交通便利，又在地理上属于北方，同样可以指挥抗金。综合起来，这些人的主张就六个字：不要离开北方。他们相信，只要在北方，收复失地就有希望。

主和派的官员们主张南迁。有的主张迁都建康②，有的主张迁都荆州③。这么做，意味着放弃北方，退守南方。不过，这比留在北方更安全。毕竟，大宋已经折了两个皇帝，不能让我重蹈覆辙。

在应天，太学生陈东和布衣士子欧阳澈先后上书，一个要求我罢免黄潜善、汪伯彦，重新起用李纲，方能收复失地，一个指责我沉湎女色，不务正业。陈东更批评我不该称帝，说日后我大哥归来，不知何以自处。

---

① 大名府，即北宋的陪都北京，人口曾达百万，治所位于今河北邯郸大名县。

② 建康（府），治所位于今江苏南京。

③ 荆州（府），治所位于今湖北荆州。

两个读书人，对我的人事权和私生活横加干涉，甚至质疑我当皇帝的合法性，打的全是痛处，让我颜面扫地、怒不可遏。于是，我一声令下，他俩人头落地。

做出这个决定，我是冒天下之大不韪的。因为，祖宗之法有"不杀士大夫与上书言事人"。我算是破规矩了。从此，在我的心目中，应天不再是个福地，我不喜欢这里。

国家刚遭劫难，军队散乱、财政困难，北伐金国只怕有心无力。我没什么雄才大略，只求稳住东南半壁，保住皇位和性命。不管主战、主和两派怎么吵，我直接拍板：在扬州建行在所，作为临时首都。

扬州这个地方，虽属南方，但又在江北，远离抗金前线，相对安全。更重要的是，我实在不想听李纲、宗泽这些人的慷慨陈词，只想过几天太平日子。

靖康之变，毁我全家。重新组建家庭，多娶几个嫔妃，多生几个儿子，对我很重要。

于是，我传旨"巡幸淮甸"，在这个烟花繁华的城市安了家，委政于黄潜善、汪伯彦，自己躲到行宫里寻欢作乐，好不快活。

至于偌大的北方，既然宗泽主战，就让他当开封留守，替我挡住金兵。不过，我不打算给他太多兵权，更不批准他渡河北伐的计划。为了取悦金人，证明自己只是"决幸东南，无复经理中原之意"，为了提防军人坐大、兵权旁落，我甚至传旨解散"八字军"等北方义军。

宗泽扛了一年，让金人寸步难行，随后含恨去世。紧接着，北方义军被金人各个击破。令我没想到的是，金人并没有止步，而是再度南下，攻陷开封，兵锋直指扬州。这个时候，我该怎么办？

三、南渡

建炎三年（1129）二月初三，是我永生难忘的日子。

因为，从这天起，我失去了生育能力。

对于一个不到二十三岁的小伙子来说，这种事无异于晴天霹雳。

当时正在扬州行宫"快活"的我，忽闻战报：金人打过来了。吓得我一激灵，提起裤子就跑，慌忙带着几个随从逃离扬州，从瓜洲渡江。一路之上，非常狼狈。至于扬州的防务，老百姓的生死，我就顾不得了。

由于事出突然，惊吓过度，我阳痿了。不但满朝皆知，颜面丢尽，而且没法生娃了。以后谁跟我提生儿子的事，我就记恨谁。

听说，接下来就是惨烈的扬州大溃退。次日，金兵打进扬州，追到长江北岸的瓜洲。军民争相出逃，死伤枕藉，未来得及撤走的十几万军民惨遭屠戮，壮美的扬州城被洗劫一空，沦为瓦砾堆。

我在扬州驻跸十五个月，除了纵情声色，没干几件正事。扬州大溃退，我可以认错，不能认罚，必须找替罪羊。身为宰相的黄潜善、汪伯彦主张南迁，连起码的防务都不布置，害得我如此狼狈。这两人必须下课。

最糟糕的还是脸面问题。连身边的禁军士兵都出言不逊，抱怨我昏聩无能，是导致扬州大溃退的祸首。我又气又怕，斩了一名吐槽最狠的士兵，但"防民之口，甚于防川"，总要想法粉饰我的"南逃"。于是，"泥马渡康王"的传说出炉了，很快传遍大江南北。

故事有两个版本。

一说，时任康王的我，奉旨前往金营当人质。在押解北上的途中，我侥幸脱逃，来到磁州，夜宿崔府君庙。睡梦中，恍惚间，有神人告知，金兵将至。我一激灵，不敢再睡了。见庙外院子里有马匹，骑上就走。这匹马竟然驮着我一路渡过黄河，而后化为一尊泥塑之马。很神奇吧。

另一说，我称帝后，一路南撤，到了扬州。没想到，金兵紧随而来。我毫无防范，连夜出逃，躲在江边一座神祠里。月光之下，忽然发现祠中泥塑的马匹变成了活的。于是，我骑上了这匹马，渡过了长江。

为了"造神"，我保持缄默。因为，我和我的小朝廷一样，风雨飘摇，朝不保夕，要想"把根留住"，必须把神话编下去。

故事编得再神，也挡不住真刀真枪的女真骑兵。几个月后，金人发起了新一轮奔袭。金兀术兵分四路，汹汹而来。他亲率主力，直指临安府。①

———————————

① 临安府，今浙江杭州。

这是我的新行在，四明山、西子湖，景色旖旎，未来将成为新首都。不过，眼下这里也不安全。金人叫嚣"搜山检海"抓捕我。他们一路追，我就一路逃。越州、明州、定海、昌国①、台州、温州，都留下了我逃跑的足迹。

最苦的时候，我一度把小朝廷装进几艘船里，在海上漂了好些天。金兀术穷追不舍，下海追了三百多里，直至遭遇风暴，才算作罢。

金人焚掠了明州、临安、平江②等地，随后扬长而去。这些地方的老百姓以血肉之躯，替我挡了刀枪。这支金军，在黄天荡③被韩世忠包围了四十八天，在建康被岳飞击败。这两份捷报，让我在晦暗的空气里，总算闻到了些许香甜。

四个月的海上流亡，让我的"南渡"升级成2.0版。直至金人北撤，我才敢离开舟楫，返回陆地。为了找面子，我让大臣们给这件发生于建炎三年（1129）岁末的糗事，起了个文雅的名字，叫"己酉航海"。

文雅的名字并没有保住面子。就在"己酉航海"前，大内保镖苗傅、刘正彦竟然发动兵变，绑架了我。

四、兵变

御营司这个地方，是专为我组建的"保镖天团"，最高长官是都统制王渊。在这里做官，首先要"根正苗红"，足够忠诚、足够放心。

苗傅是"军三代"，祖上做过殿前都指挥使。他在御营司担任统制官，鞍前马后护卫我。同为统制官的，还有韩世忠、张俊，知名度更高。

刘正彦是"军二代"，父亲做过熙河路经略使，跟王渊很熟。于是，刘正彦就被推荐到御营司，担任御营右军副都统制，直接指挥三千精兵。

论出身，苗傅、刘正彦够资格、没毛病。

扬州大溃退后，我一路逃到杭州。韩世忠、张俊、刘光世、杨沂中等

---

① 越州，今浙江绍兴。明州，今浙江宁波。定海，今浙江宁波镇海区。昌国，今浙江舟山。

② 平江，今江苏苏州。

③ 黄天荡，位于南京市栖霞区栖霞山和龙潭之间的冲积平原。

将领分驻江南江北各要塞，在我身边护驾的，只有苗傅、刘正彦，俨然真正的"皇帝身边人"。

后来我才懂得："皇帝身边人"并不等于"皇帝贴心人"。他俩都是北方人，故土沦陷，身为军人，愧对家乡父老，跟着我南逃，他俩既郁闷又抵触。然而，本着"反贪官不反皇帝"的文化传统，他俩不能反对我，就把故土沦陷归咎主张南逃的大官，比如宰相黄潜善、汪伯彦。迫于舆论压力，我罢免了黄、汪二相。

相比于黄、汪二相，王渊的影响似乎更坏。

我南逃的时候，指派他负责断后。结果，他擅自征用运兵船运送金银财宝，导致上万士兵无船可坐，被追上来的金兵砍得稀巴烂。

内侍省押班康履，是宫里的宦官头子，也是我最信任的内臣。有他穿针引线，频繁美言，我也觉得"一切责任都在金人"。于是，我没有处分王渊，而是将他升任同签书枢密院事。

军事问题我不专业，扬州的溃退让我难堪。于是，我索性授权王渊"免进呈书押本院公事"，把枢密院的公事全部委托给他，自己乐得消停。

我没有意识到，王渊的逆天改命，御营将士们看不惯，"恨"在心里。这种"恨"，既有对连续南逃和祸害百姓的"愤恨"，更有对王渊升官的"羡慕嫉妒恨"。

站在将士们的角度，这个逻辑似乎也没错：王渊早已不是那个领着弟兄们出生入死的"带头大哥"了，为了奔前程，他可以连脸都不要，连弟兄们的死活都不管。

苗傅曾愤愤地说："汝辈使天下颠沛至此，犹敢尔耶？"意思是说，皇上颠沛流离至此，你等居然还敢如此放肆！许多士兵甚至觉得，只要干掉王渊和那群宦官，大家就会过上好日子。于是，苗傅、刘正彦心生杀机，打算用"军人的方式"改变现状。

三月初五，是神宗皇帝的忌日。大臣们先是履行礼仪，焚香祭祀，而后入朝听宣。

待到退朝，殿外伏兵四起，把王渊从马上拽下来，扣上"结交宦官谋反"的罪名，摁倒斩首。另一路禁军包围康履的宅院，只要是没胡须的男人，无论是不是宦官，一律处死。

这两支部队，都是苗傅、刘正彦预先安排的。一切剧情，都在按照预设的剧本推进。

这天，康履刚好不在家，在行宫里。苗、刘二将带兵云集行宫北门，用竹竿挑着王渊的脑袋，要求进宫。

获悉宫外变乱，我吓得面如死灰。良久，我心绪稍安，走出内殿，凭栏遥问："两位爱卿，究竟发生了什么？"

苗傅的回答，令我哑口无言。他说："陛下信任中官，赏罚不公，军士有功者不赏，内侍所主者乃得美官。黄潜善、汪伯彦误国至此，犹未远窜。王渊遇敌不战，因交康履，乃除枢密。臣自陛下即位以来，立功不少，顾止作遥郡团练使。臣已将王渊斩首，中官在外者皆诛讫，更乞康履、蓝珪、曾择斩之，以谢三军。"

字里行间，满是抱怨我亲小人、用奸佞、是非不分、赏罚不公，要求交出康履等大宦官，开刀问斩。

我一听，这才多大点事？用得着兴师动众吗？便宽慰道："内侍有过，当流海岛。卿可与军士归营。"

不过，这样的宽慰没啥用。苗、刘没有退兵。无奈我只好牺牲康履，送他出宫，任由苗傅处置，免得乱兵冲进行宫，闹得更大。

或许康履做梦也想不到，他竟落得"腰斩+枭首"的下场。

接下来，我传出口谕，要他俩带兵回营，承诺不予追究。我原以为，交出了康履，苗、刘该满意了。不料，他俩非但不退兵，还径直冲进了行宫。

这是要干什么？要杀我吗？

第六感告诉我：苗、刘杀红了眼。或许他们坚信：发动兵变，干掉上司和宦官，是妥妥的死罪；就这样撤兵，即便有我的承诺，难保以后不会被拉清单、掉脑袋。于是，他们打出了朴素而又震撼的旗号：为天下苍生计，也为个人前途计，"换人"试试看。

换的不光是王渊、康履，而是豁出去玩票大的：把我换掉。

在他俩的刀剑威逼下，年仅二十三岁的我，把皇位腾给了两岁的皇太子赵旉，而后搬出行宫，屈居显忠寺，去当太上皇。连年号也从"建炎"变成了"明受"。

新皇年幼，太后临朝，苗、刘二人掌握了军权。虽然他俩打着新皇的名义发布了大赦令，但真正听从号令的区域，也就杭州周边而已。

历史上，兵变、叛乱不少。只不过，跟"八王之乱""安史之乱"等蓄谋已久、场面失控的叛乱不同，"苗刘兵变"更像是宫中宿将对我的种种"劣迹"的集中释放。

这些劣迹包括但不限于：不履行承诺、不恢复北方、不营救君父、不重用忠臣、不坚持抗金。

他俩善于"破"，但不善于"立"。他们解决朝政弊端的方案，就是挪开我，立新君。问题是，军人擅废立的行为，触犯了政治禁忌，不仅在重文轻武的本朝是大逆不道，即便在其他朝代也是不忠不孝。不管出于什么目的，兵变就是兵变，发动兵变就是乱臣贼子，人人得而诛之。

话虽这么说，但总要有人站出来支持我。否则，我就真的退出朝堂了。

生死攸关之际，驻防平江府的张浚站在了我这一边。他立即联络驻防建康的同签书枢密院事、江淮两浙制置使吕颐浩，以及分散在盐城、镇江、吴江的韩世忠、刘光世、张俊等武将，传檄天下，集合军队营救我。很快，各路勤王大军齐聚杭州城下。

外有大军压境，内有高官抵制，苗、刘扛不住，只好恢复了我的皇帝称号和"建炎"年号。勤王大军不依不饶，在临平①击溃叛军主力。

杭州城破在即，苗、刘居然逼我手书免死铁券。他俩以为，只要有御笔的护身符在手，就可以高枕无忧了。于是，他俩丢下部队，连夜逃出杭州。

麾下没了兵，也就翻不起什么浪花了。不久，苗、刘双双被俘。我传旨将他们押赴建康，当街寸磔。所谓免死铁券，只是随时可以作废的白条。至于什么时候作废，全凭我定。

经此折腾，最倒霉的当然是我的独子赵旉。连惊带吓，这孩子病了。

---

① 临平，今浙江杭州临平区。

其间，宫女不小心踢到金炉发出声响，让幼小的他更加害怕，导致病情加重，一命呜呼，年仅三岁。

从此，我再无亲生儿子了。不过，眼下最要紧的，还是深刻总结兵变的警训。

——逃跑，还是抗金？

逃跑，不得人心，没有出路，只有抗金，才能保住皇帝宝座和半壁江山。因此，必须重用主战派官员和抗金将领。

——躺平，还是振作？

即便是康王旧臣，也不那么牢靠。要想重建朝廷，必须重整朝纲。因此，我宣布大赦天下，"举行仁宗法度，录用元祐党籍""赏格听从重，条约听从宽"。吸纳宋仁宗时代的基本制度，重塑朝廷法度。给北宋末年党争中受迫害的大臣及其子弟，该平反的平反，该录用的录用，缓和高层矛盾，扩大统治基础。

这几年，战争带来了盘剥和洗劫，导致社会混乱，激起许多民变。我不得不出面管管，做点让步，要求"诸路上供木炭、油、蜡之类，有困民力非急用之物者并罢。天下民庶，许置弓弩，技精者保试推恩"。通过减少进贡、允许习武等措施，减轻民生负担，引导潜在的民变力量加入抗金阵营。

为政之要，惟在得人。什么人该重用，什么人该弃用，什么人该防范，我要好好盘盘。

我传旨"内侍不许与主兵官交通、假贷、馈遗及干预朝政，如违，并行军法"。徽宗时代沿袭的宦官干政问题，有了制度性的解决方案。在本朝，宦官势力从此一蹶不振。

不信任军人，是"祖宗之法"的固有信条。以前不信任的，只是边防军将领；这次居然连军人世家、皇帝侍卫都造反了，给我带来了一生挥之不去的心理阴影。将军们大多跋扈，动辄不服政令，很是棘手。眼下抗金形势严峻，我不得不倚重他们，但只要形势稍有好转，我就有回收兵权的冲动，就是为了防止下一个苗傅、刘正彦横空出世。

为此，我宁可"错杀一千"，不惜酿出冤案。

在关键时刻正确"站队"、冒险勤王的外地官员们，是要封赏的。

015

吕颐浩升任尚书右仆射，韩世忠升任武胜、昭庆两镇节度使。我御赐"忠勇"手书，夸赞其忠心。最大的功臣莫过于张浚。他第一时间举旗，集合各路大军，离间瓦解叛军，扮演了统筹组织、穿针引线的主帅角色，荣膺中大夫、知枢密院事，正式跻身宰执重臣行列。

"建炎"这个年号，虽然好听，却不好用，几次险些丧命，实在晦气。于是，用到第四个年头，我就放弃了，改元"绍兴"，想换换手气，实现"绍祚中兴"。

我将越州升格为绍兴府，住了些日子，还是更喜欢西子湖畔。绍兴二年（1132），我正式迁居临安府。这里远离长江天险，不易受到攻击；靠近鱼米之乡，物产丰富；运河钱塘交汇，交通便利；明州近在咫尺，海运畅通。

几百年的经营，使临安俨然南方都会，繁华得很。不过，为做出收复失地的姿态，临安还是名义上的"行在"，但它已是实际意义的首都了。

从这一刻起，我在南方基本站稳了脚跟。

《货郎图》（局部），南宋李嵩，绢本设色。这是一幅人物风俗画卷，画面上货郎肩挑杂货担，欢呼雀跃的儿童奔走相告，喜悦之情溢于言表。画家借助货郎这一题材表现了南宋市井生活场景。故宫博物院藏

五、战和

收复失地，是每个大宋臣民的梦想。我也不例外。谁不想当个名副其实的"中兴之主"啊！

然而，"揽瓷器活"之前，要看有没有"金刚钻"。梦想是好的，但一谈到现实，我就不得不低下脑袋，降低音量。

爹爹已逝，尸骨还在寒冷的塞外；大哥苟活，仍在北方不知所终；娘娘还被女真人拿在手里。倘若惹急了金人，真把大哥抬出来，扶成傀儡皇帝，到头来，他还是正宗，我就变成了赝品。因此，不管怎么打，最终还得谈判，还得议和。被人捏着七寸的感觉很不好，但只能默默忍受。

我治理下的大宋，丢失了五分之二的国土，死了太多的臣民，财政支出不减反增。跟金人的长期战争，使本朝一直处在战时状态，军费占到财政支出的七八成。大家都紧绷着，无法聚精会神搞经济，也腾不出闲钱改善我的生活。

金人和伪齐屡屡犯境，"亡我之心"不死。前线太远，战线太长，我不可能直接指挥，只能对前线将领充分授权，让他们便宜行事，多杀敌人。于是，大将拥兵自重的现象越发普遍，他们手里的兵也越来越多。

从建炎元年（1127）到绍兴五年（1135），八九年间，四大战区的军队从五千人增加到十八万人，翻了三十六倍。占全国总兵力的比重，从百分之五升至百分之九十。这样的膨胀速度，让我脆弱的小心脏跳得更快了。

再看看临安城外，我能直接指挥的禁军不过一万人。以一万来制衡十八万，怎么制衡？想想就倒吸口凉气。

卧榻之旁，岂容他人鼾睡，何况"苗刘兵变"的心理阴影犹存。

四大战区的军队，名义上归属朝廷，实则贴着主帅的个人标签。绍兴十年（1140），大臣王之道就上书直言："今日之兵，隶张俊者则曰张家军，隶岳飞者则曰岳家军，隶韩世忠者则曰韩家军。相视如仇雠，相防如盗贼，自不能立功，惴惴然惟恐他人之立功，而官爵轧于己也。"

其实，将领们之间的成见没那么深，但各自画地为牢，在战区里拥有很大的军政权、民政权和财政权。他们只守自己一亩地，不管别人万顷田。打起仗来，唯有利可图，才会出兵真打；否则即便有我催促，也只是虚晃假打，或是推三阻四。长此以往，江淮沿线可能演变为军阀割据的局面，重演五代十国的悲剧。

这几年，内忧外患，朝廷"守则无人，奔则无地"。我不得不用高官厚禄、田产钱财来笼络这些将领，换取他们忠于朝廷，支持自己。而面对军人们愈演愈烈的尾大不掉，我有心节制，却无可奈何。

本朝有"重文轻武""以文制武"的传统，"武将专兵"是重大政治忌讳。因此，罢除岳飞等人的兵权，势在必行。这一点，朝廷的士大夫们跟我是在同一战壕的。只是等一个合适的时机：只要金再也吃不掉宋，宋金均势形成力量平衡；各种内乱基本平息，没人敢于且能够推翻我的皇权。

绍兴五年（1135）张俊、岳飞击败洞庭湖的杨幺起义军，绍兴十年（1140）岳飞、刘锜分别在郾城、顺昌大败金兵，让这个时机日趋成熟。

"过河"，曾是老将宗泽的临终遗憾，岳飞希望把这个遗憾补上。不过，跟这个遗憾相比，我的皇位更加重要。一方面，过河之后，补给线势必拉长，我没这个实力，也没这个底气；另一方面，如果岳飞真的打到黄龙府，这么大的功劳我封赏得起吗？

收兵权的时候到了。

这是个高风险的技术活。我效法太祖皇帝"杯酒释兵权"的做法，以提拔晋升的方式，先将抗金将领们调离部队，再将他们的部队收编，纳入朝廷统一指挥。然后，把这些将领调到闲职，不再重用。岳飞比较特殊，在我的授意下，以"谋反"罪名下狱处死。

大宋的军队必须姓赵。这一点，我做到了。

跟金人讲和的时候也到了。

两次"绍兴和议"，是我这辈子签署的最重要的对外协议。它以双边条约的形式，奠定了宋金的双边关系，划定了疆界。今后很长时间，这段疆界都未曾发生变化。

有人说它很屈辱，我不以为然。平心而论，它至少稳住了我的皇位和半壁江山，这是基本盘，更是我的底线。只有"和"，新政权才有喘息之机，我的皇位才能坐得更稳。

收复失地，我没实力，也没信心，还是算了吧。

算总账，和平总比战争好。

六、改革

谁说我只想求和，不想打仗了？我巴不得收回失地。

然而，这需要三个条件同时具备，前线军队才有可能打胜仗。

——南方士大夫支持。我是北方人，在南方没有根基。虽然贵为皇帝，但要想坐稳皇位，必须得到那些南方世家大族的力挺。问题是，我想维持半壁江山，我想北伐，这些都需要钱，要征税，尤其是向这帮人伸手要钱。越征税，这帮人越讨厌我，不想出钱出人。不然，苗傅、刘正彦怎能轻而易举地把江南子弟兵调动起来包围行宫，赶我下台呢？

说到底，我不能动他们的"奶酪"。

——西北边防军支持。既然我不想"苗刘兵变"重演，那么江南本地的禁军我是不敢用了。在平叛战争中，出身西北的将领刘光世、张俊、韩世忠有再造之功。有他们在身边，我吃得香、睡得着。问题是，谁能保证他们不会造反？

说到底，我不能让他们不高兴。

——有足够财力支持。打仗打的是后勤。听说岳家军进入河南后，所到之处，赤地千里，都是金人屠城后的惨状，想要走哪吃哪，很不现实。因此，保障北伐军队的后勤供应，是个大学问。问题是，后方的粮草能及时运到前线吗？半壁江山的财力能支撑北伐战争吗？

说到底，我不能让前线断了粮。

我认为，这三个条件里，最难的是第三个。

绍兴十年（1140）二月，我推出了一项新政："新复州军蒐举隐逸，诸军经理屯田。"意思是，新收复的北方州县，一旦发现士绅隐匿田产逃税，一律没收充公，改为军队屯田。

毫无疑问，这是一项土地资产国有化改革。

历朝历代，士绅隐匿田产逃税是常见现象。我推行这项改革，将隐匿逃税的私田直接充公，步子迈得有点大，会得罪一大批既得利益者。因此，在出台这项改革诏令前，我是做过试点的。

率先试点的，是岳飞。

岳飞收复襄阳六郡后，我授权他经营房产、组织屯田、征收商税，据说一年能收两百万贯钱和十八万石稻谷，在很大程度上缓解了岳飞军队的吃饭问题。

紧接着，我又授权张浚在两淮新收复的地盘上搞屯田，规模更大，效果更好。我相信，在全国范围内推广这项新政的时机已经成熟。届时，困扰朝廷多年的财政和军事问题将迎刃而解。

然而，若干年后回想起来，我还是太年轻、太天真了。

我的对手金国，虽然貌似统治了整个北方，但它归根到底只是个部落。它没有能力在短时间内消化这么多新占领的地盘。于是，北方很多地方，实际上还是处于"无政府"状态，也就是继续由当地世家大族搞"自治"。

刘光世、张俊及其麾下的西北军将士，基本都是"军户"，世代当兵，在西北经营多年，拥有大量田产、生意。

金人来了以后，为了拉拢他们，也没敢动他们的这些"奶酪"，只是接受他们名义上的"臣服"。至于这些财产，原先什么样，还是什么样。

于是，这些田产、生意，既不受金人管辖，也不归属于大宋，既不上报收支数据，也不纳税，俨然经济领域的"独立王国"。

既然收入毫发无损，还不交税，那么刘光世还有什么动力北伐呢？

就这样，刘光世的部队打仗最不行，抢劫第一名。

我也发现这个问题了。因此，当我下决心削夺大将兵权时，首当其冲的，就是这个刘光世。虽然我给他升了官，但他的手下似乎并不买账。不管主将换成岳飞，还是张浚，只要不是西北帮，他们心里就没底。只要拉去北伐，他们在西北的田产迟早要纳入国有，全额纳税。

谁跟钱过不去啊！

于是，刘光世的部队成建制地投降了金人，酿成了性质极其恶劣的"淮西兵变"。

这对我和我的朝廷，都是沉重打击。

因为，后来南下进攻大宋的金兵里，刘光世的这些部下，充当了急先锋。

毫无疑问，改革失败了。为了保障首都安全，张俊带兵进京；秦桧大权在握，筹划主和。而作为改革试点的岳飞和张浚，成了所有人的众矢之的。

第三个条件非但没成，还把前两个条件都玩砸了。新政得罪了江南士大夫集团和西北军集团，我的皇位再度岌岌可危。

于是，张浚丢了官职，岳飞丢了性命。我对不起他俩，特别是岳飞。

作为皇帝，我实际上被架空了，对一切改革都失去了兴趣。只等着合适的时候，把皇位传给养子。

七、时代

绍兴三十二年（1162）六月，我传位赵伯琮（宋孝宗赵昚），依依不舍地交出了权杖，"淡泊为心，颐养神志"。

有个叫俞国宝的秀才，在临安钱塘门外的酒楼上写了一首词，题曰《风入松》：

> 一春长费买花钱。日日醉花边。玉骢惯识西湖路，骄嘶过、沽酒垆前。红杏香中箫鼓，绿杨影里秋千。
>
> 暖风十里丽人天。花压鬓云偏。画船载取春归去，余情寄、湖水湖烟。明日重扶残醉，来寻陌上花钿。

我看中了这首词，很想给这个秀才封个官。可是，如今我已是太上皇，不便插手人事。于是，我就给赵伯琮打招呼，让他来办。他很仁孝，说办就办。我很满意。

当太上皇的日子里，每每回忆以前的日子，我都会琢磨：这究竟是个怎样的时代？

这是个貌似"由乱到治"的时代。

前十几年，一直在打仗，朝廷朝不保夕，一度漂在海上。第二次"绍兴和议"达成后，宋金之间总体维持了长时间的和局。在我的领导下，南宋政权貌似蝇营狗苟、僵而不死，实则完成了国家经济重心南移的历史进程。物产丰盈、经济富庶，足以为生齿日繁的江南提供必要的衣食保障。

《中兴瑞应图》（局部），南宋萧照，绢本设色。该画取材于曹勋编造的"天降祥瑞以应之"的轶事，讲述了宋高宗赵构的故事。该图卷旨在宣传赵构是顺应天意的真命天子，彰显"正统"，也反映了两宋之际的政治风貌。天津博物馆藏

我在位期间，祥瑞屡现，似乎意味着，大宋"中兴"的到来。

所谓"治"，既要有和平环境，还要有制度保障。我建立了一套"绍兴体制"，即南宋版的"祖宗之法"。总的特点，就是终结"天子与士大夫共治天下"的格局，塑造集权的君主和专权的宰相相结合的格局。具体来说，就是我纵容秦桧大权独揽的新格局。

这是个追求稳定、排斥变革的体制。

因为只要重启任何变革，就必须容许持不同政见的官僚士大夫登堂入室，必须容忍他们指责我对金求和的政策。长此以往，我的权威会受到质疑和挑战，皇位就有可能动摇。

为堵住悠悠之口，我曾宣布："祖宗之法，思虑已精审，讲究已详备，不必改作，天下大治。"秦桧也补刀："天下本无事，宜遵成宪为善。"

为了堵住悠悠之口，我带头勤政，每天处理军国大事，早上四五点钟就上朝了，三十多年一贯如此。我带头节俭，最爱吃的菜是马兰头。凤凰山建的皇宫，一个殿挂多个牌匾，兼有多种功能，尽量充分利用。让所有人看到，我有中兴之君的气象。

为了堵住悠悠之口，一卷名为《中兴瑞应图》的政治文宣图集应运而生，它描绘了我上台以前的各种圣瑞故事，强调我当皇帝的正统性，为我

撑腰打气。与之相对应的，则是罗织文网、鼓励告密，大家齐声叫好，无人批评抗议。

大家逐渐适应了新形势，安于现状，拒绝变革，明哲保身，噤若寒蝉。什么"以天下为己任"，什么"先天下之忧而忧"，统统靠边站。那些嗷嗷着"北伐"的所谓士大夫，"雷声大、雨点小"，掀不起什么浪花。

老百姓满足于温饱，士大夫进取受阻，只好下沉乡村，重建基层秩序。于是，整个社会就变成了超稳定结构。鲜有揭竿而起之徒，鲜有兵变骚乱之事。这不正是我期待的"治世"吗？

浑浑噩噩地"躺平"，符合我的气质，我很满意。

对我来说，这是一场足以载入史册的伟大胜利。

尽管这样的胜利并不像山坡上的蒲公英那样唾手可得，但为了这份胜利，我全力以赴，哪怕粉身碎骨，哪怕背负骂名。

诗人林升写过一首《题临安邸》，不管是夸，还是骂，都足以形容我和我的时代：

> 山外青山楼外楼，西湖歌舞几时休？暖风熏得游人醉，直把杭州作汴州。

宿雨清畿甸
朝阳丽帝城
丰年人乐业
垄上踏歌行

《踏歌图》，南宋马远，绢本设色。该画描绘了南宋帝都临安城外，一场宿雨过后，清晨阳光下的壮丽景色。画幅上方宋宁宗赵扩抄录王安石的诗句："宿雨清畿甸，朝阳丽帝城。丰年人乐业，垄上踏歌行。"点明了画意，正是宋王朝统治阶层对丰收景象和太平盛世的向往。故宫博物院藏

目 录

家人：能达理，心宽万事休

每个成功或者不成功的皇帝背后，都有一大家子人。

赵构也不例外。

比较特殊的是，赵构对自家人的感情很复杂。既思念爹爹和哥哥，又不愿见到他俩；既挂念远在塞外的发妻，又和现任皇后厮守终身；既对北方逃回来的公主格外关照，又怕她讲出某些真相，让亲妈韦太后蒙羞；既享受着养子的百般孝顺，又不甘心就这样传位给养子。

赵构一生，最大的遗憾，莫过于亲生儿子夭折，从此绝了香火。最大的痛楚，莫过于经历了靖康之变，他的家庭支离破碎，不再完整。因而，他懦弱，他彷徨，他多疑，他自卑。他的这些性格，深深影响着家人们；而家人们的一颦一笑、一举一动，也深深影响着他。

南宋立国于乱世，时刻面临生存危机，宫廷斗争更激烈、更残酷，更富有政治背景。家里人的影响力，早已超越了宫闱，辐射天下，波及国运，乃至中国历史的轨迹。

至少在某种意义上为张艺谋执导的《满江红》、黄晓明主演的《精忠岳飞》等影视作品，作了合乎历史逻辑的勾勒。

毫无疑问，宫廷里的家人们，能量不可低估，都是隐性的大人物。

柔福帝姬：真假皇妹之谜

朝云横度，辘辘车声如水去。白草黄沙，月照孤村三两家。

飞鸿过也，万结愁肠无昼夜。渐近燕山，回首乡关归路难。

这首《减字木兰花·题雄州驿》，出自北宋灭亡之际一位被金人掳走的弱女子。她没留下名字、生卒年份，只知她是才女，其父蒋兴祖时任阳武[①]县令。

靖康之变，社稷蒙尘。覆巢之下，安有完卵。蒋姑娘的好日子也到了头。

金兵南下，围攻阳武。其父作为父母官，背城一战，拒不投降，以身殉国。母亲和兄长也一同遇难。蒋姑娘不幸当了俘虏。

怀着家国之恨、被掳之痛、怀乡之情，在金兵押解之下，她踏上了一路向北的苦难之旅。

宋末元初诗人韦居安在《梅磵诗话》中述曰："其女为贼虏去，题字于雄州驿中，叙其本末，乃作《减字木兰花》词。"

雄州，曾是北宋对辽防御和榷场贸易的边城，如今却沦为金国的地盘。铁骑蹂躏的荒村，萧瑟破败的驿站，见证了蒋姑娘的寸断愁肠。回望

---

① 阳武，今河南新乡原阳县。

渐行渐远的故国乡土，她面如死灰，心如刀绞。

蒋姑娘的不幸，只是中原百姓经受靖康之变浩劫的缩影。蒋姑娘强烈的思乡之情，深沉的丧家之恨，无奈的俘囚之悲，绝望的永别之痛，浸透于字里行间。

被俘北上的"蒋姑娘"们，几无回乡之日。然而，一个自称"柔福帝姬"的女子，竟从数千里外的金国腹地死里逃生，来到南宋都城，还引发了一起关乎南宋政局的宫廷悬案。

一、北边来的皇妹妹

建炎四年（1130），南宋官军下乡剿匪，大获全胜。

两宋之际，天下大乱，群雄并起。有坚持抗金的义军，有除暴安良的好汉，有揭竿造反的饥民，有打家劫舍的强盗。在赵构君臣眼中，凡是不顺从南宋官府的民间武装，不管是不是抗金，不管有没有冤屈，一律归入"匪"的行列。

这一仗，许多匪眷被俘。其中一名女子自称是柔福帝姬，从北方的金国历经万难逃回。此言一出，令南宋蕲州①兵马钤辖韩世清和蕲州知州甄采惊掉了下巴。

他俩询问宫中旧事，女子对答如流。两位地方官不辨真伪，便火速将其送到了临安。

彼时，临安刚刚被定为皇帝"行在"。颠沛流离好几年，赵构刚稳住心神，就被柔福帝姬的突然出现搞得心惊肉跳。

柔福帝姬究竟是谁？为什么具有这么大的影响力？这还要从宋徽宗赵佶说起。

诚然，赵佶是亡国之君，但至少有三大能耐，是其前辈宋太宗、宋仁宗等人比不了的。

其一，书法风格独树一帜，"瘦金体"闻名于世。

其二，展拓疆土千里，打通河西走廊，一度收复燕京六州，版图达到

---

① 蕲州，今湖北黄冈蕲春县。

《桃鸠图》，北宋赵佶，绢本设色。画面整体色彩华丽，洋溢着悠扬的神韵，被誉为折枝花鸟画的典型。画中右署"大观丁亥御笔"为瘦金体题款。款下有一押字，似"天"字，传为"天下一人"四字之合体。东京国立博物馆藏

北宋史上最大。

其三，子嗣众多，靖康之变前有三十二个儿子、三十四个女儿，即便亡国后困居苦寒之地，还不耽误生儿育女，又诞育六个儿子、八个女儿。加起来一共三十八个儿子、四十二个女儿。这样的"造人"高产业绩，一改北宋皇帝子嗣不旺的颓势。

宋徽宗的第十女，就是这个柔福帝姬，大名赵多富，小名嬛嬛。生母王贵妃很受宋徽宗宠幸。因此，柔福帝姬在宫里度过了锦衣玉食、无忧无虑的青少年时光。

帝王家的千金小姐，一般称为"公主"，加上封号就是"某某公主"。比如鲁元公主、太平公主，就分别是汉高祖刘邦的女儿、武则天的女儿。北宋也沿用这样的称谓，比如宋仁宗的长女福康公主。

大概是浑身的艺术细胞无处挥洒，一定要找个地方宣泄才华，宋徽宗采纳蔡京建议，颁诏宣布，凡是他的亲生女儿，一律不再沿用"公主"的称谓，改称"帝姬"。

这年是政和三年（1113），柔福帝姬才三岁。

"帝姬"的名头，听起来比"公主"更威严更响亮，但容易让人误以为是帝王的姬妾。当然，宋徽宗这样独出心裁，并非单纯炫耀皇家威仪，也没打算把女儿变成帝王嫔妃，行乱伦之事，或者送到邻国和亲。《宋史·嘉礼志六》记录了宋徽宗的真实想法。

一天，宋徽宗说，父亲（宋神宗赵顼）在位期间，曾打算更改皇家女儿的名号称谓，只是当时大臣不够配合，这事最终没办成。因此，他将"公主"更名，是在完成先帝遗愿。这个理由，无论是道义上，还是情感上，似乎都站得住脚。

那么，将"公主"改称什么呢？宋徽宗让人查阅古代文献，《诗经》里多次称周天子的女儿为"王姬"。有大臣提醒说，周王室本是"姬"姓，"王姬"之谓一举两得，既体现姬氏血脉，又彰显王室之女，但咱们大宋朝可没那么多讲究。

宋徽宗不管那么多。他觉得，自古以来，周礼最完备、最规范，"考古立制，宜莫如周"，改名这事，应当效仿周朝，改"公主"为"帝姬"。

或许他还觉得，"公主"一词的外延含糊，不光皇帝的女儿叫公主，就连王公贵族的女儿也唤作公主，无法彰显皇帝女儿的正统性。而"帝姬"是皇帝女儿的专属称谓，别人不敢轻易冒用。

为了改个名号，宋徽宗又是引经据典，又是动员百官，又是托古改制，忙得不亦乐乎，更像一场荒诞无聊的闹剧。

既然皇帝下决心改名，那这事就定下来了。从此，没人再提"柔福公主"了，改称"柔福帝姬"。跟她享受同样待遇的，还有二十多个帝姬。

中国的语言文字博大精深，连"谐音"词都有好多解读。

时人认为，"帝姬"与"帝饥"谐音，不吉利。然而，靖康之变后，还有更不吉利的事呢。

"二帝北狩"，金枝玉叶们也当了阶下囚，被裹挟着押往北方，下场凄惨。有的做了女真贵族的小老婆，有的做了金人的使唤丫头，有的甚至送进浣衣院或者军营，白天洗衣做饭干杂务，晚上充当军妓，受尽屈辱，还有的下落不明，活不见人，死不见尸。

"帝姬"的称谓，以闹剧始，以悲剧终。

南宋建炎元年（1127），赵构决定结束"帝姬"的称谓，改回"公主"的名号。大概也是为了回避靖康之耻，跟爹爹宋徽宗划清界限。

对于赵构来说，爹爹挖的坑太深，只改个名号是填不平的。不断有女孩来到临安，自称"帝姬"，找皇帝认亲。

面对从"天"而降的妹妹们，赵构会怎么办呢？

二、从囚徒到公主

帝姬突临，首先要做的，就是辨真伪。毕竟，战乱年代招摇撞骗的"赝品"太多。

赵构比柔福帝姬年长三岁，从靖康之变算起，跟她失散也仅三四年光景，辨个真伪不难。

可是，架不住宋徽宗的孩子实在太多，尤其是数量庞大的帝姬，赵构从没认全过，对这位柔福帝姬，更是记不得样貌了。赵构只记得，在宋徽宗诸多帝姬里，确实有个叫嬛嬛的，是王贵妃所生，被封为柔福帝姬。

皇帝记不得，但汴京①宫里的旧人应该记得。赵构就派自称"尝在贵妃阁"的一男一女前去"验视"。男的是宦官冯益，女的是老宫女吴心儿。

"验视"的过程分三步：

第一步，看长相。两人端详一番，确认这位女子的容貌确实很像当年的柔福帝姬。

第二步，问情况。两人询问宫中旧事，这位女子能说个大概，看来对宫里比较熟悉。

第三步，挖疑点。这位女子的脚很大，跟堂堂帝姬的纤足大相径庭。女子倒是泪流满面地解释道："金人驱逐如牛羊，乘间逃脱，赤脚奔走到此，山河万里，岂能尚使一双纤足，仍如旧时模样。"

相貌、谈吐、掌故、经历都对得上，大脚也能自圆其说，入情入

---

① 汴京，今河南开封。

理。冯益、吴心儿没有理由再怀疑。于是，他俩认定，这位女子就是柔福帝姬。

既然真的是皇妹妹，赵构当然要亲自见见。南宋叶绍翁的《四朝闻见录》记载，这位女子竟喊出了赵构的乳名。这样的称谓，即便是寻常人家，也只有非常亲近的人才会知晓。何况宫闱之中，讳莫如深，知之者更少。

赵构打消了疑虑，亲情油然而生。同是劫后余生，谁能没有共情呢？皇妹妹九死一生，应当特殊优待，补偿她在北方受过的屈辱。

于是，赵构发布制书，批准柔福帝姬入宫，授予"福国长公主"称号，又是安排驸马，又是赐给嫁妆，荣宠备至。

草拟这份制书的，是兵部侍郎兼权直学士院汪藻。在他的笔下，将柔福帝姬与汉高祖刘邦长女鲁元公主相提并论。老赵家以这样的方式，确认了柔福帝姬的公主身份。

值得一提的是，新任驸马高世荣还是皇亲国戚——宋英宗皇后高滔滔的侄孙，时任永州防御使。这番亲上加亲的安排，赵构用心了。

在赵构万贯嫁妆的资助下，新任福国长公主和新任驸马爷过上了幸福生活。

从囚徒到公主，柔福帝姬经历了人生的大落大起，也给其他人以示范效应：只要跑来认亲，就有机会草鸡变凤凰。于是，临安不断冒出各种"皇妹妹"。

例如，有个易姓姑娘，是某位商人的老婆，颇有几分姿色。靖康之变后，为躲避战乱，全家南逃，半路上跟丈夫失散。兵荒马乱之间，易姑娘流落军营，偶遇荣德帝姬（宋徽宗第二女）以前的侍卫。聊天时，她获悉荣德帝姬的形貌举止和深宫秘事。逃到南方后，听说柔福帝姬的事，竟然萌生了招摇撞骗的念头。于是，易姑娘斗胆冒充"荣德帝姬"。地方官不敢怠慢，就恭恭敬敬地把她送到了临安。

荣德帝姬比赵构大四岁，是宋徽宗第一任皇后王氏所生，北宋灭亡前曾嫁给左卫将军曹晟。因而，赵构对这位同父异母的皇姐姐也没什么印象，索性派老宫女去查验。

赝品终归是赝品。易姑娘哪是老宫女的对手，很快就露了马脚。赵构觉得，自己的智商和感情遭到侮辱，勃然大怒，传旨把易姑娘送到大理寺审讯，最终真相大白。易姑娘虽然百般狡辩，还是被乱棍打死，连累她丈夫刺配琼州。

偶尔冒出的赝品，并不意味着所有从北方逃回来的"帝姬"都是假的。一方面，坐实任何怀疑都要拿出确凿证据；另一方面，成功脱险的皇亲国戚绝非个案，赵构本人即是一例。因此，他可以否定"荣德帝姬"，却无法怀疑"柔福帝姬"。

然而，宋金对峙局面的剧烈变化，让柔福帝姬从公主又回归囚徒。

三、又是假公主

绍兴十二年（1142），宋金达成第二次"绍兴和议"，赵构生母韦太后获释，来到临安。母子相见，泪如雨下。别看韦太后在五国城活得窝囊，如今有儿子撑腰，摇身变成了地位尊贵的"显仁太后"。

八月，当她在临安宫里安顿下来后，偶然听说柔福帝姬的事，不禁诧异："柔福帝姬已经病死在金国了，临安怎么又冒出一个呢？"赵构便道出了事情的原委。

韦太后听罢哂笑道："金国人都笑话你错买了颜子，真正的柔福帝姬早就死了。她生前就跟我住在一起，死后是我为她收拾遗体，装殓入葬的。"

"颜子"是什么？北宋后期，首都开封有个名叫颜家巷的街巷，巷子里面的一家松漆店主营各种纸做的器具，这些纸制品漆面精美、样式新颖。不过究竟是纸做的，买回去以后不经用。因而，人们就把这种纸做的货称为"颜子"。久而久之，"颜子"成了假货、赝品的代名词。

巧的是，韦太后即将获释的消息传开后，柔福帝姬突然病了。韦太后抵达临安后，她一直请病假，没来接驾和请安。有宫女杨氏就向韦太后举报：这个柔福帝姬是假的。

赵构明白，世上哪有母亲诓骗亲生儿子的道理。更何况，柔福帝姬病得太是时候了，让人不免怀疑有诈。于是，他下令逮捕柔福帝姬，送大理寺审问。

就这样，公主又变回了囚徒。一番严刑拷打后，这位"柔福帝姬"招供了。

原来，她并不姓赵，而是姓李，曾在汴京乾明寺出家为尼。《建炎以来朝野杂记》《文献通考》说她法号"静善"，《中兴小纪》《建炎以来系年要录》说她法号"善静"。《宋史》则一会儿称她"静善"，一会儿称她"善静"。为了叙述方便，我们称她"李静善"。

李静善虽是出家人，却生得容貌端庄。靖康之变后，她被金兵掳往北方，途中遇到了一个名叫张喜儿的宫女。

张喜儿曾在王贵妃宫里当差，自然见过真正的柔福帝姬，熟悉宫里的事。北上之路痛苦而无聊，张喜儿便给李静善讲起了宫闱秘闻，当故事解闷。她甚至觉得，李静善的相貌跟柔福帝姬有几分相似。

说者无意，听者有心。相貌上的巧合，让李静善怦然心动。她开始留意这些宫闱秘闻，刻意学习模仿张喜儿所说的公主的言谈举止。渐渐地，她也有了几分柔福帝姬的气质。

李静善是幸运的。

北方不光有金兵，还有风起云涌的抗金义军，以及占山为王的盗匪。战乱岁月，能保住性命就是最大的胜利。李静善做到了。她没有死在金国。

李静善是不幸的。

她三次被卖，最后进了土匪窝，先是被匪首陈忠虏霸占，而后被迫嫁给了一名小土匪。后来，这伙土匪覆灭，她被归入匪眷，即将被处死。

生死关头，李静善为了活命，自称柔福帝姬。曾经埋藏心底的"小宇宙"瞬间爆发，那气质、那神态、那语言，都唬住了南宋官军，不但让自己保了命，还享了十几年清福。

韦太后的指认绝非孤证。右武大夫、相州观察使李愕，内医徐中立，都对这位"柔福帝姬"提出了质疑。

《宋史·柔福帝姬传》记载："内侍李愕自北还，又言柔福在五国城适徐还而薨。"《中兴小纪》也记载："至是，因内侍李愕等随梓宫回，且言柔福帝姬在北界降徐还，去年已死，还近自北界以其骨归。"

《宋史·柔福帝姬传》还记载："还父武功大夫、荣州团练使中立诉于朝。"《建炎以来朝野杂记》也记载："显仁后来归之岁，有入内医官徐中立者言柔福北迁，适其子还而死。"

内侍李愕是陪着韦太后一起获释来到临安的。他也在金国当了多年阶下囚，对掳往北方的赵宋皇室有所了解。而徐中立是"入内医官"，类似《甄嬛传》里"温太医"的角色，对宫里的人员情况就更是如数家珍了。

话说真正的柔福帝姬，是汴京城破后被押送北方的数千女眷之一。当时，十七岁的她还待字闺中，是未出阁的大宋公主里年龄最大的，被内定为金太宗吴乞买（完颜晟）的专享，其他人不得染指。因此，北上途中一度还算受到优待。

然而，北上途中的她，被一名色胆包天的金国将领强奸了。从此，金太宗对这个不再有处子之身的帝姬失去了兴趣，打发她去了浣衣院。

一同沦落到这里的，还有赵构的生母韦太后，以及妻室邢秉懿、侧室姜醉媚。

谁都知道，浣衣院形同妓院。这里的宋女每天被金人淫乐强暴，整日以泪洗面。

生不如死，但总算没死。金国在中原的统治稳定下来后，就对浣衣院"表现良好"的女子定期赦免，豁贱为良。

柔福帝姬终于等到了这一天。然而，她离开了浣衣院，却没有获得真正的自由。她先是被金国盖天大王完颜宗贤（又名阿鲁）纳为小妾，几年后又被指配给一个名叫徐还的金国汉人为妻，聊度残生。

入内医官徐中立，正是徐还的父亲。

按照韦太后、李愕、徐中立的说法，真正的柔福帝姬早已在绍兴十一年（1141）病逝于五国城，享年三十一岁。这次跟着韦太后回到南宋的，不光有宋徽宗的灵柩，还有几位皇后贵妃的遗骨，柔福帝姬的遗骨也在其中。

人证物证俱在，李静善装不下去了。隐藏了十几年的闹剧该收场了。

李静善被从重杖毙。冯益、吴心儿当年"验视"时看走了眼，被牵连

"编管外州"。最倒霉的当属高世荣，当了十几年驸马，方知上当，不但丢了驸马都尉的官职，还被人嘲笑道："向来都尉，恰如弥勒降生时，此去人间，又到如来吃粥处。"

然而到这，柔福帝姬的故事并没结束。

四、套路深，说不清

李静善编织的一整套谎话里，最大的疑点莫过于那双"大脚"。

南宋官员罗大经的笔记《鹤林玉露》，证实了李静善的辩词："柔福帝姬至，以足大疑之。颦蹙曰：'金人驱迫，跣行万里，岂复故态。'上为恻然。"

从冰天雪地的五国城，到河汉纵横的蕲州，全程数千里，没有一双大脚板，是走不下来的。"岂复故态"这四个字说明，"柔福帝姬"的脚丫子生生"走大"了。

可是，"柔福帝姬"十七岁被掳，二十岁返回南宋。这个年龄段已是青春期尾声，身体发育基本结束，身高骨架基本定型，长个儿是别想了，更别说脚丫子变大了（除非发炎肿大）。更何况，一位久居深宫、不习劳作的皇室弱女子，在九百年前的交通条件下，在金兵的重重封锁下，认不认识路，靠一双纤足能走多远，都打个问号。

因此，她辗转多地的"胜利大逃亡"，多么令人难以置信。

假的就是假的。不过，还有几个疑问萦绕着许多人，包括赵构。

第一个疑问，李静善为什么能够蒙混过关，假冒柔福帝姬十多年之久呢？

李静善的骗术，离不开自己的处处留心、精心设计和巧舌如簧，更离不开特殊时代的大环境。

南宋王朝立于乱世，内忧外患、风雨飘摇，随时有颠覆的危险。

赵构上台后，一路往南跑，被金兵追得如丧家之犬，甚至躲到海上忍了许久。上岸之后，好不容易在临安落脚，又被叛将苗傅等人绑架，一度退位，差点丧命。

举目四望，两淮、京湖、川陕三大战区，各路将领手握实权，拥兵自重。他必须承认现状，设法笼络。

俯身观瞧，朝堂之上，康王旧人、南迁北人、江南土著，各派力量暗流涌动，彼此较劲。他必须努力搞清楚谁是谁的人，左右腾挪，保持微妙的平衡。

做这一切，面上为了抗金大业，实则为了保住他根基不稳的皇位。

对赵构来说，如今唯有同是赵家人的宗室成员，因为血缘的关系，还算值得信赖。然而，靖康之变几乎将赵家"一锅端"，劫后余生的宗室寥寥无几，显得弥足珍贵。

赵构急于得到这些宗室成员的认可和拱卫，为此不惜放弃北宋时期对宗室长期执行的防范政策，转而容许他们跻身地方要职，甚至领兵打仗，对南归的宗室和皇亲给予优待。

皇帝的喜好变了，各级官员出于邀功请赏、攀附权贵的心理，纷纷见风使舵，对南归的赵家宗室高规格接待，不敢怠慢，唯恐照顾不周。

《建炎以来系年要录》记载，李静善自称柔福帝姬后，同知大宗正事赵仲琮"闻而迎之"，礼遇隆重。这无疑助长了她造假的勇气。

金人虽然严密监控，但百密一疏，总有赵家宗室"胜利大逃亡"的个案。尤其是北迁途中，"长途鞍马，风雨饥寒"，"妇稚不能骑者，沿途委弃"，一些女眷获得了侥幸脱逃的可乘之机。因此，"柔福帝姬"的突然出现，逻辑上讲得通，这让李静善造假更加有恃无恐。

宋太宗以后，皇帝为了防止宗室结党，一方面将其聚于京城，另一方面又分宅居住。虽锦衣玉食，但日常行动被监控，形同软禁。除了上学，宗室子弟很难聚在一起。至于宰相和其他大臣，就更没机会一睹皇子、公主的容颜了。

因此，赵构君臣对同是赵家人的兄弟姐妹不熟悉，想不起柔福帝姬的真正相貌，并不意外。这就给李静善造假提供了充足的施展空间。

第二个疑问，李静善为什么要假冒公主呢？她难道不明白一旦败露，就是死罪吗？

李静善的种种表现说明，她不但有心机，而且内心强大，谎话张口就来，还能自圆其说。自从接触了宫女张喜儿，她就特别留心，模仿帝姬。

诚然，假冒公主是死罪。然而，土匪窝被端之时，她作为"匪眷"已经在鬼门关走了一遭。横竖是死，还不如索性放手一搏，兴许能找到活路。

求生的本能和改命的梦想，驱使着李静善假冒帝姬，不但找到了活路，还一度发家致富。她与高世荣的婚事，赵构恩赐嫁妆近两万缗。从抵达临安到东窗事发，十二年间，她的俸钱和赏钱加起来近四十八万缗。

北宋时期，一缗就是一贯，官价折合七百七十文铜钱，各地兑换标准有多有少，是笔糊涂账。宋神宗熙宁年间，一缗大致能买一石粮食，即一百三十斤左右。当时，宰相月薪三百缗，知县才十五缗。

面对富贵日子，李静善怎能不心花怒放？

第三个疑问，李静善假冒帝姬，该死罪吗？

绍兴十二年（1142）九月，赵构传旨，由殿中侍御史江邈、大理卿周三畏共同审理李静善冒充柔福帝姬案。《建炎以来朝野杂记》记载，大理寺对李静善列了四条罪状，分别给出量刑建议。

其一，诈假官。即诈称皇亲，冒充公主。依据《宋刑统·诈伪律》，"诸诈假官，假与人官，及受假者，流二千里"。

其二，冒领俸禄和赏赐，共计近四十八万缗。依据《宋刑统·诈伪律》，"诸诈欺官私以取财物者，准盗论"。而《宋刑统·名例律》对这一罪名的量刑，顶格是"流三千里"。因此，大理寺的量刑建议也是"流三千里"。

其三，阑入。即擅自进入禁地。依据《宋刑统·卫禁律》，"诸阑入宫门徒二年……入上阁内者绞，若持杖及至御在所者斩"。李静善自称"柔福帝姬"后，蕲州兵马钤辖韩世清将她送到临安行在，曾进宫面见赵构。大理寺据此建议处斩。

其四，对捍制使。面对冯益的盘问，李静善虚构身份，编造谎话，称呼赵构为兄长，"是废臣节，故为不敬也"。依据《宋刑统·职制律》，"谓奉制敕使人，有所宣告，对使拒捍，不依人臣之礼，既不承制命，又出拒捍之言者，合绞"。大理寺认为李静善"对捍制使而无人臣之礼，大不恭，十恶，罪至死不赦"。

几天后，宋高宗赵构做出终裁：李静善数罪并罚，从重杖毙，即乱棍打死。

李静善的罪状里，"阑入"皇帝禁宫和"对捍制使"两项最重，都是死罪。其中，"阑入"的定罪依据值得商榷。

无论是前往临安行在，还是进宫面君，都有地方官背书和护送，以及皇帝诏书批准，绝非擅自闯宫。"阑入"一说似有夸大。

不管怎样，李静善确实犯了死罪，依律适用斩刑或绞刑。可是，最终的量刑是杖毙。比起一刀毙命或绳子勒死，杖毙的过程更痛苦。那么，赵构为什么要从重量刑呢？

赵构依据的，是《宋刑统》引用的一个判例：唐代建中三年（782）八月二十七日敕节文。不过，这份敕节文适用的情节范围，只有谋反、谋大逆、谋叛、恶逆四罪。而李静善的罪名只涉及"大不恭"，不在此限。

显然，赵构扩大了这份敕节文的适用范围。

五、不能说的秘密

柔福帝姬死了，李静善也死了。其后近九百年，人们一直在讨论这段故事，作家米兰Lady还专门写了题为《柔福帝姬》的畅销小说，架空历史，渲染爱情、悲情和亲情。

对柔福帝姬的关注，蕴含着许多人的疑问：赵构处死李静善是否另有所图？

要回答这个问题，必须关注另一个人物：韦太后。

她是宋徽宗的韦贤妃，侍女出身，并不得宠，只生了一个儿子——赵构。

靖康之变那年，韦贤妃三十八岁，跟随"二圣北狩"，一路上受尽屈辱。到了金国后，先被投入浣衣院，又被拉去参加金国的受降仪式，"露上体，披羊裘"，行牵羊礼。仪式完毕，跟一群昔日的妃嫔公主一道，以宫婢身份重返浣衣院，充当官妓。

旬日之间，从嫔妃沦为官妓，落差之大，受辱之深，难以启齿。直至金天会八年（1130），韦贤妃才"遇赦"从良，离开浣衣院。

然而，韦贤妃与宋徽宗的夫妻重逢，却在五年以后。辛弃疾的《窃愤录》描述了这个场景："良久，屏后呼一人出，帝（宋钦宗）视之，乃韦妃也。太上（宋徽宗）俯首，韦妃亦俯首，不敢视。良久，盖天大王命左右赐酒二帝及太后，曰：'吾看此个妇面。'盖韦妃为彼妻也。"

韦贤妃和宋徽宗的久别重逢，竟然是在盖天大王的宴会上。虽然认出了彼此，却不敢在宴会上相认。因为，韦贤妃已是盖天大王的小妾，而宋徽宗和宋钦宗依旧是阶下囚。

宋人笔记《南渡录》《南烬纪闻》也有类似记载。这些历史文献一致认为，韦贤妃虽已人到中年，但久居深宫，容颜尚好，且当过侍女，善于逢迎，因而被盖天大王完颜宗贤看中，纳为小妾。几年间，还给盖天大王生了两个孩子。

由于韦贤妃的改嫁，论辈分，赵构就成了盖天大王的儿子。难怪盖天大王曾得意地宣称："赵构须唤我阿爹。"

委身敌国，以求保命，这是一段不堪回首的记忆。然而，当第二次"绍兴和议"达成后，韦太后便对这段记忆讳莫如深了。因为，她已经升格为"国母"，曾经的屈辱让她丢不起人；同样，赵构是一国之君，母亲的糗事让他更丢不起人。

改嫁生娃的事一旦举国皆知，那么标榜以儒治国、以孝治国的赵构，不但啪啪打脸，还有什么颜面坐在皇位上呢？

韦太后的糗事，关乎南宋王朝的立国之基，是不能说的秘密，知道的人越少越好。

无独有偶，真正的柔福帝姬也曾在浣衣院熬了几年，也曾被盖天大王纳为小妾，这样的经历，与韦太后高度重合。连获赦离开浣衣院的日子，也与韦太后前后脚。韦太后当官妓、当小妾的丑态，她是亲历者，一清二楚。

为了面子，韦太后和赵构必须灭口。因为，对于韦太后来说，面子是在临安宫里继续摆谱充大的遮羞布；对于赵构来说，面子就是保住皇位的基本条件。

皇位，是赵构的心头肉。为了皇位，他可以不顾父子兄弟亲情，拒绝迎回徽、钦"二圣"；为了皇位，他可以对金国屈膝求和，以"莫须有"罪名杀了岳飞；为了皇位，他什么事都做得出来，何况是杀个妹妹。

在韦太后和赵构的坚持下，从北方辛苦逃回的"柔福帝姬"被定性为赝品，李静善假冒帝姬案被办成了铁案。

然而，早在南宋时期，就有人怀疑这是一桩冤案，认为韦太后担心柔福帝姬把自己"北狩"期间的丑闻捅出去，因而勾结同从金国归来的内侍李愕、内医徐中立，谎称真正的柔福帝姬死于金国，指控临安的"柔福帝姬"是假公主。假借赵构之手，酿成冤狱。

宋人叶绍翁在《四朝见闻录》中写道："或谓太后与柔福俱处北方，恐其讦己之故，文之以伪。上奉母命，则固不得与之辩也。"如今，柔福帝姬已死，她的身份真伪，成了南宋初年的历史之谜，留待后人破解。

为了消除韦太后"北狩"丑闻的负面影响，赵构还采取了一项重要措施：给亲妈改年龄。

《宋史·韦贤妃传》记载，"（绍兴）十九年，太后年七十"，"（绍兴）二十九年，太后寿登八十"。这么做，旨在极力证明靖康之变那年，韦贤妃已经四十八岁了。

明代吕坤在语录体文集《呻吟语》中说道："韦后北狩，年近五十，再嫁虏酋，宁有此理？虏酋舍少年帝姬，取五旬老妇，亦宁出此？"

意思是说，押往北方的赵家宗室里有那么多如花似玉、年轻漂亮的公主，盖天大王怎会独独看上一个年近五旬的中老年妇女呢？

靖康之变前后，北宋官府向金军元帅府提交了《开封府状》，向金国移交了首都开封的"家底"，对北宋被掳人员的年龄身份有详细记录。这是一份可信度较高的原始档案。其中宋徽宗妃嫔一百四十三人，年纪最大的四十二岁，最小的十七岁，明确记载"韦贤妃，三十八岁"。

这足以说明，赵构为了面子，不惜欲盖弥彰。

对于赵构和南宋皇室而言，面子大过天。为了守住这份不能说的秘密，皇妹不管真假，都只能一死。

赵伯琮：“选”出来的天子

留连春意晚花稠，云疏雨未收。新荷池面叶齐抽，凉天醉碧楼。

能达理，有何愁。心宽万事休。人生还似水中沤，金樽尽更酬。

《全宋词》收录了两宋一千三百多位文人的两万多首词作。赵伯琮（1127—1194）的这首《阮郎归·远德殿作和赵志忠》，显得默默无闻。

这位赵伯琮，就是南宋第二位皇帝——宋孝宗赵昚。历史学家对他评价很高，称其“卓然为南渡诸帝之称首”。其励精图治、改革积弊、平反冤案、锐意北伐、严于律己、宽仁为政，在“苛政猛于虎”的南宋时代，这样的志向、作为和操守，足以辟出一段罕见的美好时代。

词如其人。赵伯琮是个有情调、有品位的文人。在这首词里，上阕写景，描绘春日雨天的荷池楼台；下阕写人，展现他大度能容的坦荡胸怀。

他是赵构从民间“选”出来的养子，又是从好几个养子里“选”出的佼佼者。他在位二十七年，却有二十五年不得不活在赵构的阴影里，别无选择。

比起赵构“人不为己天诛地灭”的私心与狠心，赵伯琮的格局更大、心胸更宽。从介入宫廷政治的那一刻起，他就小心翼翼地维持着太上皇、皇太后、主战派、主和派之间的平衡，小步慢跑式地作出改变。

赵伯琮不是个创业型领导，却将“守江山”做到了极致。从众多养子中“选”出他，是赵构这辈子做得最正确的事。

一、"备胎"的闲日子

南宋建炎元年（1127）十月，秀水①县丞赵子偁喜得贵子，取名赵伯琮。

赵伯琮有两重身份：既是基层干部的"二代"，更是宋太祖赵匡胤的七世孙。具体说，他是赵匡胤第四子赵德芳的后人。

如果没有同年发生的靖康之变，赵伯琮这辈子可能会像他的父亲赵子偁那样，安静生活，籍籍无名。然而，这个改变中国历史轨迹的大事件，也改写了赵伯琮的人生轨迹。

一百多年前，宋太祖赵匡胤没有把皇位传给儿子，而是传给了弟弟赵光义。不管"斧声烛影"的传闻是真是假，往后的大宋皇帝，都是赵光义的子孙，压根没赵匡胤的子孙啥事。

直至宋高宗赵构，皇位传承卡了壳。

赵构上台之初，一直在逃跑。颠沛流离、惊吓过度，使他丧失了生育能力。唯一的儿子赵旉又在建炎三年（1129）连病带吓而死。新生的南宋王朝，面临皇位后继无人的险境。

虽然不育，虽然丧子，但赵构并不想从宗室，尤其是宋太祖一系的后人里挑选接班人。因此，第一次听到这个建议的时候，他很生气。因为，此时的赵构才二十三岁，恰同学少年，风华正茂。虽说做不到"挥斥方遒"，但至少有信心喊出这样的话："朕还可以。"

他这份信心，源自宋徽宗赵佶的"多产"。宋徽宗不但书法自成一体，而且在"造人"问题上一洗前几代皇帝生不出来的"窝囊"，前后生了八十个子女。

然而，赵构面对的挑战是空前的。首当其冲就是正统性（合法性）问题。

他以康王的身份上台，被人拿来跟唐肃宗灵武称帝相提并论，有"窃据"大统的嫌疑。靠着孟太后（宋哲宗皇后）的支持，以及传闻中的宋徽宗手诏，才算暂时堵住了大家的嘴。

---

① 秀水，今浙江嘉兴。

上台后，他一直在逃跑，没有组织起像样的抗金军事行动，也没有笼络和整合北方抗金义军，而是任其自生自灭。这种只顾自己逃命、不管别人死活的做法，伤透了许多人的心。

于是，有宗室子弟提出，请他穿淡黄色衣服，称制但不改年号。这意味着，他只配做个代理皇帝，没资格转正。

连合法性都受到质疑，再加上金兵的频繁威胁，使得赵构的日子朝不保夕。为社稷计，必须在宗室里找个合适的赵家子弟，备位皇储，确保"国本"，哪怕只是当个"备胎"。

宋太宗一系的后人，几乎全被金人"一锅端"，只剩赵构和信王赵榛两人。赵构在南方重建宋朝，赵榛在北方被抗金义军拥戴。因而，赵榛的存在，对赵构的帝位始终是个威胁。即便北方抗金义军失败，赵榛不知所终，仍有人冒充他，诈取政治资本。

真的也好，假的也罢，都能吸"粉"，不利于赵构的统治。有的宗室子弟看不起赵构贪生怕死的德行。因此，宋太宗一系的后人，赵构都不喜欢，也不接受，哪怕只当个"备胎"。

靖康之变，国家蒙难，官民皆对宋太宗一系的皇帝，特别是宋徽宗、宋钦宗大为失望。许多人怀念起开国皇帝宋太祖赵匡胤，怀念他当年的开拓进取和文治武功，对宋太祖的直系子孙一个多世纪来遭受的不公平待遇报以同情。

因此，在宋太祖一系的后人里挑选养子，作为"备胎"，"育之宫中"，不但有助于化解赵构的"心病"，从而巩固帝位，而且顺乎民心。如果走运的话，还能让宋太祖在天之灵庇佑大宋，免遭金国吞灭。

赵构妥协了。宋太祖一系的后人，就纳入了"备胎"的选材范围。

当然，"备胎"能不能转正，还得看赵构的生育能力。一旦赵构生了皇子，这些"备胎"也就完成了使命，各回各家，断了当太子的念想。

不是什么样的赵家子弟都有机会当"备胎"。为了选好"备胎"，赵构定了两条硬杠杠：

第一，"资相岐嶷"。即不但外表伶俐，而且天资聪慧。第二，"择闺门有礼法者"。即恪守礼法，从小"听话"。

赵伯琮和赵伯浩脱颖而出，进入了"二选一"的最后决赛。

按照第一条标准，赵伯琮是不合格的，按照《挥尘录》和《朱子语类》的描述，他不但长相"清而癯"，而且"小年极钝"，无论是颜值，还是天资，都很一般。相比之下，赵伯浩"丰而泽"，看起来更顺眼，无疑占据了先机。

不过，赵构更看重第二条标准。一次，他让这两个孩子并排站立，故意安排人放一只猫咪出来，大摇大摆地在他俩眼前溜达。赵伯浩"以足蹴之"，用脚把猫踢走；而赵伯琮"拱立如故"，纹丝不动，丝毫不受猫咪的影响。

赵构感叹道："此儿轻易乃尔！"他意识到赵伯琮的不简单之处，便果断赏给赵伯浩三百两银子，打发他离开皇宫。这意味着，赵伯琮一跃成为皇帝的养子、皇位的"备胎"。

绍兴二年（1132）五月，赵构宣布将赵伯琮育于宫中，改名赵瑗。这年，赵伯琮虚岁六岁。从此，他开启了长达三十年的养子生涯。

这三十年，大部分时光都是"闲日子"。他要做的，就是学习。

这三十年，他学了两样东西：怎样当儿子，怎样看世界。

进宫以后，赵伯琮先后由张婕妤和吴婉仪（就是后来的吴皇后、吴太后）抚养。宫墙高深，久别亲生父母，唯一的亲人就是养父赵构。

赵伯琮对赵构既尊且孝，又有些畏惧。他深知，养子的最好结局就是转正当皇子，乃至当皇太子，未来当皇帝，最坏结局就是出局，乃至丧命。一个个竞争对手的提前离场，一个个朝臣悍将的昙花一现，让赵伯琮对赵构充满了恐惧。

赵伯琮渴望"备胎"转正，但不敢明说，又长期得不到皇子的名分。更何况，赵构从未放弃生育皇子的梦想。他曾公开表示："朕年二十九未有子……今未封王，只令建节封国公，似乎合宜。"大臣们建议早立太子，赵构却说："俱是童稚，姑与放行。"这一切，《建炎以来朝野杂记》全都记录在案。

赵构的小心思，赵伯琮看得一清二楚：养父这是要他明白，"备胎"能不能"转正"，不看资历辈分，而看赵构自己的好恶。

也就是说，赵伯琮的人生命运，完全操控在赵构股掌之间。对于这样的父亲，赵伯琮除了敬畏，还是敬畏，不敢有任何不臣之心。这恰恰是赵构最喜欢的状态。

像所有望子成龙的家长一样，赵构对赵伯琮的读书习字管得很严。他喜读《左氏春秋》，每二十四天就读一遍，要求赵伯琮也照此去读。几个月后，赵伯琮不但熟读《左氏春秋》，而且还超额完成了学习任务：熟读《昭明文选》，甚至能自己动手写文章。

养子的"学霸"级表现，令赵构啧啧称赞。当着宰相赵鼎的面，他曾激动地盛赞赵伯琮"天资特异，俨若神人，朕自教之读书，性极强记"。

好学生离不开好老师的指导和加持。赵构不但亲自辅导，还派了一批老成持重的大臣当老师，比如范冲、朱震。他希望赵伯琮能学会老师们"端厚静重"的作风，将来能够继承和恪守由他定下来的国策，维系帝国的稳定。

然而，赵伯琮能否如愿以偿，摆脱"备胎"，结束"闲日子"，成为皇子，乃至皇帝吗？

二、宫里的"盲盒"

在宫里，赵伯琮从来不是独自奔跑。就在他成为养子两年后，又有一名养子送进了皇宫。这孩子名叫赵伯玖，时年五岁，是秉义郎赵子彦之子。赵伯玖比赵伯琮小两岁，聪明伶俐，更讨赵构喜欢，赐名赵璩。

养子有两个，同是检校太保，同封郡王。储位只有一个，赵构必须二选一。

到了读书的年纪，赵伯琮需要有上课的教室。于是，赵构委托宰相赵鼎修缮资善堂。按照礼制，这是皇子读书的地方，没有皇子名分的人是没资格进来读书的。赵鼎接了这差事后，大概是热情过度，不但忙着盖房子，而且想当然地认为，赵伯琮形同皇储，已经板上钉钉了。

很快，赵伯玖也到了读书的年纪，同样被送进了资善堂，待遇跟赵伯琮一模一样。赵鼎懵了，看不懂赵构的操作，便建议向年龄稍长、进宫较早、天资聪慧的赵伯琮适当倾斜，避免将来在皇储归属问题上产生争议和叵测。这个主张，代表了大多数官员的心声。

赵构没有表态。显然，在立储问题上，赵鼎表现得过于积极，令赵构不舒服。于是，"枪打出头鸟"，赵鼎被罢相了。

比赵鼎更"积极"的，是岳飞。绍兴五年（1135），岳飞专程前往资善堂，拜访赵伯琮，两人相谈甚欢。岳飞大赞赵伯琮，感慨"社稷得人矣，中兴基业，其在是乎"。随后，他多次奏请赵构将赵伯琮立为皇太子，直接一步到位。

岳飞是个"直男"，这样的主张，无非是出于忠心，为国家长久计。当然，他也希望未来的皇帝是个明白人，确保大宋江山更稳固，恢复中原更有望。

问题是，作为在外掌兵的武将，三天两头问皇帝什么时候立太子，这让赵构既敏感又诧异：立太子是武将该管的事吗？难道你是盼着我赶紧死，好巴结新主子吗？

随着事态演进，赵伯琮发现，一直缄默的参知政事（副宰相）秦桧，才是真正的狠角色。

赵鼎力挺赵伯琮，秦桧不置可否；赵鼎号召大臣们联名力挺赵伯琮，秦桧没有参与。

自从赵伯琮进宫那天起，秦桧就意识到，宫里悄然上演着父子博弈。是站在现任皇帝一边，还是站在作为"潜力股"的赵伯琮一边，秦桧必须作出抉择。

这是一场豪赌，赌的是自己的政治前途。像猜盲盒一样，好难！秦桧思前想后，决心后发制人，先观察，再决断。

就在多数大臣都急切地指望皇帝在两个养子之中作定夺的时候，秦桧悟出了赵构的小心思。他没有跟风，而是别出心裁，建议赵构撇开养子，暂空储位，留给未来的亲生儿子。

"不育"是赵构的难言之隐，谁都知道，谁都不提。赵构本人也不服气，觉得"朕还年轻"，病还能治，娃还能生。秦桧的建议，刚好说到了他的心坎上。

秦桧的顿悟并非凭空而来。多数大臣就倾心于赵伯琮，让年轻的赵构大有被冷落的孤独感。作为领导者，赵构急需一股力量牵制赵伯琮，防止这个养子尾大不掉。秦桧看到了这层利害关系，才提出了空悬储位，以待亲生子的建议。

"众里寻他千百度，那人正在灯火阑珊处。"秦桧的建议，正是赵构期待的。接下来几次朝会之后，赵构都把秦桧单独留下问话。赵鼎并不知道，也没在意。

几天后，赵构召见赵鼎，询问给赵伯玖加封节度使的事，赵鼎坚决反对。赵构见状，直接传旨赵鼎罢官退休，由秦桧接替。第二年，赵伯玖加封节度使，跟赵伯琮享受同等政治待遇。至此，赵鼎才恍然大悟：皇帝单独留下秦桧，就是讨论加封赵伯玖的事。显然，秦桧和赵构是同一战壕的。而赵伯玖的加封，对赵伯琮自然形成了牵制。

三、与秦桧斗，其苦无穷

赵鼎被挤走了，秦桧在朝堂上再无对手，开始了十几年的独相生涯。赵伯琮也将迎来旷日持久的"苦难行军"。

有秦桧作梗，赵伯琮不但名分长期原地踏步，连先前享受的皇子待遇，也被偷偷剥夺了。从此，他陷入了"妾身未明"的尴尬境地。在宫里，他像个没有上户口的"私生子"，过着谨小慎微的日子。即便如此，还是躲不过秦桧的暗算。

绍兴十四年（1144），赵伯琮的生父赵子偁去世。两宋的礼法都规定，父母去世，儿子要服丧三年。可是，秦桧指使谏官们放话：在服丧问题上要循宋英宗惯例。

宋英宗赵宗实（赵曙）是宋仁宗的养子。生父濮王赵允让死后，赵宗实"带俸解官行服，终三年服丧"。也就是说，停职留薪，在家服丧三年。

赵宗实和赵伯琮，都是被养在宫里的宗室后人，都要为生父服丧，看似情况相似。因此，谏官们的放话并非毫无道理。不过，秦桧在这里耍了把戏，偷换概念。

当年，赵宗实进宫当"备胎"，没多久，宋仁宗得了个亲生儿子，兴高采烈，感到后继有人，便传旨从严管束宗室子弟，还把赵宗实送出了宫。

不久，赵允让去世，赵宗实身在宫外，没有皇子身份，只好跟其他老百姓一样，履行"服丧三年"的传统礼制规矩。

跟赵宗实不同，赵伯琮进宫以后，虽是养子身份，却一直享受皇子待遇，未曾送出宫去。因此，赵构就是赵伯琮法律意义上的父亲，而生父赵子偁的法律地位，显然比不上赵构。这样说来，赵子偁去世，赵伯琮服丧就不需要三年那么久，更不需要停职留薪。

秦桧指使谏官们坚持宋英宗模式，就是要坐实赵伯琮只是宗室子弟，没有皇子之实。一旦服丧三年，就必须停职留薪，即出宫服丧。三年后，皇储的位置可能已经被别人填上了。

秦桧得逞了。赵伯琮被迫停职留薪，出宫服丧。

秦桧没得逞。三年期满，赵伯琮继续当养子。显然，赵构对他很信任。

事后，赵伯琮和秦桧就算结梁子了。他有干掉秦桧的冲动，却又理智地懂得，秦桧手握重权，皇帝眷顾，不仅杀不得，还要继续隐忍。后来，他跟大臣坦陈，眼下政局混乱，跟秦桧脱不开干系，他曾想效仿汉武帝太子刘据，起兵攻杀秦桧，但这似乎不是臣子该做的事。

绍兴二十四年（1154），浙江衢州发生叛乱。秦桧没有请示赵构，就秘密派殿前司将官辛立率千余精锐将士前往弹压。

两宋时期，皇帝对军权有很强的控制欲。未经皇帝点头就擅自调兵，是死罪。赵伯琮抓住这个把柄，直接向赵构举报。

赵构听罢，大惊失色。次日，他气势汹汹地找秦桧算账，但得到的回复让他释然："不足烦圣虑，故不敢闻，俟朝夕盗平则奏矣。"既然秦桧这么做是为了不给皇帝添堵，皇帝也就没有理由再让秦桧添堵了。秦桧擅自调兵的事，也就不了了之了。

不管怎么说，这件事还是惊得秦桧一身冷汗。为了报复，秦桧借口服丧期间不应给俸，要求赵伯琮把服丧三年的俸禄都吐出来。于是，三年的"停职留薪"，变成了"停职零薪"，伤害性不大，侮辱性很强。

有赵构的默许，秦桧玩得越来越大，在朝廷高层搞了一次大轮岗。其结果，是一众党羽上位，跟他不一心的官员几乎全被换掉。特别是宰相张浚靠边站、枢密副使岳飞冤死，使赵伯琮依赖的军政资源迅速凋零。

秦桧为相十八年，恐惧和嫉妒任何政治新星，不惜罗织大狱、迫害异己，只为长期垄断相权。有他横亘面前，赵伯琮不管怎样努力，也翻不过去。

为什么秦桧会跟赵伯琮始终过不去呢？

按说，赵伯琮作为率先入宫的养子，有培养前途，没强劲对手，风险系数低。这也是众多大臣一致力挺他的重要原因。然而，秦桧不愿从众，他要另辟蹊径，彰显与众不同。

政治站队就是风险投资。秦桧的投资对象，就是赵构亲生的儿子。不管这个儿子有没有可能出生，他都下了血本。鼓动赵构祭祀高媒①，派老婆王氏跟御医王继先认兄妹套近乎。如此煞费苦心，就是为了赵构能生个儿子。

秦桧也没儿子，大概想看看王继先给赵构开的药管不管用，而后自己也蹭用。

问题是，指望赵构生儿子，只是个被动的愿景，到头来也没兑现。

那么，促使秦桧打压赵伯琮还有没有其他原因？

一个更深层次的原因，就是秦桧和赵伯琮理念不合。

赵伯琮的身边，汇聚了大批主张恢复故土、报仇雪耻的政治精英。在他们的影响下，赵伯琮被塑造成延续宋太祖赵匡胤开疆拓土精神、带领南宋军民恢复河山的好领导形象。他自己也觉得，使命光荣，当仁不让。

秦桧主张对金国妥协退让，划两淮而治，换取东南半壁休养生息。这样的主张虽然被写入了第二次"绍兴和议"，却缺乏深厚民意基础。

两个人的政治主张截然相反，谁也说服不了对方，也改变不了对方。于是，秦桧祭出了政客的杀招：趁赵伯琮羽翼未丰，竭力阻止他成为皇太子。

025

---

① 高媒：古代掌管繁衍生育的一种神。

只要秦桧还活着，赵伯琮就没有机会翻身。

政治，是不流血的战争。赵伯琮深深领教了政治斗争的厉害。他惹不起，只能等。毕竟，他比秦桧年轻，等得起。

在这场宰相和养子的斗争中，赵构又是怎样的态度呢？

四、究竟还是父亲

虽然收了两个养子，但赵构打心眼里还是希望能有个亲生儿子接班。

就这样耗着，一年年过去了。两个养子长大了，亲生儿子还是没着落。赵构宁愿厚待这俩孩子，来堵住悠悠之口，却始终不给名分。

赵构清楚，一旦确定了名分，比如排定皇长子、皇次子，那么今后万一有了亲生儿子，再改名分就难了。因此，名分不能轻易给出去，宁可空着。

就这样，两位养子的官职、爵位节节提拔，但一直没有"皇子"的名分。

整个南宋决策层，几乎所有高官都是赵伯琮的拥趸，这让赵构很为难。纵然不情愿传位给养子，也不敢冒天下之大不韪。毕竟，他的半壁江山还得指望这批拥趸来拱卫。

这个局面，使赵伯琮虽然暂时没法"进步"，也不至于被赶出皇宫，丢了性命。

赵构需要一个"缓冲带"，既能搪塞拥趸的诉求，又能遏制赵伯琮势力的膨胀，拖慢立储进程，给自己治疗不育症争取时间。

秦桧"勇敢"地接下了这个差事，成了挡在赵构和拥趸们之间的防火墙。

赵构和秦桧的目标是一致的，即期盼赵构治好病，生儿子。这样的话，养子出局，拥趸转向，大臣闭嘴，皆大欢喜。可是，只要娘娘们的肚子没动静，赵伯琮就是安全的，江山迟早是他的，哪怕还有赵伯玖这样后来的竞争者。

显然，赵伯琮和秦桧的对决，实质上是大部分高官（拥趸）与赵构的较劲。

其实，赵构、赵伯琮、拥趸们都有很大的回旋余地。

赵构的高案是亲生儿子接班，低案是养子接班。无论哪案，只要稳住他的皇位，确保江山传给赵家后人，他都接受。这个目标也是满朝君臣的最大公约数，毫无争议。

赵伯琮的高案是当皇太子，低案无非是当不上皇子，被遣送出宫。现实情况是，高案实现的可能性极大，就算当不上皇子，好歹还身兼数职，有爵位，有官职，有俸禄，即便被遣送出宫，过得也不差。

拥趸的一致愿望就是赵家江山皇位永固，代代相传。皇帝立亲儿子，他们无话可说，坚决拥护；皇帝不能生，他们就拥护养子。不管接班结局如何，他们都立于不败之地。

最危险的是秦桧。他一旦成了"防火墙"，就只能"大胆往前走，莫回头"。毕竟，跟潜在的皇位继承者对着干，本身就是自绝后路的极端做法。他把所有的宝，都押在了太医院的医术上。除非赵构生育亲生儿子，他才有未来；否则，就是"一条道走到黑"。

秦桧剥夺赵伯琮服丧期间的俸禄，于法有据，赵构没有阻拦，也不便阻拦。也许，此刻的秦桧正在为自己的"公正执法"而偷着乐，但他不知道的是，赵构偷偷从内帑（皇帝小金库）中拨出"私房钱"，每个月照常给赵伯琮"发工资"。

政治斗争是秦桧的立身之本，但对赵构来说，在政治之外，还有父子温情，虽然这份温情表达得很含蓄。

就冲这份温情，赵构病逝的时候，已经贵为皇帝的赵伯琮，表现出的悲恸是发自内心的。

曾经的长谈，使赵伯琮欣赏岳飞，推崇岳飞，同情岳飞，从而被打上了主战派的标签。岳飞遇害后，十几岁的他满腔悲愤。他不能指责父亲，便把怨气撒在了秦桧头上。

第二次"绍兴和议"，使秦桧的权势达到了顶点。

相权过度膨胀，有违祖宗之法，且架空了赵构，到头来反噬了皇权；但倘若打压乃至罢免秦桧，又会破坏"绍兴体制"，否定一意求和的政治抉择，有损君威和体面。眼下，只能想方设法，遏制秦桧权势的膨胀。这个发挥遏制作用的角色，就交给赵伯琮了。

绍兴二十五年（1155）十月，秦桧病入膏肓，自知不久于人世。为了安排养子秦熺（时任知枢密院事）接任宰相，他隐瞒病情，加紧运作。

然而，没有不透风的墙，赵伯琮早已获悉真相，写了份密奏递到了宫里。

十月二十一日，赵构突然"家访"，令沉疴缠身的秦桧猝不及防。他只好勉强穿上朝服，起身接驾。病痛的折磨，使他难以开口，只是流泪。身体状况的虚实，被赵构看个正着。

旁边伺候的秦熺迫不及待地问："代居宰相者为谁？"

赵构没正眼看他，只是冷冷答道："此事卿不当与！"意思是说，这事与你无关。

相信听罢这话，秦熺的心"拔凉拔凉"的。

当夜，皇宫和相府都在忙活。赵构安排专人起草了秦桧父子的致仕诏书，秦熺纠集一帮党羽密谋夺取相位，不约而同，紧锣密鼓，看谁"跑"得快。

胳膊还是拧不过大腿。第二天，朝廷公布了秦桧父子的致仕诏书：秦桧加封建康郡王，免去宰相，秦熺升任少师，免去知枢密院事，双双致仕，即退休。秦桧名义上的孙子秦埙、秦堪，全都罢官。

满门下野，秦桧急火攻心，当晚一命呜呼，终年六十六岁。

赵伯琮以一纸密奏，粉碎了秦桧传相位给养子的图谋，打赢了这场持久战，间接帮助赵构收回了大权。

事实上，无论是秦桧，还是赵伯琮，都只是赵构巩固皇位的棋子。赵伯琮的忠诚表现，似乎并没有打动赵构。养子依旧是养子，只是赵构老婆们的肚子，依旧没有动静。

五、仓促间"备胎"转正

秦桧死后，赵伯琮继续没名没分地待在宫里。

朝堂上，赵构的宰相换了又换，对"绍兴体制"小修小补。当然，向金国称臣和纳岁币，继续执行，没有改动。

宋高宗赵构临摹《兰亭序》。笔法潇洒自如，既模仿了王羲之书法的艺术神韵，又有鲜明的个性特色。故宫博物院藏

皇宫里，赵伯琮和赵伯玖，一个瘦小孩，一个胖小孩，暗中较劲。赵构打算出题考考他俩，以便选定皇储，着力培养。

一次，赵构摹写了两份《兰亭序》，分别赐给两位养子，要求每人临摹五百份。瘦小孩赵伯琮临摹了七百份，超额完成任务，而胖小孩赵伯玖贪玩，一份也没临摹。

又一次，赵构各派十名宫女去伺候两位王爷。

南宋学者周密在《齐东野语·高宗立储》记载："尝各赐宫女十人。史丞相浩时为普安府教授，即为王言，上以试王，当谨奉之。王亦以为然。阅数日，果皆召入。恩平十人皆犯之矣，普安者，完璧也。已而皆竟赐焉。上意遂定。"

普安郡王府里，瘦小孩赵伯琮听从老师史浩的建议，对这些宫女只供养，不触碰；恩平郡王府里，胖小孩赵伯玖只当宫女们是父亲恩赐，索性阅尽秀色，把她们都睡了，一个也不落下。

几天后，赵构召回宫女们，检查身体。派去伺候赵伯琮的宫女仍是处女，而派去伺候赵伯玖的宫女全都"破了处"。

南宋王朝生于危难，赵构最清楚为君不易的道理。更何况，到了知天命的年纪，他再也不是扬州大溃退期间那个贪恋女色的年轻君王。他不希

望继任者像他当初那样贪图享乐，南宋的家底也经不起贪图享乐的皇帝肆意挥霍。

两相对比，赵构认为赵伯琮不近女色，不被诱惑，更堪大用，值得着力栽培。

好色的赵构，就喜欢用美色拿"投名状"。

绍兴三十年（1160）二月，赵构为赵伯琮改名赵玮，"制授宁国军节度使，开府仪同三司，进封建王"。无论是地位，还是势头，赵伯琮明显领先，赵伯玖几乎出局。

就在这个时候，又出了幺蛾子。

第二年，金国皇帝完颜亮率军南下，兵锋直抵江北，南宋再次面临亡国危险。在秦桧的破坏下，抗金老将凋零，新人乏善可陈，赵构无奈，只好宣布御驾亲征，以此振奋士气。

满朝文武大多畏敌如虎，倒是赵伯琮勇敢地站出来，奏请充当先锋官。这本是一桩效忠君父、报效国家的义举，却被赵构拿来跟唐肃宗灵武夺位的历史相提并论，认为赵伯琮意在借助打仗扩张势力。赵构既生气又害怕，搞得赵伯琮很尴尬，甚至岌岌可危。

时任建王主簿、宗正少卿的史浩正在休病假，听说此事后，赶紧跑到建王府。作为老师，他必须给赵伯琮分析形势，讲明利害，强调"太子不可将兵，这是古来惯例"。

毕竟太年轻，赵伯琮空有一腔热血，缺少政治历练。他抱着忠君报国的思维请缨出征，但无意间具有了抢班夺权、威逼皇上的嫌疑。这是赵构最恐惧、最忌讳的。

史浩很清楚，赵构贪恋皇位，最不希望太子出来分他的权，也不希望王爷们借助打仗扩张势力。于是，史浩立即为赵伯琮代写悔过奏章，放弃当先锋官，转而奏请护驾，以尽孝道。看到这份奏章，赵构的情绪总算是平复了些。

就在南宋决策层争论不休之际，金国也爆发内乱。完颜亮被杀，金兵北撤。在确信"安全"的前提下，赵构这才放心大胆地"御驾亲征"。这更像是一场武装游行，形式大于内容。赵伯琮一路骑马跟随，无论日晒雨淋，都恭敬谨慎，不离左右，悉心安排赵构的起居饮食。

这是靖康之变以来，大宋皇家首次再现"父慈子孝"的盛况。大臣们交口称赞。

二十年来，赵构小心翼翼地恪守第二次"绍兴和议"，对金国毕恭毕敬。没想到，金国说毁约就毁约，说开战就开战，毫无诚信。他意识到，自己苦心经营的求和政策基本完败。

三十年来，赵构坚信自己还能生。因此，他让赵伯琮当了三十年养子，不给名分。然而，群臣归心所向的微妙变化，在"御驾亲征"的过程中恰到好处地展现出来，令赵构有所感悟。他意识到，自己苦心孤诣的亲生儿子接班计划已经没戏。

历史的车轮不会再苦等赵构治病和生娃了，南宋王朝需要一个"天资英明、豁达大度"、能力出众、年富力强的皇帝，来改变卑躬屈膝、内外交困的危局。

赵构释然了：把江山交给一个听话的接班人，既能让自己从繁重的政务中解脱，又能换取接班人继续知恩图报，既能退居德寿宫颐养天年，又能以太上皇之尊遥控垂拱殿，人虽不在场，照样掌大权、断大事。这是个好主意。

绍兴三十二年（1162）年初，赵构结束"御驾亲征"，返回临安。五月，他就册封赵伯琮为皇太子。一个月后，赵构宣布"内禅"，赵伯琮称帝，即宋孝宗。为了方便民

宋孝宗坐像。台北故宫博物院藏

间避讳，赵伯琮改名赵眘。

至此，"备胎"转正。赵伯琮将在垂拱殿接见大臣，处理政务，打造属于他的江山风华。

赵伯琮深知，赵构才五十六岁，除了不育，身体无碍，在位三十多年，把皇权看得比命都主贵，纵然交出了皇位，会连大权一起交出来吗？作为新皇帝，赵伯琮该怎样处理跟老皇帝的关系呢？

六、谁才是真正的老大

德寿宫，位于皇宫大内以北，又称"北内"，是秦桧旧邸改建而成的。自从赵构决定将这里作为晚年生活的居所后，新皇帝赵伯琮就悉心经营，专门引入西湖水，营造人间盛景，将其打造成太上皇养尊处优的天堂。

这只是赵伯琮孝敬父亲的诸多点子之一。

历朝历代的太上皇，最想要的无非三样：无上荣光的尊号、挥霍享受的资源、左右大局的特权。简而言之，就是面子、钱袋子和印把子。

新皇帝给赵构上了个"光尧寿圣太上皇帝"的尊号。"光尧"的含义，旨在歌颂赵构光大了尧的"禅让"之德。"寿圣"寄托了对赵构的好评和祝福：既是伟大的"圣人"，又要"益寿延年"。

八个字的尊号，既洋溢着新皇帝政治历练的进步，又给足了太上皇面子。赵构得意洋洋，公开坦言："朕在位失德甚多，更赖卿等掩覆。"至少，赵伯琮做到了替父"掩覆失德"。

南宋立国以来，地盘少了五分之二，财政支出有增无减，朝廷的钱袋子紧得很。即便如此，但凡物质待遇，只要赵构想要，赵伯琮全都满足。

太上皇每月零花钱定额四万贯，相当于大臣最高月俸的一百倍。德寿宫的日常开销另算。每逢太上皇过生日，赵伯琮还要孝敬银五万两、钱五万贯、绢五千匹，这只是个基本数。

一次，赵伯琮献给赵构一条寿星通犀带，就花了十万贯。另一次，赵伯琮酒醉时随口许给赵构二十万贯，醒酒后不记得了。可是，太上皇记性好，不好意思找儿子要，便在太后面前反复念叨。太后实在受不了，就动用私房钱，以儿子的名义给了他。赵伯琮听说后，为了讨太上皇和太后的欢心，直接翻倍，再献四十万贯。

南宋长期奉行酒类专卖政策，禁止私人酿酒。赵构知法犯法，指使贴身宦官开设酒库，私自酿造德寿宫御酒，既自己喝，也拿去卖，赚外快。这事很快就被谏官告发了。

赵构很生气，觉得谏官挡他财路，向儿子施压，要收拾谏官。赵伯琮无奈，打算把谏官免职了事。这时，宰相史浩表示，谏官直言，却被罢官，示范效应太坏。于是，赵伯琮就没有处理这位谏官。

可是，赵构不依不饶，特地赐给赵伯琮一壶酒，亲笔题写"德寿私酒"的标签，意在告诉儿子和满朝文武：老子就违法了，看你能咋办！

看着父亲为了赚外快摆出的无赖样，赵伯琮一声叹息：连朕的天下都是太上皇给的，给他卖酒的特权又能怎样呢？最后，他想出了一个既保住朝廷体面，又给父亲有所交代的办法：让这位谏官自请闲差，换个地方做官。赵伯琮眼不见心不烦，这事就不了了之了。

既然赵构喜欢酿酒，赵伯琮干脆每年拨五千石糯米，专供德寿宫酿御酒。这样一来，赵构酿酒的事就合法了，可以名正言顺地赚外快。

不光酿酒行业，只要是能赚钱的行业，赵构都插一杠子。在临安盖房是要交税的，但只要打着德寿宫的名义盖房，就能免税。于是，许多达官贵人拼命走太上皇的门道，行贿送礼，就为拿到免税的尚方宝剑。只要插上德寿宫的旗号，哪怕是粪船，也能免税。

买卖做得太多，搞得德寿宫名声烂透。不过，只要能赚钱，赵构才不管那么多。

虽然不能生，但赵构对女人的性趣有增无减。以前公务缠身，这方面还要稍加节制；如今彻底放松，可以夜夜笙歌了。不过，跟那些纵欲过度的短命皇帝不同，赵构活了八十一岁，在中国古代的长寿皇帝中排名第四。赵构去世后，德寿宫一次性将四十九位宫女放归民间。其中不乏一二十岁的妙龄少女，论辈分，都够做赵构的孙女或曾孙女了。

在生活作风上，赵构是荒淫和骄奢的。对此，赵伯琮全力支持，为的就是让太上皇活得"更充实"，无暇插手朝政。万万想不到，赵构精力过剩，可以一边赚钱，一边吃香的喝辣的，一边心情愉悦地操心着国家大事。

赵伯琮想为岳飞平反，又怕驳了赵构的面子。于是，他煞费苦心，在平反诏书中写道："太上皇念之不忘，今可仰承圣意，与追复原官。"

岳飞之死，本是赵构拍板，却被赵伯琮洗白成"太上皇念之不忘"，就连平反岳飞，也要洗白成"仰承圣意"。看着儿子这番似是而非的"掩覆"，赵构既没反对，也没附和，算是默许了。

赵伯琮新任命的宰相，都要到德寿宫"入（宫）谢（恩）"和聆听太上皇"圣训"。赵伯琮想北伐中原，恢复旧土，赵构直接放话："等我百岁之后再来讨论这事吧。"

赵伯琮想起用主战派领袖张浚当宰相，赵构先说张浚徒有虚名，只是将国家名器钱物做人情的小人。见赵伯琮执意坚持，又改口说张浚只能当右相，左相必须让主和派大臣汤思退来当。以左为尊是宋朝官场惯例，这么做就是要压制主战派。

儿子拧不过父亲，只好照办。

军国大事，最怕背后有人搞破坏。隆兴北伐，是赵伯琮上台之初的重要军事行动。对此，赵构非但不支持，反而各种掣肘。

一开始，赵构曾把赵伯琮叫到德寿宫，劈头盖脸一通骂，让他取消北伐。这时候，大军已经开拔，显然无法收回成命，但又不能驳父亲的脸面。于是，赵伯琮只能以沉默来硬扛。

北伐失败，宋金重开谈判。赵伯琮赞同张浚的主张，对业已收复的唐、邓、海、泗四州态度强硬，拒不放弃。而汤思退主张全盘接受金国条件，不但放弃这四州，还要割让商、秦二州。双方争执不下，汤思退便搬出太上皇来压赵伯琮："宗社大计，奏禀太上皇帝再作决定。"气得赵伯琮大骂汤思退的行径连"秦桧之不如"。

"隆兴和议"达成后，金国使臣来临安入见。赵伯琮要求金国使臣按照敌国之礼，从阁门转呈国书。金国使臣坚持要求按第二次"绍兴和议"定的规矩，由南宋皇帝在殿上亲自起立，从使者手中接过国书。双方为这个问题僵持多日，谈不拢。

礼仪上的争执，反映了宋金双方的对立。赵伯琮要展示强硬，故而不愿亲自接国书，而是让人转递。结果，赵构发话：你不接，我去接。搞得赵伯琮无比尴尬，只好让步，循绍兴惯例。

对于北伐大业，赵伯琮念兹在兹，耿耿于怀。而赵构反复告诫他："一旦用兵，金国不过事关胜负，而我们却事关存亡。"赵构的话，让赵伯琮像戴了镣铐，有心杀贼，无力回天。复土雪耻，就像一场梦，被赵构搅得稀烂。

赵伯琮在位二十七年，其中二十五年都只能屈居老二，既要伺候太上皇，又要忍受太上皇。等把太上皇赵构熬死，自己的锐气也消磨殆尽了。

没有大事可做，赵伯琮只能在小事上做文章，彰显他跟赵构的大不同。

淳熙十一年（1184）某日，南宋大学者陈亮在老家闲居，发了一次"超标"的酒疯。他跟几个狐朋狗友喝多以后，就扮演皇上上朝，让几个朋友演大臣，陪酒的丫头演皇妃，他来演皇上。几个人万岁、爱卿地叫了一通，过了把瘾。

谁知隔墙有耳。这事很快被人告发，证据确凿，涉案人等被投入大牢。刑部判决，陈亮假扮皇帝，大逆不道，定了死罪。按照南宋法律，死刑犯在执行前，需要皇帝审批。赵伯琮看了看案卷，没有批准，只是随口说了句："秀才醉了，胡说乱道，何罪之有？"

陈亮运气好，碰上了这位胸怀大度的皇帝；而赵伯琮就是要借这件事，来彰显他的宽容和睿智。毕竟，陈亮只是个无职无权的书生，怎么蹦跶也翻不了天。

岁月催人老。太子赵惇在东宫当了十几年太子，年已不惑，而赵伯琮虽然年纪大了些，但身体硬朗，压根没有传位的任何动向。赵惇有些按捺不住了。

一天，他向赵伯琮吐槽："儿臣有白胡须了，有人送来了染胡须的药，儿臣没敢用。"赵伯琮当即听出了弦外之音，笑眯眯地答道："有白胡须好啊，正好向全天下显示你的老成，要染须药有什么用呢！"

话虽这么说，面对儿子的渴求，想想自己当年的悲催处境，赵伯琮心软了。淳熙十六年（1189），只当了两年"真老大"的赵伯琮，禅位给太子赵惇。

这件事的最大受益者，是一个叫恭州的地方。赵惇曾在这里封王，如今又当了皇帝，可谓"双重喜庆"。于是，恭州升格为府，改名重庆。如今，这是中国面积最大的直辖市。

赵伯琮的太上皇生活，并不像赵构那般潇洒。

赵惇不但是个"妻管严"，被生性妒悍的李皇后PUA，还一度患上了精神病，更顾不上孝顺父亲了。李皇后大权在握，整个家族鸡犬升天，拼命封官许愿捞好处，赵伯琮在位时期节俭、清廉的官场风气霎时间荡然无存。

五年后，赵伯琮在栖栖惶惶中去世，享年六十八岁。他是宋高宗赵构选出来的天子，却不得不做着时代和命运的选择题。他对得起"孝宗"的庙号，却无力为南宋选择一条收复失地、重整河山的道路。这或许才是他留给历史的最大遗憾。

吴氏：“金婚级”武侠皇后

两宋之际，女词人李清照写过一首唯美的《浣溪沙·闺情》：

绣面芙蓉一笑开，斜飞宝鸭衬香腮，眼波才动被人猜。

一面风情深有韵，半笺娇恨寄幽怀，月移花影约重来。

脸蛋贴花如绣，斜插鸭形头饰，莞尔一笑，月移花影，秋波暗送，风情万种。

这样的仪态，人见人爱；这样的美人，醒脑提神。宋高宗赵构也不例外。女色，是他这辈子最大的"小爱好"。

赵构有皇后，但《宋史》的记载中，找不到描述美貌的只言片语，只有这位皇后身着戎装，带刀护驾，摆出一副"不爱红装爱武装"的强悍架势。

这一切，与赵构最大的"小爱好"南辕北辙。

更不可思议的是，这位皇后不但携手赵构，走向金婚，而且接连陪伴了南宋前四任皇帝，当了两任太皇太后，一任皇太后，俨然纱帘后面的政坛"不倒婆"。

是什么支撑她稳坐钓鱼台？她又为南宋的历史留下了什么？

一、侍康：由梦境到现实

南宋建炎三年（1129）的一天，临安。城里有点乱。

一伙禁军将士包围了皇宫，准备诛杀皇帝宠信但胡作非为的宦官。领头的士兵闯进宫里，恰遇一位女子，便质问道："皇帝在哪儿？"

面对杀红了眼的武夫，女子吓得脸色惨白，但方寸没乱，随便一指，糊弄了过去。

赵构死里逃生，躲过一劫。

对于这件事，《宋史》只是一笔带过："从幸四明，卫士谋为变，入问帝所在，后绐之以免。"不过，小说家添油加醋，演绎了各种版本。比如，将"政变"改为"行刺"，为这个女子穿上"戎装"，挺身而出，手起刀落，斩杀六名刺客。

传说，这位女子是赵构的贴身侍女，一直伺候左右，同屋睡觉。只是，赵构睡床，女子睡地板。遇刺当夜，赵构惊魂未定，把侍女留在了自己的龙床上。

为了这春宵一刻，侍女等了整整一年。

传说终归是传说，正史没有记载的，不敢全信。当然，《宋史》也提到，这位侍女入宫之后，人称"侍康"。而赵构称帝前，恰是康王。冥冥之中，她和赵构有着不解之缘。

没有人记得她叫什么名字，只知道，她姓吴。

吴姑娘生于北宋首都开封的一个武术世家，从小跟着家人习武。虽是女流之辈，但武艺高强，姿色标致。

古人是迷信的，吴家也不例外。

父亲吴近就曾梦见自己来到一个亭子，上挂横匾曰："侍康"。旁边种的芍药，只开了一朵花，特别艳丽。花下有一只白羊。

睡醒后，吴近对这样的场景依旧念念不忘，深感惊异。然而，他并不清楚，梦里的一切，究竟意味着什么。

北宋政和五年（1115），羊年，发生了两件大事。

远在东北"苦寒之地"的按出虎水①，阿骨打领导女真人起兵，建立金国。对于北宋首都的百万军民来说，这个将在十二年后席卷中原、洗劫

---

① 按出虎水，即今黑龙江哈尔滨市东南阿什河。

开封的政权，还很遥远，鲜为人知。

吴近最关心的，还是家里"添丁"的喜讯。吴姑娘出生的时候，传说红光射向窗外。不管是巧合，还是神话，注定了这个"羊宝宝"的不一般。

十四年后，豆蔻年华的吴姑娘，被选入宫，侍奉康王赵构。直到这时，吴近才恍然大悟：梦境中的牌匾"侍康"落位于此，变成了现实。

吴姑娘入宫后，非常得宠。父以女贵，吴近也享受了殊荣：生前官至武翼郎，死后追赠太师，追封吴王，谥号宣毅。

当年吴近的梦究竟是真，是假？"侍康"的典故究竟是巧合，还是附会？

吴近生活的年代，恰是宋徽宗赵佶大力推广道教的时期。编造具有美好寓意的梦境，借助神秘力量来巩固女儿的地位，对吴近、吴姑娘乃至吴氏家族，既有利，又可操作。

"侍康"了一年，吴姑娘就得到了宠幸，宫中地位扶摇直上。对于一个地位边缘的侍女而言，这样的运气来得很快。

运气缘于两件大事：

——靖康耻。

靖康二年（1127），金国铁骑踏破开封，"二圣北狩"，一众皇室成员也跟着被掳到北方，包括赵构的娇妻邢秉懿，两个侧室田春罗、姜醉媚，以及五个闺女。赵构奉旨出差，不在京城，逃过一劫。他作为唯一幸存的皇子，被拥立为新皇帝。

新皇帝不但要重建宋朝，也要重建家庭。毕竟，一夜之间，他失去了父母兄弟妻儿。就这样，建炎二年（1128），吴姑娘入宫，成为众多"侍康"妻妾的一员，追随左右，不离不弃。

——患难行。

兵变中吴姑娘的机智反应，救了赵构，也救了她自己。不过，颠沛流离的日子并没有结束。金兀术发起"搜山检海"的大规模追击。赵构被迫带着群臣逃跑，把小朝廷搬进了几条船，在茫茫大海上漂了几个月。

大海宽广，但漂泊的日子是憋屈的。本就惊魂未定的赵构，看到一条鱼突然从海里跃上甲板，吓了一跳。

这时，吴姑娘斗胆进言："此周人白鱼之祥也。"关键时刻，有文化就是不一样。吴近对吴姑娘的启蒙教育，在这一刻发挥了奇效。

传说周武王渡河时，突然狂风大作、浪花滔天，一条白鱼跳上甲板。周武王便用它祭祀了河神，最终安全过河。吴姑娘见到类似场景，便引经据典，抬出了西周开国君王的传奇。

此时的赵构，正急于摆脱金兵追击，保住小命和小朝廷，最想听的就是"吉兆"，尤其是渡河成功之类的好话。吴姑娘的"白鱼之祥"，就像一剂强心针，坚定了赵构"活下去"的信心。周武王能遇难成祥，更何况是正牌皇帝呢？

既身怀吉兆，又能解读吉兆，这让赵构刮目相看。吴姑娘不但用实际行动证明：自己并不是娇弱的"芍药花"，而且靠着能说会道和讲故事的本事获得了实惠：受封和义郡夫人。

海上漂泊了四个月，也是赵构对吴姑娘了解不断加深的四个月。等追兵退去、危险解除后，吴姑娘的地位不再边缘，而是质的飞跃。

弃船登岸之际，重返杭州之时，吴姑娘升职了。赵构封她为"才人"，正式纳入后宫的"行政序列"。此刻，她的脑海里或许闪过了一个念头：我这辈子有没有机会当皇后呢？

二、超越：从宫廷配角到六宫之主

论当皇后这事，吴姑娘原本毫无希望。因为皇后大位早已被邢秉懿锁定。只不过，金人南下打乱了一切的安排。

邢秉懿被俘后，吃了不少苦，受了不少委屈。无时无刻不想逃离北方，回到南方。然而，如今的她，只能作为金人的玩物和人质，带着身孕被押往寒冷的北方，又被金人强迫堕胎、反复凌辱、再度怀孕、坠马流产。遍尝各种困难，还要被金人据为奇货，要挟南宋。

几经哀求，金人总算允许宋徽宗的近臣曹勋前往南方。邢秉懿无法随行，只好解下赵构送她的金环，嘱托曹勋随身携带，交给赵构，还要捎上口信："幸为吾白大王，愿如此环，得早相见也。"

她很希望丈夫来救她，她相信丈夫一定会来救她。

然而，她低估了丈夫的冷血。在那个信奉"兄弟如手足，妻子如衣服"的年代，一个连老爸老哥都不想救的男人，会下血本来搭救一个"不再干净"的女人吗？

金环带到了，口信也捎到了，但等来的，并非英雄救美的故事，而只是遥册的皇后封号。

邢秉懿当上了皇后，却没有享受过皇后该有的待遇。赵构只是偶尔良心发现，想起这位娇妻，默默地掉几滴眼泪，如此而已。

绍兴九年（1139），三十四岁的邢秉懿带着屈辱和遗憾去世了。为了继续要挟和勒索，金人没有将噩耗告知南宋朝廷。直至三年后，生母韦太后回到临安，赵构才获悉发妻的死讯。此时，距离赵构称帝已经过去了十六年。

也就是说，中宫之位名义上给邢秉懿留着，实际上空了十六年。

如今，邢秉懿死讯坐实，后宫便不再平静。妃嫔们纷纷跳出来，想方设法冲击皇后宝座。

最有竞争力的妃嫔，当属潘贤妃。跟吴姑娘一样，她也是开封人。父亲是直翰林医局官潘永寿，比吴近的社会地位高多了。

宣和四年（1122），十四岁的潘姑娘被韦贤妃选中，进康王府当了通房丫头。五年后，她怀孕了。

几乎同时怀孕的，还有邢秉懿。

不过，跟邢秉懿相比，潘姑娘并无名分，地位边缘，因而没有列入"北狩"名单，逃过了靖康之变的劫难，逃到了南京应天府，从"通房丫头"变成了"康府老人"。

冲着这份资历、这份投奔，还有肚子里的骨血，赵构有心立她为皇后，也有利于抬升即将出生的孩子的身份地位。

不过，潘姑娘的"好事"被大臣吕好问搅黄了。吕好问认为，应该遥册邢秉懿为皇后，虽然她当了俘虏，但只要名分在，就可以向臣民们展示皇帝收复失地的决心，既能笼络朝野人心，又能打造励志人设。

作为皇帝，赵构对权力的热情远大于对女人的眷恋。于是，潘姑娘屈居贤妃，与皇后位置失之交臂。

当然，赵构并非绝情。他确认潘贤妃在后宫实际第一人的地位，还把梁师成的宅邸赐给潘贤妃的叔叔潘永思。相比之下，邢秉懿虽贵为名义上的皇后，赵构却吝啬地打发其母租房度日。跟"通房丫头"的上升势头相比，原配完败无疑。

建炎元年（1127）六月，潘贤妃生下了赵构唯一的儿子赵旉。此时，距离赵构称帝也才过去一个月光景。新皇帝欣喜若狂，大赦天下。至于邢秉懿的死活，他已经顾不上了。

母以子贵，子以母荣。

潘贤妃在后宫独领风骚，赵旉也跟着享了清福。刚满百天，这个娃娃就官拜检校少保、集庆军节度使，封魏国公，达到了许多高级官员的职业天花板。

然而，过早地位极人臣，或许透支了这个孩子的福报。虚岁三岁那年，赵旉因病夭折。

独子之丧，令赵构和潘贤妃肝肠寸断。按说，夫妻俩还年轻，还能生。可是，谁都知道，赵构在南逃途中受了惊吓，丧失了生育能力，再也没法"雄起"了。

为了延续南宋王朝的香火，赵构不得不循先帝惯例，将宗室子赵伯琮接到宫里，充作养子。谁来抚养这个孩子，就成了一道难题。

赵构的解题思路，就是将宫中有名分的三个女人摆成一排，分别是潘贤妃、张婕妤和作为才人的吴姑娘，再让赵伯琮自己来挑选养母。

按说，潘贤妃地位最高，如果她自告奋勇，另两位是争不过她的。

然而，她没有当政治家的心态和眼光。

開宗明義章第一

曹大家間居諸女侍坐大家曰昔者聖帝二女有孝道降于嬀汭旱遊恭儉思盡婦德明多智兒人之難汝聞之乎女子愚昧未嘗接大家曰夫人餘論昌得以辨之多聞之大家曰夫學以聚之問以辨之多聞闕疑可以為人宗吳汝紙聽其言行其事吾為汝陳之夫孝天地人倫動鬼神感禽獸恭近於禮三思後行無施其勞不代其

《宋高宗书女孝经马和之补图卷》第一章，南宋赵构书、马和之绘，绢本设色。该图卷惟妙惟肖地反映了宋代妇女生活的细节。《女孝经》是唐朝散郎侯莫陈邈的妻子郑氏所写，主要记载女性的礼仪规范。台北故宫博物院藏

儿子赵旉死后，她就郁郁寡欢，失魂落魄，沉浸在悲恸中无法自拔。或许，她心心念念的"母以子贵"没了，皇后梦也就碎了，全然没琢磨出，当养母也是个"曲线救国"的路子。

因而，潘贤妃见到赵伯琮，就想起自己苦命的亲生儿子，刚刚平复的情绪又悲伤起来，愁眉苦脸，直接吓退了六岁的赵伯琮。

相比之下，张婕好面带微笑。没错，哪个孩子不喜欢和蔼可亲的妈妈呢？

就这样，张婕好当上了赵伯琮的养母，而潘贤妃失去了最后的翻盘契机，只剩下"失独"的孤寂与惆怅。绍兴十八年（1148），潘贤妃离世，享年四十岁。

跟张婕好比起来，吴才人还嫩一些。当养母这事，吴姑娘不敢争，也争不过张婕好。

确定了养母，赵构很高兴。绍兴十年（1140），张婕好和吴姑娘一道晋升婉仪。这意味着，吴才人以自己的低调和忍让，熬到了跟张婕好平起平坐的地步。

也许是当养母太辛苦，也许是红颜薄命，两人并驾齐驱的状态只维持了两年，张婕好就去世了。她这辈子都没能等来的"妃"的封号，总算在死后兑现了：赵构追封她为"贤妃"。

按照赵构的旨意，吴姑娘成了赵伯琮的新任养母。不过，这个"养母"可不白当。赵构顺势册封她为"贵妃"。如此一来，吴姑娘一举超越还沉浸在丧子悲痛中的潘贤妃，成了后宫实际意义的"一把手"。

绍兴十二年（1142），邢秉懿死讯传来，临安皇宫再没必要保留遥册的皇后名号了。在征求了韦太后和众位大臣的意见后，赵构册封吴姑娘

为皇后。

这年是绍兴十三年（1143），距吴姑娘入宫已经过去了整整十五年。

经过宫廷生活的磨炼，她从豆蔻少女吴姑娘成长为"六宫之主"吴皇后。

从此，我们可以正式称她"吴皇后"或者"吴氏"了。

三、栽培、智慧、机遇："三位一体"的成长之路

吴氏的成长，首先离不开赵构的栽培。没有赵构点头，别说皇后，她连才人也当不上。

赵构表面柔弱，内心是复杂的。既有对内外对手的恐惧，又有对身体软肋的自卑，更有对国破家亡的愤懑。他最渴求的，是体面地保住皇权和皇位。他最需要的，是在危难关头的慰藉和照顾。

在后宫的所有嫔妃里，吴氏做得最好。

《宋史》记载，吴贵妃"博习书史，又善翰墨"。陆游称赞赵构"妙悟八法，留心古雅"。一对文化人凑在一起，相互欣赏，相互切磋，共同语言多了，感情自然升温。

平日里讲经论道，危难关头还能说会道，引经据典，以"白鱼之祥"宽慰失魂落魄的皇帝。这样的女人，哪个男人会不喜欢？

赵构称帝后的前几年，一直活在逃亡的路上，日子朝不保夕，性命随时堪忧。他最需要的，就是陪伴。吴氏不但陪伴左右，还经常戎装在身，给惊慌失措的赵构带来几分安全感。

传说，赵构乘坐的御舟曾险些被金人的战船追上。危急关头，吴氏面不改色，张弓搭箭，射中敌将，扰乱了金人的阵脚，为御舟逃脱赢得了时间。不管传说是真是假，能编出这样的故事，本身就说明吴氏自带"锦鲤"特质，真有两下子。

出生时号称红光满屋，作战时真的沉稳救驾，吴氏浑身上下都是吉兆。这样的女人，哪个男人会不喜欢？

在需要破解难题时，个人智慧的色彩就尤为显眼。比如，婆媳矛盾，自古就是家务事里的难题，吴氏却凭借自己的智慧轻松破解。

第二次"绍兴和议"的最大受益者，就是韦太后。她终于摆脱在苦寒之地的糟糕生活，回到了儿子赵构身边，重回锦衣玉食的好日子。不过，对于在金国的那段屈辱，她有难言之隐，既郁闷，又敏感，表现出"性严肃"。

对此，作为儿媳妇的吴氏，给出了独特的"药方"：亲自侍奉起居，尽量耐心伺候，体贴周到，"顺适其意"。久而久之，韦太后对这个儿媳妇刮目相看。

吴氏不但孝顺，而且自律。她曾"绘画《古烈女图》置坐中为鉴"，又"取《诗序》之义"，在自己的宫里挂了一块"贤志"的牌匾。

不管是真正的自省，还是带有表演成分，价值导向是正面的，也有利于赵构巩固皇位。更重要的是，韦太后觉得，这个儿媳妇品行端正，眼光深邃，胸怀大志，算个"贤内助"。

邢秉懿的死讯传来，大臣们纷纷表奏新立皇后。在后宫排名第一的贵妃吴氏，自然是新皇后的热门人选。立谁为后，是关乎母仪天下的大事，赵构还想听听母后的意见。可是，韦太后未置可否。

韦太后早年只是宰相苏颂的暖床丫鬟，侍寝时曾遗尿不已。尽管苏颂认为这是"大贵"，将她推荐给端王赵佶（即后来的宋徽宗），成全了她的飞黄腾达，但毕竟不怎么光彩。

这些陈年旧事，吴氏有所耳闻。也正是她知道得太多，韦太后在立皇后的问题上没表态。不表态意味着既不支持，也不反对，更意味着将选皇后的决定权还给了赵构君臣。大臣们心领神会，便顺水推舟，称赞吴氏贤良淑德，理应立为皇后。

绍兴十三年（1143），凭借"锦鲤体质"，以及"蜂窝煤似的心眼"，吴氏被册封为皇后，成为名副其实的"六宫之主"。

赵构先后将两个宗室子收入皇宫，立为养子。其中，赵伯琮交由张婕好抚养，赵伯玖交由吴氏抚养。张婕好去世后，赵伯琮也划归吴氏抚养。虽说膝下两个养子，但"入行"总要分个先后。

按说，吴氏会更偏心赵伯玖，但实际情况是，吴氏对两个孩子一碗水端平，没有"亲疏之别"，而"视之无间"。

政治家的格局和胸怀，就体现在这样的点滴之间。比起宫里的其他嫔妃，吴皇后的段位显然高出一筹。

这两个养子，在储位归属问题上是竞争关系。究竟谁能问鼎太子大位？身兼皇后和养母，吴氏的主张，对赵构是有影响的。

在她看来，推荐谁成为储君，首要考虑的，不是"亲疏"，不是抚养时间长短，而是品行和才智是否符合未来皇帝的标准。吴氏认为，相比之下，受封普安郡王的赵伯琮恭俭勤敏，聪慧好学。她曾对赵构讲："普安（郡王），其天日之表也。"

吴氏的表态，成了赵伯琮的加分项。最终，赵构明确将赵伯琮封为皇子，基本确立了储位，而赵伯玖则被送往绍兴居住，"靠边站"了。

绍兴三十二年（1162），赵构退位，自称太上皇，养子赵伯琮上台。吴氏自称太上皇后，与赵构一起迁居德寿宫。赵伯琮毕恭毕敬地上了个尊号："寿圣太上皇后"。吴家的亲属也将"推恩有差"。

综观吴氏的通向皇后之路，夫君和婆婆的信任是第一位的。这源于她的高智商、高情商、高胆略，即核心竞争力。至于历史性的机遇，就是潘贤妃淡出、张婕妤病逝、邢秉懿死讯坐实，等等。这些机缘，需要在同一时间段巧合，且有足够实力接得住，才能发挥更大作用。

领导栽培、个人智慧、历史机遇，缺一不可。

四、四天垂帘：不一样的太后

赵构这辈子好运连连，多次死里逃生，得益于众将力战，也得益于"贤内助"吴皇后的帮衬。

退居德寿宫后，吴皇后陪伴赵构，度过了宁静恬淡的晚年。

淳熙十四年（1187），她送走了八十高龄的丈夫。两年后，她又目送养子赵伯琮退位。新皇帝是赵伯琮的第三子赵惇（宋光宗）。

赵伯琮是吴皇后带出来的"精品养子"，更是南宋最孝顺的皇帝。相比之下，赵惇是南宋最不孝顺的皇帝。不孝，在很大程度上，就是"惧内"引发的。

皇后李凤娘，是庆远军节度使李道的女儿。早年，在术士皇甫坦的推荐下，赵构做主，李凤娘被聘为恭王妃，嫁给了赵惇。

没想到，这姑娘是个"狠角色"，生性嫉妒，对赵惇的身边人动辄冷言数落，甚至写举报信，向赵构和赵伯琮告状。更糟糕的是，她对朝政大事指手画脚，俨然"真皇帝"一般。

面对强悍的老婆，赵惇既惧怕，又无奈，只好忍气吞声，活在被PUA的气氛里。即便如此，也免不了被"修理"。

一次，赵惇洗手时，见端盆宫女的双手白嫩，不禁喜形于色。几天后，他收到了李凤娘派人送来的食盒，打开一看，竟装着端盆宫女的双手。

霎时间，赵惇脸色惨白，心脏病发作。

作为皇后，李凤娘不允许赵惇有任何"出轨"迹象，哪怕只是"精神出轨"。

只因手白，惹得皇帝好感，便被砍去双手，端盆宫女相当无辜，但还算保住了性命。如果得到了皇帝的宠爱，恐怕连性命都难保了。

当太子期间，赵惇收到了一份厚礼：赵构恩赐的侍姬黄氏。上台后，黄氏被册封贵妃，备受赵惇宠爱。这让李凤娘妒火中烧。

一次，趁赵惇外出祭祀，李凤娘派人虐杀黄氏，谎称"暴亡"。明知是李凤娘干的，却连质问的勇气都没有，惊骇之余，赵惇只剩流眼泪了。

连遭重挫，赵惇脆弱的神经崩塌了。随后，病情时好时坏，无法打理朝政，大权落入李凤娘之手。绍熙三年（1192）起，"政事多决于后"。

不过，李凤娘并没有北宋时期刘太后、曹太后、高太后的政治智慧。权力在她手里，并不是用来办实事的，而是用来捞好处的。在她的操办下，娘家三代封王，侄子官拜节度使，亲属、门客纷纷补官，大肆敛财。李氏外戚恩荫之滥，在南宋立国以来是空前的。她还明目张胆地扩建李氏家庙，派去守护的士兵比太庙还多。细究起来，已属僭越规制。

李凤娘育有一子，即嘉王赵扩。按说，这是嫡子，立为太子也顺理成章。不过，太上皇赵伯琮认为，赵扩天性懦弱，不适合接班，反倒是魏王赵恺的儿子嘉国公赵抦，生性聪慧，深得喜爱，值得信赖。

赵恺是皇二子，比赵惇年纪大，序齿在先。当年赵惇取代了赵恺，当上太子，成为皇帝。如今，太上皇宠爱赵恺之子，反对立皇帝的嫡子为储君，这令本就精神脆弱的赵惇更感恐惧，生怕辛苦熬来的皇位随之得而复失。

这份自卑与不安，令他与父亲的感情越发疏离。

绍熙初年，赵惇独自率后妃们游览聚景园。对此，大臣们议论纷纷，认为赵伯琮在位期间，凡出游必恭请太上皇赵构同行，而赵惇只顾自己游玩，却不去恭请太上皇赵伯琮，这样不妥。

大臣们的奏札，惹得赵惇很不高兴。一时间，情绪激动。刚好赵伯琮派宦官恩赐玉杯，赵惇余怒未消，接得不稳，失手将其打碎。宦官复命时，将事情经过掐头去尾，只说皇上见太上皇赏赐，非常气愤，连玉杯都摔碎了。听罢这话，赵伯琮心中不快。

一次，赵伯琮游园，摆下家宴，赵惇却没有前来侍奉。又是宦官搬弄是非，故意在园中放一群鸡，让人捉又捉不着。于是，众人齐呼："今日捉鸡不着！"当时，临安百姓将乞酒食于人称为"捉鸡"。宦官们这么干，意在嘲讽赵伯琮寄人篱下的处境。这一刻，赵伯琮羞愤不已，却也只能佯装不闻。

亲生儿子连最起码的礼数都不讲，作为父亲的赵伯琮，岂能听之任之。

父子之间的隔阂，最好的解药莫过于女眷们从中穿针引线。然而，李凤娘扮演了很不光彩的角色。她认为，赵伯琮反对立嘉王为储君，是在公然挑战她的利益。于是，当赵惇被食盒里的一双玉手吓病之际，赵伯琮曾送来治疗心脏病的药丸，却被李凤娘说成是毒药。

皇帝患病，委政皇后，受制于悍妇，废朝拜太上皇之礼，令大臣们对国运颇为担心。绍熙四年（1193）九月的重明节，即赵惇生日，大臣们奏请赵惇到重华宫看望太上皇。可是，李凤娘作梗，赵惇并未起身前往。

重大节日，不看父亲，已经成了目无君父、缺乏人情味的糟糕表现。作为皇帝，不能带头履行孝道，还拿什么倡导纲常道德，维系国家体面呢？官员士绅、贩夫走卒，人人摇头叹息；太学生集体请愿，官员们纷纷辞职。父与子的伦理危机，演变成一场全国性政治危机。

绍熙五年（1194），赵伯琮去世。他始终没有等来亲生儿子赵惇的探视。更糟糕的是，赵惇已经到了"疾未平不能执丧"的地步，连"祭奠之礼"都没法主持了。

李凤娘坐像。台北故宫博物院藏

宋光宗坐像。台北故宫博物院藏

　　太上皇的丧礼，没有大人物出来主持，成何体统？大臣们想到了年逾八旬的太皇太后吴氏。尽管这个老太太深居简出多年，但她是眼下最有权威的"四朝元老"。于是，大臣们奏请她"垂帘主丧事"。

　　过去几年，吴氏目睹了皇宫里的种种怪现象：在李凤娘和宦官们别有用心的刺激下，赵惇承受了很大的心理压力，导致无端猜疑和极度偏执的精神疾病。李凤娘既独霸后宫，不允许任何女人争宠，又将太上皇赵伯琮视为威胁，挑拨离间，将赵惇置于抑郁与不孝的境地。

　　对于大臣所请，吴氏几经推辞，最终决定复出。几经商议，最终确定由群臣在太极殿发丧，"成服禁中"；太皇太后吴氏在"梓宫前垂帘"，代行祭奠礼。而后，宣读赵惇手诏，立皇子嘉王为新皇帝，册封嘉王夫人韩氏为皇后。

　　按照赵惇"念欲退闲"的御批，大臣们尊其为太上皇，尊李凤娘为太上皇后。

就这样，南宋高层通过"绍熙内禅"，实现了最高权力的平稳交接，以四两拨千斤的方式，达到了三个效果：终结赵惇在位期间的各种乖张，削弱李凤娘及其家族的势力，重塑南宋朝廷高层的社会形象。

事情办妥了，吴氏没有贪恋权力，而是果断决定撤帘，返回重华宫，继续享受养尊处优的退休生活。从垂帘到撤帘，只有四天光景。

国家需要时，勇敢地站出来；国家不需要时，毅然安静离去。这就是吴氏的政治品格。

"绍熙内禅"的"总导演"，是知枢密院事赵汝愚。这位有着"定策之功"的老臣，很快就在宫廷政治斗争中失败，贬谪而亡。然而，当中书舍人汪义端将赵汝愚比作李林甫，打算根除其党羽时，吴氏发话了。

最高权力刚刚交接，她不希望再起祸端。因此，吴氏主张到此为止，不再株连扩大。仅仅一个表态，就扑灭了可能引发新乱局的火苗。

这样的政治站位，显然比当朝大臣们更高远，更有格局。

庆元三年（1197）十月，吴氏去世，享年八十三岁。在激烈的政治斗争氛围里，后宫女眷能有如此长寿，是很罕见的。

赵构和吴氏，一起度过了金婚岁月，是两宋最长寿的帝后。比起丈夫的算计和柔弱，她更坚强，更有胸怀，一生辅佐四位帝王，见证了南宋从混乱到稳定的历史进程。

由于赵构的"不给力"，吴氏没有亲生子嗣，但带大了两个养子，培养了宋孝宗赵伯琮这样的精品帝王。不是生母，胜似生母，是合格的母亲。

吴氏言语不多，却向世人证明着她作为一代红颜武侠，终不愧为一国之母。她以淡泊和仁慈，以相夫教子的成就和尊老爱幼的品质，赢得了世人的尊重和景仰。

端正心态，不断学习，丰富自我，赢得更多机遇和安全感，这正是吴氏给每一位现代女性留下的宝贵精神财富。

武人：待从头，收拾旧山河

南宋初年，随时面临亡国的危险。性命攸关，"轻武"万万使不得。于是，在艰苦卓绝的抗金斗争中，涌现出一批著名武人。岳飞、韩世忠、吴玠，是他们的佼佼者。

有他们在前方浴血厮杀，金人南下的势头被遏制，宋金逐渐形成沿大散关—淮水一线的均势。赵构君臣也得以在临安睡安稳觉，乃至莺歌燕舞，粉饰太平。

可以说，没有这批热血武人，就没有南宋的立国，更没有赵构的长寿日子。然而，失地尚未收复，武人一一凋零，换来的是一纸"绍兴和议"。

不管功劳有多大，在皇帝心目中，武人永远是外人，哪怕救过皇帝的命；武人掌兵永远不可信赖，哪怕赤胆忠心，精忠报国。

因为，宋朝的祖宗之法是"重文轻武"。

生在南宋，特别是宋高宗时代，武人的命运往往是悲剧性的。

然而，这并不妨碍武人们成为南宋顶天立地的大人物，家喻户晓，妇孺皆知。他们所展现的忠诚、担当、报国的精神，融入中华民族传统文化的血液里，永远激励着每个中华儿女。

岳飞：撼不动的英雄

遥望中原，荒烟外，许多城郭。想当年，花遮柳护，凤楼龙阁。万岁山前珠翠绕，蓬壶殿里笙歌作。到而今，铁骑满郊畿，风尘恶。

兵安在？膏锋锷。民安在？填沟壑。叹江山如故，千村寥落。何日请缨提锐旅，一鞭直渡清河洛。却归来，再续汉阳游，骑黄鹤。

岳飞（1103—1142）写过两首《满江红》流传于世。一首《怒发冲冠》，"三十功名尘与土，八千里路云和月"，知名度超高，但学界对此词是否出自他手，还有争议。另一首《遥望中原》，"何日请缨提锐旅，一鞭直渡清河洛"，气势如虹，学界关注度不高，也没什么争议。

登临黄鹤楼，人在江南，心系中原。想当年，龙阁凤楼、笙歌艳舞、朱环翠绕，一派繁华景象；现如今，战乱"荒烟"，田园荒芜，城乡颓败，一片萧瑟狼藉。这一切，都因北宋末年高层腐败，荒淫误国，引狼入室，百姓罹难。

山河破碎，国破家亡，江山易主，将士战死沙场，百姓被抛尸荒野。目睹此景，又悲又恨，惟愿君王醒悟，精诚抗敌，重振国威，惟愿请缨提锐旅，收复中原，功成身退，平淡度过余生。

这就是岳飞，精忠报国，赤胆忠心，胸怀坦荡，浩然正气。他领导的抗金军队，所向披靡，战无不胜，将不可一世的金兵打得没了脾气。金人不由感叹："撼山易，撼岳家军难！"

对于岳飞的争论从来没有停歇，但几乎所有人都认同：岳飞是个撼不动的英雄。

一、"岳母刺字"之谜

"岳母刺字"的典故，家喻户晓。然而，疑问也不少：岳飞背上有没有刺过字？刺了什么字？是否出自岳母之手？

岳飞是个悲情英雄。他死于"莫须有"罪名，死后又背了二十年黑锅。故而，关于他的一手史料，要么存世稀少，要么篡改失真。对"岳母刺字"之谜的考证就难了。

关于岳飞背上刺有"尽忠报国"四个字的说法，最早见于《宋史·岳飞传》。其中记载，入狱后，面对秦桧党羽何铸的审讯，岳飞义正严辞，诘问"爱国何罪"。说罢，当面"裂裳以背示铸，有'尽忠报国'四大字，深入肤理"。何铸见状，汗颜词穷。

《宋史·何铸传》也记载了这个桥段："飞袒而示之背，背有旧涅'尽忠报国'四大字，深入肤理。既而阅实，俱无验，铸察其冤，白之桧。"

作为官修正史，《宋史》回答了"刺没刺字"和"刺了什么字"的疑问。不过，官修正史的记载就一定可靠吗？

《宋史》在编纂过程中大量参考了宋代留存的国史资料。按照王曾瑜教授的研究，其中的《宋史·岳飞传》，大体照抄了南宋官修史书《中兴四朝国史》的《岳飞传》。

《中兴四朝国史》的《岳飞传》，相当于章颖《南渡四将传》中《岳飞传》的简略本。

章颖《南渡四将传》的《岳飞传》，是根据岳飞的孙子岳珂呈送南宋朝廷的《大父先臣飞行实编年》（又名《鄂王行实编年》）编撰而成，收录在他整理的《金陀粹编》之中。

关于《金陀粹编》，还有个小故事。

绍兴三十二年（1162），宋孝宗继位不久，宣布为岳飞平反，追复原官，赦免家属。在朝廷支持下，岳飞第三子岳霖"考于闻见，访于遗卒"，全方位收集和整合岳飞资料，形成草稿。他的次子岳珂以此为基础，撰写完成了《金陀粹编》和《金陀续编》。

这么看，《宋史·岳飞传》的史料源头扎实，可信度高。

有趣的是，《金陀粹编》和《金陀续编》虽然极力为岳飞彰显功绩、鸣冤叫屈，却都没提到"刺字"的事。如果岳母有此懿德，以严谨治学著称的岳霖和岳珂，断不会漏掉的。

既然源头都没提到"刺字"，那么《宋史·岳飞传》的"刺字"故事又是从哪来的呢？

王曾瑜教授认为，问题可能出在《中兴四朝国史》的《岳飞传》，它参考了何铸子孙上报的行状、墓志，增补了"刺字"的故事。那么，这篇《岳飞传》的内容可靠吗？增补的"刺字"故事是真事吗？

岳飞出身卒伍，长期与士兵同甘共苦，无论是避暑，还是疗伤，都会脱光膀子。如果他的脊背上有刺字，应该不止一个人见过。岳霖父子岂能不知？

事后，何铸曾遭弹劾，罪名之一就是"日延过客，密议朝政，以欲缓岳飞之死"。如果他确实见过"尽忠报国"的刺字，只要"欲缓岳飞之死"，一定会满世界爆料。岳霖父子岂能不知！

在岳飞平反、舆论转向的情况下，面对岳霖的查访，包括何铸在内的受访者没必要遮遮掩掩。然而，岳霖没有获得"刺字"的任何信息。反倒是成书于岳珂去世十四年后，即宋理宗宝祐五年（1257）的《中兴四朝国史》，出现了"刺字"的情节。这不是很奇怪吗？

如果连"刺字"的说法都站不住脚的话，那么还有必要讨论"是谁刺字"的问题吗？

清代学者钱汝雯在《唐门岳氏宗谱》里提道："靖康初始见宋高宗，母涅其背'尽忠报国'。"他认为，岳飞背上的字是"母刺"。问题是，《唐门岳氏宗谱》不但问世晚，而且"讹谬甚多"，不足为凭。

《宋史·岳飞传》对"是谁刺字"语焉不详，导致民间传闻不胫而走，生出多个版本。

明代成化年间的话本《精忠记》提到，岳飞脊背上刺了"赤心救国"四字。嘉靖年间熊大木的《武穆精忠传》提到，岳飞出钱请工匠在脊背上刺了"尽忠报国"四字。明末李梅草创、冯梦龙改定的《精忠旗传奇》提到，部将张宪给岳飞的脊背刺了"精忠报国"四字。

背上刺字的传说，在明代演绎了许多版本，但都跟岳母无关。"岳母刺字"的故事第一次出现在舆论场，是在清代乾隆年间。

杭州钱彩评的《精忠说岳》，第二十二回回目便是"结义盟王佐假名，刺精忠岳母训子"，绘声绘色地讲述了刺字的过程：先在岳飞脊背上用毛笔书写，再用绣花针刺就，然后涂以醋墨，使之永不褪色。《精忠说岳》认定，刺的字是"精忠报国"。

无论是古代，还是现代，刺字都是个技术活。《水浒传》第八回讲林冲被"刺配远恶军州"，"唤个文笔匠，刺了面颊"。第十二回讲杨志被判刑，也是"唤个文墨匠人，刺了两行金印，迭配北京大名府留守司充军"。林冲和杨志的经历表明，刺字的专业性很强，有专门的职业和专人操办。

更何况，岳母只是个普通农妇，文化程度不高。刺字的活，她做不来。《金陀粹编》卷九《遗事》倒是记载了她勉励岳飞"从戎报国"的故事，比"刺字"更符合逻辑。

刺字不但是技术活，而且门槛很高，不是谁想刺就能刺的。

北宋初年，朝廷就明确了"不刺字不可为兵"的制度和传统。在脸上刺字，又叫"面涅"，主要是为了将士兵区别于普通百姓，防止士兵开小差。

带着洗不掉的"面涅"，士兵们只能"刺字永充军籍"，被人歧视，甚至被误以为是"刺配"某地的囚徒，乃至殃及子孙。就这样，士兵的社会地位不断下滑。在"重文轻武"的大环境里，"好男不当兵"成了宋代社会的口头禅。

祖宗之法是北宋官场的"政治正确"，"不刺字不可为兵"的制度谁也不敢推倒，只能在具体操作中变通。

范仲淹就网开一面，传令招募来的陕西本地士兵，只要在手背或手

《中兴四将图》中的岳飞，面大而方，广额疏眉，目圆鼻尖，脸颊丰满，眉宇间满是自信，甚至有将军肚，业内认为这是还原度最高的一幅岳飞画像。

臂上刺字，就可开赴前线。反正是"刺字"，在哪刺不都是刺嘛，何必非要在脸上刺呢？给士兵留点"面子"，让他们不必带着"面涅"度过余生，还能在战后"得复为民"，既遵守了制度，又给了条生路，两全其美。

把死板的制度用活，用出最大收益，这也是一项技术活。

当兵虽然社会地位不高，但相比游民、饥民和草寇，仍不失为好职业。一旦入了军籍，虽然刺字于面，脸上破相，但能吃上皇粮，衣食就有了着落。官府也会觉得，"上可以足兵，下可以去民之盗"，省了很多心。

岳飞家道中落，渴望参军养活自己，报效国家，又不能违反"不刺字不可为兵"的传统。既然范仲淹变通在先，他在背上刺字就有了可操作性。

还有最后一个问题：记载岳飞刺字的多数历史文献显示，岳飞背上刺的是"尽忠报国"，那么"精忠报国"的提法又是从哪儿来的呢？

绍兴三年（1133），赵构御赐"精忠岳飞"四个字，还让人制作写有"精忠岳飞"的旗帜，以表彰他的赫赫战功。赵构很清楚，没有岳飞等人坚持抗金，他保不住这半壁江山。

明代以后，"精忠岳飞"就演绎成"精忠报国"，甚至取代了"尽忠报国"，成了传说中岳飞背上刺的字。

这显然是误传，但并非简单地以讹传讹。明王朝一直在对付来自北方草原的军事威胁，一直在努力消除元代"四等人"制度的遗毒。统治者需要宣扬"精忠报国"的精神，来团结全国百姓，捍卫汉人政权，抵抗草原民族。

于是，岳飞及其"精忠报国"就成了官方宣传的先进典型代表。

历史的书写，从来都甩不掉政治色彩和时代烙印。"岳母刺字"的故事也不例外。它是个经不起推敲的传说，但又寄托着人们对于英雄形象的美好期待。这才是"岳母刺字"的真正价值。

二、"岳爷爷"治军

岳飞是金国人的梦魇。

在抗金战场上，他率领岳家军所向披靡，打得金兵不敢直呼其名，而"号之为岳爷爷"，感慨"撼山易，撼岳家军难"。金兵南下往往绕开岳飞防区，不敢正面交手。

岳家军成分复杂，既有朝廷划拨的部队，也有归附的抗金义军，还有收编的土匪流寇和投降的农民起义军。能把大拼盘式的杂牌军带成威武之师、胜利之师，是要真本事的。

岳飞做到了。

赵构盛赞岳飞"治军之有法，虽观古以无惭"。那么，岳飞究竟是怎样治军的呢？

——要求高。

岳飞是从士兵成长起来的将军，深知兵员素质的高低，是军队战斗力的基础。

南宋初年，战事频繁，兵员需求量大。岳飞没有敞开接纳收编，而是裁汰老弱，保留精干。在抗金前线，岳家军的兵不是最多的，但全是精兵。

岳飞练兵，强调从实战出发，"视无事时如有事时"。全军将士背着重铠、爬城墙、跳壕沟，凡是攻城野战的技术动作，全都从严从快，一样不少。

岳家军没有"搞特殊"的兵，包括岳飞的儿子岳云。

有次训练，岳云身披重铠，策马冲下陡坡，不慎人仰马翻。岳飞不管三七二十一，上来就是一顿"鞭抽+怒骂套餐"："前驱大敌，也如此耶？"

父亲的高标准高要求，令岳云的身体素质和战斗技艺成长很快。绍兴四年（1134），岳飞带兵收复襄阳六郡。年仅十六岁的岳云手持铜锤，率先登城，立下头功。

这是一支不养闲人的军队。为了减轻朝廷的财政压力，岳飞"又为屯田之法，使戍伍攻战之暇，俱尽力南亩，无一人游闲者"。战时打仗，平时务农，寓兵于农，自给自足，让将士们既不忘本业，又不敢松懈，既锻炼体力，又凝聚意志。

岳家军能打善战，绝非偶然。

——斗志强。

靖康之变，北宋倒台，南宋飘摇。特殊的时代环境，造就了岳家军独特的教育方法——

灌输民族大义，武装将士头脑。

训练中，岳飞跟将士们谈心谈话，"必勉忠孝节义"，激励将士们"愿效死力"。

出征前，岳飞亲临部队誓师陈词，"言及国家之祸，仰天横泗，气塞莫能语"，用激情与悲情打动将士们，"皆歔歘而听命，奋不顾身"。

战斗中，别人战败，部队溃散。他主动收拢残兵败将，当众"刺血"，激励将士们"当以忠义报国，立功名书竹帛，死且不朽"，强调"若降而为虏，溃而为盗，偷生苟活，身死名灭，岂计之得耶"，摆出"今日之事，有死无二，辄出此门者斩"的架势。既入情入理，又立德立威，让溃兵无话可说，只有杀敌报国，向死而生，这才稳住了阵脚。

杨再兴是岳飞麾下一员猛将。他出身流寇，曾顽抗岳家军，还斩杀了岳飞的胞弟岳翻。被俘后，岳飞不计个人恩怨，主动为他松绑，称他"乡人"和"好汉"，即老乡兼英雄，希望他忠义报国。杨再兴深受感动，慨

岳飞《前出师表》（局部），拓本。他所书写的《前后出师表》，字体行草，刚劲挺拔，挥洒自如，一气呵成，浩然正气，酣畅淋漓。也有观点认为，《前后出师表》的书法作品非他所写，系后人伪造。

然答应。

懂得为忠义而战，为国家而战，杨再兴的境界有了质的飞跃，打仗有动力，有激情。

郾城之战，他单骑冲入敌阵，不惧包围，杀敌数百；临颍之战，他率领三百轻骑兵打先锋，遭遇金军主力，浴血奋战，全部牺牲，但杀敌三千，并为岳家军主力赢得了备战的宝贵时间。战后，从杨再兴的遗体拔下来的箭镞多达两升。

牛皋、李宝，当兵前分别是樵夫和泼皮，属于小人物。参加岳家军后，在岳飞提携下，他俩快速成长，逐渐成为政治过硬、业务娴熟的优秀职业军人，分别以南宋骑兵和水师的指挥员身份，在抗金斗争中屡立战功。

一支不知为谁而战、为何而战的军队，是没有灵魂的军队，是一触即溃的军队。岳飞为这支军队注入了灵魂，教会了所有将士为谁而战，为何而战，锻造了英雄气概和强大战力。

——军纪严。

懂得为谁而战的军队，就懂得该怎样对待老百姓，该遵守怎样的军纪。"冻死不拆屋，饿死不掳掠"，是岳飞为岳家军量身打造的军纪底线。

南宋初年，天下大乱，后勤不继，纵兵抢掠的事时有发生。比如张俊的部队，虽然抗金作战勇猛，但祸害老百姓也不含糊，所过之处，"鸡犬为之一空"。

一支部队军纪好不好，老百姓是最好的试金石。《金陀粹编》载，"民见他（张俊）将兵，遁亡灭影。闻为岳家军过，则相帅共观，举手加额，感慕而泣"。别的官军路过，百姓避之不及，唯有岳家军到来，百姓沿途"顶盆焚香"，喜极而泣，"挽车牵牛，载糇粮以馈"，感激他的出色战绩和严明军纪。

岳家军的士兵，大多源自"四方亡命，乐纵、嗜杀之徒"。纳入岳飞麾下，就必须遵守岳家军的纪律：凡是骚扰百姓、损坏庄稼、买卖不公平者，一律处死。

一支军队，只要主帅有威信、将士肯卖命、心中有家国，一经整顿，都能贯彻好这样的军纪。

岳家军行军，宁可露宿街头，也不敢惊动百姓；即便百姓热情相邀，也不敢随意进屋。

因为，违反军纪的代价是真砍脑袋。

就算是长官批准，可以进屋睡觉，醒来第一件事，就是捆好铺草，帮着房东打扫卫生、洗涤锅碗瓢盆，然后悄悄离开。

这样做早已是家常便饭，习惯了。

有户人家开饭馆卖粥，有感于岳家军军纪严明，就给买粥的士兵打折，少收两个铜钱。然而，士兵的回答让他惊讶："吾可以二钱易吾首领（脑袋）耶？"不但给足价钱，而且吃完就走，绝不逗留。

因为，岳家军的士兵都不想因小失大，为了两个铜钱丢了脑袋。

别的军队进城，需要张灯结彩，鸣锣开道，很是折腾。岳家军进城，"民不知有兵，市井粥贩如平时"。

因为，岳家军的使命是保家卫国，不是拆家喤喤。

在兵匪一家的乱世，能做到军纪严整、万民拥戴，岳家军是独一份。

——赏罚明。

军队是个有竞争、有活力的团队，没有也不该有"平均主义大锅饭"，更容不得"你好我好大家好"。有功则赏，有错则罚，主帅明是非，大家才信服。岳飞遇害多年后，岳家军的老兵依旧怀念他"以为勤惰必分，功过有别，故能得人心"。

岳飞经常深入基层，观察得很细致，发现问题，说办就办。

一次，行军路过一间新盖的店铺，岳飞发现屋檐上少了一块茅草，就让人追查，证实是一个骑兵急于赶路，上马时用力过猛，不小心刮掉的。虽说是无意，虽说店主哭着求情，这位骑兵还是挨了一百军棍，只能庆幸保住了脑袋。

另一个士兵私自拿走老百姓的一结芒麻，用来扎捆马草。其实，芒麻也不值什么钱，但究竟是老百姓的财物，拿了就是违反军纪。岳飞一声令下，这位士兵的脑袋搬了家。

部将王贵麾下的一名士兵，趁邻居家失火，偷走一捆芦筏，给自家房子遮风挡雨。查实后，岳飞下令将这名士兵斩首示众，还打了王贵一百军棍，算是追究领导责任。

别说部将了，就连亲戚犯法，该罚就罚，谁求情也不行。

绍兴元年（1131），岳家军途经徽州，有人告状说岳飞的舅舅"骚扰"百姓。当着母亲的面，岳飞不顾辈分，严厉斥责舅舅"所为如此，有累于飞，飞能容，恐军情与军法不能容"。舅舅听罢，怀恨在心，企图暗施冷箭谋害岳飞，结果被"擒而斩之"。

有罚就有赏。岳飞的原则是，凡有战功者，无论职位高低，无论亲疏贵贱，该赏就赏，不漏一人。

绍兴二年（1132），部将张宪率军攻打土匪盘踞的莫邪关。张宪的亲兵郭进不顾飞矢，冲在最前，阵斩敌方扛旗的小头目，搅乱了敌阵。张宪趁机率军掩杀，攻占莫邪关。战后论功行赏，郭进记头功。岳飞解下自己的金束带，连同自用的银器，都赏给了这位勇敢的士兵，还提拔他为秉义郎。

在岳家军，"将士之功，丝毫必录"。只要下属有功，岳飞都会为其争取奖赏，"不避再三之请"。这样的领导，才是负责任的领导。

——照顾周。

当了主帅的岳飞，治军严，要求高，但反对虐待下属。一次，裨将杨贵处死了一名开小差的士兵。岳飞获悉后，觉得这个处罚太重。他一面解下自己的衣服，把士兵的尸体裹起来，一面要求杨贵偿命。直至众将求情，才刀下留人，让杨贵立功赎罪。

当了主帅的岳飞，没有忘记当年做士兵时的甘苦。他经常跟级别最低的士兵一起吃饭。大宴全军时，他每桌都要敬酒。即便是酒太少，或者不胜酒力，也要换成水，每桌都碰杯。扎营郊外，士兵们露宿，他也露宿，哪怕安排了馆驿，他也不去独享。士兵们患病受伤，他亲自看望，亲手调药。朝廷给的大额奖赏，他都分给将士们。

当了主帅的岳飞，没有忽略将士们的家属。《宋史·岳飞传》载："诸将远戍，则使妻至其家，问劳其妻妾，遗之金帛，申殷勤之欢。人感其诚，各勉君子以忠报。其有死事者，哭之尽哀，辍食数日，育其孤，或以子婚其女。"该慰问的慰问，该安顿的安顿，该抚养的抚养，让将士们没有后顾之忧。

也许有人质疑岳飞在作秀。这个问题，当事人最有发言权。岳飞落难时，铮铮铁骨者众多，落井下石者寥寥。如果平时精于作秀，落难时哪会有这么多同情与力挺！

——衣食足。

一支战斗力强大的军队，离不开保障有力的后方战略基地。毛主席曾指出，如果"没有这种战略基地，一切战略任务的执行和战争目的的实现就失去了依托"。岳飞为岳家军建设的后方战略基地，就是绍兴四年（1134）收复的襄阳六郡。

襄阳西邻川陕，东接两淮，南屏长江，北连汴洛，自古是兵家必争之地。岳飞在《乞复襄阳札子》中指出，"襄阳六郡，地为险要，恢复中原，此为基本"。为了把这个基地经营好，他选派一批得力干部去治理，分出部分兵力屯驻要地，修补城防，加强守备。

更重要的措施，是发展经济，增强物资保障能力。岳飞的政策基调是"宽"：对前来种地的流民借贷耕牛、种子，免除三年田赋，免除此前所欠一切公私债务。

接下来，岳飞开始埋头搞后勤。绍兴六年（1136），他兼任营田大使，将收归国有的大量无主荒地，一面招募农民佃种交租，一面组织士兵耕种。此外，他还运营商业，贴补军费。

这一切，都是在赵构的授权下推行的改革试点，旨在通过对新收复州县土地资产的整理和国有化，增加收入，缓解军费开支的困难。

岳飞的后勤经营搞得怎么样呢？《建炎以来系年要录》载，绍兴十二年（1142），"岳飞军中利源，鄂州并公使激赏备边回易十四库，岁收息钱一百十六万五千余缗，鄂州关引典库房钱、营田杂收钱、襄阳府酒库房钱、博易场，共收四十一万五千缗；营田稻谷十八万余石"。

这意味着，岳家军一年的各种收入加起来，赚了一百五十八万贯钱，外加十八万石粮食。这是个什么概念呢？岳家军日常开销是每月军粮七万石，军饷五十六万贯。因此，岳飞靠自力更生，能挣出够全军吃两个多月的军粮，发三个多月的军饷，给朝廷财政减轻了不少压力。

这意味着，岳家军的家底越攒越厚，进入良性循环，襄阳也发展成为南宋的边防重镇。

一百年后，南宋将领孟珙率两万宋军，携三十万石军粮，从襄阳出兵，联合蒙古人灭掉了金国。又过了几十年，襄阳在蒙古人的重重包围中坚守了整整六年。没有岳飞打的坚实基础，哪有南宋襄阳的百年辉煌。

——大局清。

绍兴四年（1134），岳家军很忙。先是北伐收复襄阳六郡，而后奉旨东进解庐州①之围，好久不能跟留在鄂州②大本营的家眷团聚。战事结束后，全军返回，接下来本该是部将们阖家团圆的日子。

可是没几天，部将贺舍人跑来举报自己妻子跟和尚通奸。他恳请岳飞为自己做主，严惩这对"狗男女"。

对于这种"花和尚"，《水浒传》里有打油诗讽刺道："一个字便是

---

① 庐州，今安徽合肥。

② 鄂州，今湖北鄂州。

僧，两个字是和尚，三个字鬼乐官，四字色中饿鬼。"

前方浴血奋战，后院破坏军婚，岳飞深恶痛绝，当即下令把这对奸夫淫妇绑来讯问。结果，不但坐实了通奸之事，还有意外收获：花和尚为了保命，不但承认与岳家军十多名女眷有染，还一口气检举了好几个"同事"，都跟岳家军的女眷有染。

如果检举属实，岳家军大概要"绿"爆了。如果处置不当，既损害朝廷体面、军队声誉，更伤害将士感情，挫伤军心士气，甚至会让岳家军就此垮掉。

岳飞先下令收押这对"狗男女"，再找参谋官薛弼商量对策。将士们在前方舍命杀敌，后院却出了这种破事，如果置之不管，就有负众将，如果像唐代大臣柳公绰那样，把这些涉嫌通奸的"狗男女"统统装进猪笼，扔到江里，又于心不忍，怎么办？

薛弼认为，花和尚供词提到的通奸人数众多，涉及面大，但前来举报通奸且坐实的，只有贺舍人一人。因此，他怀疑供词有假，是不是这对"狗男女"为了淡化自己的丑行，故意夸大其词，随意捏造的呢？军嫂中，明媒正娶的不多，战乱中捡来的不少。如果穷追深究，搞得满城风雨，将士们就会丢丑，迁怒于主帅。即便有通奸嫌疑，人家也会顾全面子，家丑不可外扬。诚然，杀掉所有的"狗男女"是为了不负众将，但到头来会让军心动摇。

这席话说服了岳飞。他思考片刻，告诉薛弼，供词内容不可声张，他自有办法。

几天后，岳飞让夫人李氏出面，把供词里提到的女眷，一个个分别请到家里，单独闲谈。李夫人发现，这些女眷普遍岁数较大、容貌平平、老实本分。绝大多数是被花和尚诬陷了。

于是，岳飞决定，封存供词，只将那对"狗男女"军前正法。这桩惊天动地的风流案，被岳飞轻轻地处理掉了。

这件事处理得妥当吗？

对于贺舍人来说，虽然报了仇，但这么一通折腾，恐怕他被"绿"的事全军皆知。贺舍人含恨自杀，一个悲剧般的收场。

岳飞不是法官，但他很清楚，主帅没必要也没精力事必躬亲，应该抓大放小。对一支军队来说，何为"大"？显然，军心士气、团结稳定、令行禁止、备战打赢，才是"大"。

通奸案的低调处置，旨在顾全大局，避免因小失大。是非功过，后人评说。

——其身正。

《论语·子路》云："其身正，不令而行；其身不正，虽令不从。"岳飞治军严格的最大底气，就是高标准自律。他说过："正己而后可以正物，自治而后可以治人。"

要求将士们做到的，岳飞首先自己做到。

岳飞自幼酷爱武艺，臂力超群，不到二十岁就能拉三百斤的硬弓。左右开弓，百发百中。

一身绝活，使他有足够的底气要求将士们练就高超武艺。

行军路过庐陵①，次日即将开走。当地郡守天一亮就守在城门外路边，搭帐篷，备宴席，为岳飞饯行。可是，溜溜儿等了大半天，直到队伍快走完了，也没见岳飞的影儿。原来，为了不给地方添麻烦，岳飞索性换身行头，混在士兵队伍里悄悄走了。

带头秋毫无犯，使他有足够的底气要求将士们遵守军纪。

岳飞长期屯兵襄阳，俨然一方诸侯，最高做到枢密副使，跻身宰辅级别。尽管不差钱，但他依旧保持着农家子弟的本色，生活朴素，简约不简单，足用不奢华。吃饭但求一饱，穿衣但求保暖，器皿但求够用，不讲品牌、不讲面料、不讲档次。

岳飞平时的饭菜，无非是一盘煎猪肉、几样面食。正宗河南人的胃口。

有天，厨师做了一盘鸡肉送来。岳飞很诧异："今天不是节日，为什么要杀鸡吃呢？"厨师说，这是一位地方官送来的鸡。岳飞特地嘱咐：今后不能收这种礼，平时也别杀鸡，免得助长歪风邪气。

岳飞家与其他高官家的最大不同，是除两任夫人外，不纳小妾。一

---

① 庐陵，今江西吉安。

次，川陕宣抚使吴玠派人洽谈军务。岳飞设宴款待，菜肴平平，也无歌姬伺候。来人就将所见所闻报告给吴玠。

吴玠也是抗金名将，听说岳飞如此节俭自律，大吃一惊。接着，他花两千贯钱，买了个漂亮姑娘，梳妆打扮后，派人送到郑州，给岳飞当小妾。

岳飞只把她安顿下来，隔着屏帐说道："我们一家人穿的都是布衣服，吃的都是粗粮和面食，娘子若能过得惯就留下来，过不惯也不强留。"姑娘万万没想到堂堂大帅，竟是如此艰苦朴素。她沉默了。

就这样，岳飞继续过着没有妾的日子，而这位姑娘始终没见到岳飞的真容。

战场上，冲锋越靠前，阵亡的风险越大。然而，每次战斗岳飞都冲在前面。他习惯了。

靖康二年（1127）二月，还只是低级军官的岳飞，在曹州与金兵鏖战。他卸掉头盔，手持铁锏，一马当先，以勇冠三军的气势感染了部下。大家全都奋不顾身，把金兵打得大败。

十多年后的郾城之战，已是全军统帅的岳飞，还想亲自上阵厮杀，被部将拦住马头喊道："相国公重臣，奈何轻敌！"然而，军情紧急，顾不了了，岳飞抬手就是一鞭子，部将疼得一松手，他立即策马扬鞭，冲入敌阵。主帅带头，全军士气大振，击破了金兵。

论功行赏时，岳飞竭力为下属争取奖赏，但自己总是回避，把好处让给其他同僚。与贪功好利的其他南宋将领相比，岳飞的格局和境界不知要高多少倍。

岳家军，不是岳飞的家族军队，但岳家军的灵魂，浸透着岳飞的英雄气质和优良品质。论做人，岳飞是严于律己、以身作则的榜样；论带兵，岳飞是训练精准、赏罚严明的领导。

这样的榜样和领导带出的兵，行军静悄悄、打仗叫嗷嗷。

三、一个好汉三个帮

在战场上，岳飞用战绩一再证明：他是英雄好汉。

英雄并不是天生的，一个好汉三个帮。岳飞是幸运的。他的成长，离不开慧眼识珠的三个伯乐：慈父岳和、老帅宗泽、宰相赵鼎。

——慈父岳和（1086—1122）。

岳飞的名和字，就是父亲起的。传说，岳家添丁之时，刚好有只大鸟从屋顶飞鸣而过。岳和觉得是吉兆，便给这个孩子起名岳飞，字鹏举，希望他鹏程万里。

岳和是汤阴的富户，家境殷实，为人忠厚，讲究义气。"能节食以济饥者。有耕侵其地，割而与之；贳其财者不责偿。"灾荒年自家人节衣缩食，仅吃半饱，只为救济穷人；耕地被占，明知吃亏，自认倒霉；碰到借钱不还的老赖，也不计较。

岳飞心胸宽阔、与人为善、悲天悯人、爱国爱民的品格，也有父亲的遗传基因。

"稽古右文"是北宋国策，岳和也希望儿子走"学而优则仕"的"正途"，便给岳飞请老师，教经史，学书法。在武将中，岳飞的文化素养堪称上乘，离不开幼年打下的扎实基础。

岳和没有限制儿子的兴趣和创造力。岳飞喜读兵书，岳和没有阻拦，反而支持他拜武术大师周侗为师，训练武艺。

不过，岳和并非总是慈眉善目。岳飞十五岁那年，就被他揍了一顿。

那年，天气渐冷，见岳飞居然还光着膀子，岳和便责问衣服去哪了。岳飞沉默不语。

岳和以为儿子私自变卖衣服，换钱吃酒赌博，一气之下，把儿子揍了一顿。岳飞跪下挨揍，一声不吭。

儿子伤愈，岳和依旧疑惑，便想一探究竟。一天，儿子出门，他悄悄尾随。只见儿子来到一座坟前，放上贡品，虔诚地磕了三个头。岳和知道，这是周侗的坟。岳和搞不懂：徒弟祭拜师傅，光明正大，理所应当，为什么在自己面前一声不吭呢？

祭拜完毕，岳飞发现父亲尾随而至，只好道出原委：周侗临终前，曾将其毕生总结的箭法，连同立身做人之道，毫无保留地传给了岳飞。有感师恩，岳飞无以为报，又不敢叨扰父母，只好偷偷变卖衣服，换些钱买点贡品，尽可能多陪老人家一程。

岳和听罢，大为感动。此后，不管多难，岳和都不许岳飞再变卖衣服，而是自己省吃俭用攒钱买贡品。岳飞牢记周侗教导，勤学苦练，将父亲的期待与品质发扬光大。

宣和四年（1122），岳和因病去世，享年三十七岁。他是岳飞人生的第一个伯乐，也为自己赢得了哀荣：南宋朝廷追赠他为太师隋国公。

——老帅宗泽（1060—1128）。

建炎元年（1127）冬，岳飞率部抵达开封，投奔东京留守宗泽。这是他在一年之间第二次来到宗泽麾下效力。只不过，第一次算是上级划拨，第二次则是自己投靠。

岳飞投奔宗泽，既因宗泽位高权重、德高望重，又因自己屡立战功，给宗泽留下了好印象。

可是，过去的一年，两人的命运反差太大。

一年前，宗泽是河北兵马大元帅府副元帅，辅佐康王赵构招兵抗金。一年后，当上皇帝的赵构委任宗泽留守开封，处理靖康之变的善后工作，替新生的南宋政权充当第一道篱笆。

岳飞年轻气盛，与前上司王彦合不来，愤而投奔宗泽。然而，岳飞擅自脱离王彦指挥，主动改隶其他部队，按律当斩。

面对乱哄哄的开封，宗泽急需各路人才襄助。他深知岳飞是难得的将才，杀掉岂不可惜，便力排众议，将岳飞免死，降级留用。

很快，岳飞获得了戴罪立功的机会。

这年十二月，金兵大举南下。作为小人物的岳飞，超额完成了宗泽交给的作战任务。

汜水关之战，岳飞奉命率部前去侦察，不但查明了敌情部署，还搂草打兔子，消灭了一小股金兵，全身而退。

滑州保卫战，岳飞奉命支援，顶住金兵三板斧，多次小胜，俘其千夫长。

激战四个月，金人损兵折将，没捞到便宜，只好撤退。宗泽下令全线追击，收复了一些失地。开封城一扫靖康之变的阴霾，过了个张灯结彩的新年。从此，金兵忌惮宗泽威名，尊其为"宗爷爷"。宗泽在南宋抗金军民中声名鹊起，广受尊崇。

这是宗泽军旅生涯最高光的时刻，但他深知，自己年近古稀，来日无多，抗金事业必须后继有人。他看好岳飞。

他认为，论才智、胆量和武艺，岳飞堪比古代良将，但这些素质只够做个裨将。岳飞喜欢没有阵法的野战，还不具备应对复杂局面的能力，要想成为全军主帅，还有很长的路要走。他把这些看法告诉了岳飞。

岳飞懂得宗泽的良苦用心。国家既需要冲锋陷阵的将军，更需要决胜千里的统帅，他更需要朝着成为后者而努力。于是，他认真研读宗泽给的阵图，边读边想，若有所悟。

几天后，宗泽再次询问岳飞对阵图的看法。岳飞表示，古人传下来的阵图是他们对自身实战经验的总结，后人只可参考，不可照搬。因为古今形势不同，作战区域的地势和敌军的情况也不同，布阵的时候必须具体问题具体分析。

宗泽听罢反问："那你觉得古人的阵图没有价值吗？"

岳飞答道："我军主要在平原交战，地形对敌人的骑兵有利。一旦遭遇，哪有时间布阵？何况我只是裨将，兵力有限，如果每战都按阵图布置，敌人就能根据战阵的规模，摸清我的虚实。我军以步兵为主，只靠战阵很难抵挡敌人骑兵的冲击。因此，古人的阵图固然应当学习，但更要随机应变，不可一味照搬，否则会招致惨败。"

接着，岳飞总结道："作战的关键在于出奇制胜，让敌人摸不着头脑。先排兵布阵，再发起进攻，这是用兵的基础，但灵活运用的奥妙，只存于主帅心中。"

宗泽听罢，默然良久，认可了岳飞的看法。

在宗泽麾下，岳飞官升统制，参与东京留守司军务。

金兵全线撤退后，宗泽本欲趁势北伐，收复河北失地。他联系了北方义军，做了充分准备，但连续上奏二十四次，始终得不到赵构的首肯。天气渐热，宗泽背疽发作，含恨去世。临终前还喊道："过河！过河！过河！"

宗泽死后，南宋朝廷派杜充继任东京留守。杜充推翻了宗泽的做法，不但拒绝北伐，而且全线溃退，撤回建康，把长江以北的大片国土拱手留给金兵蹂躏。老领导凋零，新领导离谱，岳飞只好脱离杜充，自成一部，独立领兵作战。

——宰相赵鼎（1085—1147）。

赵鼎是赵构身边的股肱之臣，号称"南宋中兴贤相之首"，曾入选宋理宗的"昭勋阁二十四功臣"。在秦桧崛起之前，他扶摇直上，官运亨通。与之形成反差的，是南宋军队连续吃败仗，还把军事重镇襄阳丢了。

拿下襄阳的，不是气势汹汹的金兵，而是刘豫的伪齐军队。

襄阳位于临安的上游。敌人倘若将其打造成前进基地，哪天突然顺江而下，赵构恐怕又要逃到海上漂几个月了。

绍兴四年（1134），赵构收到了岳飞的《乞复襄阳札子》，转头就问刚刚升任参知政事（副宰相）的赵鼎："如果派岳飞去收复襄阳，你看这人靠谱吗？"

赵鼎答道："岳飞是不二人选。"他深知，没有谁比岳飞更熟悉上游的情况。

赵构同意了，只是给岳飞加了个紧箍咒：此次军事行动仅限于襄阳六郡，不能扩大战果，更不能"提兵北伐或言收复汴京"，否则，"虽立奇功，必加尔罚"。

岳飞没有辜负赵鼎的推荐。打了四个多月，岳家军击溃了伪齐军队，收复襄阳六郡。这是岳家军的成名之战，也是岳飞北伐中原的奠基之战。

赵鼎不光推荐岳飞，还扶他上马送一程。他上了《乞赐岳飞亲笔》《乞遣中使训谕诸帅应援岳飞》两份札子，奏请朝廷支持岳飞打好这仗；还请赵构亲笔诏地方上的监司帅守，给岳家军发军饷。没有赵鼎的幕后给力，就没有岳飞的成功。

尽管赵鼎和岳飞交集不多，但只要他还在相位，岳飞就能专心作战，心无旁骛。作为隐形伯乐，赵鼎当之无愧。

四、岳飞不差钱

赵构与岳飞曾有两段著名的对话。

岳飞酒量很大，经常"豪饮"。赵构提醒他："卿异时到河朔，乃可饮。"意在让岳飞避免因醉酒伤身误事。岳飞牢记皇帝嘱托，说不喝就不喝，干脆戒酒了。

赵构打算在临安给岳飞修宅邸。岳飞却讲出了类似当年霍去病说过的话："敌未灭，何以家为？"

解读这两段对话时，人们通常会歌颂岳飞忠于皇帝、信守承诺、两袖清风、先国后家的美德。也能从中发现，岳飞固然俭朴，但并不穷，总体上衣食无忧，有些积蓄。这或许是他早年喝得起酒、中年婉拒豪宅的原因之一。

宋徽宗宣和四年（1122），二十岁的岳飞应募当兵，在剿匪战斗中表现英勇，生擒匪首。然而，同年父亲岳和病故，使他不得不离开军营，返乡守孝。

两年后，家乡汤阴遭遇水灾，岳飞全家沦为灾民。为了谋生，他只好再次告别家乡，投奔军营。此后，岳飞转战南北，屡立战功，从普通士兵成长为高级将领。忍饥挨饿的苦日子一去不返，他和他的家族积累了殷实的财产。

除了朝廷命官，岳飞还有两重身份：大地主、包租公。不动产在他的财产里占比不低。

岳飞长期驻防襄阳，但把家安在了位于大后方的江州①。他去世二十年后，第三子岳霖通过实地调查，拿到了一份财产清单。其中显示，岳家在江州拥有"田七顷八十八亩一角一步，地一十一顷九十六亩三角"。

这是个什么概念呢？当时，一顷相当于一百亩，一角相当于四分之一亩，一步相当于二百四十分之一亩。累加换算，岳家拥有水田七百八十八亩，旱地一千一百九十七亩，合计一千九百八十五亩地。南宋江南地区的一亩，折合现在一又五分之一亩。因此，岳家的田地折合现在两千三百多亩。

这个数量，比不过张俊、刘光世等工于敛财的西北军将领，但按照南宋初年"势家名田，以千亩为限"的标准，岳飞家族已经跨入了富人圈。

---

① 江州：今江西九江。

岳飞日理万机，当然没空打理这些田地。岳家就将其中一千四百亩租给当地农民，每年夏秋两季收租子。岳珂在《祖宗田米直》一文里写道，一亩中等田地每年收租八斗，折合一千五百文。这样算来，所有出租的田地每年能带来二百一十万文的收益。

岳飞名下的不动产，除田地外，还有四百九十八间房子。其中，别墅自住，商铺出租。岳霖的清单上显示，岳飞先后出租了一百五十一间商铺，每月每间能收一千文左右的房租。粗略测算，这些商铺每年能带来一百八十万文的租金收益。

田地和商铺这两类不动产的租金加起来，让岳飞每年躺赚近四百万文（折合四千贯）。

每年赚四百万文是个什么概念？

绍兴年间，官办兵器作坊的高级工匠，年薪七万文。这在南宋初年的工薪阶层里算是高收入了。一般市民的年收入，也就一万多文。即便做生意开馆子，年均毛利也就三万文上下。几百户小市民辛苦一年的收入之和，也只相当于岳飞躺赚的不动产收益。

岳飞是怎样置办起这么多不动产的？

尽管赵构继承了"祖宗之法"，千方百计防范武将拥兵自重，但面对金国的威胁，他又不得不默许岳飞、韩世忠等抗金将领掌握一部分军队，拥有一部分自主权。为了避免"苗刘叛乱"重演，他只能给高级将领们"加鸡腿"。

宋代官员的薪资待遇有三个特点：普遍较高、高官更高、结构复杂。岳飞的月薪就极高：

除了两百贯基本工资外，还有"添支钱""公使钱""薪炭钱""餐钱""月粮""职田"等六项补贴，分别相当于岗位津贴、特别费、取暖费、伙食费、粮食补贴、朝廷划拨用来收租补贴俸禄的耕地。此外，还有名目繁多、不定期发放的各种补助。

领工资的时候，岳飞会拿到一张长长的工资条，基本工资、各种补贴补助加起来，每月有六千贯之多，比不动产租金的年收入还高。

绍兴二年（1132），江南米价每石三贯左右。当时的一石折合一百多斤。按现在的米价折算，一贯的购买力约合一百元人民币。因此，岳飞的月薪大致折合现在六十万元。再加上不动产年租收入四十万元，岳飞一年的现金进项折合七百六十万元。

岳飞战功卓著，经常得到皇帝奖赏。绍兴十一年（1141），皇帝赏给他白银二千两、丝绸二千匹、金碗三只、金杯三十只。虽然这些赏赐他大多封存不动，但也是收入的一部分。

土地情结，是几千年农业文明赋予中国人的特殊元素。皇帝以农为本，老百姓也把耕地视为风险最小、收益最稳的投资品。几千年来，发了财的官员和商人，都热衷于买田置地，通过收租，细水长流，固化收益，养活自己和子孙。

打仗需要花钱，北伐的投入更是天文数字。朝廷出不起，赵构只能放任军事将领们自谋营生，补贴部队，起码确保军饷足额。

岳飞也不例外。既然坐拥高薪水和高赏赐，他便有了一掷千金的资本。只不过，生活在商业环境相对宽松的宋朝，他的投资就不仅限于买地了。

官府对商业管制相对放松，使一部分头脑灵活、思维活跃的官员、地主和商人，将过剩资金投进了房地产领域。他们购置城市核心地段的土地和房产，开发成商铺，出租赚取租金。于是，房地产开发逐渐取代买田取租，成了比较时髦的新型投资方式。

这样的转型有着特定的时代背景。一方面，宋代商业经济进步很大，商业税成了财政收入的大头。用商业模式赚钱发财，是当时人们的普遍共识。另一方面，大城市人口稠密，住房供不应求，房地产投资的回报率远超过其他行业。城市核心地段人员流量大、商业资源集聚，租金收益更高。

北宋中叶以后，连贵为王爷的"赵家人"也加入房地产投资行列，遑论各级官员。只要能赚大钱，可以舍掉任何面子、任何成见，哪怕是"祖宗之法"。北宋官员兼书法家蔡襄曾说过："昔年从商者，莫不避人为之，今诸王邸多置产市井，日取其资。"

江州是南宋的二线城市，地处大后方，远离战火，且有长江天险，政治环境安全。北宋灭亡后，短时间内大量北方人涌入江州避难，一时间游资暴增，流量爆炸，繁荣了江州的商业。

对于新移民来说，住房是刚需，做买卖是刚需，日用消费也是刚需。需求端的井喷，使得供给侧的商铺必须扩建。于是，"富家巨室，竞造房廊""军前诸司，骈置铺席"。岳飞也搭上了这班快车。他在江州的闹市区置办并出租了三十八间商铺，一天就能收到"赁屋钱"（租金）一千四百三十文。

《宋史·岳飞传》载，赵构曾问岳飞："天下何时太平？"岳飞认为："文臣不爱钱，武臣不惜死，天下太平矣。"

岳飞就是个"不爱钱"的典型。

不爱钱的底气，在于不差钱，不偷，不抢，不受贿，不喝兵血，靠智慧发财，理直气壮。

在商业领域，岳飞赶上了好时代；但在政治上，他赶上了一个坏时代。

五、赵构与岳飞

建炎元年（1127），康王赵构在应天府即位，建立南宋王朝，但他畏惧金人，重用主和派官员，准备打着"巡幸"的旗号避战南迁。

岳飞时年二十五岁，官职不过武翼郎，只是低级军官。然而，他觉得此前曾在河北兵马大元帅府接受过赵构的领导，立有战功，赵构应该记得他。于是，他不顾人微言轻，慷慨上书：

"陛下已登大宝，社稷有主，已足伐敌之谋。而勤王之师日集，彼方谓吾素弱，宜乘其怠击之。黄潜善、汪伯彦辈不能承圣意恢复，奉车驾日益南，恐不足系中原之望。臣愿陛下乘敌穴未固，亲率六军北渡，则将士作气，中原可复。"

收到这份奏章时，或许赵构在纳闷：岳飞是谁？他写这玩意干什么？尽管他最终想起跟岳飞的一面之缘，但他无法接受这份建议。岳飞的一片丹心，只换来了"小臣越职，非所宜言"的批示，以及革去军职、军籍，逐出军营的处罚。

谁能想到，十年后的岳飞，竟成长为南宋荆襄战区的主帅，手握数万雄兵，令金兵撼不动、绕不过。如果赵构还能想起这份十年前的慷慨上书，也许会唏嘘不已。

绍兴七年（1137）二月，临安皇宫。

赵构在寝阁召见岳飞。在如此私密的地方单独听汇报，赵构给了岳飞足够的政治待遇。《金陀续编》载，他承诺："中兴之事，朕一以委卿。除张俊、韩世忠不受节制外，其余并受卿节制。"

在古代汉语中，"节制"带有约束、管辖、指挥的意思，是很高规格的词汇。

赵构的战略构想再清晰不过：把全国五分之三的军队交给岳飞统一指挥，在川陕、荆襄、淮西三大战场，向金国发起全面进攻。

如果这一构想落地，将成就一段君臣合作、共谋大业的好戏。南宋的北部防线将从江淮推向河洛，而赵构将树立用人有方的好名声，成为货真价实的中兴之主。

这是岳飞职业生涯最美好的记忆。不但得到了皇帝私密召见，还升任荆湖北路、京西南路宣抚使兼营田大使，继续保持"武昌郡开国公"的爵位。

岳飞曾说过，大宋朝一百多年来，能三十多岁就当上节度使的，除了太祖皇帝，只有他。

绍兴年间，赵构经常以手令（御札）形式直接向前线将领传旨。比如台北故宫博物院所藏的那份《赐岳飞批剳卷》，就是手令形式的君臣私信。赵构以此方式绕开宰相、枢密院，保证了军事指令的保密性，客观上也拉拢了前线将领的感情。

尤其是岳飞，出身贫寒，职业晋升全仰仗于皇帝能够欣赏自己的努力。这样的干部，往往是领导用起来最顺手的。

戎马生涯二十年，大小战斗百余次，岳飞无一失手，是名副其实的常胜将军。一切的荣誉、地位、权力，都是他拼出来的。

岳飞收到的皇帝手令不少，大多是鼓励和放权的话语。这让他格外兴奋，把赵构给的政治待遇都看作"知遇之恩"，受之无愧。

不过，赵构是皇帝，从不轻易对大臣掏心掏肺。岳飞套用"士为知己者死"的情怀，把皇帝当"自己人"，抹平君臣之间的天然界限，政治上未免天真了。

一天，君臣谈话，岳飞一时兴起，提议皇帝早日明确皇储，以固国本。

如果这话说给赵匡胤，一点毛病都没有，可岳飞眼前的皇帝不是赵匡胤，而是赵构。

岳飞一言既出，赵构的脸色顿时"晴转阴"："你虽然出于忠心，但这件事不是你应该过问的！"一句话把岳飞噎得死死的，场面非常尴尬。

赵构不育+丧子，是宫里人尽皆知的秘密，也是他心里最大的伤疤。岳飞哪壶不开提哪壶，赵构自然恼怒不已。

有情报显示，金国打算把宋钦宗的太子放回南宋。如果情报属实，赵构岂不只好把储位交给这位太子爷吗？南宋的未来岂不掌控在金人手里了吗？因此，岳飞的提议并非多管闲事，而是完全为赵构着想，为南宋江山社稷着想，请他先立储占"坑"，不给金人任何机会，也不给宋钦宗太子任何机会。

岳飞没想到，他的提议触犯了赵构的两个忌讳。

——朕还年轻。

此时，赵构才三十一岁，还有大把时间治病。虽然收了两个养子当"备胎"，但他还抱着治好病的幻想，有朝一日再生个儿子，立为太子。

"不育"是男人的难言之隐，容不得别人说三道四，皇帝更是如此。立储的事，赵构心里有数，不喜欢大臣们干预。

——朕最怕军头干政。

皇位传承是大事，被视为"国本"。一旦处理不好，就会引发皇室内讧，骨肉相残。在宋朝，皇帝对武将格外防范。如今，手握重兵的武将居然对皇位传承说三道四，这意味着什么？究竟背后有没有政治野心？赵构不敢想。

几年前，苗傅、刘正彦两位将领发动兵变，逼着赵构让位给皇子赵旉。这个不堪回首的经历，使赵构对皇储问题格外敏感。如今，岳飞对皇储问题这么热心，真的是出于公心吗？他会不会是第二个苗傅？赵构不敢想。

岳飞不但有提议，还付诸行动。他曾拜谒赵伯琮，交谈甚欢，看起来更像是在赵构的两位养子中提前押宝，选边站队。难道他和赵伯琮结成了小集团？难道他要用这种方式要挟我，必须立赵伯琮为太子吗？赵构不敢想。

在抗金斗争中，赵构是个骑墙派。只要金兵打到家门口，他就支持将军们坚决抵抗；只要抗金形势有好转，他就习惯性犯软，时时想着求和。只要能保住半壁江山和皇帝宝座，他不惜称臣割地交纳岁币。至于恢复中原？赵构不敢想。

南宋初创，百废待兴，民生艰难，朝廷钱袋子紧，能否支撑旷日持久的北伐战争，乃至收复失地，消灭金国，赵构不敢想。

一旦岳飞真的打到黄龙府，就会功高盖主，难以节制。如果封什么赏什么，都盖不住他的功勋，那可怎么办？赵构不敢想。

因此，岳飞就像戴着镣铐跳舞一般，只能打防御战。赵构画了圈子，使他跑不远。韩世忠、张俊、刘光世也一样。

朱仙镇大捷后，岳飞对众将发誓："今次杀金人，直到黄龙府，当与诸君痛饮！"殊不知，赵构已经采纳秦桧的建议，开启了新一轮宋金和谈。

德国哲学家费尔巴哈曾说过："住在皇宫里的人与住在茅草屋里的人，他们所想的事情不尽相同。"赵构的世界，岳飞始终一知半解。毕竟，岳飞不是"赵家人"。

六、淮西军的裂痕

绍兴七年（1137）二月，赵构向岳飞传旨：接管刘光世麾下的五万淮西军。

刘光世是南宋初年"中兴四将"之一。论名下财产，他是相当多的；论北伐积极性，他是最差的；论战绩和军纪，他都是最烂的。前不久的淮西战役中，刘光世避战自保，退军当涂，几乎误了大事。战后，朝中议论纷纷，朝廷也有意对他削夺兵权，加以严惩。

与其等着挨刀，不如先发制人。刘光世借口身体不好，主动奏请退居二线。

军头"激流勇退",赵构求之不得,立即下令剥夺了刘光世的兵权,给了他想要的闲职和珍玩。刘光世天天摆烂,一副厌恶军旅、玩物丧志的德行,让赵构没了戒心,颇为满意。

为了做好接管工作,赵构将岳飞升任湖北京西宣抚使,并通过他向刘光世的部队下达了一份御札:要求他们"听(岳)飞号令,如朕亲行",倘若违反,严惩不贷。

岳飞很受鼓舞,觉得有了这五万淮西军加持,北伐事业将大有希望。于是,他向宰相张浚提交了统兵十万北伐中原的行动方案。

接管淮西军的事是皇帝拍板的,没想到居然被搅黄了。搅黄这事的,居然正是张浚。

张浚对赵构进言:一个将军收编另一个将军的部队,违背了"祖宗之法"和宋朝的传统。如果武将兵权过大,一旦功高盖世,就控制不住了,届时悔之晚矣。

赵构觉得有理,便收回成命,下诏给岳飞:"淮西合军,颇有曲折。"一旦将淮西军交给岳飞,两淮防线就会出现破口,金人一旦趁虚南下,临安将会非常"不安"。因此,他让岳飞先不要掺和收编淮西军的事了。

眼看皇帝出尔反尔,岳飞急了,求见张浚讨说法。没想到,张浚揣着明白装糊涂,故意回避岳飞接管的事,而是直接征求意见:"淮西军很服王德,现在朝廷准备让他担任都统制,郦琼担任副都统制,再让兵部尚书吕祉以都督府参谋的名义前往节制。你看如何?"

张浚话里有话,相当于通知岳飞,事情有变,"前议"不算数。

尽管岳飞有一千个不乐意,但他还是对这样奇怪的人事安排谈了个人看法:"王德和郦琼素来不睦,互不服气。这样安排必将导致二虎相争。吕祉既是'空降'干部,又是一介书生,不习军旅,恐难服众,很难管得住这俩人。"

张浚见状,又提名张俊或杨沂中来节制淮西军。岳飞认为,张俊性格急躁、缺少谋略,郦琼会不服气;杨沂中虽然忠勇,但个性类似王德,很难驾驭这支军队。如果处置不当,可能引发兵变。言外之意,只有足够威猛的狠角色，比如岳飞本人，或者韩世忠、吴璘，才能压得住淮西军这帮骄兵悍将。然而，张浚面露不悦："我早就料到非你不可！"

这番冷嘲热讽，使岳飞觉得很无辜很冤枉："都督您征求我的意见，我哪敢不据实回答。难道我说这些，只是为了霸占淮西军这支部队吗？"

话说到这份儿上，双方不欢而散。很快，岳飞上表辞职，没等赵构批准，就把军中事务略作交代，而后径自前往庐山，给母亲守孝扫墓去了。

客观说，这件事张浚办得不厚道。他高高在上，只关注削兵权，忽略了当事人的感受。然而，岳飞愤而撂挑子，以为用这种赌气的方式，能够唤起皇帝的良知。殊不知，有错在先的赵构和张浚，是不会轻易认错的。毕竟，他俩都比岳飞官大。

更遗憾的是，岳飞并没有参透张浚的小心思：出尔反尔，既是不想让岳家军迅速膨胀，更是想留淮西军给枢密院当直属部队。毕竟，张浚也不想当光杆司令。

岳飞主动解除兵权，正中张浚下怀。他委派都督府参谋军事张宗元担任权湖北京西宣抚判官，准备接管岳家军，并多次上奏，说岳飞处心积虑兼并淮西军，用辞职来要挟皇帝就范。

人言可畏，张浚的言论杀伤力很强，说到了赵构的心坎上。后来的历史证明，从此，赵构对岳飞再无信任，只剩利用。一旦没了利用价值，等待岳飞的，只有死路一条。"兔死狗烹"的惨剧，在中国历史上一再上演。岳飞并没有逃脱这一周期律。

在赵构的世界里，只有他炒别人的鱿鱼，哪有别人炒他鱿鱼的道理！不过，他觉得，岳飞还有利用价值，不能轻易剥夺兵权，便一再下诏，希望岳飞"国而忘家，移孝为忠""许卿以恢复之事"。也就是说，看在国家的分上，别赌气了，还是回来吧。只要能回来，想伐哪儿就伐哪儿，朝廷都支持。

对赵构来说，能够放下帝王的架子，跟岳飞谈条件，很给面子了。按照正常逻辑，岳飞应该就坡下驴，感激涕零，诚惶诚恐，屁颠屁颠回临安谢恩，然后回部队上班去。然而，岳飞婉拒了，恳请赵构同意他继续守孝。

见面子被驳，一种"给脸不要脸"的尴尬油然而生。接下来，赵构玩硬了，他向驻守鄂州的岳家军下达了最后通牒：倘若岳飞迁延不回，就对岳家军将领治罪。

李若虚、王贵奉命带着赵构的手诏，来到庐山东林寺，劝岳飞出山。双方僵持了六天，李若虚忍无可忍，放了狠话：

"难道你想造反吗？难道让你出山不是好事吗？你坚持不出山，是想让朝廷猜疑你吗？你不过是个农夫，蒙皇帝厚爱，掌管这么大的兵权，就能跟朝廷抗衡了？如果你坚持不出山，我们俩大不了受刑死掉，也算对得起你了，难道你不觉得愧对我们吗？"

李若虚把心头的窝囊火全部宣泄了，实际上也替赵构讲出了深藏心底的恶语。

岳飞被这段狠话震惊了：他可以刻薄自己，却不能对不起一起出生入死的弟兄。他可以削职为民，却怕极了朝廷的猜忌。他深知历代功臣有好下场的不多，不想走他们的老路。在皇帝的通牒面前，守孝的理由显得何等苍白无力。

撂挑子撂出了被动局面。

岳飞只好下山了，三次请罪。面对这位忠勇而天真的将领，赵构说了一番绵里藏针的话："你撂挑子这事是以下犯上。太祖皇帝说过，'犯吾法者，惟有剑耳'。之所以还把中兴大业托付给你，就是因为朕没有生你的气。不过，倘若还有下次，朕和你就没有君臣缘分了。"

赵构引用的"犯吾法者，惟有剑耳"，表面上是放狠话：谁触犯皇帝定的规矩，就只能用刀剑干掉谁；实际上表达了心迹：岳飞不是自己人，而是朕心中的异己。

岳飞失落地回到鄂州大本营，决定用打仗来赎罪。赵构表示，"恢复之事，朕未尝一日敢忘于心"，批准了他率领本部兵马北伐的请求。然而，北伐还没开始，淮西果然出事了。

张浚清楚，郦琼出身流寇，不愿屈居王德之下，便密谋将其召回，夺其兵权，将其处死。不料，消息走漏，郦琼走投无路，抢先发动兵变，干掉吕祉，裹挟淮西军四万多人，以及淮西百姓十余万人投降伪齐。这就是震惊南宋的"淮西兵变"。

"淮西兵变"的破坏力是惊人的。它导致淮西防线出现重大破口，临安失了屏障，南宋方面不得不调兵补窟窿，北伐的事只能搁置下来。更糟的是，经由这件事，赵构对南宋北伐的能力，以及前线掌兵的高级将领，都不再信任了。

张浚措置失当，引咎辞去宰相。岳飞获悉兵变消息，奏请率军屯驻淮西，拱卫建康和临安。可是，赵构只让他到江州驻扎，不让他去淮西。

凝聚信任很难，毁掉信任却很容易。君臣裂痕已经形成，难以逆转了。

七、"迎二圣"的真相

在岳飞的政治理想中，"迎二圣"是重大项目。不过，一旦真的把宋徽宗、宋钦宗迎回来，势必会给赵构出难题。腾位子？舍不得。不腾位子？父亲和兄长都是皇帝，跟他们比，自己算老几？搞不好还会背上趁乱篡位的恶名。

因此，有人认为，正是"迎二圣"这个项目，给岳飞招来了杀身之祸。

诚然，以赵构的小心眼，谁让他过得不开心，他就会让谁死得很难看。岳飞在政治上固然天真，但是否执拗到一根筋的地步？非也。

"迎二圣"的口号，最早是岳飞提出来的吗？如果"二圣"来到临安，一定会威胁赵构的皇位，甚至发动类似"夺门之变"的政变，把赵构的皇位抢回来吗？

建炎元年（1127）赵构登基的诏书里，就有"同徯两宫之复"的提法。这是"迎二圣"的最早出处。其后，"迎二圣，归京阙"逐渐演变成政治口号，既是一雪国耻的代名词，彰显赵构的抗金意志；又是孝悌之道的大王旗，彰显赵构的人伦亲情。他不但最有资格喊出这个口号，而且有利于收拢民心，稳住皇位，熬过内外交困的艰难岁月。

口号定了。有皇帝带头喊，大臣们哪有不喊的道理。岳飞喊得最起劲，还喊出了文艺范。

他曾赋诗《题翠岩寺》，其中云："行复三关迎二圣，金酋席卷尽擒归。"

他曾撰写《广德军金沙寺壁题记》，其中云："立奇功，殄丑虏，复三关，迎二圣，使宋朝再振，中国安强。他时过此，得勒金石，不胜快哉！"

将"迎二圣，归京阙"上升到文学高度，还表达了恢复中原、还我河山的雄心壮志，这口号喊得很有水平。不过，口号归口号，不能当饭吃。岳飞并不总把口号挂在嘴边，而是审时度势，及时调整喊法，甚至果断停喊。

绍兴五年（1135），宋徽宗死在了极寒之地的五国城。直至两年后，消息才传到临安。如今，"二圣"只剩"一圣"，即"渊圣"。

"渊圣"就是宋钦宗。尽管赵构明知宋徽宗、宋钦宗"父子之间，几于疑贰"，但出于维护皇家尊严的需要，他还是尊宋钦宗为"孝慈渊圣皇帝"，寓意"少帝事上皇，仁孝升闻，爰自临御，沉机渊断，圣不可测"。"渊圣"的名号即源于此。

这时，金人放出话来，要把宋钦宗或其太子送到北宋故都汴京，立为傀儡皇帝，取代刚刚废掉的伪齐刘豫政权，跟赵构的南宋王朝分庭抗礼。

赵构知道，金人是通过政治恫吓给南宋高层添乱。其实，赵构并不怕"二圣"归来。他俩只是声誉扫地的亡国之君，在南宋的地盘上缺乏根基，拉不起队伍，只是光杆司令。只要回得来，就能置于他的控制之下，翻不起浪花。他最怕的，是金人把"二圣"之一立为傀儡皇帝，这会削弱他自己当皇帝的正统性。

岳飞悟出了赵构的担忧，在《乞出师札子》中就不提"迎二圣"或"渊圣"了。后来，他将"二圣"改称"天眷"，即"陛下的亲戚"。这样一来，"二圣"在岳飞的政治话语中直接降级，整个南宋只有一个人有资格被尊为"圣"，那就是皇帝赵构。

对于赵构来说，岳飞大事不糊涂，政治觉悟绝对超前，"正合朕意"。

"渊圣"长期被握在金人手里，赵构睡不踏实。他多次派人与金国谈判，要求归还宋钦宗。

金兀术看透了赵构的用意，故意避而不谈。他在遗嘱《临终遗行府四帅书》里，曾把宋钦宗视为秘密武器，"若制御所不能"，就"遣天水郡公（赵）桓（宋钦宗）安坐汴京，其礼无有弟与兄争"。实在打不过南宋，就抬出宋钦宗，奇货可居，让赵构无可奈何。

历经十年努力，南宋抗金斗争接近顶峰。就在这时，赵构主张乘胜议和，争取在谈判桌上办成以前不敢想的事。绍兴八年（1138），经过多轮斡旋的南宋与金达成和议，史称第一次"绍兴和议"。核心内容有三条：

第一条，南宋向金国称臣，每年纳岁币银二十五万两，绢二十五万匹。

第二条，金国将先前伪齐管辖的陕西、河南划给南宋，以改道后的黄河为宋金边界。

第三条，金国归还宋徽宗的棺椁，以及宋钦宗、韦妃（赵构生母）和部分宗室。

赵构最关心第三条，最满意第三条。救回父亲棺椁和母亲本尊，给自己的帝王生涯加了"尽孝"分。迎回宋钦宗，既能彰显自己的容人之量，又能从金人手中夺回一个筹码。

岳飞最关心第二条，最满意第二条。收回河南陕西故地，特别是汴、洛两京，实现了收复失地的第一步，有很强的指标意义。和议达成之日，他曾在《乞解军务第二札子》中兴奋地写道："臣顷以多病易衰，仰渎宸听，乞退处邱垅，以便养疴……今讲好已定，两宫天眷不日可还，偃武休兵，可期岁月，臣之所请，无避事之谤。"

他很感慨：这几年身体不好，多次奏请辞职休养。如今和议达成，徽宗皇帝的棺椁，钦宗皇帝和韦妃本尊即将归来，这是好消息。终于看到停止战争、休养生息的前景了。这个时候再奏请辞职养病，恐怕就不会背负逃避工作的非议了。

岳飞很乐观，赵构更乐观。然而，人算不如天算。金国高层政变，主战的金兀术取代了主和的挞懒，掌握朝政大权。紧接着，金人扣留了南宋使者，宣布毁约，重启对宋战争。

赵构很失望。本来，他不惜卑躬屈膝，让秦桧忙前忙后，想用称臣纳币的低姿态，换取一时苟安和两宫归来。不料，仅仅一年有余，一切推倒重来。

赵构很生气。他立即批准了岳飞等人举兵北伐的奏请，以攻为守，抵御金兵南下。

在《金人叛盟兀术再犯河南令诸路进讨诏》中，赵构一把鼻涕一把泪地控诉着金人的失信："昨者金国许归河南诸路，及还梓棺、母、兄。朕念为人子弟，当申孝弟之义……是以不惮屈己……所遣信使，有被扣留，有遭拒却，皆忍耻不问……又遭侵扰，朕尽然伤痛，何以为怀？"

字里行间，非常委屈：为了尽孝悌之义，我忍辱负重，才换来金国答应归还河南等地，允许父亲棺椁以及母妃、兄长回来。可是，金人言而无信，桌子说掀就掀，叫我情何以堪！

绍兴十一年（1141）十一月初七，第二次"绍兴和议"敲定文本。与第一次相比，称臣不变，岁币不变，边界变了，归还的人也变了。南宋放弃河南、陕西许多地盘，以淮水—大散关一线划界。金国只送还宋徽宗棺椁和韦妃，留下宋钦宗作为讹诈南宋的一颗棋子。就连宋钦宗的死讯，也被金人隐瞒了五年，能讹诈一年算一年。

至于宋钦宗的子孙，既没有被放回南宋，也没有当上傀儡皇帝，而是在金国的苦寒之地销声匿迹，永远失去了宗室王孙的骄傲与荣光。就连金世宗完颜雍也承认："赵氏养济一事，乃国家美政，不可罢。"

就在和议文本敲定的第二个月（即十二月二十九日），岳飞蒙冤遇害，没能看到"迎二圣"或者"迎天眷"，哪怕只是迎个棺椁。事实上，在人生的最后几年，岳飞对这个口号已经不抱任何幻想了。

八、十二道金牌之谜

绍兴十年（1140）七月，岳飞率领岳家军挺进中原，接连取得郾城大捷、颍昌大捷，击破了金兀术引以为傲的"铁浮图""拐子马"，兵锋直抵开封南郊的朱仙镇，收复旧都指日可待。面对大好形势，岳飞信心满满，准备渡过黄河，"直捣黄龙府，与诸君痛饮耳"。

七月二十日，一天之内，他收到了来自临安的十二道金牌，每道金牌都带着一份诏书，措辞严厉，不容争辩，要他立即班师回朝。

面对金牌诏书，岳飞五味杂陈、百感交集。他不敢相信，恢复中原的历史性契机就这样搅黄了；他不敢相信，皇帝和朝廷竟这样拖后腿。

面对金牌诏书，他不敢行使"将在外，君令有所不受"的特权。其他各路宋军并未跟进北伐，岳家军不撤，既是抗旨不遵，又是孤军深入，会陷入内无信任、外无配合的危险境地。

面对金牌诏书，岳飞悲愤填膺、肝胆欲裂、顿足捶胸、灰心绝望。他朝东再拜，仰天长叹："十年之功，废于一旦！所得州郡，一朝全休！社稷江山，难以中兴！乾坤世界，无由再复！"

别无选择，只能撤军。班师之日，百姓遮道恸哭曰："我等箪食壶浆以迎官军，打败金兵。如今官军退兵，金兵卷土重来，我等哪还有活路啊！"岳飞无奈地摇了摇头，取出朝廷的金牌诏书曰："我不得擅留。"

这一刻，哭声震野，人心浮动。男女老幼或目送官军，或举家南迁。一切的遗憾，都源自"十二道金牌诏书"。那么，什么是"金牌诏书"？它为什么有这样的威力？朝廷为什么一天要发布十二道金牌诏书？历史上有这么回事吗？

"金牌"，并不是奥运冠军佩戴的金质奖章，也不是黄金打造的牌匾。在宋代，它是驿站体系的元素之一，是"金字牌"的简称。

驿站体系，是官府递送情报信件的制度和形式。根据运送速度的要求，陆路驿站的递送分为步递、马递、急脚递等几个档次，分别对应日行二百里、三百里、四百里。宋神宗时期增设"金字牌递"，属于"急脚递"里的限时加快型，日行五百里，主要递送紧急诏书、特急军情。这是当时走陆路最快的递送等级，类似特快专递。

"金牌"其实是个一尺见长的木质牌子，涂上红漆，刻上涂有金黄颜色的文字。一旦有紧急机密军情，皇帝可直接发出金牌诏书，无需经过宰相和枢密院。金牌诏书的传递要求不分昼夜，鸣铃奔传，前铺闻铃，兵卒出铺等候，就道交接，不得入铺，以免耽搁和泄密。电视剧里经常出现骑快马的驿卒，"过如飞电，望之者无不避路"，大概就是这么回事。

受道路条件、天气和战争环境等因素影响，日行四五百里往往只是期望值，代表的是紧急程度，并不保证每天真的能跑这么远。临安到郾城有差不多两千里，理论上金牌诏书四天可达，但实际上花的时间更长。如果打个来回，恐怕要半个月。

这样的信息传递速度，在宋代算是超快了，但如果靠它来远程指挥打仗，那就不靠谱了。所谓"将在外，君令有所不受"，就是这种通讯条件跟不上战场形势瞬息万变的后果。

七月五日，即郾城之战打响前，岳飞向朝廷奏报了备战情况，强调"此正是陛下中兴之时，乃金贼灭亡之日"，建议"伏望速降指挥，令诸路之兵火急并进"。

奏札送走后，他等了十多天，其间打了郾城、颍昌两场大战，也没等来朝廷派一兵一卒增援，更没等来朝廷调动其他战场配合北伐的消息。一直等到七月十八日，终于等来了皇帝的诏书。不是派来援兵的，而是要求撤兵的。

岳飞舍不得大好形势，又写了份情词恳切的奏札，强调"时不再来，机难轻失"，表示不愿就此撤兵。然而，只两三天后，便在一日内收到了"十二道金牌诏书"。

从时间上看，七月十八日岳飞收到的撤兵诏书，有可能是赵构对七月五日岳飞奏札的回应。而"十二道金牌诏书"接踵而至，不可能是对七月十八日岳飞奏札的回应。也就是说，赵构发布"十二道金牌诏书"的时候，尚未看到七月十八日的岳飞奏札。

按说，君臣交流讲究个有来有往。赵构已经发出了一道退兵诏书，在没有得到岳飞回应的情况下，又连发"十二道金牌诏书"。这是什么操作？

岳珂的《金陀粹编》收集了岳飞生前收到的各种皇帝诏令，唯独没收录十二道金牌诏书的内容，只提到"一日而奉金书字牌十有二"。

作为臣子，什么都能丢，唯独皇帝诏书不能丢。"十二道金牌诏书"既然这么重要，为什么一道也没保存下来？

岳飞刚出兵时，曾收到赵构的御札，其核心要求是"乘机择利，保全安全"，也就是小胜即可，不要托大，以免反胜为败，输光家底。刘锜打赢顺昌之战后，赵构在发给岳飞的诏书中，依然强调"顾小敌之坚，深轸北顾之念"，显得很谨慎。

然而，七月八日郾城大捷后，赵构发出的两道诏书，要求就变了：

"览卿七月五日及八日两奏，闻虏并兵东京，及贼酋率众侵犯，已获胜

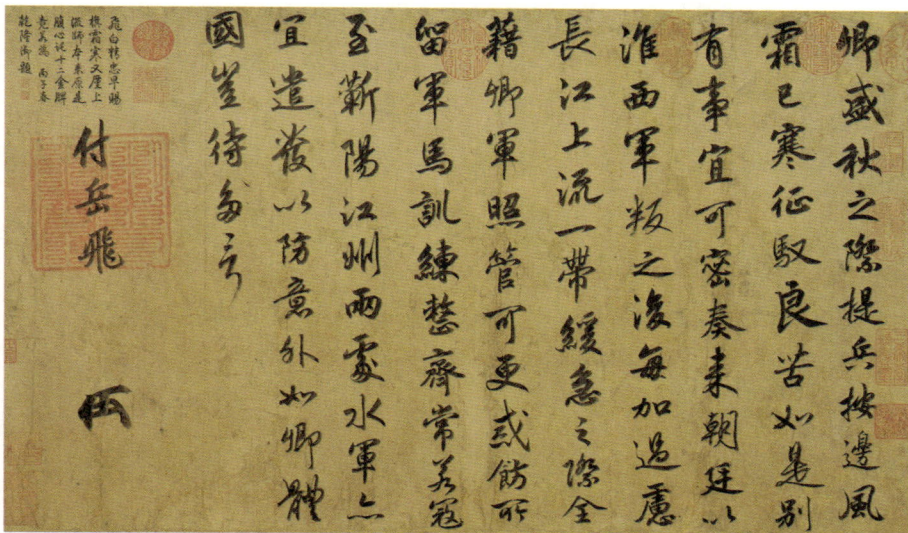

《赐岳飞批剳卷》，南宋赵构，纸本墨书。笔法具有"秀异而独立"、精彩润朗的艺术风格。台北故宫博物院藏

捷。卿以忠义之气，独当强敌，志在殄灭贼众，朕心深所倾属。已遣杨沂中悉军起发，自宿亳前去牵制，闻刘锜亦已进至项城。卿当审料事机，择利进退，全军为上，不妨图贼，又不堕彼奸计也。遣此亲札，谅深体悉。"

"览卿奏，八日之战，虏以精骑冲坚，自谓奇计。卿遣背嵬游奕迎破贼锋，戕其酉领，实为隽功。然大敌在近，卿以一军，独与决战，忠义所备，神明助之，再三嘉叹，不忘于怀。比已遣杨沂中全军自宿泗前去，韩世忠亦出兵东向。卿料敌素无遗策，进退缓急之间，可随机审处，仍与刘锜相约同之。屡已喻卿，不从中御，军前凡有所须，一一奏来。"

赵构这两份御札里，有"审料事机，择利进退""进退缓急之间，可随机审处"等语句，并没有提到撤兵。

从措辞看，这两道诏书应是在岳飞班师前发出的，但等送到岳飞手里时，岳家军已经撤兵了。

获悉岳飞撤兵后，赵构又在七月底发出几道御札：

"得卿十八日奏，言措置班师，机会诚为可惜。卿忠义许国，言词激切，朕心不忘。卿且少驻近便得地利处，报杨沂中刘锜共同相度，如有机会可乘，约期并进。如且休止，以观敌衅，亦须声援相及。杨沂中已于今月二十五日起发，卿可照知。遣此亲札，谅宜体悉。"

"比闻卿已趣装入觐，甚慰朕虚伫欲见之意。但以卿昨在京西，与虏接战，遂遣诸军掎角并进。今韩世忠在淮阳城下，杨沂中已往徐州，卿当且留京西，伺贼意向，为牵制之势。俟诸处同为进止，大计无虑，然后相见未晚也。遣此亲札，谅深体悉。"

"昨以韩世忠出军淮阳，委卿留京西，为牵制之势。今闻卿已至庐州，世忠却以归楚。卿当疾驰入觐，以副朕伫见之切，军事足得面议。遣此亲札，谅深体悉。"

字里行间，赵构没有表达强迫岳飞班师的意图。以皇帝之尊，他也没必要以平均两个小时一道金牌的形式，连发十二道内容一样的撤军诏书，这样反而显得他的诏令不值钱。

从逻辑上看，"十二道金牌诏书"存在的可能性很低，很可能是夸大或杜撰的，用来平添岳家军的悲壮气氛。倒是"十二道金牌诏书"之前的那道退兵诏书，有真实存在的可能，但赵构发出那道诏书的时间点，是在郾城之战以前。

由于信息传递的时空距离，诏令有滞后性，使得赵构无法掌控前方战局，也就没办法精准遥控前线将领的进退。从后来发布的几道诏令看，赵构没有迫切要求岳飞撤军的意图。

当然，还有一种可能性，"十二道金牌诏书"并非出自赵构本意，而是秦桧假传圣旨，以赵构名义发过来的。毕竟，此时的秦桧是唯一的宰相，大权在握，完全有能力上下其手。对于南宋的北伐作战，他始终是"有保留"的。

至于"十二道金牌诏书"的下落，由于忤逆了赵构的本意，很可能被秦桧及其同伙在事后销毁了。

另一个问题，岳飞为什么要在打完郾城之战后，急匆匆地撤军呢？恐怕最主要的原因，还是岳家军所处的军事形势太过危险。

此次金兵是分路南下，岳飞抵挡的是中路。郾城之战，金兀术虽然吃了亏，但没有全线溃败。郾城之战对宋军最大的意义，是在并不擅长的平原野战中击败了金国的重装骑兵。然而，随后的乘胜北上，则使岳家军有孤军深入的态势。

其他各个战场上，宋金双方互有胜负，战事胶着，张俊、杨沂中、王德等部不但起不到配合岳飞北伐的作用，反而从前线后撤，这就使岳飞孤军深入的状况更加突出。

当然，不排除秦桧从中作梗，在后勤供应和兵力调配上有意为难岳飞的可能性。

岳家军牺牲巨大、兵力有限，很难独力支撑北伐大局。如果不乘胜撤兵，可能被金兵反包围，甚至全军覆灭。孤悬敌境，一旦跟后方的联系中断，没准赵构会起疑心，误以为岳家军打算叛变。到那时，岳飞恐怕就有理说不清了，甚至会被友军以平叛为名灭掉。

朝廷里的风云诡谲，岳飞说了不算，也很难预测。

不班师，即丧师。两害相权，岳飞只能选择班师。至于他向百姓们出示撤兵诏书的情节，大概也不难理解：军队进退是军事秘密，怎能轻易示人，但总要说服中原父老，皇帝诏令便是最好的撤兵理由。至于诏书的具体内容，也属高层机密，又何必展示给大家看呢？

九、饮恨风波亭

岳飞是冤死的。

关于岳飞的死，还有几个问题需要澄清：岳飞能不能不死？岳飞为什么会招来杀身之祸？谁是杀害岳飞的主谋？

岳珂《金陀粹编》记载，第二次"绍兴和议"的谈判前，金兀术曾致信秦桧："尔朝夕以和请，而岳飞方为河北图，且杀吾婿，不可以不报。必杀岳飞，而后和可成也。"

《宋史·岳飞传》将其简化为"汝朝夕以和请，而岳飞方为河北图，必杀飞，始可和"。

金兀术将杀岳飞作为达成和议的先决条件，而南宋君臣为达目的不惜出卖功臣宿将，这样的案例比比皆是。六十多年后，南宋权臣韩侂胄发起"开禧北伐"，先胜后败，南宋主和派官员为了向金国求和，不惜暗杀韩侂胄，将其首级送往金国。

杀岳飞以求和的事，赵构和秦桧绝对干得出来。在这种情况下，岳飞不可能不死。

难道金兀术要求杀岳飞，赵构就只能照办，连讨价还价的勇气都没有吗？事实上，岳飞之死，“必杀飞，始可和”只是原因之一，不是全部。

绍兴十一年（1141）正月，也就是岳飞遗憾退兵半年后，金兀术率领十万大军再次南下。显然，此前的郾城之战、顺昌之战、颍昌之战，南宋虽然全胜，但金国元气未伤。

这次，金兀术绕开岳飞的防区，转而向东，进攻南宋的两淮防线。而赵构也决定利用这一机会，在淮西组织一场防御性质的主力兵团会战，彻底击败金兀术，为议和谈判争取主动。

赵构的部署，是让驻防两淮的刘锜、张俊所部从正面迎上去，作为首都警卫部队的杨沂中部渡江北上跟进，韩世忠的水军从楚州[①]发兵，沿江作战，岳飞从鄂州带兵向东出江州，迂回到金兵背后，实现对金兀术的合围。

这是个“梭哈”的计划，赵构把手里能用的牌都押上了。他深知，如果这仗打输了，就会导致江北门户洞开，南宋小朝廷恐怕又要到海上办公了。

整个计划的关键，在于岳飞能否及时赶到战场，堵住合围的缺口。对此，赵构心里没底。毕竟，绍兴七年（1137）收编淮西军的不愉快，使得君臣之间早有嫌隙。

其实，像张俊、刘光世这样的将军，也经常拒绝调遣。赵构除了用高官厚禄去哄，求他们少抗命，多效力，别无他法。所谓“恩威并施”，到头来只能以“恩”为主。

这次，在正月二十九日写给岳飞的御札中，赵构满是央求的口吻：“据深报，虏人自寿春府遣兵渡淮，已在庐州界上，张俊、刘锜等见合力措置掩杀。卿可星夜前来江州，乘机照应，出其前后，使贼腹背受敌，不

① 楚州：今江苏淮安。

能枝梧。投机之会，正在今日，以卿忠勇，志吞此贼，当即就道。付此亲札，卿宜体悉。付飞。御押。"

皇帝很客气，岳飞却没领情。皇帝请岳飞"星夜前来江州"，但等岳飞接到御札时，淮西已经开战。

刘锜、杨沂中、王德（张俊部将）先是在柘皋①大败金兵。而后，张俊贪功，打发刘锜、杨沂中撤军，导致宋军一线兵力不足。不料，金兀术杀了个回马枪，派兵攻陷濠州②，王德孤军作战，遭到惨败。韩世忠的水军来援，却被金兵截断归路，只能且战且退。

岳飞动身的速度，显然比会战的进程慢半拍。既受制于当时的交通和通讯条件，也因岳飞偶染风寒，耽搁了几天。按照岳珂《金陀粹编》的记载，正月二十九日发出的御札，二月九日岳飞才收到。两天后，岳飞抱病出兵。三月中旬才抵达庐州。此时，淮西前线的仗已经打完了，金兵反败为胜，扬长而去。

应该说，岳家军迟到的责任不在岳飞。然而，赵构觉得，他给岳飞前后发了十五道御札，岳家军还是迟到，难道真不把我这个豆包当干粮了？

《建炎以来系年要录》载，淮西会战打完后，赵构曾说："山阳要地，屏蔽淮东，无山阳则通泰不能固。贼来径趋苏、常，岂不摇动？其事甚明。比遣张俊、岳飞往彼措置战守，二人登城行视，飞于众中倡言：'楚不可守！城安用修？'盖将士戍山阳厌久，欲弃而之他，飞意在附下以要誉，故其言如此。朕何赖焉。"

赵构认为，山阳是淮西重镇，屏障淮东，乃至苏州、常州，应当加固城防。然而，岳飞在登城视察后，当众表示，山阳这地方根本守不住，还有必要加固城防吗？

在赵构看来，岳飞放这个话，是为了迎合和取悦将士们。毕竟，很多将士不愿戍守山阳，早就想放弃之。这样邀取虚名的将军，怎能靠得住！

赵构对岳飞有成见，岳飞对赵构也有成见。

---

① 柘皋，今安徽巢湖。

② 濠州，今安徽凤阳。

岳飞一辈子没打过败仗。这次淮西会战，虽然保住了"不败金身"，但还是窝囊。当着部将的面，性子耿直的他脱口吐槽："国家了不得也，官家又不修德！"

"官家"指的是皇帝，即宋高宗赵构。背地里吐槽皇帝，在任何时代都是"大不敬"的政治禁忌。更何况是当众吐槽，许多人都见证了，一旦上纲上线，简直百口莫辩。后来，秦桧、万俟卨"算计"岳飞时，就借此给他罗织了大罪名——"指斥乘舆"。

岳飞是个直率的汉子。直率成就了他，直率也害了他。

曾几何时，赵构为了皇位，为了江山，必须依靠这些武将，必须容忍他们手握重兵、经常抗命。然而，宋徽宗之死和宋金均势的形成，使赵构越发觉得，他的皇位和半壁江山稳了。为了强化个人权威，是时候恢复"祖宗之法"的规矩了。

削夺前线将领的兵权，势在必行。

绍兴十一年（1141）四月，赵构传旨，擢升韩世忠、张俊为枢密使，岳飞为枢密副使。宋朝历史上，当上枢密院长官的武将不但寥寥，而且结局都很糟，比如宋仁宗时代的狄青。

岳飞也将走上这条不归路。他和韩世忠、张俊的进京做官，级别是提了，但手里没兵了。

不管是岳家军，还是韩家军、张家军，统统姓赵。

没了兵的岳飞，就像被缴械一样，成了皇帝砧板上的肉，任其宰割。三个月后，岳飞遭到了谏官万俟卨的弹劾，被扣上了三大罪状：

一是"日谋引去，以就安闲"。绍兴七年（1137）收编淮西军的不快，岳飞赌气离职。

二是淮西会战，发兵失期。绍兴十一年（1141）参加淮西会战迟到，没帮上忙。

三是淮东视师，沮丧士气。淮西会战后，声称没必要加固山阳城防，公开跟皇帝唱反调。

三大罪状浓缩成两个字，就是"不忠"。换句话说，赵构已经不信任岳飞了。

官僚政治体系内，一旦被领导留下负面印象，再想翻身就很难了，除非领导换人。盘桓良久，岳飞才意识到处境险恶，赶紧上表辞去枢密副使，改任闲职，以求"保全于始终"。

如今，没了兵，没了权，岳飞再也无法叫板赵构，也再也阻挡不了宋金和谈了。然而，赵构并没打算放过他。岳飞"自由坠落"的进程并未结束。

韩世忠嗅到了不祥的气息，赶紧辞去枢密使，闭门谢客，口不言兵，以求自保。张俊为逃避淮西战败的追责，在秦桧、万俟卨的威逼利诱下，不但把战败责任全部推卸给岳飞，而且胁迫岳飞部将王贵、王俊，诬陷张宪准备把岳家军拉走，以要挟朝廷将兵权还给岳飞。

还有一层不可言说的理由，那就是：岳飞太突出了，无论是战绩，还是搞改革试点。本朝的头头脑脑，无论是西北军将领，还是江南士大夫，都不允许这么突出的人物存在。

张宪是岳飞的爱将，时任副都统制，是岳家军的顶梁柱之一。张俊认为，只要搞定了张宪，既能瓦解岳家军，又能把岳飞送进大牢。他没有想到，面对严刑逼供，张宪坚贞不屈，拒不出卖自己的长官。

欲加之罪，何患无辞！张俊索性在奏札中诬陷张宪串通岳飞谋反。

在秦桧、万俟卨、张俊等人的撺掇下，赵构决定特设诏狱，审理岳飞案。

诏狱，是皇帝钦定，临时委派官员奉诏设立的特别法庭，一般是查办谋反大案的。按说，南宋官员犯法，交给大理寺、临安府审理即可，但赵构将岳飞案升格，可见情况极其特殊。

十月，岳飞和长子岳云被投入诏狱，接受御史中丞何铸、大理寺卿周三畏奉诏审问。诚然，岳飞个性耿直，说话直率，容易得罪人，但并不意味着他会谋反。因而，何铸、周三畏审来审去，也没审出什么谋反的证据。

何铸认为岳飞无辜，但秦桧搬出"此上意也"，令他语塞。不过，何铸终归有点良心，觉得"岂区区为一岳飞者，强敌未灭，无故戮一大将，失士卒心，非社稷之长计"。

见何铸"无用"，秦桧奏请赵构同意，改由万俟卨为御史中丞，对岳飞刑讯逼供。岳飞没有服软，而是在供状上写下了"天日昭昭，天日昭昭"八个字，宣泄愤懑与抗议。

岳飞人品好，人缘好，遭难之后，为他求情的高官不少。就连闭门避祸的韩世忠也坐不住了，当面质问秦桧："岳飞谋反，证据何在？"

秦桧答不上来，只好支吾道："其事体莫须有。"

韩世忠愤愤不平："'莫须有'三字，何以服天下！"

不管是不是"莫须有"，不管能不能"服天下"，秦桧认准了"擒虎易，放虎难"的理儿，而赵构则笃信不杀岳飞不足以驾驭骄兵悍将。

岳飞活不成了。

绍兴十一年十二月二十九日（1142年1月27日），赵构对秦桧、万俟卨的奏札作出批复："岳飞特赐死。张宪、岳云并依军法施行，令杨沂中监斩，仍多差兵将防护。"

实际上，对于是否要杀岳飞，赵构是犹豫的。

六年前，他曾亲自给岳飞赐字，绣锦旗游御街。岳飞也就成了第一个享受这一殊荣的武将。君臣蜜月期的场景依旧历历在目。

再过一天就是正月了，入春了，不能杀生了。杀与不杀，只能在这一刻定夺。赵构思忖良久，拖到了腊月的最后时刻，才下定杀的决心。

关于岳飞的死，坊间传说是在风波亭饮鸩服毒，但历史文献中并未提到"风波亭"。《三朝北盟会编》记载，岳飞是中毒而死。《朝野遗记》记载，岳飞"毙于狱也，实请具浴，拉胁而殂"，即猛击胸肋而死。

覆巢之下，安有完卵。岳飞、张宪不但丧命，家产也被没收，家属发配岭南。

南宋并没有严格遵守"必杀飞，始可和"，金人也没有继续坚持。第二次"绍兴和议"是在绍兴十一年十一月（1141年12月）达成的，而处死岳飞则在一个月以后。

也就是说，岳飞之死并不是宋金议和的硬性条件。如果赵构不想处死岳飞，金人也没什么办法。

因此，岳飞之死的主谋，不光有秦桧、万俟卨、张俊，更有他们的总后台——赵构。

关于岳飞之死，清代学者俞正燮在《岳武穆论》中的解读更加贴切：赵构"所以杀武穆者，非为和议也，正以（万俟）卨、（张）俊言示逗留之罚与跋扈之诛，杀之有名，可以驾驭诸将；又恶其议迎二帝，不专于己"。

十、从罪臣到岳武穆

岳飞遇害那天，狱卒隗顺刚好在监狱值班。他冒着被杀头的风险，将岳飞的遗体偷偷背出临安城，埋在钱塘门外九曲丛祠旁。为了日后辨认，还把岳飞佩带过的玉环系于遗体腰下，在坟前种了两棵橘树。

其后多年，隗顺守口如瓶。直至临终前，才将这件事告诉儿子，说当年这样做，是仰慕岳飞精忠报国，坚信今后岳飞必将沉冤昭雪。

然而，只要秦桧还活着，还位极人臣，为岳飞平反是不可能的。直至绍兴二十五年（1155）秦桧死后，为岳飞平反的讨论才渐渐增多。然而，害死岳飞的主谋中，赵构还在位，秦桧的党羽还在掌权，想打破这层坚冰，谈何容易。

绍兴三十一年（1161），南宋王朝遭到金国皇帝完颜亮发动的全面进攻，再次面临生死考验。"国难思良将，板荡识诚臣。"无论是官员，还是太学生，无论是老百姓，还是岳飞旧部，纷纷要求为岳飞申冤平反。

即便是君主专制社会，民意呼声也是统治者不可忽视的元素。第二年，赵构传位养子赵伯琮，为岳飞平反的最大障碍基本搬开了。

赵伯琮早年与岳飞有接触，彼此印象不错。岳飞曾在赵构面前多次提及立储问题，倾向赵伯琮当太子，为此犯了忌，成为招致杀身之祸的原因之一。这些事，赵伯琮记在心头。

当皇帝后，赵伯琮有志北伐中原，建功立业，需要在政治上做姿态，收民心。于是，他顺应民意，颁诏为岳飞"追复原官，以礼改葬"。同时"访求其后，特与录用"。

当然，赵伯琮把这一切都归功于赵构，说这事父亲早就想办了，儿子只是替爹办成了而已。这样既给赵构找了体面的台阶，也让平反的政治阻

《采薇图》，南宋李唐，绢本设色。李唐着力刻画两个宁死不愿意失去气节的人物，用这个历史故事来谴责投降变节的行为，在当时南宋与金国对峙的时候，可谓是"借古讽今"，用心良苦。台北故宫博物院藏

力越小。

既然要"以礼改葬"，那就要找到岳飞的遗体，朝廷悬赏了五百贯的高价，很快就收到了来自隗顺之子的报告。就这样，隗顺不但保住了岳飞遗体，还为儿子挣了巨额奖金。这是隗顺用性命和良心换来的。

有赵伯琮背书，岳飞的遗体得以迁葬西子湖畔的栖霞岭。此后，每年都有许多人到杭州的"宋岳鄂王墓"瞻仰，表达对英雄的怀念与崇敬。在墓园西侧，铸有秦桧、王氏（秦桧妻子）、万俟卨、张俊四人的铜质跪像。真可谓"青山有幸埋忠骨，白铁无辜铸佞臣"。

在秦桧掌权的那些年，有关岳飞和岳家军的文献档案被大量篡改、销毁，给平反、追谥工作带来了极大困难。因此，直至淳熙五年（1178），朝廷给岳飞的谥号才确定为"武穆"。

宋宁宗嘉泰四年（1204），权臣韩侂胄为出兵北伐制造舆论，特意抬高了岳飞的地位，将其追封为"鄂王"，追赠太师。宋理宗宝庆元年（1225），朝廷将岳飞改谥"忠武"。不过，人们印象最深的，还是"武穆"和"鄂王"。

其后，追封岳飞似乎成了历朝历代的政治正确。岳飞的封号越来越大，政治待遇越来越高，形象也越发神化。

——"庙神"。宋理宗景定二年（1261），临安府太学的土地庙就更名"忠显庙"，岳飞被封为庙神"忠文王"。元顺帝至正九年（1349），岳飞的封号增加了"保义"二字。

——"配享"。明太祖洪武九年（1376），朱元璋下诏，岳飞的谥号仍为"武穆"，从祀历代帝王庙，在宋太祖赵匡胤的牌位旁边配享。

——"称帝"。明神宗万历四十三年（1615），朱翊钧封关羽为"三界伏魔大帝"，岳飞为"三界靖魔大帝"。这两个不同朝代、不同经历、从未谋面的将军，生前做梦也没想到，死后不但当了"大帝"，还能时空穿越，并称"关岳"。

有的人活着，他已经死了；有的人死了，他还活着。岳飞就属于后一种。南宋以来，人们凭吊岳飞，缅怀岳飞，留下了大量诗词。仅宋元明清四朝，颂咏岳飞的诗词就多达两千四百余篇。全国各地还兴建了许多岳王庙，香火不断。

不管人们怎样怀念岳飞，都无法挽回他年仅三十九岁的生命。

岳飞蒙冤入狱后，布衣范澄之上书朝廷，对岳飞的军事才能给予高度评价："况胡虏未灭，飞之力尚能戡定。"在南宋"中兴四将"中，岳飞是唯一的进攻型将帅。只要岳飞还活着，就对金国保持威慑，为南宋保留收复中原的希望。这么看，他的含冤遇害相当可惜。

前些年，学术界对"岳飞是不是民族英雄"的问题曾有争议。有人认为，岳飞抗击的金人，即满族的前身女真族，如今已是中华民族大家庭的一员，因此，岳飞抗金不是抵抗外敌入侵，不能称为"民族英雄"，只能称为"抗金英雄"。

事实上，"民族英雄"的概念有狭义和广义之分。不管怎样解读，岳飞作为"中华民族的英雄"，这个地位过去撼不动、现在撼不动，永远撼不动。"三十功名尘与土，八千里路云和月。"岳飞精忠报国的英雄事迹和英雄品质，将永远镌刻在中华民族的历史丰碑上。

正如《满江红·怒发冲冠》中所述，"抬望眼，仰天长啸，壮怀激烈"。

韩世忠：只恐痴迷误了贤

　　人有几何般。富贵荣华总是闲。自古英雄都如梦，为官。宝玉妻男宿业缠。

　　年迈已衰残。鬓发苍浪骨髓干。不道山林有好处，贪欢。只恐痴迷误了贤。

　　韩世忠（1090—1151）的《南乡子·人有几何般》，忆往昔峥嵘岁月稠。奋斗半生，南柯一梦。荣华富贵，过眼烟云。字里行间，大有看破红尘的过来人语调。

　　岳飞死了。看着秦桧顾左右而言他的表情，他只能以"'莫须有'三字，何以服天下"来宣泄同情与愤懑。看着赵构依旧紧锁的眉头，他又不得不放下身段，默默交出了枢密使的印信。

　　玩不起官场的尔虞我诈，主动"退群"还不行吗？

　　从此，南宋少了位善守能打的忠勇悍将，多了位借酒浇愁的清凉居士。

　　晚年的韩世忠，虽然贵为郡王，却像个退休大爷，泛舟西湖，绝口不提打仗的事。老部下想来找他叙旧，也婉言谢绝。

　　有人觉得，韩世忠老了，只想自保，变得和那些文官一样了。

　　西湖美景作伴，韩世忠已经不在乎别人的议论了。爱说什么就说什么吧。

随后，他把目光移向远方。那里碧波荡漾、绿意盎然，树丛中矗立着那座"风波亭"。

一、躁动的年轻人

十二世纪初的一天，陕北黄土高坡的二郎山。

有个年轻人，迎着一匹白鬃野马，赤手空拳，纵身一跃，骑上马背。野马前仰后撅，想将其掀翻在地。而他两腿夹紧，手抓马鬃，连扯带捶，几次险些跌落，又几次稳住身躯。

这匹野马经常袭击路人，连官府都没办法，只好贴出告示，说谁能降伏这匹野马，就给谁重赏。只有这个年轻人恰好路过，揭下了榜文。

许多人在围观，但没人敢出手。

野马狂奔乱跳，一直跑到山崖前。眼看连人带马就要跌落深沟，只见年轻人朝马背猛捶，打得马儿哀鸣几声，居然在离深沟一步之遥的地方站住了。

一场人马大战，以年轻人的胜利告终。当野马驮着年轻人回来的时候，围观人群沸腾了。

这个年轻人，就是延安府绥德军①老韩家的儿子，名叫韩世忠。弟兄五个，他排行最后，人送绰号"泼皮韩五"。

韩五天生就是属螃蟹的，仗着高大威猛的身材，以及嗜酒如命的豪放，横行乡里。历史文献里就说他"风骨伟岸，目瞬如电"，"嗜酒豪纵，不治绳检"。

有人拍马屁，说他将来可以位列三公。韩五二话不说，揪住那人一通胖揍：我家世代务农，你居然跟我提什么三公？

虽然穷横穷横的，但韩五并非不讲理的混混。他武艺高强，打得当地泼皮无赖"不敢出气，则争为之服役"。欠债还不上的，他出手大方，直接代还，搞得人家挺不好意思的。

更有甚者，民间有了冤屈，都不找官府了，直接找韩五评理。韩五也

① 延安府绥德军，今陕西绥德。

不含糊，当起了"独立法官"，"咸得其平，由是名闻关陕"。

韩五是吃着洋芋糊糊长大的，臂力却令人咋舌。"尝过米脂寨姻家会饮，日已夕而关闭"。韩五一怒之下，"以臂拉门，关键应手而断，且视之，其木盖两拱余"。米脂寨的城门机关被他一把拽断了，把守门官都吓尿了。

贫瘠的黄土地，抚不平韩五年轻躁动的心。

诚然，皇帝宋徽宗是亡国之君，但大宋朝历任皇帝里，就属他在位期间国土最广，不但联金灭辽，短暂收回了燕京六州，还打败西夏，向西拓地数千里。

想做到这一切，就必须大规模扩军。

崇宁四年（1105），十六岁的韩五在村口看到一则招兵启事。他二话不说，直接应募入伍，顺便从农户变成了军籍。

那个时候，军人社会地位低，"好男不当兵"。无论是村里的领导，还是招兵的军官，都巴不得他留在部队，千万别中途变卦当逃兵。

这样一来，部队多了个武夫狠人，乡里少了个打架高手，各得其所，大家满意。

从打架斗殴升级成沙场士兵，韩五异常兴奋。虽然没有岗前培训，但他不认为，新兵蛋子就是当炮灰的。这份自信，源于他高超的骑射技艺，《三朝北盟会编》载："挽强弓一百斤，尝乘悍马，手舞铁槊，奔驰二郎山峭壁间，观者胆裂，同列无一人敢继者。军府校艺，独用铁胎弓，所向虽金石皆洞贯。其骑射绝人类此。"

虽说艺多不压身，但打仗毕竟不同于打架，随时会丧命。部队开拔前，父母舍不得，韩五却信心满满："大丈夫当建功

《中兴四将图》中的韩世忠。

101

业，取公侯，岂宜龊龊自守！"

第一仗，韩五拎着兵器就冲了上去。由于作战勇猛，他干完这局就升了，从草头兵变成了小队长，手下十几个兵，都比自己年龄大，有的还是叔叔辈的。不过，他说话办事公道正派，打起仗来又不要命，大家都很佩服，全听他的。

既然当了兵，如果想要人生精彩，干就是了。

宋军包围银州[①]，久攻不下。韩世忠急眼了，像开启了无敌模式一样，率先爬上城墙，一刀剁了西夏主将的脑袋，扔到城下。

有他带头，宋军将士们就像打了鸡血，一举破城。

可是，西夏人不甘失败，突然卷土重来。而宋军这边，刚打完仗，很累，都躲在城里休整，不敢冒头，甚至想跑路。

韩五不慌不忙，亲审俘虏，获悉西夏领头的骑将是监军驸马。于是，他带着几个敢死队员突然冲出城门，手起刀落，驸马爷一脸茫然，脑袋就搬了家。西夏军队大乱，争相溃逃。

战后，经略司为韩五报了头功，建议朝廷破格提拔。可是，主帅童贯不相信这小子年纪轻轻，竟有如此本事，怀疑报的功注了水，只勉强同意给韩五升一级。

有时候，员工的付出和领导的评价不完全匹配。最稳重的做法是继续闷头立功，而不是跟领导闹情绪。因为，群众的眼睛是雪亮的，该有的迟早会有。

韩五就是这样。在接下来对西夏的作战中，韩五再立新功，斩首数级。朝廷不再质疑和吝啬，而是给他接连补官进义副尉、进武副尉，使他跻身低级军官行列。

在西北前线，韩五打了十几年仗，虽然过着天天把脑袋别在裤腰带上的日子，但好歹还一直在家乡，想家了回去见见父母，也不是什么难事。然而，宣和二年（1120）十一月，韩五的部队突然开拔，离开陕北，开往东南。

此后，他再也没能回到这片生他养他的黄土高坡。

———————————

① 银州，位于今陕西米脂、佳县一带。

二、征方腊不是梁山好汉干的

从大漠孤烟直的西北，来到水网密布的江南，韩五躁动的情绪始终没能平复。这次，他要跟着童贯打内战——镇压方腊起义。

长期生活在边关军营，韩五对内地的事情了解不多。他和西夏人鏖战的这些年，其实也是北宋历史上最黑暗、最腐朽的时期。

宋徽宗笃信道教，大造道观，自号"教主道君皇帝"，纵情享乐，挥霍财富。他重用蔡京、童贯等人，打着恢复王安石新法的旗号，横征暴敛，搞得民不聊生。

为了迎合宋徽宗的艺术喜好，蔡京、童贯等人在江浙地区大肆搜罗奇花异石，加工成型后装船，十船编为一纲，成群结队地经由运河送到京城开封，称为"花石纲"。老百姓被折腾得倾家荡产，社会矛盾急剧激化。当时就有民谣："打破筒（童贯），泼了菜（蔡京），便是人间好世界。"官逼民反，大规模农民起义呼之欲出。

北宋时期发生过三百多次农民起义和兵变，但都规模较小，迅速被官军扑灭。此前规模最大的王小波李顺起义，仅波及四川腹地。宋徽宗时期的农民起义，波及范围也是区域性的，但影响是全国性的。

先是宣和元年（1119）宋江领导的英雄好汉，在梁山泊打出了"替天行道"的大旗，攻略山东十多个州县。而后是宣和二年（1120）方腊在歙州①揭竿而起，迅速占领杭州，半年时间就席卷江浙六州五十二县。

两波起义军一北一南，互不统属，客观上却相互呼应。尤其是方腊，另立"永乐"年号，自称"圣公"，建立了设置丞相、太子、大臣的政权，"劫富室，杀官吏、士人"，摆出一副要跟大宋王朝争夺天下的架势。

见江浙的官军不顶事，接连丢城失地，宋徽宗只好另换一批官军来镇压方腊。

《水浒传》写道，宋江接受朝廷招安，被派去征讨方腊。宋徽宗打算以此消耗两支起义军，达到排斥异己的目的。宋江的梁山军虽然惨胜，但

---

① 歙州，今安徽歙县。

损失惨重，英雄好汉所剩无几。

历史上，朝廷的确招安过宋江，但没成功。《宣和遗事》记载，宋江起义军"横行河朔、东京，官兵数万，无敢抗者"，并没有求招安的迹象。

后来，为了跳出官军围堵，宋江带领人马撤离山东，泛海登陆海州①，遭到海州知州张叔夜的伏击。进攻受阻，退路被断，宋江走投无路，只好率众投降。

投降后的宋江有没有参加征讨方腊的战事？史学界众说纷纭。《东都事略》将平定宋江列于平定方腊之后，《折可存墓志铭》记载了西北悍将折可存在平定方腊后，转而参加了平定宋江的战事。

由此可见，宋江大概率没有参加镇压方腊的军事行动。那么，朝廷为了镇压方腊起义，究竟派了哪支军队？没错，正是童贯率领的陕西边防军。

童贯是宦官，没少给宋徽宗出馊主意，但打起仗来有模有样。几个月下来，童贯的官军攻陷了方腊所得全部州县，把方腊追进了山里，东躲西藏。

韩五参加了镇压行动。他先是伏击起义军，以少胜多，而后带着小分队进山搜捕，一路追到起义军大营，生擒方腊。

就在他拿到头功，准备领赏的时候，碰到了上司辛兴宗。于是，头功被上司抢走，韩五忙活半天，连个锤子也没捞到。

庆功宴上，韩五郁郁寡欢，低头喝闷酒。班师回京的路上，途经京口②，将士们很疲惫，韩五就让手下人找几个营妓，以歌舞助兴，再喝一顿酒。

不承想，正是这顿酒，改变了他的人生。

三、梁红玉身世之谜

上帝为你关上一扇门，也会为你打开一扇窗。

韩五喝闷酒的样子，成功吸引了歌舞助兴的一个营妓的注意。这个营妓姓梁。

---

① 海州，今江苏连云港海州区。

② 京口，今江苏镇江。

两人初次见面，确认过眼神，彼此都认为遇上了对的人。酒席结束后，韩五就把她带走了。这年，即宣和三年（1121），韩五三十二岁，梁姑娘二十岁。

关于两人的初次见面，《鹤林玉露》还有这样一段离奇的故事：

那天五更时分，梁姑娘奉命去官府伺候酒席。忽然看到府堂柱下蹲卧一只老虎，打着呼噜，睡得正香。她吓得转身就跑，连话都说不出来。过了会儿，来的人多了，她才敢跑回去看。哪有什么睡觉的老虎，分明是个打盹的大头兵。

梁姑娘赶紧把他踹醒，问他姓名，方知小名韩五，大名韩世忠。她很惊讶，回去告诉母亲，说这个当兵的不是一般人。于是，她就做主，把韩五请到家里，吃饭喝酒，聊到半夜。紧接着又有了欢快的肌肤之亲。末了，梁姑娘不但给韩五送金帛，索性连自己也嫁了。

这个故事至少有两个漏洞：一是梁姑娘以身相许，过于草率；二是身为营妓，居然出手阔绰，不合常理。总之，可信度不高，只能当作渲染英雄惜英雄的文艺小品。

梁姑娘并非韩五的唯一夫人。韩五前后有过五位夫人，只是梁姑娘知名度最高。因为，通俗小说和梨园戏曲，将梁姑娘直接唤作"梁红玉"，将其描写成在黄天荡擂鼓助战，打败金兵的女中豪杰。

事实上，无论是正史，还是宋人笔记，都没有"梁红玉"这个名字，只有"梁氏""梁夫人"。邓广铭先生在《韩世忠年谱》中写道："世传梁氏名红玉，各书则均不之及，当为后人所传益也。"

"梁红玉"这个名字，最早出现在清代乾隆年间刊印的《说岳全传》。这是文学作品，内容多有杜撰，只因卖得太好，使"梁红玉"的名字深入人心，以讹传讹，沿袭下来。可以认为，"梁红玉"≈"梁氏"。不过，梁红玉的事迹远比梁氏要丰富得多。

关于梁红玉的身世，各种文学作品有着不同的记载。

有野史记载，梁红玉生在武将世家，爷爷和爸爸都是军官。受家庭影响，她也练就了一身武艺。然而，爷爷和爸爸在镇压方腊的战事中贻误战机，被朝廷治罪斩首。她也受到牵连，沦为京口营妓。

也有小说记载，梁红玉从小家贫，被卖到京口当营妓，只为混口饭吃。

野史的说法，很难全信，但正史对梁氏的身世记载稀少。

《山阳县志》卷一六《列女》记载："韩世忠妻梁氏，北辰坊人，初，江淮兵乱，流落为京口娼家女。"清光绪《淮安府志》，在山阳县"列女"的叙述中，也提到了"蕲王韩世忠妻梁氏"。

山阳位于今江苏淮安，北辰坊位于今淮安市淮城镇新城村。几乎肯定，梁氏是淮安人。如今，淮安城北还有一座"七奶奶庙"，传说梁红玉在家排行第七，故而得名，立祠纪念。

在韩五情绪最低落的时候，梁姑娘及时出现，相识相恋，结为夫妻。韩五膝下有四个儿子，梁姑娘就贡献了俩——长子韩彦直、三子韩彦质。

韩五这辈子，曾有过两个正妻，三个妾。正妻白氏、陈氏，记载寥寥，倒是梁姑娘、茆氏、周氏有些记载。巧的是，她们仨都出身娼妓。茆氏还是当时的杭州名妓，又名吕小小。

直至南宋初年，人们对于婚姻和"贞洁"还持开放、宽松的态度，连皇帝都娶改嫁的女人。商业发达和战乱因素，使得宋代的娼妓数量大大超越前代，韩五出身行伍，起步卑微，也就没必要计较妻妾过去的身份了。

梁姑娘是韩五一生中最重要的女人。文学作品里的韩五，晚年舍弃兵权和官职，跟梁红玉白头偕老，度过余生。绍兴二十一年（1151），韩五去世。两年后，梁红玉也去世了。两人合葬在苏州灵岩山。甚至还有戏剧让梁红玉又长寿了几年，等到了岳飞平反。

然而，历史上的梁氏并不长寿。她生于宋徽宗崇宁元年（1102），死于宋高宗绍兴五年（1135），算是英年早逝，没能陪伴韩五走完人生旅程。

生前，梁姑娘先后被封为安国夫人、杨国夫人、护国夫人、秦国夫人，实现了从营妓到夫人的身份跨越。

按照宋代既往的规矩，朝廷是不给女人官职爵位的，为的是防范女人干政。而梁姑娘开创了功臣之妻获得爵禄的先例。由她开始，南宋建立了功臣妻子给爵给俸的全新制度。

梁姑娘死后，皇帝出面，下诏恩赐银帛五百匹表示哀悼，给足了面子。

这一系列荣光，既得益于她在风尘中识英雄，矢志不移追随韩五，更得益于她的奇谋智慧和深明大义。军功章上，有韩五的一半，也有梁姑娘的一半。

四、皇帝的好忠臣

靖康之变，北宋倒台。赵构成了万众瞩目的大宋新领导。

接下来这段日子，赵构压根没有开国皇帝的意气风发。不但被金兵追赶进了大海，还在惊慌失措中丧失了生育能力。人生的大起大落，让他的小心脏越来越脆弱，经不起任何惊吓。

金兵退了，赵构上岸，还没把气喘匀，身边的禁军军官苗傅、刘正彦竟然造反了。建炎三年（1129）春天，他俩发动兵变，控制皇宫，挟持百官，逼迫赵构提前退休，换他两岁的独子赵旉接班，改年号"明受"。然后，哥俩以拥戴之功，位极人臣，一手遮天。

他俩这么做，一是认为赵构软骨头、不称职，二是不满顶头上司王渊的胡作非为。这两个理由虽能自圆其说，但逼皇帝下台的骚操作，不合规矩，不得人心，捅了马蜂窝。

很快，各路勤王大军齐聚杭州，准备攻打皇宫。韩五就是勤王大军中的一分子。

在阵前，韩五挺刃突前，瞋目高呼："今日当以死报国，面不带数矢者皆斩！"有他带头，勤王军奋勇争先，击溃叛军，杀进杭州城。苗傅、刘正彦赶紧打开涌金门逃命。

赵构好似见到了救星，握着韩五的手失声痛哭："中军吴湛佐逆为最，尚留朕肘腋，能先诛乎？"堂堂皇帝，顾不得礼数，上来就向救命恩人告状，说造反的吴湛还在里面，快去弄死他。

皇上开口，韩五肯定照办。见到吴湛，"握手与语，折其中指"。吴湛先是手指被捏断，接着掉了脑袋。接着，韩五又带兵追击，抓获苗傅、刘正彦。

赵构复位，论功行赏。他猛然发现，两年前称帝时，韩五就曾带兵前来效忠，还打败了追击的金兵，帮新生的小朝廷赢得了南逃的时间。如今，又是韩五挺身而出，抓了叛酋，妥妥的大功臣。

于是，韩五先后得到了武胜军节度使、御营左军都统制、江浙制置使、检校少保和武胜昭庆军节度使等官职。赵构还手书"忠勇"二字，绣在旗子上赐给他。此时此刻，他的大名"韩世忠"，显得无比应景。

这次勤王，韩世忠是最大的受益者。他用实际行动告诉所有人：干工作，既要说干就干，还要干得到位，干到老板的心坎上。从此，他在政坛和军界里塑造了皇帝忠臣的人设，成为一颗冉冉升起的新星。

这次兵变，赵构是最大的受害者。在苗傅面前，他战战兢兢，惶恐不安，没了皇帝的风范，丢尽了脸。在韩世忠面前，他失魂落魄，心神不宁，没了领导的模样。一波军人挟持了他，另一波军人又救了他。他就像个棋子，在军人的股掌间摇摆。

吃了这亏，赵构对军人的信任度直线下降。他意识到：只有把兵权牢牢抓到自己手里，才有资本跟金人议和，保自家性命。

当皇帝的最初几年，赵构扛着"三座大山"，很不自在：一是金兵，撵得他到处流窜，惶惶不可终日；二是将官，拥兵自重，不服王命，稍有不爽，轻则撂挑子，重则搞兵变，毫无安全感；三是天气，烘烤闷蒸，热得七荤八素，让他这个北方人水土不服。

绍兴二年（1132），赵构回到杭州，将这座三年前升格为临安府的城市明确为行在，即临时首都。这年正月，临安迎来一股强冷空气，先是雨雪交加，而后是大雪纷飞、天寒地冻，不过，宰相叶梦得提醒他，临安的夏天如蒸笼般湿热，跟开封没法比，要早做防暑降温的准备。赵构深以为然，打算趁这次寒潮的机会，未雨绸缪，为消夏降温做准备。

北宋皇室通常的降温方法，就是藏冰。宫里有专门负责藏冰的部门，名叫"冰井务"。各衙门也有类似的藏冰机构。一般来说，冬天收藏冰块，夏天拿出来使用。

藏冰的用途一般有四项：给宗庙里的祭品防腐保鲜，给皇室成员制作冷饮，给友邦使臣作为礼品，给加班加点、挥汗如雨的官员恩赐奖励。

南宋的情况有所不同。赵构上台，财政紧张，为了逃得快、逃得远，也为了精兵简政，就把"冰井务"这种不是刚需的后勤部门砍掉了。至于藏冰的差事，就交给"三衙"打理。

"三衙"，即殿前都指挥司、侍卫亲军马军司、侍卫亲军步军司，是管理禁军的部门，主要任务是保卫皇帝。金兵撤走后，禁军就清闲了。于是，他们"兼职"挖了几个冰窖，到处采购冰块。

钱不是问题，问题是江南地区既没有藏冰的习惯，也没有藏冰的技术，有钱也买不到冰。

端午节前后，临安的气温爆表，全城用冰量激增，宫里的藏冰也供不应求，大暑还没到就用光了。

宫里闹"冰荒"，把赵构一众人热得不行。就在这时，居然有人好似"及时雨"般，专程"包邮"送冰。他是谁呢？没错，正是韩世忠。作为北方人，他也受不了江南的热，便到处找冰。不但满足自己，还支援皇帝。

当时，他正驻防镇江。距离不远的建康，就有好几个冰窖，库存充足。

找到了货源，就要考虑怎么运了。既要尽量快，又要运得多，还得保证路上不融化。思前想后，驿马、板车都不靠谱，这单"物流"只能走水运。这方面，韩世忠是熟手。他指挥水军平定了"苗刘之变"，又在黄天荡阻击金兵，江面上的活儿，他很专业。

韩世忠辟了一条水上运冰"快递"专线。挑选身强力壮的水军将士，掌舵划桨，驾驶战船来运冰。船头上插着写有"进冰船"字样的旗标，作为开道标志，提醒过往船只避让。"进冰船"在建康取冰、包装、搬运、封舱，顺江而下，经镇江再转运河，昼夜兼程，直抵临安。比车载马驮，既快且稳，减少了路上颠簸的损耗。

见到整船整船的冰，赵构不但透心凉，而且爽歪歪，不由得对韩世忠大加称赞。

其后，临安府汲取了"冰荒"教训，要求所辖各县营造冰窖，升级技术，连水果和酒水也能冷藏，提高了宫廷生活品质。多年后，藏冰之法在江南普及，形成了惠及百姓的产业链。

两次救驾，让赵构对韩世忠既感激，又高看，这不但为他的职业发展打开了通途，还在他被秦桧迫害时，有皇帝出面说话，得以安享晚年。

晚年韩世忠，自号"清凉居士"，去世后葬在清凉峰下，大概是因为这次送冰救驾，不但印象深刻，而且值得炫耀，不妨清凉到永远。

五、黄天荡之战：够吹一辈子

建炎三年（1129）秋天，金国再次发兵南下，攻城略地，烧杀抢掠。为了抓捕赵构，金兀术实施"搜山检海"，所过之处，一片废墟。南宋军民付出了巨大代价，而赵构逃过一劫。

赵构跑路，风驰电掣，韩世忠想拦，没拦住。他渴望赵构留下来，作为抗金的一面旗帜。可是，赵构却让他冲在前面，担任浙西制置使，去镇江抵挡金兵。

眼下，韩世忠麾下的官兵只有八千人。

这点人马，硬拼是以卵击石。他觉得，金兵南下，重在劫掠，等金兵"吃饱喝足"，"满载而归"时，半路伏击，狠狠捶他们一下。镇江是金兵北撤的必经之地，就在这里等他们来。

接下来是一场系列战役，后人将其拆分成三个阶段。

第一阶段：镇江遭遇战。

三月初八，韩世忠果然等来了金兵。七天后，镇江江面上，双方以船对船，展开血战。韩世忠披挂上阵，奋勇向前，梁姑娘一身戎装，擂鼓助战。主帅夫妇齐上阵，宋军士气大振。

金兵这边，军纪懈怠，久战疲惫，状态萎靡，包袱沉重。跟轻装上阵、以逸待劳的宋军对战，几个回合就败下阵来。不但伤亡惨重，连金兀术的女婿龙虎大王也被活捉了。

大江之上，韩世忠守在北岸，金兀术在南岸徒唤奈何，只好给他捎口信：能不能借个路，让我们过去。这一路上我们抢的人畜、财物，再加上一匹我的宝马，都给你。

金兀术原以为，以宋军将领一贯的德行，只要"留下买路钱"，就能买到逃生路。没想到，韩五"混不吝"，直接拒了。宁可饿着肚子，也要聚歼这伙金兵。

第二阶段：黄天荡之围。

这回，金兀术郁闷了，本来就不善水战，还被堵着过不了江。他只好溯江西上，在"路痴"向导的带领下，稀里糊涂钻进了一条死胡同——黄天荡。

黄天荡位于现在江苏南京栖霞山和龙潭之间的河汊，是建康东北的死水港。韩世忠马上派船队封锁了黄天荡内唯一的入江水道，再派工匠赶制大量铁绳、铁钩。只要金兵战船突围冲出，就让敢死队员乘坐战船两路夹击，抛射铁钩，把金兵战船钩翻。

被堵在死胡同里，叫天天不应，叫地地不灵。金兀术这次真慌了。他只好再次派人捎信，只要韩世忠能让出一条生路，什么条件都能答应。

韩世忠一听：那好，"还我两宫，复我疆土"，就可以让路。

金兀术的低姿态，只是舍财保命的权宜之计。他连抢来的人财都舍不得真给出去，何况是徽钦二帝和中原疆土？后来，他又出言不逊，惹得韩世忠要用箭射他。

谈判自然是谈不成的。

韩世忠不是孤军奋战。接应金兀术的金兵援军，都被扬州、仪征的宋军击退。金兀术坐困黄天荡，愣是动弹不得。

反观金兵这边，求生的希望越发渺茫，金兀术亮出了"终极必杀技"：砸钱。

重赏之下，真有叛徒。一个当地的乡民跑来领赏，说附近有条老鹳河淤塞多年，挖开后可以直通秦淮河。金兀术大喜，连忙让工兵三班倒着挖。

挖了三十多里，总算是挖通了。金兵鱼贯而入，逃到了建康城外，但突围还是没戏，因为韩世忠仍堵在北岸。

当时，金兵用的是轻型战船，而韩世忠的战船都是大海船。从体型和稳定性上，宋军都占上风。韩世忠已经备好了铁索铁钩，准备在长江上团灭这股金兵。

就在这时，金兀术又"砸钱"了。

第三阶段：建康突围战。

福建人王某冲着领赏，主动给金兀术绘制了宋军海船运行原理图，点出其软肋：船帆。他建议，集中火箭射宋军的船帆。宋军海船一旦没帆，

111

就失了动力，只能漂哪算哪了。

王某还教金兵在轻型战船里填土，铺上木板，降低重心，减少风浪颠簸。同时增加船桨，加快航速。

金兀术照单全收，下令连夜赶制火箭，又让士兵在建康西南的白鹭洲开挖河渠，派船队偷偷迁回到宋军的上游。

对于金兵的战法调整，韩世忠一无所知。

战端一开，宋军吃了大亏。战船纷纷起火，烧死淹死的将士不计其数，自救尚且困难，压根顾不上阻击金兵。就这样，金兀术趁机突破了宋军的封锁，进入建康，转头向北，渡江而去。韩世忠无力再追，只好退回镇江，休整待命。

金兀术在建康短暂停留、烧杀抢掠之际，岳飞奉诏率军配合韩世忠，在建康南边的牛头山①袭击金兵，横尸十余里，俘获三百余人，随即收复建康，为黄天荡之战画了个句号。

黄天荡之战，韩世忠赢了前两阶段，输了第三阶段，没能完成聚歼金兀术的战役任务。分析败因，主要还是兵力单薄，孤军奋战，缺乏援兵，对敌情掌握不全，加上敌方有叛徒出主意，超出了他的预期。

对战果最不满的，居然是梁姑娘。她竟上书朝廷，弹劾丈夫韩世忠"失机纵敌"，请朝廷治罪。如此不近人情，只因她太渴望一场全胜，把金兀术淹死在黄天荡的江水里。

以八千孤军，将金兀术十几万大军堵在黄天荡四十八天，歼敌过万，在南宋军队连战连败，连皇帝都沦为"海跑"的情况下，的确是很提气的胜利。敌占区和"赵统区"的老少爷们都为此兴奋了好几天。

就连正在苦练"海上漂"的赵构，听说金兀术被韩世忠围堵在黄天荡，也是喜不自胜："（韩）世忠忠勇，朕知其必能成功！"

在赵构看来，这又是一次护驾行动。韩世忠打得越好，他在海上就越安全。

这场胜利，足够韩世忠吹一辈子。

---

① 牛头山，今江苏南京江宁区牛首山。

梁姑娘擂鼓助战的瞬间，也被定格在历史记载中。正如清代学者赵翼在《黄天荡怀古》一诗中所写：

打岸狂涛卷白银，似闻桴鼓震江津。归师独遏当强寇，兵气能扬到妇人。

有火谁教戎箭射，无风何意海舟沦。建炎第一功终属，太息西湖竞角中。

六、大仪镇之战

黄天荡战后，宋金双方进入相持阶段。然而，金国并没有放弃灭宋的想法，而是改换手法，扶持汉人傀儡政权冲在前面，跟南宋打代理人战争。

金国先后扶植过两个傀儡政权：张邦昌的"楚国"和刘豫的"齐国"。南宋历史学家分别称其为"伪楚"和"伪齐"，宣示不予承认。

113

楚国只存活了一个月，待南宋建立，张邦昌就自行下野，找赵构请罪去了。倒是刘豫，不但"世修子礼，永贡虔诚"，而且当儿皇帝上瘾，甘愿做进攻南宋的急先锋。金国决策层也乐得有齐国这样的缓冲区，"以汉制汉"，使他能腾出手来巩固北方占领区。

刘豫很清楚，自己只是金人扶植的一道安全屏障，最大的用途就是攻打南宋。只有不断地攻打南宋，抢钱抢粮抢地盘，才能向金人主子证明，自己还有用，应该续命。

建炎四年（1130）齐国立国，随后对宋发起了不间断的战事。仅四年，齐国就坐拥山东、河南、关陇的大片地盘，甚至把触角伸向襄阳，对南宋构成了巨大威胁。

面对伪齐咄咄逼人的态势，赵构批准了岳飞的北伐计划。绍兴四年（1134）五月，岳家军收复襄阳六郡，进驻邓州，给屡战屡败的两淮战区宋军打了个样。

丢了襄阳，对刘豫震动很大。他深知，伪齐境内，抗金义军此起彼伏，老百姓也不听话，如果都来联络岳飞，后果不堪设想。只能求助金人爸爸联合出兵，主动进攻南宋。襄阳的岳飞是不敢碰了，不如避实就虚，进攻宋军较弱的淮东地区。

好一个"失之东隅，收之桑榆"的如意算盘。

绍兴四年（1134）九月，金兀术统率五万金兵，刘豫的儿子刘麟、侄子刘倪率三十万齐军，组成联军，向两淮地区发起进攻。

驻扎这里的宋军，主要是韩世忠、张俊、刘光世的部队，加起来将近十万。临安周围还有七八万驻军。虽说总兵力不如对手，但毕竟是主场作战，如果集中力量打歼灭战，是有可能取胜的。

大概是被金兀术追得有点心理阴影了，赵构担心打不赢，便做了两手准备：既有军事部署，又派使臣求和。

赵构的军事部署很不顺利。《建炎以来系年要录》载，赵构先是给韩世忠发去一道言辞恳切的御札："今敌气正锐，又皆小舟轻捷，可以横江径渡浙西，趋行朝无数舍之远，朕甚忧之。建康诸渡，旧为敌冲，万一透漏，存亡所系。朕虽不德，无以君国子民，而祖宗德泽犹在人心，所宜深念累世涵养之恩，永垂千载忠谊之烈。"

赵构把一场军事行动说到了祖宗和百姓的份儿上，感动得韩世忠一把鼻涕一把泪："至尊忧勤如此，臣子何以生为！"

他二话不说，顶着淮东宣抚使的头衔，带兵北渡长江，蹲守扬州，大宴全军将士，"以拔桥断路示无生还之望"，亮出了决战的架势。

韩世忠不是孤军作战。赵构让张俊向扬州靠拢，让刘光世移师建康，三支部队形成了夹江而望的作战集团。可是，这俩人畏敌如虎，百般推脱，拒不奉诏。

兵法上说，"将在外，君命有所不受"。更何况张俊、刘光世手里有兵，更没把皇帝当回事。韩世忠只得孤悬江北，面临被金齐联军包围的危险。当然，这不是他第一次被坑了。

赵构见状，赶紧令他撤回镇江，凭借长江天险，跟金兵周旋。诏令送到时，恰好两位北上求和的使者路过扬州，韩世忠设宴饯行。

宴会上，当着两位使者的面，韩世忠故意吐露了诏书内容，表态即将撤回镇江。席间，两位使者都觉得此行凶多吉少，甚至把妻儿老小都托付给了他的部将。大家哭得稀里哗啦。

等使臣走远以后，宋军将士们得到的命令，不是撤回镇江，而是前往大仪镇布防，准备迎战金兀术。①韩世忠坚信，宴会的情况，金兀术很快就会掌握。必须把戏演得再真些，让金兀术相信他确实要撤了，从而掉以轻心，不做提防。

韩世忠打算在大仪镇打个伏击战，重演黄天荡诱敌深入的好戏。他将全军分为五阵，设置了二十多处伏击点，就等金兀术上钩。

这是他第一次违抗圣旨。

果然，两位使者离开宋军军营，没走多远，就遇到了金人的骑兵。面对金人逼问，他俩如实告知：韩世忠已经从扬州返回镇江。然而，他俩并不知道，韩世忠其实没有撤兵。

金兀术的副帅聂儿孛堇信以为真，立即让部将挞孛也率领数百骑兵，前出扬州大仪镇。

韩世忠的伏兵在这里恭候多时了。

先是宋军轻骑兵出战，把金兵引入伏击圈。随后鼓声大作，宋军伏兵四起，步兵冲进战场，与金兵混战在一起。金兵骑马射箭的野战优势顿时没了用武之地。

看似乱战，但宋军战术明确。两人一组，手持长斧，分工协作，上砍人胸，下砍马腿。后来岳飞大破金兀术的拐子马，用的也是这个办法。

金兵陷入泥淖，几乎全军覆没。挞孛也及其麾下五百多人当了俘虏，宋军缴获战马五百多匹、军械物资堆积如山。

接着，韩世忠部又在天长、承州②连打两小仗，歼敌近二百人，趁势追击至淮河南岸。

大仪镇之战规模不大，没跟金兀术打照面，击溃的只是他的前哨部队。然而，韩世忠靠一己之力，堵住了金兵从淮东直取临安的捷径，扭转了两淮宋军连战连败的局面。

淮东获胜，意味着守住了临安的北大门，怎能不令赵构欢喜？难怪宋孝宗赵伯琮上台后，专门把大仪镇之战纳入"中兴十三处战功"。

①大仪镇，今江苏扬州西北。

②天长，今安徽天长。承州，今江苏高邮。

金兀术在淮东吃了亏，改打淮西。这边既没有韩世忠，也没有岳飞。金兵一路势如破竹，包围庐州①。赵构急调张俊、刘光世、韩世忠，分别在常州、建康、镇江集结，由知枢密院事张浚统一指挥，救援庐州。

就在各路援军准备就绪，向庐州开拔的时候，金兀术突然撤兵了。这是怎么回事呢？

庐州久攻不下，金兵已有疲态，等宋军援兵到齐，有可能形成对金兵的反包围。连日雨雪，粮道阻塞，供应短缺，金兵已有断粮的危险。

金太宗完颜晟病重，随时可能归天。谁来接掌金国大权，还是未知数。金兀术号称"四太子"，是皇位的有力竞争者。当皇帝的梦想，让他心浮气躁。此刻，他的心早已飞回上京会宁府②。至于庐州，既然得不到，就放手吧。

于是，金兀术急匆匆地走了，只留下刘麟和他的残兵败将，进退两难，一脸茫然。

七、南宋版"杯酒释兵权"

岳飞收复襄阳，韩世忠大仪告捷，加上吴玠在和尚原获胜，使南宋抗金的态势从被动挨打转变成互有攻守，逐渐形成了川陕、荆襄、淮西、淮东四大战区。韩世忠掌管淮东战区，驻地就在楚州。

在楚州，他曾联络过山东义军，打算恢复两河；他曾建议朝廷趁着刘豫被废，中原空虚，发动北伐，收复河南山东；他曾坚决反对宋金议和，决心一死报国。

可是，秦桧不接茬。

没有战事的时候，他就用心练兵。虽然只有三万人马，但训练有素，连奉旨检阅的岳飞、张俊都交口称赞，说他是"奇特之士"。

有韩世忠在，金兵不敢再犯淮东。

韩世忠不是"二代"，不是"关系户"。靠着战功和救驾，从西北战

---

① 庐州，今安徽合肥。

② 上京会宁府，位于今黑龙江哈尔滨阿城区。

场的小兵，晋升到方面大员，花了近三十年，而后镇守淮东八年。少小离家入伍，如今两鬓灰白。

夜深人静时，他也会琢磨：年年打仗，仗打到啥时候才是个头呢？难道真要像岳飞说的那样，"直捣黄龙府，与诸君痛饮"吗？

他没想过退休，但到了知天命的年纪，又不得不考虑这个问题。他发现，抗金形势越好，赵构反而越焦虑。

岳飞、张俊、刘光世、吴玠，加上韩世忠，是在血与火的考验中成长起来的抗金将领。天天打仗，自然手握兵权。赵构最担心的，无非是武将兵权过重、不服王命。而这些现象，又活在现实中。

南宋风雨飘摇的那几年，赵构"守则无人，奔则无地"，只能用高官厚禄笼络这些将领，换取他们忠于朝廷，支持自己。对于将军们的尾大不掉，他有心节制，却无可奈何。

然而，"武将专兵"的问题尾大不掉，有违祖宗之法，总归是个隐患。如今，抗金形势好转，和议即将达成，无论是赵构，还是文官们，都觉得收兵权的时机已经成熟。

官场浸淫这么多年，韩世忠何尝不懂这个道理。可是，山雨欲来风满楼，他也没办法，只能静静地等待着命运的安排。

绍兴十一年（1141）初，宋金双方在淮西交战，宋军先胜后败，金兵乘胜即收。南宋朝廷认为，好歹有个"先胜"。四月，以祝捷和给赏的名义，把张俊、岳飞、韩世忠召到临安，盛宴款待。

这仨人里，只有张俊实质参与了柘皋之战，但他就是那个"后败"，岳飞和韩世忠带兵增援来迟，无功而返。按理说，都没资格领赏。

其实，这就是南宋版的"杯酒释兵权"。赵构效法宋太祖赵匡胤，在宴会上夸奖三位将军为国家做的突出贡献，当即决定，将张俊、韩世忠提拔为枢密使，岳飞提拔为枢密副使，即日起前往枢密院办公，不必返回各自战区的宣抚司带兵了。

三位大将明升暗降，所部番号撤销，纳入朝廷统一管理。在秦桧的策划下，赵构"四两拨千斤"，轻易地剥夺了三位大将的兵权。

枢密使是枢密院的头子，这个头衔在宋代是文官的专利。做过枢密使的武将屈指可数，而且结局不好。张俊、韩世忠和岳飞，整日闲坐在枢密院的办公室里，喝茶聊天无所事事。

这还不是赵构想要看到的图景。在他的默许下，秦桧开始整顿军中的"歪风邪气"。他要让所有将军们明白：吃老赵家的饭，就别砸老赵家的锅！

第一个挨整的，就是韩世忠。

绍兴十一年（1141）五月初十，张俊、岳飞奉诏赴楚州，检阅韩世忠的旧部。表面上是要整编部队，实则搜罗韩世忠的罪状，彻底搞臭他。朝廷把岳飞当枪使，离间其与韩世忠的关系。

岳飞出身行伍，比韩世忠小十几岁，但屡立战功，提拔很快，官职与韩世忠、张俊几乎等同。张俊心眼小、军纪差，对岳飞有些嫉妒。韩世忠倒很欣赏这个谦虚、能干的小伙子。两人在战争中相互配合，情谊很深。

检阅完毕，岳飞对这支没了主帅还阵容整齐的部队很是赞叹。当张俊告诉他"上留（韩）世忠，而使吾曹分其军"的时候，岳飞明确表示反对："国家所赖以图恢复者，唯自家三、四辈。万一主上复令韩太保典军，吾侪将何颜以见之？"

为了掩饰柘皋之战的败绩，更为了自保，张俊已经秘密投靠秦桧。岳飞的话非但没有遂他的心愿，反而激起了他更强烈的嫉妒。

韩世忠的旧部被朝廷收编后，秦桧委派心腹胡纺担任总领（指挥员）。这家伙四处打听，终于炮制了一个陷害韩五的段子。

段子里说，韩五的部将耿著曾讲："（张俊、岳飞）二枢密来楚州，必分（韩）世忠之军，本来无事，却是生事。"秦桧正愁抓不到韩世忠的把柄，见到胡纺的密报，马上下令把耿著抓进大理寺，严刑逼供，让他诬陷韩世忠。

岳飞听说这件事后，不顾个人安危，马上致信韩世忠，提示他将被陷害，应该早作打算。于是，韩世忠立即跑去求见赵构，跪在地上一个劲磕头，表明自己忠贞不贰，乞求饶命。

赵构见状，赶紧把他搀起安慰，让秦桧将耿著的案子上报。秦桧一看，逼迫耿著屈打成招的设想没法兑现了，只好判耿著杖脊，刺配琼崖。

倘若没有赵构出面保全，以秦桧的毒辣伎俩，恐怕韩世忠在劫难逃。

那么，赵构为什么要保韩世忠呢？

一方面，韩世忠多次救驾，特别是在"苗刘之变"中，第一个冲入皇宫，给赵构吃了定心丸。另一方面，韩世忠多次打胜仗，尤其是黄天荡和大仪镇这两战，搅黄了金兵南下的梦想，又给赵构吃了定心丸。

赵构还是念旧情的。

更重要的是，韩世忠深知赵构对武将的防范之心，便大量买田置地，娶了好几房太太，对国家大事不闻不问，顶着贪财好色和混吃等死的帽子，以"自污"的方式，拼命展现自己没有政治野心。

毕竟，官员们做人做事得顺着赵构的脾气来。

相比之下，岳飞不但为官清廉，而且多次向赵构提及立太子的家事。尽管初衷是为国家社稷着想，但作为武将，似乎管得太多了，戳了赵构"不育"的敏感点。

这种干预皇帝家务事的事情，韩世忠没做过，也不会做。

因此，赵构对韩世忠更放心，对岳飞有戒心。秦桧猜透了赵构的心思，便暂时放过韩世忠，转而全力陷害岳飞。

既不能带兵，又是非不断。韩世忠的心冷了，他不想在枢密院混下去了。他想急流勇退，归隐山林，躲开临安官场的尔虞我诈。

八、清凉：从将军到居士

顶着横海武宁安化军节度使、醴泉观使、奉朝请、福国公的头衔，韩世忠退休了。打这以后，世间再无叱咤风云的韩大将军，只有逍遥桃源的老韩头。"自此杜门谢客，绝口不言兵，时跨驴携酒，从一二童奴游西湖以自乐，平时将佐，罕得见其面云。"

纵游西湖，不见旧部，怡然自得，既为保护自己和家人，更为保护昔日部下。当然，皇帝恩赐和自己购置的田产，也需要好好打理。

一天，韩世忠到苏仲虎家喝酒，酒醉而归，乘兴填词两首，次日回赠苏仲虎。一首题为《临江仙》，其中有云：

冬看山林萧疏净，春来地润花浓。少年衰老与山同。世间争名利，富贵与贫穷。

荣贵非干长生药，清闲是不死门风。劝君识取主人公。单方只一味，尽在不言中。

字里行间，满是告别尘世、清净无为的退休心态。当然，这是写给别人看的。

另一首题为《南乡子》，其中"鬓发苍浪骨髓干"和"只恐痴迷误了贤"，却让人看出了他的壮志未酬和义愤填膺。

身体离开了朝廷，但思绪从未远去。

他始终挂念着国家大事，挂念着亲密战友，挂念着皇帝的一言一行。

朝廷使臣又将奉旨赴金议和，韩世忠上书劝谏，指责秦桧误国："中原士民迫不得已沦于域外，其间豪杰莫不延颈以俟吊伐，若自此与和，日月侵寻，人情销弱，国势委靡，谁复振乎？"

对国家大事的关心，换来的只是"优诏不许"和秦桧的"深怨"。

眼巴巴看着岳飞蒙冤入狱，慑于秦桧的淫威，几乎所有人三缄其口，只有韩世忠去讨说法，却只换来一句"莫须有"。气得他厉声反问："'莫须有'三字，何以服天下！"

韩世忠强烈反对第二次"绍兴和议"，尤其是其中的割地、称臣、交岁币当"保护费"。尽管同僚都劝他悠着点，别再争了，但他很窝火："今畏祸苟同，他日瞑目，岂可受铁杖于太祖殿下？"

大家出来做官，无非都是混口饭吃，谁也不会在意这种"因果轮回"。

算了，不争了。争也没用。活着比什么都重要，哪怕只是苟活。

任何命运，无论如何漫长复杂，实际上只反映于一个瞬间：那就是他大彻大悟自己"究竟是谁"的瞬间。

韩世忠迷上了佛教，整天宅在家里研究佛道书籍，自号"清凉居士"。

看着战友岳飞的下场，不免兔死狐悲，物伤其类。他的心凉透了：打了一辈子仗，全是瞎忙活！玩命给赵家打天下，结果却被往死里整。

赵构还是够意思的，隔三岔五送来赏赐，起码让韩世忠衣食富足，活得有面子。

就这样，十年过去了。

《西湖柳艇图》，南宋夏圭，绢本设色。反映了当时杭州西湖的胜景。台北故宫博物院藏

绍兴二十一年（1151）七月，韩世忠病重昏迷。赵构派来的太医匆匆赶到韩世忠病榻前，看到他猛然醒了，或许是回光返照。他说，自己到了阴曹地府，忽然想起还有三件事没办：

第一件，从军多年，杀人太多，希望建个黄箓大斋醮，把这些冤魂做个了结。

第二件，身边侍妾太多，该遣散了，有父母的送还，没父母的婚嫁，安排个好归宿。

第三件，别人欠了他很多债，怕子孙追索相逼，不如把欠条烧掉，一了百了。

于是，他就告诉了阴曹地府的管事官晏敦复，承诺一个月把事办完。晏敦复是北宋词人晏殊的曾孙，大学问家程颐的徒弟，生前曾任吏部尚书，反对秦桧弄权和议和，敬重韩世忠当年的抗金业绩，便答应了。

有晏敦复批准，韩世忠这才苏醒过来。"一月皆毕，遂毙矣"。

虽然只是传说，但韩世忠的确感受到了死神的召唤。他终于允许旧部将士前来看望，当着战友们说出了心里话："吾以布衣，百战致位公王，赖天之灵，得全首领，卧家而殁，诸君尚哀其死邪？"

堂堂大将，只敢在临死前公开讲出真心话；堂堂枢密，只满足于能在家里平安死去，而不是监狱里蒙冤而死。多么凄凉，多么悲怆！

八月初四，韩世忠去世了，享年六十一岁。

赵构曾打算亲临祭奠，这是很高的政治礼遇。可是，秦桧软硬兼施，逼迫韩家上书朝廷推辞，使赵构没能成行，只是"赐朝服、貂冠、水银、龙脑以敛。赗银帛三千匹两，追封通义郡王"。

生前有赵构撑腰，秦桧拿他没辙。死后秦桧说啥也不让他享受殊荣。

韩世忠的一生，忠于南宋，忠于赵构，忠于初心，忠于事业。他用戎马一生，诠释了"忠"字的内涵。

在万马齐喑的岁月里，他曾大胆喊出："毋讳'忠'字，讳而不言，是忘忠也。"

毕竟，他的所谓"忠"，换来的不过是"只恐痴迷误了贤"。

吴玠：陇上一战洗乾坤

南宋词人范成大，与杨万里、陆游、尤袤合称"中兴四大诗人"。他的诗词，题材广泛，文风平易，言语浅显，格调清新。不过，他并非"小确幸"，而是充满家国情怀，且看这首《州桥》：

> 南望朱雀门，北望宣德楼，皆旧御路也。
>
> 州桥南北是天街，父老年年等驾回。
>
> 忍泪失声询使者，几时真有六军来？

经过靖康之变的大宋故都，一切都平静下来了。劫后余生的百姓，日子还得过、生意还得做。大家都盼着大宋的军队打回来，皇帝搬回来。"朱雀门""宣德楼""天街"，都能勾起皇帝赵构对童年生活的美好回忆。

然而，"盼"只是一厢情愿。皇帝"躺平"，偏安东南，没打算回来，就更别指望大宋军队了。

借助中原父老的"忍泪失声"，范成大没有半句吐槽，却把对赵构君臣的愤怒谴责展现得一清二楚。

在秦桧的高压下，既要直抒胸臆，发泄不满，又要自我保护，避免报复，大概只能用"范成大模式"了。

其实，南宋抗金并非毫无盼头。有一位猛将兄，与岳飞、韩世忠同为

"流量担当"，不但在川陕打得金兵丢盔弃甲，稳住了南宋的西部战线，而且在"重文轻武"的环境里，愣是带出了一个武将世家。

他就是吴玠——一个陌生但又重要的"战神"级人物。

一、初露锋芒

北宋政和元年（1111），水洛城①。

这里是北宋对抗西夏的边防前线。当年为了修水洛城，一代名臣范仲淹差点赔上了仕途。如今，宋徽宗准备大干一场，彻底解决西夏这个边患。

一个身材单薄的年轻人，瞅了瞅城门上张贴的征兵告示，表情平静，默默离去。几天后，水洛城的军营里，出现了他的身影。这就是吴玠。其时，他十九岁。

吴玠原籍德顺军陇干县②。父亲吴扆只是水洛城的寨卒，由于作战勇敢，从普通一兵升任指挥使。只不过，他隶属的只是地方杂牌军，就使得看起来豪气的指挥使头衔，仅相当于不入流的低级军曹而已。

父亲军职卑微，让吴玠的"军二代"光环有些暗淡。也正因此，吴玠入伍后，并没有像其他将官子弟那样享受特权和照顾。与所有来自农村的士兵一样，他摸爬滚打，吃苦耐劳，作战勇猛，屡立战功，很快就晋升为进义副尉、权任队将，能带十几个兵了。

作为低级军官，吴玠对上司的号令绝对服从。指挥棒指到哪里，他就打到哪里。南征方腊，"破其众，擒酋长一人"；直趋关南，再破"河北贼"。

尤其是靖康元年（1126），已是忠训郎、权任泾原第十一正将的他，面对围攻怀德军的西夏人，毫无惧色，带着百余骑兵出城迎敌，斩首一百四十六级。此战宋军大败，唯一的亮点就是吴玠的这场小胜。他也因此升任秉义郎，虽然仍是低级军官，但已初露锋芒。

---

① 水洛城，今甘肃庄浪。

② 德顺军陇干县，今甘肃静宁。

宋徽宗用兵西北，打了不少胜仗，拓了不少地盘，但没能灭掉西夏，反而导致中原空虚，给了金人灭宋的可乘之机。

吞灭北宋后，金人又瞄向了陕甘。如果占领这里，既能切断大宋西北边防军的归路，又能抢夺顺江而下消灭南宋的地利优势。反之，如果宋军长期控制陕甘，进可东出潼关，收复中原；退可据守天险，凭借巴蜀的丰沛物资，牵制金兵，拖垮金兵。

陕甘争夺战太重要了。

建炎二年（1128），金兵分路南下，其中西路军直奔泾原路，这是吴玠的新对手。奉时任泾原路经略司统制官曲端的命令，偏将吴玠率部迎击。

宋军以步兵居多，金兵以骑兵见长，平原上野战硬拼，宋军肯定吃亏。因此，吴玠把麾下三四百人埋伏在青溪岭的山岭高地，待金兵路过，他一马当先，带着十几个人俯冲而下。

金兵指挥官完颜娄室看只有这几杆枪几匹马冲到面前，先是勒马诧异，而后没当回事。就在这时，金兵侧翼喊杀声四起。吴玠提前安排的伏兵从侧面掩杀过来，把金兵的阵型冲得七零八落。完颜娄室只好策马后退，锐气全无。

青溪岭之战，吴玠带领宋军追了三十里，砍了一百七十多颗脑袋，追得金兵都怕了。接着，他又奉命东进，收复华州①；奉命北上，在彭原店②打得金兵鬼哭狼嚎，金兵主将撒离喝多了个外号——"啼哭郎君"。

跟其他各路宋军走一路抢一路不同，吴玠约束部下，禁止抢掠，一路秋毫无犯。

伴随着战功的累积，吴玠的官阶也越来越高。先是升任武义郎、泾原路兵马都监、知怀德军，接着又被提拔为泾原路马步军副总管，一跃成为高级将领。

当然，他的成长离不开曲端的栽培，即便升了官，也依旧接受曲端的领导。

---

① 华州，今陕西华县。

② 彭原店，一称"白店原"，位于今陕西彬县南白店村附近。

就在吴玠踌躇满志，打算跟着曲端大干一场的时候，朝廷派来了大员——知枢密院事张浚。正是这位力主抗金、志存高远的大帅，力排众议，一通"骚操作"，在富平打了大败仗。

张浚演砸了，要找替罪羊。于是，曲端就被揪出来残酷杀害。罪名看似冠冕堂皇：叛降金国的几个军官，都是曲端一手提拔起来的。

实际上，曲端是坚决反对打这一仗的。战前的"众议"里，他是急先锋。更重要的是，他是川陕防区的"带头大佬"，本就对张浚的"空降"不满意，不配合。对于这样的"刺头王"，张浚自然是欲除之而后快，既给自己遮羞，也给自己解套。

曲端死了，最尴尬的莫过于吴玠。

作为曲端的下属和爱将，面对这样的局面，吴玠该怎么办？

二、鏖兵和尚原

对于富平之战，吴玠是站曲端一边的，认为与其打这一仗，还不如各守要冲，等待时机，后发制人。即便开到前线，他也主张"兵以利动，今地势不利，未见其可。宜择高阜据之，使不可胜"。不过，上司没有采纳。

转瞬间，五路宋军大溃败。这样的结果，印证了吴玠的预判。然而，战场上压根没给他发泄愤怒的机会。金兵压境，他只能先收拢溃兵，再退守和尚原[①]。

然而，区区几千失魂落魄的残兵败将，面对金兵虎狼之师，能守得住吗？

有人劝他放弃和尚原，退守汉中，把住蜀口。吴玠婉拒了，他认为，和尚原孤悬敌境，可以牵制金兵。如果金兵弃之不顾，径直南下，便可乘虚出击，袭扰敌后。因此，只要宋军守住和尚原，就能让金兵脱不掉这块"心病"。

金兵的"心病"，反过来就是秦岭老百姓的"主心骨"。大家听说吴

---

① 和尚原，今陕西宝鸡西南。

玠没走，感恩不已，纷纷暗中串联，冲破金兵阻拦，趁夜运送粮草。吴玠很感激，但没白要，而是照价给钱。

主将的决心，百姓的支持，加上将士们歃血为盟，同甘共苦，让这支断了线的溃兵站稳脚跟，成为横亘在金兵南下道路上的一堵墙。

绍兴元年（1131），和尚原迎来了考验。

金兵分别从凤翔、成州①出发，兵分两路，约定日期在和尚原会合，准备跟吴玠硬干。以九百年前的交通通讯条件，想要两路人马同时赶到目的地，难度很大。事实上，成州出发的金兵提前抵达，列阵北山，叫嚣挑战。

金兵来势汹汹，宋军人少力弱，肯定不能硬拼。因此，吴玠把当初富平战前没被采纳的主张用上了：坚守阵地，交替出战，轮流休息，后发制人。

和尚原这个地方，沟壑众多，道路狭窄，车马难行。金兵只得放弃马匹，步行作战，行动迟缓，疲惫不堪。吴玠瞅准时机，令旗一挥，发起反击。

山地步战，金兵哪是宋军的对手，立即溃败。

金兵败退数十里，刚安营扎寨，但见狂风大作，冰雹来袭，担心宋军趁着恶劣天气继续掩杀，索性拔腿就跑。

至于凤翔出动的那路金兵，行动稍慢。吴玠抓住时间差，分兵截击，将其击退，一举粉碎了金兵分进合击的图谋。

打败两路金兵，只是个"开胃菜"。吴玠很清楚，金人建国以来，节节取胜，连续灭国，不甘心在和尚原碰一鼻子灰，一定会掀起更大报复。

"更大报复"来得很快，还没跨年，就扑面而至。这年十月，金兀术亲率十万大军，造浮桥，结连营，杀奔和尚原。

金兀术打仗颇为"洒脱"，经常甩掉头盔，露出秃头长辫，光着膀子上阵厮杀。他还深通韬略，诡计多端，白天做出回撤的假象，晚上秘密集结，发动突袭，干掉了吴玠的多个前沿据点。

---

① 凤翔，今陕西凤翔。成州，今甘肃成县。

127

敌人很凶悍，吴玠很镇定。他传令，集中臂力大、善射箭的士兵，埋伏于山间密林，待金兀术大兵压境时，便使用强弓劲弩，轮流放箭，连射不停、箭如雨下。

金兵身处山谷，想要反击，却仰攻得很吃力，纷纷中箭倒地。幸存的金兵吓得腿肚子转筋，踟蹰不前。金兀术见天色昏暗，形势不利，只好带兵且战且退。刚回到大营，就有探马来报：宋军一部切断了后方粮道，把粮草马匹抢掠一空。

金兀术听罢，瞠目结舌，默然良久，才下令烧火做饭。没想到，金兵大营哪有火光，哪就招来宋军的弩箭。整整一宿，宋军的小股人马轮番偷袭，有时射箭，有时鼓噪，搞得金兵饭做不成，觉睡不好，肚皮空空，眼皮打架，疲惫不堪。

粮道断了，撑不了几天，夜里又吃不好睡不好，必须速战速决。可是，金兵越想决战，吴玠越坚守不出，只是白天放箭，夜间偷袭。金兀术不胜其扰，只好下令撤兵。

吴玠等的就是这一"撤"。宋军倾巢而出，连伙夫马夫都拎着刀枪上阵，在金兵撤退的必经之路上设伏突袭。于是，撤退的金兵变成了溃逃，遗尸万具，被俘数千。连金国"大佬"粘罕（完颜宗翰）的侄子羊哥孛堇也做了俘虏。金兀术身中数箭，血染须髯，抱头鼠窜，勉强逃离战场。

这样的战绩，在金太宗面前是没法交代的。于是，金兀术采纳了谋士的计策，用白布包扎箭伤，吊起骨折的胳膊，以一副卖惨的样子争取皇帝的同情。

见金兀术一副狼狈相，金国皇帝吴乞买大为光火，非但没有同情，反而从重发落。金兀术被暂时剥夺了军队指挥权，发往云中戴罪效力。

对于南宋而言，和尚原之战，不仅扭转了西线宋军的颓势，而且获得了宋金交战以来最大的军事胜利。

为了打赢这一仗，吴玠做了大量的情报搜集工作，提前预知金兀术的军事行动，有针对性地采取诱敌深入、频繁袭击的打法。张浚再不敢独断专行，而是给吴玠足够信任和便宜行事。或许张浚开窍了：与其外行领导内行，不如放手让内行大干一场，替自己完成救赎。

和尚原之战，对赵构，对张浚，对吴玠，对整个南宋政权，都有很大的政治意义。赵构龙颜大悦，亲写诏书，授予吴玠镇西军节度使衔。虽然只是从二品，却是一线武将的最高品阶。这年，吴玠三十九岁。

就在临安满朝欢庆的同时，金兵的新一轮进攻又来了。

三、力战饶风关

和尚原惨败，没有改变金国先取川陕，顺江而下，并吞江南的大战略。既然金兀术不行，那就换人。绍兴三年（1133），金国集中十万兵力，以撒离喝为统帅，再次进攻巴蜀。

撒离喝的知名度不如金兀术，但他身材魁伟、作战勇猛、思维敏捷、善出奇谋，堪称文武全才。不过，他曾被曲端、吴玠打得满地找牙，得了个"啼哭郎君"的外号。因此，对于吴玠的存在，他是敬畏三分的。

既然吴玠死守和尚原，撒离喝就摆出一副报仇雪耻的架势。吴玠收到的各方面情报显示，撒离喝准备对和尚原发起大规模进攻。

然而，这些情报是假的，进攻和尚原只是虚晃一枪的假象。撒离喝率领大军，悄悄绕过千里险阻的秦关栈道，突袭陕南商州，从东面包抄兴元府①。

兴元府是蜀中门户，张浚经营多年，鱼米富庶，一旦失守，不但蜀中门户洞开，而且堆积如山的粮草就白白资敌了。因此，兴元府最高长官刘子羽一面积极布防，一面向吴玠求援。

吴玠闻讯，一度犹豫了：救援兴元府是有很大风险的。一方面，吴玠的职责是守和尚原，没有上司指令，擅离职守，回援兴元，一旦正面之敌从佯攻变成真打，丢了阵地，岂不是大罪？另一方面，远道救援，人困马乏，很容易被金兵以逸待劳打败。

然而，一旦金兵拿下兴元府，就有可能顺势打到成都。到那个时候，再继续坚守和尚原就失去了意义。更何况，刘子羽跟吴玠是生死之交，眼看人家有难，岂能坐视不管？

129

---

① 兴元府，今陕西汉中。

于公于私，这个险都值得冒，必须冒。于是，吴玠分兵回援，一昼夜疾驰三百里。

吴玠回援，旨在击退金兵，而非全歼金兵。因此，在无法保证部队按时抵达阻击阵地的情况下，他还派个亲兵，日夜兼程，直入金营，奉上黄柑一只，附有信笺曰："大军远来，聊奉止渴；明日决战，各忠所事。"

看着那只黄柑，撒离喝脸色大变。他持杖顿地，仰天大喊："吴玠吴玠，汝何来之速也！"他有些六神无主，不敢轻举妄动。第二天清晨，吴玠大军终于赶到了兴元府的前沿阵地饶风关。这时，金兵的总攻尚未开始。

一只黄柑，为吴玠争取了大半天时间。

总攻开始了。金人身披重甲，登山仰攻，前仆后继，蜂拥而上；宋军居高临下，用箭射杀，推石摧压。血战六天六夜，堆尸如山，难分胜负。

关键时刻，宋军出了叛徒，引导金兵绕到饶风关的侧背。宋军猝不及防，溃退下来。就这样，饶风关失守。刘子羽见状，只好放火烧毁兴元府，退兵三泉县。

这时，吴玠担心金兵乘胜包围他，更担心和尚原有失，只好连夜率军回撤，只剩刘子羽独自扛着了。

刘子羽平时锦衣玉食，贪图享乐，个性张扬，喜好女色，群众评价很差。这个德行，既源自官宦出身，更因身为张浚第一心腹。所以，对他来说，群众的眼睛再雪亮也没用。

吴玠虽然跟刘子羽交情很深，但就这样草率退兵，把刘子羽推到第一线送死，如果真出了事，恐怕谁也担不起。更何况，刘子羽麾下只有三百名饥肠辘辘的残兵。

三泉县是金兵入寇的必经之地。区区三百人，拿什么阻挡十万虎狼之师？吴玠的撤军，让这支残兵顿时哗然，行将溃散。就在这时，刘子羽站了出来，穿着华丽的锦袍，镇定自若地表示，吴将军撤兵是为了诱敌深入，大军就埋伏在附近，只等敌人上钩。

刘子羽觉得还不够，巡视部队完毕，索性躺在山岗上放话："等我一觉醒来，吴将军必来会合。"

这些话只为稳定军心，糊弄一时。只有送给吴玠的绝命书，才是真情流露："子羽深陷绝地，决意力战不屈，与永诀矣！"然而，令刘子羽不可思议的一幕出现了：吴玠走到半路，越想越不安，看罢绝命书，立即带兵折回三泉县。

两军再次会合，但兵力还是单薄，粮食也不够吃了。后方的张浚传令，刘子羽可以放弃三泉，撤到巴蜀腹地，但刘子羽没有接受。别看他的皮囊放荡不羁，里面居然还藏着一颗浩然正气的良心。

就在这时，另一幕难以置信的场景出现了：金兵居然退了。吴玠稍事追击，斩获不少。或许，金兵的后勤保障也出了问题，或许撒离喝意识到，宋军难打，金兵伤亡太大，即便打下来的城池，也空空如也，没啥好抢的了。

宋军在饶风关打了败仗，但战后的川陕前线确实消停了一段时间。然而，更大规模的战事正在逼近。

四、决胜仙人关

兴元府失守，使和尚原成了孤悬敌境的危地，粮道断绝，很难守住。吴玠下令弃守，退到仙人关布防。在这里，他和弟弟吴璘修筑了两道隘口，加固了防御工事。

兄弟俩相信，仙人关是楔入敌境的钉子，是出入蜀地的重要关口，金兵迟早会来拔除，一场大战在所难免。

绍兴四年（1134）二月，大战如期而至。金兀术、撒离喝，以及伪齐将领刘夔，率领十万大军来到仙人关前。这次，金兵携带了大量家眷，摆出一副稳操胜券、入川定居的架势。

显然，饶风关的取胜，给金人增了底气。

金兵弃马步行，凿岩开道，首先冲击吴玠的军营，没有得手。转而架设云梯，进攻吴玠构筑的壁垒。宋军将士用撞竿击碎云梯，用长矛刺杀敌兵，再次挡住了金兵的攻势。

紧接着，金兵又发起了第三波攻势。金兀术和韩常各带人马，同时进攻。吴璘拔刀划地，发誓"死则死此，退者斩"。众将左右穿插，且战且

131

退，从第一道隘口撤到了第二道隘口。

宋军刚退，金兵接踵而至，他们身披重甲，铁钩相连，鱼贯而上，吴璘则让宋军将士们轮番射箭抵挡。一时间，箭如雨下，死者山积。宋军不惧牺牲，金兵也豁了出去，踏着同伴的尸体，终于登上了隘口。撒离喝见此情景，策马大喊："吾得之矣！"

敌军登上隘口，并不意味着仙人关彻底沦陷。第二天，金兵攻打关城的西北楼。经过持续撞击，楼身一度倾斜，宋军士兵赶紧用布帛绑在一起，结成绳子，把楼拉正。见撞击不成，金兵又用火攻。宋军士兵找来酒罐子装水扑火。

战事从白天打到夜里，西北楼依旧岿然不动，但宋军守军已经精疲力竭。

生死攸关之刻，吴玠派的援军到了。他们拎着长矛大斧，举起火把，擂鼓造势。夜里漆黑一片，金兵看不清虚实，被鼓声和火把的亮光搞得一宿没睡，疲惫不堪。

第二天清晨，吴玠见时机成熟，立即发起反击。宋军精锐冲入金营砍杀，金兵困意正浓，毫无战意，阵脚大乱，全线崩溃，只好撤围遁去，连韩常的左眼也被射瞎。撤退路上又被吴玠预先安排的伏兵袭击了好几次，队伍被冲得七零八落。

仙人关之战，是宋金双方在关陕地区的重大战役。金兵连吃败仗，只好暂时放弃了先入巴蜀、顺江东下、夺取临安的战略。金国决策层在付出惨重代价后总算意识到，吴玠"终不可犯"。只要吴玠还在，金兵在西线就占不到便宜。

许多人，包括敌人都意识到，吴玠打仗，胜，不妄喜，败，不惶恐，胸有激雷而面如平湖。这样的武者，有什么理由不可以拜上将军呢？

战后不久，南宋川陕最高军政长官换人，张浚调回临安，朝廷新派吏部尚书卢法原担任川陕宣抚副使，取而代之。面对新任领导，吴玠又会何去何从？

五、跟领导较劲

吴玠是有个性的军人，刚强桀骜。在南宋的武将群体里，除了岳飞，他看不起其他任何人，也很少打交道。

当然，他敬重岳飞，只因看到岳飞生活简朴，身边连个小妾都没有，惊诧官场竟然还有这样的"奇人"。他花钱买个美妾相赠，但岳飞坚辞不受。

生活奢华，是南宋武将的通病，即便是战功卓著的吴玠，也概莫能外。在他看来，小妾本该是武将家庭生活的"标配"。他是这样想的，也是这样做的。曾有传言，说他的部下在成都闹市强抢民女，声称要献给吴大帅当小妾。上有好者，下必甚焉。

吴玠是曲端提拔起来的，但在张浚打压曲端的时候，他只在军事主张上站在曲端一头，而在政治立场上紧跟张浚。他很清楚，"官大一级压死人"。

如果"站队"只为自保，倒也情有可原。问题是，当张浚把曲端打进牢房后，吴玠居然还递了刀子，向张浚提供了曲端写过的诗句："不向关中图事业，却来江上泛扁舟。"很明显，这是讽刺皇帝偏安江南，不思收复中原，却被拿来作为"大不敬"的证据。

最终，曲端背着谋反的罪名冤死狱中。这是吴玠一辈子都洗刷不掉的人生污点。

在张浚的信任和提携下，吴玠凭借战功，逐渐成长为关陕战区的高级将领，不但手握重兵和要地，而且和兄弟吴璘一起构建了"朋友圈"。对此，张浚基本上持放任和默许态度。因为他清楚，富平之败该他承担的罪责，需要吴玠不断地打胜仗来弥补，他只能倚重吴玠。

吴家人在关陕战区的影响力是打出来的，但这种影响力一旦根深蒂固，不但形似独立王国，外人插不进手，就连皇帝都觉得有割据的危险，有必要换个人来管管他们。卢法原虽然只是个文官，但吴玠从他身上闻到了赵构的猜忌。

曲端之死，让吴玠领教了张浚咄咄逼人的气势。究竟是资历老，果然不同凡响，除了敬畏，吴玠别无选择。然而，卢法原算什么东西？

卢法原是赵构的心腹重臣，赵构曾当众表态："朕以川陕之地付（卢）法原处置。"相当于给了卢法原"便宜行事"的特权，不亚于张浚。有了赵构的授意和力挺，卢法原入川的第一政治任务，就是抑制武将权柄。

他很想赶快出政绩，以便表功邀宠，捷径就是"枪打出头鸟"。既然吴玠在川陕威望高、权势大、根基深，那就先敲他一顿。

吴玠不吃那一套。卢法原搞他，他就对着干。卢法原上奏朝廷举报他，他也上奏朝廷举报卢法原。面对两人各自呈上的告状信，赵构一时也很为难。就在这个时候，两淮出事了。

伪齐皇帝刘豫突然像打了鸡血一样，向金国借兵五万，攻打南宋的两淮战区。赵构迫切需要川陕战区既不要出事，还能牵制金兵，给两淮分担压力。

然而，川陕战区打仗的事，全得指望吴玠。这个时候，又怎能拆他的台？

于是，卢法原就倒了霉，不但多次被皇帝御笔训斥，而且连半年前吴玠写的告状信里反映的事，包括不给部队补充粮草、不奖赏有功将士等，都被皇帝翻出来较真。

架不住皇帝连珠炮式的盘问和批评，卢法原的小心脏崩了，一病不起。病榻之上，他想起前任张浚，曾被皇帝称为"孜孜为国者"，到头来混了个"专把国家名器财物做人情""将来必误大计"的恶评。张浚过山车般的经历，不正是自己的翻版吗？

病痛，令卢法原顿悟：所谓皇帝，不过是天下最大的势利眼罢了。自己纵有经天纬地之才，也不过是皇帝的一颗棋子、一个夜壶罢了。用人人前，不用人人后。

顿悟，意味着通透，更意味着离死亡更近。没几天，他就怀着似悲似悟的心态与世长辞。

干垮了卢法原，吴玠就满意了吗？好像没有。面对最大的领导——宋高宗赵构，吴玠依旧是有话就说。只要认准的事，即便抗旨，也在所不惜。

张浚调回临安，一度被贬，第一助手刘子羽也跟着倒了霉，被扣上"弄权用事，不近人情"的评价。有些大臣看不惯刘子羽的公子脾气，便跟风弹劾，说他是"险刻残暴，勇于为恶"的奸佞。

众口铄金，积毁销骨。如果任由大家这样痛批，刘子羽就玩完了。吴玠站了出来，奏请奉还皇帝刚刚赐予的节度使头衔，以抵偿朝廷对张浚、刘子羽的惩罚。

在专制社会，只有皇帝胁迫大臣的份儿，哪有大臣要挟皇帝的余地。明知皇帝最猜忌武将，最痛恨结党，但吴玠顾不得了。为了生死之交，这番政治风险值得去冒。

吴玠的奏札，让赵构尴尬了。对吴玠，他很生气，但又无奈，只好话分两头，找回面子。先说"进退大臣，断自朕意，岂可由将帅之言"，认为吴玠没资格插手这事，对他给予批评；然后话锋一转，"朕之于（张）浚，既罚其过，岂忘其功？可听（刘）子羽自便"。

就这样，刘子羽虽然获罪，但免去了流放之苦。

绍兴八年（1138），宋金双方达成了第一次"绍兴和议"，南宋收回了伪齐控制的河南、山东、陕西部分失地。赵构很兴奋，借机大封群臣，吴玠因战功授特进、开府仪同三司，迁升四川宣抚使。赵构还亲笔书札，恩赐吴玠，彰显这份政治待遇。

和局既成，朝中掌权的主和派高官就琢磨着追责主战派。刘子羽名声在外，成了"出头鸟"，被扣上十大罪名，流放广西。这地方路途遥远，交通不便，人烟稀少，一旦流放过去，大概率就回不来了。

又是吴玠站了出来，顶着咳血不止的重病，写了分奏札，奏请解除一切军政职务，只为力保刘子羽。

要挟皇帝的做法，顶多只管一次用。看完奏札，赵构眉头紧锁，厉声训斥：吴玠由小官做到国家大将，都是朝廷的恩典，而非张浚的私人提携。言外之意，赵构让吴玠闭上嘴，服从朝廷。

为了展现皇帝威严，赵构宣布对刘子羽不加宽恕。

为了展现帝王气度，赵构要求吴玠不能辞官，保留四川宣抚使的头衔。

为了展现帝王温情，朝廷派出了御医，给吴玠看病。

御医还在崎岖的蜀道上颠簸之际，吴玠走到了人生尽头，死在了仙人关，享年四十七岁。

六、吴玠死亡之谜

绍兴九年（1139）六月，吴玠走到了人生尽头。对于他的死，历史学界有很多争议。

《宋史》认为，"晚节颇多嗜欲，使人渔色于成都，喜饵丹石，故得咯血疾以死"。李心传《建炎以来系年要录》认为，"然（吴）玠晚节嗜色，多蓄子女，饵金石，以故得咯血疾而死"。

毕沅《续资治通鉴》、钱士升《南宋书》、李铭汉《续通鉴纪事本末》的记载，跟《宋史》《建炎以来系年要录》差不多。显然，官修正史对吴玠死因的看法基本一致：纵欲过度、饵食丹药。

事实果真如此吗？

南宋后期，吴玠的侄孙吴曦叛宋降金，把吴氏家族搞得声誉扫地。清算乃至编排吴玠，既没了政治禁忌，也成了某种"政治正确"。然而，关于吴玠纵欲过度的事，不光正史没有详述，就连热衷传扬艳史猛料的宋人笔记里也没提及。

南宋学者洪迈《夷坚志》记载了许多逸闻轶事，其中就记载了吴玠饵食丹药的原因。

吴玠戍守关陕，"数月间肌肉消瘦，饮食下咽少时，腹中如万虫攒攻，且痒且痛，皆以为瘵瘵也"。为了治好病，他特邀成都名医张锐来诊治。张锐切脉后告诉他："明旦且忍饥，勿啖一物，侯（张）锐来为之计。"

第二天一早，天气炎热。吴玠遵照医嘱，空腹没吃东西。张锐让他安排一个士兵到十里外的路旁取来一盆黄土，而后，"令厨人旋治面，时将午，乃得食"。这时，取土的士兵刚好回来。"于是温酒二升，投土搅于内，出药百粒，进饮之。"

其实，张锐为吴玠制作的，就是用温酒将黄土和成泥，再拌上厨子做的白面，做成黄泥白面药丸。这大概就是传说中的"吃土"吧。

吃完以后，吴玠"肠胃挛痛，几不堪忍"。接下来就是拉肚子，"暴下如注，秽恶斗许，有蚂蟥千余，宛转蟠结，其半已死矣"。拉完以后，有些疲惫，"扶憩榻上，移时进粥一器"。三天后，肚子不疼了，病症痊愈了。

那么，吴玠患的是什么病？张锐为什么会开出"吃土"的药方呢？

吴玠记得，去年夏天行军途中，浑身燥热，口渴难耐，就吩咐手下人"持马盂取水"。取来的水刚一入口，就感觉有异物，没等吐出来，已经咽了。"自此遂得疾"。

吴玠很可能喝了不干净的水，把水里的虫卵一起喝进肚里。张锐判断，有可能是蚂蟥、水蛭之类的寄生虫，随着饮水进入消化道，依靠病患的进食加速繁殖，侵入肝胆胃肠，轻则咳嗽、痰多、腹痛、发热，重则导致消化道出血和炎症。

这种病罕见，但临床症状常见，容易误诊，必须请名医诊断，对症下药。张锐认为，对付这种寄生虫，杀是杀不尽的，所以要先空腹，让虫也有饥饿感。"此虫喜酒，又久不得土味，乘饥毕集，故一药而空之耳。"说白了，就是诱敌深入，集中力量打歼灭战。

吴玠吃的所谓"饵食丹药"，很可能就是张锐为他调制的黄泥白面丹丸。

既然吴玠之死跟纵欲无关，也不是饵食丹药所致，那么他的死因究竟是什么呢？

实际上，吴玠虽然吃了张锐的黄泥白面丹丸，暂时缓解了病痛，但没有除根。南宋诗人王之望曾做过川陕宣谕使，对吴玠的事迹有所了解，在《论吴玠多病乞吴拱自襄阳归蜀朝札》中，他曾写道："其人平时多病，日饵丹砂数十百粒，比暴露之久，时复发作。前欲遣姚仲出秦州，而身自攻关，辄苦脏腑；脏腑稍安，又苦肾肠之疾。每疾剧时，亦颇危殆。今月十五日，下仙人原，还兴州医治。"

王之望的生活年代略晚于吴玠，通过接触后人和文献记载，足以了解吴玠的病症，绝不是吃一次黄泥白面丹丸就能根治的。病痛时常发作，不是胃疼，就是肠子疼、腰子疼。从症状上看，要么是胆道寄生虫病，要么是急性寄生虫性肠梗阻。

这两种病，中医上分别称为"尤厥"和"肠结"。"尤厥"是肠内寄生虫进入胆管引起痉挛性绞痛和呕吐虫子，"肠结"会造成肠道淤血坏死，从而导致死亡。不管是"尤厥"，还是"肠结"，罪魁祸首都是寄生虫。两种病症既可以相互转化，也可以兼而有之。

《宋史》《建炎以来系年要录》等官修正史都记载，他去世时的临床症状是"咯血疾"。这一症状的源头，正是肠胃被寄生虫穿孔，导致疼痛反复发作，引发肠胃出血和其他并发症。

吴玠之死给我们提了个醒：无论多渴，脏水不能喝。

吴玠死了。有他在，南宋的川陕战区坚如磐石，不但让金人吃尽了苦头，也让赵构放心专注于两淮的战事，实现了"替朕分忧"。即便他去世后，吴氏家族依旧把持着川陕防务，替南宋王朝守着西大门，直至宋宁宗时期吴曦叛变为止。

立了这么大战功的吴玠，却没能跻身"中兴四将"行列，反倒让张俊、刘光世这两位战绩和风评都差劲的将领抢了风头，这又是怎么回事呢？

相比于岳飞、韩世忠、张俊、刘光世，吴玠资历最浅，官职最低，他最高也就做到兼任两个镇的节度使，而那四位，要么是三个镇的节度使，要么做到了枢密使、枢密副使。

岳飞长期活跃在京湖战场，又时不时支援两淮。韩世忠、张俊、刘光世的防区就在两淮，相当于给皇帝看守北大门，离皇帝更近，容易被重视。相比之下，吴玠的川陕战区实在太远了。正所谓"蜀道之难，难于上青天"。

绍兴十一年（1141）初，柘皋大捷。岳飞、韩世忠、张俊纷纷加官晋爵，而吴玠就没这个运气了。早在两年前他就去世了。死得太早，使得后来的奖赏跟他无缘。

给张浚当帮凶，害死自己的伯乐曲端，不管怎么说都是道德瑕疵。关于他好色的传闻，一直是坊间的笑料，甚至传到了京城，虽然没有一件坐实，但还是影响了名声。

这就是吴玠，一战洗乾坤，功高惹争议。

文人：
一夜潇潇弄疏响

宋高宗时代，是南宋文坛集体绽放的重要时期。

李清照、辛弃疾、陆游，是这个时代的文人典型。他们生逢乱世，国破家亡，常有性命之忧。颠沛流离之间，满是家国情怀、雪耻夙愿，作品更沉重，更有历史感和现实主义精神。

还有一类文人，他们在文坛的知名度有限，但在政坛位极人臣，呼风唤雨。

在重文轻武的时代氛围中，"大官文人做"是两宋社会的常态，但不同的文人，留给时代和历史的印迹各不相同。

名气稍逊的赵鼎，奠定了南宋立国的四梁八柱，为维系朝廷、坚持抗金提供了强有力的财政经济支撑，却遭排挤，绝食而死。

名气更大的秦桧，在赵构的授意下，主持议和，陷害岳飞，广树党羽，开启了南宋权相政治的恶例。岳飞墓前的跪像，才代表着九百年来人们对他的公正评价。

毫无疑问，他们都是擘画和改变宋高宗时代中国历史轨迹的大人物。

李清照："女文青"的巅峰

"一剪梅"经常被调侃成"一剪没"。不过，真的有首《一剪梅》，用语浅近、感情深挚，字字珠玑，对偶工整，愁而不悲，深切动人，千百年来一直为人们传诵。

> 红藕香残玉簟秋，轻解罗裳，独上兰舟。云中谁寄锦书来，雁字回时，月满西楼。
>
> 花自飘零水自流。一种相思，两处闲愁。此情无计可消除，才下眉头，却上心头。

清秋时节，离别爱人，独上兰舟，排遣忧愁。登西楼望月，雁南飞，人未回，相思之情，溢于言表。

年年岁岁花相似，岁岁年年人不同。"花自飘零"，正是生命不可抗拒的凋零；"水自流"，正是时光不可逆转的流逝，可谓"逝者如斯夫，不舍昼夜"。

离别总是短暂的，却度日如年，"想你想得睡不着觉"。因而，"此情无计可消除，才下眉头，却上心头"。

这正是"女文青"李清照新婚燕尔的情愫。而她久久不能割舍的，正是时有别离的丈夫赵明诚。

山东妹子李清照坐拥"千古第一才女"的名气，塑造了"女文青"这个行当的巅峰。她留下的许多词作赏心悦目、脍炙人口，特别是这首《一剪梅》，流露出温婉、精致的幽然之美。

不过，李清照的"文青"人生并不如词作那样婉约，而是跟时代的变迁绑在一起，有时候是"一剪梅"，有时候是"一剪没"。

一、写意少女：惊起一滩鸥鹭

章丘，以百脉泉、大葱和黑陶闻名，李清照生于斯，长于斯，心境如泉水清澈，梦想如大葱飘香，学问如黑陶扎实。这得益于她的书香门第。

父亲李格非是著名学者，立身耿介，博学多才，做过苏轼的学生，号称苏门"后四学士"，有《洛阳名园记》传之后世，宋徽宗时期官至礼部员外郎；母亲王氏，是宋仁宗时代状元王拱辰的孙女，善诗文，"工词翰"。

这样的家庭里，每天有读不完的书，听不够的诗词，目不暇接的大学者，满满书卷气。

李格非俨然"书虫"，却非"书痴"。他思想开明，思维开放，倡导博学之、审问之、慎思之、明辨之、笃行之，营造了无拘无束的家教环境。童年的李清照，徜徉于经史子集，沉浸在琴棋书画。饱览齐鲁山川，遍赏花鸟鱼虫，不但外美如花，而且内秀如竹，驾轻就熟地享受美，欣赏美，驾驭美。

待字闺中的她，发表了两首小令，出手即一鸣惊人，震惊北宋词坛。

比如这首《如梦令》：

> 常记溪亭日暮，沉醉不知归路。
>
> 兴尽晚回舟，误入藕花深处。
>
> 争渡，争渡！惊起一滩鸥鹭。

礼部员外郎家的大小姐，发表的处女作竟然毫无闺阁的脂粉气，而是满含夕阳西下、小河沉醉、船只飘荡、鸥鹭四散的意境，这样展现时空之美、惊喜之状的镜头，其意境只可意会，不可言传。

再比如这首《怨王孙》：

《千秋绝艳图》（局部），明代佚名，绢本设色。六米多长的画面上绘写了五十七位古代著名女性人物形象。画中人物都是明代装束，相对独立，或坐或立，神态万千，李清照也被纳入其中，是典型仕女形象。中国国家博物馆藏

湖上风来波浩渺，秋已暮、红稀香少。水光山色与人亲，说不尽、无穷好。

莲子已成荷叶老，清露洗、蘋花汀草。眠沙鸥鹭不回头，似也恨、人归早。

秋天给人的感觉通常是萧瑟悲凉的，而李清照别出心裁，铺陈了一幅清新广阔的秋景，不但赋予大自然以静态美，还赋予生命以动态美。可谓胸襟博大，非同凡响。

在词坛高手的眼中，她"能书、能画又能词，而且尤长于文藻"；她才思敏捷，"文章落纸，人争传之"；她豪放洒脱，颇具浪漫主义气质；她高居婉约派宗匠地位，却又兼有燕赵猛士的侠骨风韵；她追求个性自由，向往没有羁绊的生活，词风"卓然一家"。

毫无疑问，李清照是才女。

这位两宋时代绝无仅有的才女，不但写出了"九万里风鹏正举，风休住，蓬舟吹取三山去"的豪迈篇章，而且撰写了一篇关于词的专论文章《词论》，引经据典，臧否文坛前辈。

在她眼里，李后主的词是亡国之音，晏殊、欧阳修和苏轼的词"皆句读不葺之诗耳，又往往不协音律"，王安石、曾巩"文章似西汉，若作一小歌词，则人必绝倒，不可读也"。

就是这样年少轻狂，就是这样恃才傲物，就是这样自信满满。

许多人佩服李清照，佩服她巾帼不让须眉的才气，佩服她朴素而又真挚的文风。

明代学者杨慎在《词品》中写道："宋人中填词，李易安（李清照）亦称冠绝。使在衣冠，当与秦七、黄九争雄，不独雄于闺阁也。"

清代学者沈谦曾有"男中李后主，女中李易安，极是当行本色"的高度评价。尽管李清照并不愿意把自己跟李后主相提并论。

与李清照几乎同时代，横跨两宋的大学者王灼，虽然对李清照颇有微词，但在《碧鸡漫志》里也承认，李清照"才力华赡，逼近前辈"，"若本朝妇人，当推文采第一"。

然而，李清照生活在一个社会地位上男尊女卑的时代，一个全社会都信奉"女子无才便是德"的时代，一个女性必须遵守各种清规戒律的时代。

李清照是一股的清流。家庭给了她健康成长的空间，文学给了她举目眺望的视野，创作给了她独立自主的意识。尤其是对爱情的大胆追求，在她的词作中大量出现，更宣泄了这位大家闺秀挑战世俗、追求个性的情愫。

且看《浣溪沙·绣幕芙蓉一笑开》："绣幕芙蓉一笑开，斜偎宝鸭衬香腮，眼波才动被人猜。一面风情深有韵，半笺娇恨寄幽怀，月移花影约重来。"言谈间，少女情窦初开的情态和心理近在眼前。

且看《蝶恋花·暖雨晴风初破冻》："暖雨晴风初破冻，柳眼梅腮，已觉春心动。酒意诗情谁与共？泪融残粉花钿重。乍试夹衫金缕缝，山枕斜欹，枕损钗头凤。独抱浓愁无好梦，夜阑犹剪灯花弄。"笔触间，女主目睹梅柳争春，春心萌动，寂寞难耐，乃至百无聊赖、夜阑难眠。

文学创作源于生活，高于生活。李清照也不例外。写别人情窦初开，自己何尝不是。

作为山东姑娘，个头比当时女性的平均身高略高，但她身形单薄，甚至自称"三瘦词人"。

在《浣溪沙·闺情》里，她深情地写道："绣面芙蓉一笑开，斜飞宝鸭衬香腮，眼波才动被人猜。"明眼人一看便知，李清照写的就是她自己——肤白貌美，妥妥的标致美女。

更重要的是，她有一种平凡少女无法比拟的气质，与生俱来，有沉淀、有涵养。

论外表、论颜值，李清照有绝对优势。更何况她才思敏捷、才情俱佳，简直就是宋代女性中的"顶配"。

宋徽宗建中靖国元年（1101），她迎来了人生大事。

元宵佳节，李清照在相国寺赏花灯，偶遇从兄李迥。李迥将小伙伴赵明诚介绍给她认识。

赵明诚早就读过李清照的诗词，颇为赞赏，见到真人，更是心生爱慕，回去后便向父辈提起此事，最终将偶遇升格为提亲。

这年，李清照十八岁，赵明诚二十一岁。

二、坎坷婚姻：夜阑犹剪灯花弄

赵明诚是妥妥的"官二代"，乃父赵挺之时任吏部侍郎。因此，这桩婚姻是"二代"配，门当户对。

赵明诚是太学生，喜欢收藏古玩名画，痴迷于《金石录》，算"公子哥"里的才子，与李清照同属"文艺青年"。

相似的家世，相似的志趣，使这对小夫妻在婚后十几年里，举案齐眉，幸福美满。每日徜徉于"踏雪觅诗句，饮茶相娱乐"的氛围里，共同钻研《金石录》，共同收集金石藏品。正如《醉花阴·重阳》所写："东篱把酒黄昏后，有暗香盈袖。莫道不消魂，帘卷西风，人比黄花瘦。"小两口花光月影，朝朝暮暮。

后来，小夫妻的感情还是出现了裂痕。裂痕的源头，就是赵明诚的父亲赵挺之。

赵挺之擅钻营，《宋名臣言行录续集》载，"始因章惇进，既谄事蔡京、蔡卞，及卞黜责，又谄事曾布，出入门下，殆无虚日，故士论以其观望险诈，号为移乡福建子"。这样的"官油子"，苏轼是看不起的，不但说他"聚敛小人，学行无取"，还下绊子阻挠他升官，两人结了梁子。

元符三年（1100），贬官琼崖的苏轼奉诏回朝，将获重用。这个政治信号，各级官员都看得明白。在这个节骨眼上，赵挺之跟苏门弟子李格非结为亲家，就是要搁置宿怨，拉拢苏门，讨好苏轼。

不过，赵挺之对这门婚事也是算计过的：赵明诚是赵挺之的第三子，工于诗文，崇拜苏轼。推他出来，既是给赵家留后路，又是考虑万一苏门再次失势，赵家不至于被拖累太多。

不能不说，赵挺之精得流油。

就在李赵两家张罗婚事的时候，苏轼病逝于北归途中，苏门弟子失去了这棵"大树"的庇佑。苏轼既反对王安石变法，又反对司马光一股脑地废掉所有新法，因而新党旧党都不待见他。可是，宋徽宗上台后，将苏轼直接定位为旧党，而赵挺之被归入新党。

只要朝廷重用旧党，赵挺之就利用姻亲得势，保住既得利益；朝廷重用新党，赵挺之就凭借新党身份，跟李家划清界限。不管怎么弄，赵挺之都能立于不败之地。而李家则沦为赵挺之混迹官场的棋子。

李格非就没这样的算计了。他有着传统知识分子的家国情怀，重视现实，讲求实用。在《洛阳名园记》里，他感慨"洛阳之盛衰，天下治乱之候也"，忧国忧民之情溢于言表。

崇宁元年（1102），宋徽宗重用蔡京等人，新党抬头，党争重启。赵挺之大笔一挥，将李格非划入"元祐党籍"，即旧党名单，加以打压。于是，李格非被贬官出京，李清照也不得不离开开封。

家长之间的政治斗争，让小夫妻的好日子也受了点影响。

赵挺之的谄媚，换来的不是蔡京的青睐，而是诬陷。大观元年（1107），赵挺之离世，赵家随之衰落。赵明诚在京城难以立足，只好携李清照一道回青州老家，醉心金石收藏。两口子一道校书典藏、读书品茶，相敬如宾，更像是一对"学友"。

某年重阳节，赵明诚外出未归，李清照便作《醉花阴》一词寄给丈夫，其中写道："薄雾浓云愁永昼，瑞脑销金兽。佳节又重阳，玉枕纱厨，半夜凉初透。东篱把酒黄昏后，有暗香盈袖。莫道不销魂，帘卷西风，人比黄花瘦。"夫妻小别的寂寞与惆怅跃然纸上。

赵明诚读后，赞叹不已，却又觉得，自己身为七尺男儿，文采不应屈居女流之下，便闭门谢客，潜心三天三夜，写出五十阙词。他把李清照的词也夹杂其间，请友人陆德夫品鉴。

陆德夫把玩再三，冒出一句："只三句绝佳。"赵明诚忙问是哪三句，得到的回答令他哑然。原来，陆德夫最欣赏的，正是李清照的"莫道不销魂，帘卷西风，人比黄花瘦"。

由此，赵明诚对妻子的才情更加钦佩。

这样平静的日子，一过就是十一年。

这十一年，无丝竹之乱耳，无案牍之劳形，小两口感情融洽，在李清照的辅佐下，赵明诚的金石研究突飞猛进。他遍访四方，搜集文物书画，小两口共同撰写了《金石录》三十卷。

这十一年也有遗憾。最突出的，莫过于膝下无子。在那个"不孝有三，无后为大"的时代，不孕不育是个"天坑"。

十一年后，重和元年（1118），赵明诚离开青州，四处谋职，一别又是三年。李清照独守空房，思念夫君，幽怨愁苦。

这不是矫情。对于那个时代的已婚女性，纵然有天大的才艺，也没有权利和机会参与社会生活，丈夫和孩子就是她的整个世界，相夫教子就是她的全部事业。

丈夫不在身边，又无子女陪伴，这样的孤独和寂寞，无论是才女，还是农妇，都备受煎熬。女人的"第六感"往往很灵，李清照感到了婚姻危机的临近。

她在《小重山·春到长门春草青》里写道：

> 春到长门春草青。江梅些子破，未开匀。碧云笼碾玉成尘。留晓梦，惊破一瓯春。
>
> 花影压重门。疏帘铺淡月，好黄昏。二年三度负东君。归来也，著意过今春。

147

作为词坛巨匠，李清照竟自比被汉武帝遗弃在长门宫的皇后陈阿娇。曾经争强好胜、洒脱不羁的气质，竟发出自惭形秽的声音，仿佛在呐喊："明诚你回来吧！别再三番五次地说空话了！"

时间，足以改变一个人的心志。至少李清照自认为，赵明诚变了。三年后，赵明诚总算在莱州当了知州，稳定下来，可以把家眷接过去了。可当李清照风尘仆仆地赶来时，却没了小别重逢的激情，只是独在一处破败的房间里，百无聊赖，赋诗"感怀"：

> 寒窗败几无书史，公路可怜合至此。
> 青州从事孔方兄，终日纷纷喜生事。
> 作诗谢绝聊闭门，燕寝凝香有佳思。
> 静中吾乃得至交，乌有先生子虚子。

往日伉俪情深的夫妻，却冷淡地各处一室，心不在焉，尴尬不已。

李清照或许觉察到，赵明诚沾染了官场陋习，热衷冶游，寻花问柳，竟然纳妾。千言万语汇成一句话：丈夫变心了。

三、伤感诀别：多少事欲说还休

靖康二年（1127），赵明诚南下金陵，升任江宁知府。李清照返回青州，整理家中金石文物，精挑细选装了十五车，准备南下跟夫君会合。剩下的东西就锁在了家里。

同年，靖康之变，"二圣北狩"，北方政局失控，青州也发生兵变。家里的房子，连同剩下的家当，全部毁于一旦。

盛世不再，兵荒马乱，顾不得惋惜，只求苟全性命，保住这十五车物件。然而，江宁的日子也不消停。建炎三年（1129）三月，御营统制官王亦发动了叛乱。

这件事早有苗头，有人汇报，但赵明诚没当回事，也没布置应对。好在下属自行布置，有所防范，一夜之间，叛乱平定。

天亮时分，下属找寻赵明诚汇报平叛经过，却发现这家伙顺着绳子坠下城墙，跑路了。

平日袖手谈大道，事变一来便溜号。这样的干部肯定不能重用。于是，赵明诚被罢了官。

李清照很清楚，赵明诚知乱不治、弃城而逃，表面上是渎职，实则缺乏家国情怀和责任感。李清照是性情中人，深受乃父熏陶，最痛恨投降派。她曾在《上枢密韩公诗（并序二道）》中写过"想见皇华过二京，壶浆夹道万人迎"的诗句，渴求北伐中原、收复失地。

然而，夫君活成了她最讨厌的样子。她虽然没闹，但颜面丢尽，失望透顶。

不久，赵明诚奉旨前往湖州上任。李清照每每想起夫君的懦弱表现，便感叹不已。有心分道扬镳，又恐遭遇兵祸。她最担心的，还是自己保护不了这么多的物件，便问赵明诚："倘若真遇不测，那该如何是好？"

赵明诚表示，若遇不测，先丢辎重，再弃衣物，然后依次是书册、卷轴和古器。两口子最看重的《赵氏神妙帖》，除非万不得已，千万不能丢掉。

金兵南下，湖州也待不住了，两人只好继续南逃。一路上，夫妻同行，却相对无言，气氛尴尬。行至乌江，站在当年项羽兵败自刎的地方，李清照浮想联翩，心潮澎湃。面对浩荡江水，她随口吟诵了那首脍炙人口的《夏日绝句》：

> 生当作人杰，死亦为鬼雄。
>
> 至今思项羽，不肯过江东。

诚然，项羽是失败者，但他有羞恶之心，宁死不降，因而不失为英雄。赵明诚差远了。

赵明诚就在她身旁，闻之羞愧难当。从此郁郁寡欢，一蹶不振，再无男子汉的英雄气概和担当精神，不久便身患疟疾而亡，年仅四十九岁。

夫君健在的时候，李清照愁怨不已。《凤凰台上忆吹箫》流露了害怕离别，不愿离别，但又改变不了丈夫离别的情愫：

> 香冷金猊，被翻红浪，起来慵自梳头。任宝奁尘满，日上帘钩。生怕离怀别苦，多少事、欲说还休。新来瘦，非干病酒，不是悲秋。
>
> 休休，这回去也，千万遍《阳关》，也则难留。念武陵人远，烟锁秦楼。惟有楼前流水，应念我、终日凝眸。凝眸处，从今又添，一段新愁。

然而，她和赵明诚究竟曾是神仙伴侣，一同磕磕绊绊走过了二十八年。斯人已去，再无美眷成双，只剩她孑然一身，孤独影只，漂泊到杭州。

她整日愁闷，愁山川都暮，风华已老，愁岁月凋零，阅尽残生。愁着愁着，病倒了。

就在这个节骨眼上，一个名叫张汝舟的男人，走进了她的生活。

四、颠沛流离：怎一个愁字了得

张汝舟是浙江归安人，当过军中小吏。绍兴元年（1131），官至右承务郎、监诸军审计司官吏，负责军队的财务审计，有点小权。他和李清照的结识，纯属偶然。

凄冷孤寂，身染重疾，只要给点温暖，就能无比灿烂。此时的李清照就是这样。张汝舟无微不至的照料，让她颇为感动。

如今，李清照对个人命运早已心灰意冷，她最放心不下的，还是十五车图书文物。

她曾把其中一部分送到赵明诚的妹夫家，指望这位当朝做官的妹夫，能保护得更好。不料却毁于战火。无奈之下，她只好带着一些书帖典籍，投奔自己的弟弟。

坊间传言赵明诚勾结金人，为了自证清白，她又带着所有的文物追随赵构南逃的脚步，打算全都捐给朝廷。没想到，途中又丢失大半。

幸存的书画又屡屡被小偷光顾。即便如此，她还是希望守住剩下的文物。既然张汝舟能体贴人，想必也会体贴这些物件，甚至能帮自己完成《金石录》的善后，刊行于世，从而对得起赵明诚的在天之灵。

年近半百的李清照，经不住媒人的"如簧之舌"和"似锦之言"，擦干眼泪，毅然再嫁。

李清照太天真了。婚后的张汝舟再也没了曾经的殷勤。他生活糜烂，与歌妓打情骂俏，与烟花女子厮混，逼李清照拿钱；醉酒夜归，不分青红皂白，对李清照拳打脚踢。最无法容忍的是，张汝舟打起了那批金石文物的主意。

说白了，就是想把这批文物卖了换钱。这才是他照顾李清照，博得好感乃至婚姻的真正动机。

李清照恍然大悟，懊恼不已。金石文物是她和赵明诚呕心沥血的结晶，视同生命，怎能轻易与人？宁可捐给朝廷，也绝不交给张汝舟。

强硬的态度，换来的又是一顿拳打脚踢。

妥妥的家暴啊！

李清照受不了了，想要离婚，但在那个年代，"男休女"是常态，"女休男"是例外，更何况他们婚后不过百日。

南宋律法规定，丈夫打死妻子，不需要负刑事责任，但妻子不能以遭遇家暴为由提出离婚；如果妻子未经丈夫同意偷跑了，是要负刑事责任的。《宋刑统·户婚律》就明确讲："妻妾擅去者，徒二年，因而改嫁者，加二等。"硬要离婚，女方必须蹲两年大牢。

一切似乎都对李清照很不利。

不过，《宋刑统·户婚律》也规定："若夫妻不相安谐而和离者，不坐。""和离"就是协议离婚、和平分手。如果夫妻性格不合、感情不睦，可以协议离婚，不必蹲大牢。

想让张汝舟承认婚姻不睦，从而轻易放手，显然是不可能的。没有丈夫同意，"和离"便不可能。因而，"和离"这条路很难走得通。

《宋刑统·户婚律》还规定："诸犯义绝者离之，违者徒一年。"夫妻不是血亲，而是以义相合的，如果"义绝"，也可以离婚，但女方要蹲一年大牢。

蹲一年总比蹲两年好，但"义绝"的规定范畴过于苛刻：比如丈夫殴打妻子的爷爷奶奶、爸爸妈妈，杀了妻子的姥爷姥姥；婆家和娘家自相残杀；妻子辱骂殴打丈夫的爷爷奶奶、爸爸妈妈，或者打伤了丈夫的兄弟；妻子和丈夫的亲戚有奸情；丈夫把妻妾嫁给或者卖给别人，等等。只有这些情况，才算"义绝"，可以离婚。

李清照与此无关。

怎么办？李清照豁出去了，到临安府喊冤，准备跟张汝舟死磕到底。不过，她没有直接提出离婚，而是揭发张汝舟履历造假、骗取官职。

两宋科举制度规定，如果多次名落孙山，只要参加考试的次数达到一定标准，就可以通过"特奏名"的渠道，照顾性地赐给进士出身，分配官职。张汝舟考不上进士，又想当官，索性在履历上造假，谎称自己参加多次考试，走"特奏名"的渠道捞到个小官职。

李清照抓住这个瑕疵，检举张汝舟虚报考试次数骗取官职。而妻子控告丈夫，算是"义绝"的类型之一。

《宋刑统·斗讼律》规定："诸告周亲尊长、外祖父母、夫、夫之祖父母，虽得实，徒二年。"状告长辈或丈夫，就算情况属实，也要蹲两年监狱。擅自逃婚，蹲两年大牢；起诉丈夫罪名，以"义绝"途径强制离婚，也要蹲两年大牢。为了早日摆脱噩梦，李清照宁可住两年牢房，也不想再见到这个"渣男"了。

当堂对质，官府查证，李清照所言不虚，张汝舟坐实罪名，被开除公职，发配柳州。李清照如愿离婚，开始了两年的牢狱生活。

151

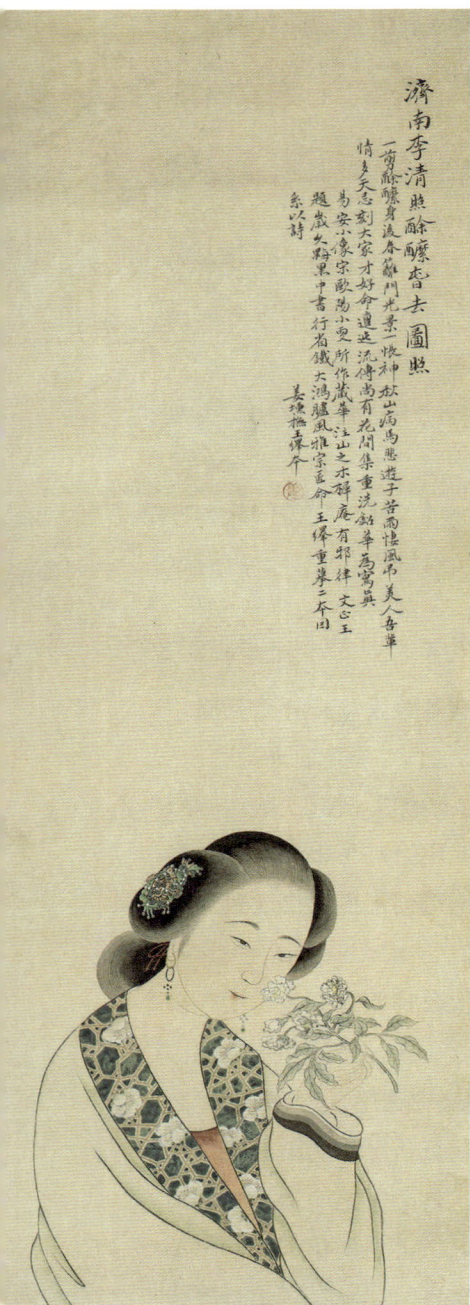

《济南李清照醉醸春去图照》，清代姜壎，纸本设色。无锡博物院藏

监狱里，李清照不甘心，便致信翰林学士綦崇礼，讲述了自己的遭遇和被张汝舟骗婚的过程。綦崇礼是赵明诚的姻亲，跟她有多年交情，如今深受赵构宠信。见信之后，他心生同情，倾力搭救，把这事捅给了赵构，说李清照很有才气，却横遭不幸，希望朝廷网开一面。

果然是"朝中有人好办事"。綦崇礼勾兑，赵构点头，同意特赦。李清照在监狱里呆了九天，就放出来了。

宋代女人能办成离婚的寥寥，李清照创了个纪录。她的诉讼离婚案，也成为南宋民间的头号新闻，长期霸占"热搜"榜前列。

回首这段不堪的婚姻，李清照越发想念逝去的丈夫。等生活慢慢平静后，她提笔写下了这首尽显无奈的《声声慢》：

寻寻觅觅，冷冷清清，凄凄惨惨戚戚。乍暖还寒时候，最难将息。三杯两盏淡酒，怎敌他、晚来风急！雁过也，正伤心，却是旧时相识。

满地黄花堆积，憔悴损，如今有谁堪摘？守着窗儿，独自怎生得黑！梧桐更兼细雨，到黄昏、点点滴滴。这次第，怎一个愁字了得！

直至此时，李清照才豁然开朗：一切的眼泪与舍不得，都毫无意义。她能做的，就是独自一人，用力生活。

五、词坛皇后：谁怜憔悴更凋零

婚变过后，李清照对生活和现实心灰意冷。闭上眼睛，和赵明诚在一起的美好时光，依旧历历在目。带着对丈夫的思念之情，她索性把剩下的气力都投入到《金石录》的编撰之中，还热情洋溢地写了篇《金石录后序》，深情回忆了和赵明诚收集文物的过程，以及小两口相知相惜的怡然岁月，若隐若现地表露了她的内心世界。

绍兴四年（1134），金兵再度南下，赵构再次出逃，临安城再起骚动。李清照也只好跟着大家一起逃难，沿着富春江、金华江逆流而上。就在金华停留期间，她写了首《武陵春》：

风住尘香花已尽，日晚倦梳头。物是人非事事休，欲语泪先流。

闻说双溪春尚好，也拟泛轻舟。只恐双溪舴艋舟，载不动许多愁。

失落之情，洒满笔下，乃至在《题八咏楼》诗中，悲宋室之不振，慨江山之难守，吟出了"江山留与后人愁"的金句。

纵然金兵退去，赵构还都，知天命的李清照早对人生失望，对朝廷失望，对山河破碎、前途未卜的境况失望。曾经"惊起一滩鸥鹭"的雄心壮志，挂满了岁月沧桑。一代才女，就这样步入了孤寂的暮年。

正如她在《临江仙》里所述：

庭院深深深几许？云窗雾阁常扃，柳梢梅萼渐分明。春归秣陵树，人老建康城。

感月吟风多少事，如今老去无成，谁怜憔悴更凋零。试灯无意思，踏雪没心情。

当生活变得索然无味，李清照只剩下一个愿望：在有生之年，将《金石录》改好，正式问世。遗憾的是，她没等到那一天。

绍兴二十六年（1156），《金石录》刊行。而此前一年，她在孤苦凄凉中悄然辞世。

自从李清照告别婚变、重操旧业后，历史文献对她的记载也就寥寥无几了。动乱偏安的年代，保命要紧，谁还有闲心填词作赋、推敲文字呢？

她留下了许多美好的韵律和记忆，犹如春天的花朵，总是在人们温故知新时一遍遍绽放，散发着隽永的芬芳。不管是情意绵绵，还是凄凉哀婉。

冷不丁还会冒出"勤政楼前走胡马，珠翠踏尽香尘埃。何为出战辄披靡，传置荔枝多马死"的劲道硬句，透着浓烈的家国情怀。

清丽却又流畅，大气不失婉约，精巧而无雕琢，香秀雅致，白描无痕，婉约轻盈，无词不工。读这样的词，好似走进了生机勃勃的植物园，既有繁花盛开，又有小桥流水，既有蓝天白云，又有恰当留白，既有飘逸仙境，又有人间烟火，可以食，可以眠，可以歌，可以饮。

这就是李清照，推动了宋词的兴起与辉煌，奠定了宋词在中华文化中的地位，代表了女性"文青"的巅峰，当得起"词坛皇后"的名号。

这就是李清照，宣泄着人生命运的掫转，浸透着天堂地狱般截然不同的爱情，刻骨铭心。

这就是李清照，无论是爱情高峰，还是事业低谷，总离不开一个"愁"字。而时代带给她的，也是一个"愁"字。

南渡之初，她曾创作了一首《添字采桑子·芭蕉》：

窗前谁种芭蕉树？阴满中庭。阴满中庭，叶叶心心，舒卷有余情。

伤心枕上三更雨，点滴霖霪。点滴霖霪，愁损北人，不惯起来听。

乍雨还晴，临窗而望，南国芭蕉，异样感受；叶大遮阴，挡光幽暗，流离失所，怀念故土。蕉心卷缩，蕉叶舒展，一卷一舒，情意绵长；雨打芭蕉，滴滴答答，辗转反侧，格外忧伤。漂泊沦落，不服水土，起坐听雨，无尽惆怅。

生活，真的不习惯；财富，真的"一剪没"。

这是两宋之际的时代之痛，更是生逢乱世的人格之痛。

辛弃疾：看试手，补天裂

辛弃疾万万没想到，自己会成为跨世纪的老人。庆元六年（1200），花甲之年的他，回忆起曾经的戎马生涯，挥毫写下了《鹧鸪天·有客慨然谈功名因追念少年时事戏作》：

> 壮岁旌旗拥万夫，锦襜突骑渡江初。燕兵夜娖银胡觮，汉箭朝飞金仆姑。

> 追往事，叹今吾，春风不染白髭须。却将万字平戎策，换得东家种树书。

这天，家里来了客人，大谈建功立业之事。辛弃疾饶有兴趣，谈着谈着，勾起了对青春往事的追忆。

想当年，他统率千军万马，驰骋山东，杀得金兵落花流水。如今，南渡江东，落寞赋闲，岁月流逝，白发苍苍。虽"老夫聊发少年狂"，但恢复中原的夙愿，依旧是挂在墙上的夙愿，没有圆梦的可能。从此，战场上少了一员猛将，文坛上多了一位豪杰。

如果时光能够重新来过，辛弃疾的梦想还是驰骋疆场，收复河山。填词作赋，只是副业。

斯人已逝，山河梦碎，只有"看试手，补天裂"的豪迈词句，诉说着他的梦想和悲伤。

一、英雄横槊：自古英雄出少年

辛弃疾首先是个英雄，其次才是词人。

他经常歌颂"英雄"，自称"英雄"，自诩"英雄"。

在他眼里，只有曹操、孙权、刘裕才是英雄。

狂放时，撰《金菊对芙蓉》，感"叹少年胸襟，忒煞英雄。把黄英红萼，甚物堪同。除非腰佩黄金印，座中拥、红粉娇容"。

失意时，撰《水龙吟》，想"唤取红巾翠袖，揾英雄泪"。

年迈时，立志"不念英雄江左老，用之可以尊中国"，慨叹"谁念英雄老矣，不道功名蕞尔，决策尚悠悠"。

不但向往英雄，辛弃疾长得就是一副英雄模样，满脸浑身英雄气概。身材魁梧，健壮如牛，红颊青眼，目光炯炯，二目圆睁，光芒四射，威严冷峻。挚友陈亮在《辛稼轩画像赞》里，说他"眼光有棱，足以映照一世之豪"；词友刘过在《呈稼轩》诗中赞叹道："精神此老健如虎，红颊白须双眼青。"

英雄不是天生的，但英雄气质是与生俱来的，英雄壮举则是时代塑造和个人奋斗的结晶。

辛弃疾出生的时候，岳飞和金兀术即将在郾城决战。当然，作为李清照的同乡，他在济南历城是感受不到战争气息的。只不过，时代巨变依然改变了这个家族，以及他本人的命运。

靖康之变，北方蒙尘，祖父辛赞为了保全族人，没有南渡，留了下来，给金人做官。因此，辛弃疾出生后上户口，就只能使用金国的年号天眷三年（1140），而不能使用南宋的年号绍兴十年。

为稻粱谋，辛赞在衙门里只能委曲求全，但他发自内心，还是盼望有朝一日揭竿而起，跟金人决一死战。他曾带着辛弃疾"登高望远，指画山河"，目睹金人统治下的汉人经受的屈辱和痛苦。

后来，辛弃疾在《美芹十论·观衅篇》曾回忆道：胡人（即女真人）"分朋植党，仇灭中华。民有不平讼之于官，则胡人胜，而华民则饮气以茹屈；田畴相邻，胡人则强而夺之；孳畜相杂，胡人则盗而有之"。

因此，他立下雄心壮志："虏人凭陵中夏，臣子思酬国耻，普天率土，此心未尝一日忘。"

辛弃疾是"官二代"，不差钱，不差资源，不差精气神，差的只是时机。

不光辛弃疾有鸿鹄之志，金国皇帝完颜亮也有大志向——消灭南宋，混一华夏。绍兴三十一年（1161），他征发六十万大军，预征五年租税，聚敛大量粮草，撕毁"绍兴和议"，对南宋发起全面战争。

他这一"哆嗦"，搞得民不聊生，民怨沸腾。大军既出，后方空虚，中原豪杰纷纷起义。

这是个千载难逢的战略契机。

辛弃疾也行动了，变卖家产，振臂一呼，迅速拉起一支两千人的队伍。不过，在山东地面上规模最大的抗金义军，首领不是他，而是耿京。

耿京是辛弃疾的济南老乡，起兵反金后，先后攻占莱芜、泰安，接纳各路江湖好汉入伙，迅速扩大到百余人。不过，在金人眼里，这点人马与"流寇"无异。

这时，莱州好汉贾瑞出了个主意：把这百余人分成若干"猎头小队"，各领任务，分头招兵买马。这些"猎头"只要能招来新兵，就晋升新兵队长，乃至当上将军。

电视剧《亮剑》里李云龙独立团的"赵家峪分兵"，也是这个套路，调动"猎头"们的积极性，既扩充了兵员，又培养了军官。

"猎头"们拿了令箭，各显神通，旬日间就募得数十万人。耿京一跃成为北方抗金义军里的"头牌"。

辛弃疾深知，单打独斗没有出路，应该找个志同道合的靠山。深思熟虑后，他带着麾下两千人，加盟了耿京的队伍。

看到这么多人入伙，耿京对这位二十出头的年轻人刮目相看，任其为掌书记，相当于秘书长，负责全军文书工作，兼管印信。

要想拉队伍干事业，江湖人脉必不可少。山东有个和尚，法号"义端"，喜谈兵法。辛弃疾跟他曾有交集，相聊甚欢。义端和尚也拉起一支千把人的抗金队伍，并在辛弃疾的游说下，加盟耿京。一时间，宾主尽欢。

没过几天，辛弃疾猛然发现，他保管的调兵印信竟然丢了。几乎同时，义端也不辞而别。种种迹象表明，偷印信的事就是义端干的。那么，他为什么要偷走印信呢？丢了印信是大罪，耿京会怎样处罚辛弃疾呢？

二、白马长枪：往来战场万人敌

北方反金起义风起云涌，完颜亮身在两淮，首尾难顾，但金国的镇压机器稳得很。南宋自顾不暇，义军各自为战，很容易被金兵各个击破。这一点，义端何尝不知。他思前想后，还是打算当叛徒。

投靠金人总不能空着手吧。他利用了耿京、辛弃疾的信任，趁夜把耿京的"节度使印"偷了出来，准备作为"见面礼"带到金营，向金人透露义军的兵马部署、粮草储备等情报。

义端跑路，引荐义端的辛弃疾自然难辞其咎。耿京大怒，当即下令将辛弃疾推出去斩了。

命悬一线之际，辛弃疾虎目圆睁，临危不乱。他恳请宽限三日，亲往捉拿，限期不获，再斩不迟。

坚定的眼神、铿锵的话语，打动了耿京。他相信，这个年轻人绝非贪生怕死之徒，而是有担当的英雄豪杰。对于年轻人的恳求，他同意了。

沿着前往金营的必经之路快马加鞭，辛弃疾很快就追上了义端。见到辛弃疾，义端惊惧不已，连忙求饶道："我识君真相，乃青兕也，力能杀人，幸勿杀我。"辛弃疾哪管这些，手起刀落，将叛徒斩首，夺回印信。

料事如神，精准判定逃亡路线；气力过人，面对叛徒毫无畏惧；勇能行之，承诺的事说到做到；行事果敢，认准的事毫不留情。这就是辛弃疾，集梦想与实干于一身的热血青年。

清除了叛徒固然可喜，但辛弃疾没有止步于此。他一直在考虑这支队伍的归宿。国内军事形势的巨变，使他必须尽快做出抉择。

绍兴三十一年（1161）十一月，完颜亮殒命，新皇帝完颜雍将南征的金兵撤回北方，采取攻心战术，放出"在山者为盗贼，下山者为良民"的条件，以"赦免"为诱饵，对北方义军各个瓦解。

这一招非常管用，不少义军将士人心涣散，主动解甲归田，队伍土崩瓦解。比如王友直的义军原有数十万人，金国发布赦令后，几乎全部跑光，只剩三十多人，在北方难以立足，只好投奔南宋。

王友直垮了以后，耿京就孤掌难鸣了。如果不及时采取措施，也会迅速溃散。恰好，南宋在抵抗完颜亮的战争中取得了胜利。辛弃疾认为，如果把队伍拉到南宋，不但有了稳定的后方和归宿，而且可以借助南宋的力量发动北伐，光复中原。因此，他极力主张"决策南向""纳款于朝"。耿京言听计从。

二十三岁的辛弃疾"聪能谋始，明能见机"，为麾下二十多万军队找了一条靠谱的出路。

投靠南宋，不是"说走就走的旅行"。在交通通讯不畅、南北依旧对峙的情况下，必须先派人联络铺垫，商量好了，才能将队伍拉过去。耿京让辛弃疾草拟表章，还联络了王世隆、张安国等山东地区的其他义军首领，准备约好了一起归附南宋。

为表诚意，耿京打算让贾瑞走一遭，打前站。贾瑞身为诸军都提领，是耿京义军的二把手，位阶足够高，但他没什么文化，不知道该怎样跟南宋的高官打交道，便向耿京提出，要带个文人一同前往，免得被南宋官员问得一头雾水，不知从何说起。

就这样，辛弃疾领到了副使的头衔，跟贾瑞一起前往南宋。

绍兴三十二年（1162）正月，贾瑞、辛弃疾奉表南下，一路辗转，直至赵构的行在建康。

义军将士几乎没见过大世面，不善言辞，目睹天颜，胆怯木讷，只剩下唯唯诺诺。只有辛弃疾凭借深厚的学问功底，唇枪舌剑，对答如流，把义军的忠肝义胆讲得明明白白，把对朝廷的忠心和抗金的愿望讲得清清楚楚。

北方有这么多人来投奔，赵构龙颜大悦，传旨授予耿京天平军节度使，节制山东各路义军兵马；授予辛弃疾右承务郎、天平节度掌书记，虽然只是从九品官，却能名正言顺地给耿京当秘书长了。

赵构很大方，一口气给了耿京两百多个官员告身，即委任状，相当于两百多顶乌纱帽，供他的部下和山东其他义军分配。就在大家欢天喜地等候朝廷收编、封官许愿的时候，噩耗传来：耿京遇害身亡。

三、惩恶锄奸：冲入敌营杀出来

辛弃疾办完差事，在回山东的路上，获悉耿京遇害，并锁定了杀人凶手——义军首领张安国。

张安国看到金人咄咄逼人的架势，想着自己时不时缺钱花的往事，决定以耿京的脑袋为"投名状"，向金国投降。

耿京遇害，张安国如愿拿到了巨额奖赏，还捞到了金国济州①知州的头衔，风光一时。而耿京的队伍纷纷散去，所剩无几。

在皇帝面前，辛弃疾夸了海口，说耿京麾下兵强马壮。如今成了这副样子，该怎么向皇帝交代？怎么安抚幸存的将士们呢？耿京一死，群龙无首，义军在山东就待不住了，自己又该何去何从呢？

辛弃疾只是个秘书长，他完全可以收拢残兵，归顺南宋，向赵构请罪，聊度残生。不过，就这样回南宋，对得起耿大帅吗？对得起朝廷吗？对得起自己的脸面吗？

情况紧急，来不及瞻前顾后。跟小伙伴商议之后，辛弃疾大胆决定：勇闯敌营，活捉叛徒张安国。唯有如此，才能震慑卖主求荣的败类，弘扬天下英雄的正气，向金国统治者发出"中原并非任尔欺凌"的强音。

济州的金兵大营驻扎了好几万人，想从这么多营帐里找到叛徒且带走，绝对是超高难度。硬闯肯定不成，只能突袭，要快，要准，要奇，人数要精干。

这是"一锤子买卖"的军事冒险。要么一举成功，要么全军覆灭。

这是充分准备和周密部署的"斩首行动"。辛弃疾提前摸清了张安国的位置，以及金兵防范的规律和薄弱点。

不打无准备之仗，重视搜集情报，是辛弃疾以少胜多的不二法宝。

在《美芹十论》中，他专门写了《察情》《观衅》两篇文章。"察情"，就是掌握敌人的动向和情报；"观衅"，就是洞察敌人的过错、软肋、薄弱环节，选择合适时机攻击。《察情》篇里，他还特地写道："两敌相持，无以得其情则疑，疑故易骇，骇而应之必不能详。有以得其情则

160

---

① 济州，今山东济南。

定，定故不可惑，不可惑而听彼之自扰，则权常在我。而敌实受其弊矣。古之善用兵者，非能务为必胜，而能谋为不可胜，盖不可胜者，乃所以徐图必胜之功也。"

辛弃疾强调，两军对垒，必须先了解对手。如果不了解对手，就会产生疑虑，进而引发恐惧。在恐惧的气氛里应战，会考虑不周，导致打败仗。如果能充分了解对手，就会平复心情，不被表象迷惑，掌握战场主动权。古代善于用兵的将领，也不是每战必胜，而是能让敌人无法轻易战胜自己，只要自己立于不败之地，就能寻找破敌机会，最终获得胜利。

就情报工作，辛弃疾曾对朋友程玿说道："我派出的谍报人员，都要获得更多旁证情报，确保情报可靠。比如派谍报人员去燕京打探，我会让他们路过中山，把中山的地形山水、官府和粮仓位置都弄清楚，连同燕京的情况一起报给我。燕京我没去过，但中山我是去过的，可以判定他们搞来的中山情报是否属实，由此间接判定燕京的情报是否可靠。"

说白了，派出去搞情报的人，必须把敌情搞清楚，休想糊弄。

因此，辛弃疾的突袭方案，必须万无一失、一蹴而就，而这一切的前提，就是搞情报。

准备停当后，他带着五十个骑兵，假扮金兵哨骑混入金营，一举刺翻守营金兵，直取中军大帐。

金兵大营，觥筹交错，歌舞翩翩，张安国陪着金军将领大快朵颐，饮酒作乐，满脸堆笑，阿谀伺候。酒过三巡，菜过五味，兴致正浓，忽见帷帐打开，几个大汉杀气腾腾冲了进来。

张安国简直不敢相信自己的眼睛：辛弃疾怎么来了？！脑袋嗡的一下，醉意消散了大半。想跑，但双腿发软；想打，但情急之下摸不着佩刀。

辛弃疾、王世隆等人手持钢刀，怒目圆睁。宴席上的众人，不分汉人女真，一时间都吓呆了。寒光闪过，谁也没敢挪动。

辛弃疾没搭理其他人，而是冲上前来，揪住张安国，拖出大帐，捆上马背。自己也跨上这匹战马，高喊一声："大宋十万王师即刻便到！"说罢，趁着夜色，扬长而去。

整套动作一气呵成。夜幕之中，身姿矫健，犹如战神，简直帅呆了。

回过味来的金兵朝着辛弃疾的马队追了过来，仗着人多势众，眼看就要完成合围。辛弃疾深知，不管自己多么潇洒飘逸，现在也不是摆造型的时候，更不能跟敌人恋战。当务之急，是从敌营逃出去。

一杆长槊如龙腾虎跃，纵使敌人骁勇凶悍，也无法靠近他的周遭。然而，面对百倍于己的敌人，光靠匹夫之勇是不足以脱险的。

这时，他猛然发现，营地里并不都是金兵，还有很多是被张安国裹挟过来的耿京义军。于是，他又喊了一嗓子："王师十万至矣！何不随我反正杀贼！"

大家早就折服于辛弃疾的英雄气概，看到他在金营横冲直闯，听到他熟悉的声音，许多耿京旧部的将士震撼了，也喊起了"杀贼"，跟着辛弃疾杀出了金兵大营。

冲击金营的时候，辛弃疾带进去五十人；冲出金营的时候，居然带出来好几百人，包括叛徒张安国。

常人想都不敢想的事，辛弃疾做到了。这是他戎马生涯最精彩的一抹亮色。

接下来，就是连夜南行，不敢停歇，为的是甩开追兵。直到渡过淮河，进入南宋辖区，辛弃疾一行才放慢脚步。

"八百里分麾下炙，五十弦翻塞外声。"辛弃疾人还没到临安，英雄事迹已经传遍大江南北，闻者无不击节叫好。就连皇帝赵构也兴致勃勃地召见他，啧啧称赞道："卿忠武于板荡之际，耀威于逆夷腹心，良可嘉勉。朕心甚慰。"

自岳飞蒙冤遇害，南宋王朝沉闷了二十多年，太需要一场酣畅淋漓的胜利了。这次夜袭，展现了辛弃疾高超的智慧、胆略和勇气，更为南宋王朝提振了士气。难怪南宋学者洪迈在《稼轩记》里啧啧称赞道："壮声英概，懦士为之兴起，圣天子一见三叹息！"

问题来了：辛弃疾为什么要活捉张安国，在这种极度冒险的情况下，暗杀岂不比生擒更容易吗？有必要大费周章地把张安国押回南宋吗？

南宋朝廷给耿京义军的封赏，不是无缘无故的，更不是不求回报的。

赵构看重的，是耿京麾下的二十五万义军。然而，随着张安国叛变和耿京遇害，这支生力军溃散了。辛弃疾必须找个新的"见面礼"。活着的张安国就最合适。

一方面，辛弃疾要用张安国做人证，证明自己没把队伍拉回来，不是个人原因，而是叛徒出卖；另一方面，用独闯敌营的壮举在南宋朝廷掀起一波震撼，好给自己这个异乡人打出一片天地。

另外，在临安处决张安国，对南宋的主和派，未尝不是个震慑。

面见皇帝，对辛弃疾来说，既是政治殊荣，更是实现报国理想的历史性时刻。赵构的夸奖，更令他诚惶诚恐，辛弃疾把一切都归功于皇帝和朝廷："臣赖陛下神睿明哲，民心之望我皇宋，未敢言尺寸之功。"他希望以低姿态换取赵构的欣赏和重用，在更大的舞台上挥洒青春，收复中原。

在南宋的地面上，他的这个理想能实现吗？

四、宦海沉浮：天涯芳草无归路

在南宋百姓眼中，辛弃疾是上"热搜"的英雄；但在赵构君臣眼中，他只是个"归正人"，也就是从敌占区跑过来的"外人"，而非长期陪王伴驾的"自己人"。

既然是英雄，当然要封赏，要用起来；既然不是"自己人"，那就不能重用，不能放在关键岗位。

更何况，赵构不想打仗，他很快就退居二线了。新上台的赵伯琮，虽然志向远大，却调度失控，导致南宋军队的"隆兴北伐"遭到挫败，最终只能跟金人达成"隆兴和议"，把先前收复的失地全都吐了出去。

没了战争，战火中锤炼的英雄也就没了用武之地。朝廷只能把辛弃疾派到江阴去做签判，而非派回前线，继续杀敌立功。

所谓签判，全称是"签书判官厅公事"，主要是协助州军长官处理政务及文书案牍。辛弃疾以前给耿京当掌书记，干的就是这档子事。如今，只是从军营换到了地方，工作性质没什么差异。不过，江阴管辖区域太小，签判可以行使通判的职权，相当于江阴的二把手。

辛弃疾有些失落，但转念一想，韩信登坛拜将的荣耀可遇不可求，自己又没有舍命救驾之功。对于年仅二十五岁的他来说，仕途从签判起步，算是不低的起点了。

就这样，他打点行囊，赶赴江阴。在这里，他的最大收获就是成了家，夫人是江阴赵氏。

辛弃疾写过一首《青玉案·元夕》：

> 东风夜放花千树，更吹落、星如雨。宝马雕车香满路。凤箫声动，玉壶光转，一夜鱼龙舞。
>
> 蛾儿雪柳黄金缕，笑语盈盈暗香去。众里寻他千百度，蓦然回首，那人却在，灯火阑珊处。

写豪放词，辛弃疾是一把好手；写爱情词，他也信手拈来，绝不含糊。

元宵之夜，火树银花，香车宝马，通宵游乐。有位女子，身姿曼妙，一朝相见，惊喜连连，那不就是梦里寻了千百次的美女吗？

不知这位美女，是否就是江阴赵氏。不管怎么说，在中国文学史上，多了一次美丽的艳遇，以及一段美好的记忆。

渐渐地，辛弃疾在南宋的生活稳定下来。他先后做过知州、安抚使、大理寺副卿，从基层到中央，一步一个脚印，官越做越大，彰显自己既是军事天才，也富有政治才干。

他的报国志向，得益于祖父辛赞的熏陶；他的诗词章句，得益于大学者蔡松年的提点。这两个开蒙者，既相似，又分裂。相似点是都在金国做官。分裂点是辛赞身在金国官场，心向赵宋社稷；蔡松年深受金人信任，做到右相，但"身宠神已辱"，对于降金，始终有愧。

绍兴二十八年（1158），祖父辛赞去世了。第二年，蔡松年也去世了。给辛弃疾留下的，只有无尽的纠结和不甘。

辛弃疾有个同学名叫党怀英，两人交情莫逆，人称"辛党"。一日，他俩以占卜的方式预测未来的仕途。党怀英占得"坎"卦，辛弃疾占得"离"卦。

唐代文人王绩曾有诗云："遇坎聊知止，逢风或未归。"冥冥之中，这次占卜竟然真的跟他俩的职业生涯挂了钩。党怀英留在北方，官至金国的翰林学士承旨，而辛弃疾毅然南下，拒绝给金国效力。两人走上了截然不同的道路。

一晃三十年过去了。这三十年，南宋和金国相安无事，各自政局平稳，进入了"黄金时代"。朝廷始终没有把辛弃疾放在抗金前线，他也没机会施展理想和抱负。即便是退而求其次，做个"太平官"，在风云诡谲的南宋官场，似乎也不太容易。

宋光宗绍熙五年（1194），朝廷收到一大摞举报信，谏官们用"席卷福州，为之一空""累遭白章，恬不少悛"等话语，将正在福建安抚使任上的辛弃疾描述为结交权贵、贪得无厌、屡教不改的坏官。

结果不出所料，朝廷免去了辛弃疾的官职。

一贯以耿介著称的辛弃疾，怎会瞬间沦为贪污犯呢？

在福建任上，辛弃疾主张施政"务为镇静"，力求保持社会稳定。为此，他抓了两方面工作：一是"惠养元元"，即让利于民，休养生息，二是养兵练兵。

辛弃疾主张"谳议从厚"，即从宽断案。他曾派属员傅大声到基层复核死刑案，仔细查实，平反冤狱。平反的冤假错案越多，证明这个地方的父母官越昏聩，越不辨是非。

因此，当地县官很没面子，甚至拒绝招待傅大声。搞得这位从省城派来的大员一边干工作，一边靠典当衣服换饭吃，狼狈不堪。

即便如此，辛弃疾依旧不怕得罪人，坚决纠正冤案。

谁都知道，养兵是个烧钱的事。为了不给群众增加额外负担，辛弃疾筹建了一个名叫"备安库"的东西，类似于地方战略储备基金。以此为名，四处筹钱。这笔基金有两个用途：一是丰年购粮，荒年放赈，缓解饥荒；二是打造铠甲，招募硬汉，组建劲旅。

显然，辛弃疾的为政风格，是宽以待民，严以律官，善于思考，务实治理，表现出忠于国家、热爱人民、敢于担当、谨遵职守的工作态度。可谓"了却君王天下事，赢得生前身后名"。有这样的风格，他的民生政绩自然不差。

没想到，"备安库"刚筹到钱，谏官的弹劾就来了，辛弃疾背上了"掩帑藏为私家之物"的恶名。面对这样"莫须有"的指控，一心报国的辛弃疾，心里该是怎样的滋味？

在《永遇乐·戏赋辛字》里，他就直抒了别样的情怀：

烈日秋霜，忠肝义胆，千载家谱。得姓何年，细参辛字，一笑君听取。艰辛做就，悲辛滋味，总是辛酸辛苦。更十分，向人辛辣，椒桂捣残堪吐。

世间应有，芳甘浓美，不到吾家门户。比著儿曹，累累却有，金印光垂组。付君此事，从今直上，休忆对床风雨。但赢得，靴纹绉面，记余戏语。

他调侃自家的"辛"姓，实则道出了忠臣反遭攻讦的隐情：

在那个"逢人且说三分话"的官场氛围里，辛弃疾却说"十分"，不留余地，不正如烈日、秋霜、忠肝、义胆一样，具有辛辣之性吗？他打击贪官污吏，镇压恶霸兵痞，肃清黑恶势力，斩杀不法皇亲，反对屈辱和谈，注定会得罪权贵。

在他的《美芹十论》里，那慷慨激昂的北伐谋划，那"捣残堪吐"的辛辣之情，又何尝不是对国家民族"忠肝义胆"的火辣之爱呢？

三十年来，辛弃疾的心绪总是起起伏伏。

有时候很激动。总在追忆峥嵘岁月，虽然壮志难酬，但还是要过过嘴瘾。在梦里打仗，在醉中舞剑，上阵杀敌的心愿已经浸入他的灵魂之中。心无旁骛，惟有披肝沥胆、忠贞不贰、勇往直前的万丈豪情。即便现实里无法实现，也要到睡梦里和醉乡里去找寻。

比如这首《破阵子·为陈同甫赋壮词以寄之》：

醉里挑灯看剑，梦回吹角连营。八百里分麾下炙，五十弦翻塞外声，沙场秋点兵。

马作的卢飞快，弓如霹雳弦惊。了却君王天下事，赢得生前身后名。可怜白发生！

有时候很无奈。总在抱怨青春如白驹过隙，转瞬即逝，到头来空有抱负，一事无成，他愤慨；太平盛世的背后，内外交困，隐忧不断，即便安于现状，偏安东南，也不是长久之计，他担忧。于是，他只能借助美女伤春、蛾眉遭妒，通过爱情典故，披着婉约皮，说着豪杰梦。

比如这首《摸鱼儿·更能消几番风雨》：

> 更能消、几番风雨，匆匆春又归去。惜春长怕花开早，何况落红无数。春且住，见说道、天涯芳草无归路。怨春不语。算只有殷勤，画檐蛛网，尽日惹飞絮。

> 长门事，准拟佳期又误。蛾眉曾有人妒。千金纵买相如赋，脉脉此情谁诉？君莫舞，君不见、玉环飞燕皆尘土！闲愁最苦！休去倚危栏，斜阳正在，烟柳断肠处。

有时候，很发愁。好似李清照那样，把"愁"字挂在嘴边。赋闲在家的日子，眼看国事日非，自己无能为力，一腔愁绪无法排遣，即便风景再美，也无心赏玩。或许这也是"中年危机"的一种表现吧。

比如这首《丑奴儿·书博山道中壁》

> 少年不识愁滋味，爱上层楼。爱上层楼，为赋新词强说愁。

> 而今识尽愁滋味，欲说还休。欲说还休，却道"天凉好个秋"！

有时候，很"躺平"。既然奸臣当道，仕途受挫，那就索性忘却悲伤，放飞自我，过几天闲散日子，置身山村夏夜，享受恬淡自然的田园时光，不也蛮好吗？

比如这首《西江月·夜行黄沙道中》：

> 明月别枝惊鹊，清风半夜鸣蝉。稻花香里说丰年，听取蛙声一片。

> 七八个星天外，两三点雨山前。旧时茅店社林边，路转溪桥忽见。

有时候，很满足。想来想去，奋斗为了什么？不就是为了五口之家过上平静安逸、诗情画意的好日子吗？即便过得朴素些、寂寞些，又有何妨呢？有家人陪伴，什么发愁、悲切，都能治愈。这样的好日子，怕是连皇帝都羡慕不已。

比如这首《清平乐·村居》：

> 茅檐低小，溪上青青草。醉里吴音相媚好，白发谁家翁媪？
>
> 大儿锄豆溪东，中儿正织鸡笼。最喜小儿亡赖，溪头卧剥莲蓬。

我们常说"性格决定命运"。辛辣的性格，使辛弃疾虽空有报国之志，却与南宋官场的腐朽积习格格不入。终于，他被这偏安的小朝廷"吐"了出去。

五、最后时光：男儿到死心如铁

宦海生涯的起落，并没有改变辛弃疾的雄心壮志。他依然孜孜不倦地为匡扶宋室、收复中原殚精竭虑，他依然观察着朝政风向的波动和宋金对峙的演变，他依然在书写词作，直抒胸臆，将爱国热忱展露无遗。

即便南宋朝廷依旧是"汗血盐车无人顾，千里空收骏骨"；即便南宋社会的有识之士依旧饱受压制，怀才不遇。辛弃疾依然在等待着有朝一日能报效国家，哪怕年老体衰，也在所不惜。

功夫不负有心人。报效国家的时机再次来临。

嘉泰三年（1203），外戚韩侂胄辅政，陆续起用主战派，准备跟金朝开战，辛弃疾成了这一变局的受益者，以六十四岁高龄重出江湖，担任绍兴知府兼浙东安抚使。这份新差事，工作地点靠近首都，重要性不言而喻。本已老迈的他，精神为之一振。

不久，辛弃疾转任镇江知府，办公点更靠近前线。他非常兴奋，在辞行赴任前夕觐见宋宁宗，慷慨陈词，展现了对金国"必乱必亡"的信心。

闲暇时，他登临北固亭，感慨一生为国操劳的历程，凭高远望，抚今追昔，写下了这首大气磅礴的《南乡子·登京口北固亭有怀》：

> 何处望神州？满眼风光北固楼。千古兴亡多少事？悠悠。不尽长江滚滚流。
>
> 年少万兜鍪，坐断东南战未休。天下英雄谁敌手？曹刘。生子当如孙仲谋。

在镇江，他最怀念、最喜爱的，就是孙权。想当年，孙权十八岁接掌江东，割据东南，奋三世之烈，成就一番霸业。三问三答，相互呼应，说的是孙权，流露的是对南宋朝廷偏安一隅的不满。

写完还不过瘾，又来了首《永遇乐·京口北固亭怀古》，流露出对朝政现状的复杂情感：

> 千古江山，英雄无觅孙仲谋处。舞榭歌台，风流总被雨打风吹去。斜阳草树，寻常巷陌，人道寄奴曾住。想当年，金戈铁马，气吞万里如虎。

> 元嘉草草，封狼居胥，赢得仓皇北顾。四十三年，望中犹记，烽火扬州路。可堪回首，佛狸祠下，一片神鸦社鼓。凭谁问：廉颇老矣，尚能饭否？

既期待能像孙权、刘裕那样"气吞万里"，又不希望像南朝宋文帝刘义隆那样贪功冒进，先胜后败。这份冷静，在当时躁动的官场氛围里，颇为难得。

"佛狸祠下，一片神鸦社鼓"，讲的是北魏统治下的北方，实则慨叹中原早已不是赵宋的疆土，沉痛且感伤。

也正是这份与众不同的冷静，使他再次陷入朝廷的派系倾轧之中，被迫去职。不出所料，韩侂胄的嘉定北伐，更草率、更冒进，败得更惨。

至此，南宋再也没了北伐的勇气。

这次离去，不想竟成诀别。"醉里挑灯看剑，梦回吹角连营"，一切都只如初梦。即便如此，辛弃疾依旧践行了承诺，"马革裹尸当自誓，蛾眉伐性休重说"，赴汤蹈火，在所不惜，将爱国主义与战斗精神坚持到生命的最后一刻，没有停歇，没有放弃。

他曾登上建康的赏心亭，远眺大江东去的山川风物，百感交集，写下这首《水龙吟·登建康赏心亭》：

> 楚天千里清秋，水随天去秋无际。遥岑远目，献愁供恨，玉簪螺髻。落日楼头，断鸿声里，江南游子。把吴钩看了，栏杆拍遍，无人会，登临意。

休说鲈鱼堪脍，尽西风，季鹰归未？求田问舍，怕应羞见，刘郎才气。可惜流年，忧愁风雨，树犹如此！倩何人唤取，红巾翠袖，揾英雄泪！

流年似水，壮志成灰，理想尚未实现，岁月老了，人也老了。时间都去哪儿了？

潸然泪下，却又无人理解。

这一刻，辛弃疾是孤独的。

赋闲上饶，辛弃疾和同僚陈亮同游鹅湖，狂歌豪饮，赋词见志，共商抗金大计，成就了一段文学史上的佳话。他写的这首《贺新郎·同父见和再用韵答之》，更是清晰表达了心志：既然朝廷不思进取，那就给他舞台，让他亲手收拾旧河山：

老大那堪说。似而今、元龙臭味，孟公瓜葛。我病君来高歌饮，惊散楼头飞雪。笑富贵千钧如发。硬语盘空谁来听？记当时、只有西窗月。重进酒，换鸣瑟。

事无两样人心别。问渠侬：神州毕竟，几番离合？汗血盐车无人顾，千里空收骏骨。正目断关河路绝。我最怜君中宵舞，道"男儿到死心如铁"。看试手，补天裂。

这一刻，辛弃疾又不是孤独的。他不是一个人在战斗。

秋瑾曾有《鹧鸪天》词云："金瓯已缺总须补，为国牺牲敢惜身。"用在辛弃疾身上更加合适。在他去世七十多年后，中国复归一统，京杭运河贯通南北。此情此景，或许正是辛弃疾的家国梦想。

陆游：一生都在顶风雨

陆游（1125—1210）传世的九千四百多首诗里，有一百六十多首是记梦诗，记录了他的报国英雄梦、思乡怀国梦、游仙田园梦。不管身处何方，不管遇到何事，抗金报国、收复中原，依然是他最惦记的事。比如《三月十七日夜醉中作》中所作：

> 逆胡未灭心未平，孤剑床头铿有声。
>
> 破驿梦回灯欲死，打窗风雨正三更。

宋孝宗乾道九年（1173）三月，陆游前往成都出差，想起一年前来成都时的情景，心情无比低落，常常借酒浇愁。三月十七日晚上，他又痛饮一场，悲愤之余，写下了这首诗。

醉梦之中，陆游最挂念的，还是"逆胡未灭"的事。想想中原父老沦于金人铁蹄之下，连床头的孤剑都跃跃欲试，而自己只能身处驿馆，感慨华发早生、容颜已老，一脸无奈。

如果陆游有QQ号，他的签名一定是"爱国，我不只是说说而已，我是认真的"。如果陆游有微信，他的状态一定会设置成"胡思乱想"，旁边再加一句："啥时候北伐啊"。

报国英雄梦做了一辈子。直至宋宁宗嘉定元年（1208），八十四岁高龄的陆游，对于驰骋疆场、统一天下的理想，有心无力，但他期待韩侂胄北伐能够成功，便写下了这首《异梦》：

> 山中有异梦，重铠奋雕戈。
>
> 敷水西通渭，潼关北控河。
>
> 凄凉鸣赵瑟，慷慨和燕歌。
>
> 此事终当在，无如老死何。

在梦境里，他很想上阵厮杀，甚至置身敷水、潼关一线，一往无前，慷慨悲壮。人虽老，志更坚，相信"此事终当在"，功成不必在我，但梦想一定能实现。

为了圆梦，陆游的一生颇为不顺，各种倒霉事接踵而至，就像行人顶着狂风暴雨艰难前行。老天爷给他开了一串玩笑：求学、恋情、仕途、抗金，无一不历尽坎坷。

在风雨中前行，在坎坷中摔打，一生疾苦而又满腔热血，一脸无奈而又诗作等身。这就是陆游。

一、家族的荣耀

宋徽宗宣和七年十月十七日（1125年11月13日），一叶扁舟漂荡在风雨交加的淮河之上。船上呱呱坠地了一个婴儿。

就在前晚，婴儿的母亲唐氏做了个奇怪的梦，梦到了号称"苏门四学士"之一的大词人秦观，虽然早在二十五年前秦观已经去世。于是，婴儿的父亲陆宰就从秦观的字"少游"选了个字，给婴儿取了个名字；又用秦观的名字，给婴儿取了个字。

这个婴儿长大以后，知名度极高。没错，他就是陆游，字务观。《列子》云："务外游不知务内观。外游者求备于物，内观者取足于身。"瞧瞧，"游"和"观"全都有了，《列子》这句话似乎就是给陆游准备的。

陆游生在官宦人家。

对于家族，陆游是自豪的。几代人在朝廷做官，全都展现了忠君爱国、刚正不阿的本色，构成了陆游耳濡目染的家风家教。

尤其是父亲陆宰，曾任为淮南东路转运判官，陆游出生时，他恰是京西路转运副使，即将进京汇报，并调任淮南路计度转运副使，属于地方大员。在他身上，陆游看到了一个正直无私、恪尽职守、明辨忠奸的爱国者形象。

南宋开国后，陆宰又担任知临安府，治理首善之区，位高权重，深受皇帝青睐，死后还被赠"少师"的头衔，哀荣备至。

陆游生在战乱年代，赶上了靖康之变。陆宰也曾弃笔从戎，但螳臂当车，只好带着年仅一岁的陆游东躲西藏，居无定所。

小小年纪，陆游目睹了战火纷飞、民不聊生，看惯了人间沧桑、世态炎凉。即便到了晚年，他还念念不忘那些悲剧性的画面。正如《三山杜门作歌》中所述：

> 我生学步逢丧乱，家在中原厌奔窜。
>
> 淮边夜闻贼马嘶，跳去不待鸡号旦。

陆游生在江浙山寨。陆宰一度"下课"，跟着南撤的大队人马来到浙江东阳，依附当地的"盗匪"。陆游便跟着父亲住在山寨里，度过了少年时光。

陆游生在书香门第。父亲陆宰退居乡里专心藏书和读书。他的藏书楼名叫"双清堂"，藏书数万卷，在老家越州能排进前三。绍兴十三年（1143），皇帝诏求天下遗书，陆家首当其冲，献出一万三千多卷。

这样的家庭环境，让陆游比多数人更早地接触官场规则，谙熟文史经典。他本人聪颖伶俐，还精通剑法，可谓文武兼备、全面发展。《宋史·陆游传》说他"年十二能诗文"。

小小年纪，就久负盛名，不但是家乡的"网红"，也是全南宋的名人，连皇帝都听说了他的诗文本事。

一次，宋孝宗就问大臣周必大："今代诗人谁能与李白相比？"

周必大脱口而出："陆游。"

皇帝金口一开，陆游便有了"小李白"的美名。遗憾的是，有本事的人多少都有点小脾气。陆游就是这样。为人狂放，个性耿直，这都是官僚政治的大忌。陆游几乎处处"踩雷"，到头来依旧不受重用。

二、背运的读书郎

南宋读书人要想出人头地，第一选项就是科举考试。陆游纵然才华横溢，也不能例外。

想不到的是，陆游最大的对手，不是考题，不是考官，不是同场竞技的官宦子弟，而是考场之外的权相秦桧。

在秦桧主导下，"对金求和"成了南宋官场的"政治正确"。陆宰胸怀抗金梦想，自然是秦桧的"眼中钉"。他拿不住陆宰的把柄，便迁怒于陆氏家族。

有秦桧插手，陆游"果然"名落孙山。没关系，一次不行，再考一次。

第二次考试刚好赶上岳飞遇害。在秦桧等人的淫威下，满朝文武，噤若寒蝉。韩世忠愤然归隐，淮河一大散关成了宋金边界。这些消息令陆游异常愤慨。他终于明白了父亲陆宰为什么经常叹气和难过。母亲更担心儿子会走上陆宰的老路，越走越艰险。

年轻的陆游忧国忧民，血气方刚。在考卷上，他挥斥方遒，力主抗金，直接触怒了主和派官员。秦桧再次插手，陆游功败垂成。

连续两次折戟，陆游没有气馁。接下来十年，他潜心苦读，直至绍兴二十三年（1153），南宋朝廷举行"锁厅试"，即大官子弟和宗室后裔参加的专门考试。父亲曾任临安知府，相当于首都市长，位高权重，绍兴十八年（1148）去世后受赠少师，哀荣备至，陆游自然也获得了考试资格。这年，他二十九岁。

早在五年前，父亲陆宰就去世了，而秦桧依旧健在，擅权独断。在满是"官二代"的考场上，请托之风盛行。没了父亲的庇佑，唯有奸相的干预，一切可想而知。

秦桧自知年迈体弱，来日无多，随时可能失宠，便加紧运作，把子孙安插在重要岗位，以保住家族利益。他的孙子秦埙也参加了"锁厅试"。为了力保孙子考第一，秦桧把主考官陈芝茂请到相府，热情款待，各种暗示。

陈芝茂虽然满口答应，但言行不一。发榜的时候，排第一的竟是陆游。①

积十年之功，陆游答得很顺利、很得体。陈芝茂秉公阅卷，大加赞赏，陆游这个"第一"毫无争议。秦桧既不悦，又无语。

后来，陆游对陈芝茂顶住压力，主持公道特别感激，专门赋诗一首，夸赞他像伯乐一样，不拘一格降人才："冀北当年浩莫分，斯人一顾每空群。国家科第与风汉，天下英雄惟使君。"

第二年，礼部举行会试。秦桧特地安排心腹当主考官。这次，陆游的文章依然出色，但阅卷环节出了状况。副考官董德元将陆游点了第一，但主考官不同意。

按制度，所有被录取者的试卷都要公布，如果陆游被录取而又不当第一，难免引发争议，惹出事端。主考官思前想后，索性剥夺了陆游的录取资格，理由是陆游的文章有妨碍宋金议和的内容，属于"政治不正确"。

就这样，秦埙跻身榜首，并在殿试中拿到了探花（第三名）。而陆游再次当了冤大头。

显然，只要秦桧还活着，还在位，陆游就没好果子吃。

因而，陆游对秦桧毫无好感。在他的《老学庵笔记》里，就暗示秦桧假扮"爱国志士"，实则是金人派到南宋的奸细。

"太平翁翁"，指的就是秦桧。他前后当了十九年宰相。

事业受羁绊，后院似乎也不太平。夫妻感情的误解和破裂，给他带来了更深的伤痛。这究竟是怎么回事呢？

三、从甜蜜蜜到情殇

陆游写过很多慷慨激昂的诗篇，比如"铁马冰河入梦来"；也写过凄婉忧伤的小词，比如这首耳熟能详的《钗头凤》：

> 红酥手，黄縢酒，满城春色宫墙柳。东风恶，欢情薄。一怀愁绪，几年离索。错、错、错。

---

① 也有观点认为，为了给秦桧的孙子秦埙腾位次，主考官不得不把陆游排在末位，勉强入闱礼部会试。

春如旧，人空瘦，泪痕红浥鲛绡透。桃花落，闲池阁。山盟虽在，锦书难托。莫、莫、莫。

这首伤心之作，讲述了陆游人生中一段缠绵悱恻的爱情故事。

南宋学者周密的《齐东野语》叙述了故事的始末："陆务观初娶唐氏，闳之女也，于其母夫人为姑侄。伉俪相得，而弗获于其姑。既出，而未忍绝之，则为别馆，时时往焉。姑知而掩之，虽先知挈去，然事不得隐，竟绝之。"

按照传统的说法，陆游和唐琬既是一对姑表兄妹，青梅竹马，两情相悦，又都是"官二代"，唐琬的父亲唐闳曾任郑州通判。于是，两家亲上加亲。绍兴十四年（1144），二十岁的陆游跟十七岁的唐琬结为夫妻。

这不是近亲结婚吗？两宋时期虽然没有现代婚姻登记机构，但社会上允许这么干吗？

那个时候，姑表亲、姨表亲可以通婚，比如《红楼梦》里，贾宝玉和林黛玉是姑表兄妹，贾宝玉和薛宝钗是姨表兄妹，林黛玉和薛宝钗还成了事实上的"情敌"。

也有学者考证，唐琬的父亲唐闳是山阴人唐翔的儿子，陆游的母亲是江陵人唐介的孙女。虽然都姓唐，一个在浙江，一个在湖北，八竿子打不着，没有血亲关系。因此，陆游和唐琬没有姑表关系，不是近亲结婚。

后来的历史表明，是不是近亲结婚，对他俩而言并不重要。毕竟婚后没要孩子，更谈不上优生优育了。不过，婚后的日子里，两人才华横溢、情投意合、琴瑟和鸣、相敬如宾，洋溢着青春气息和快乐幸福。

小两口甜蜜蜜，架不住"第三者"有意见。这个"第三者"，正是陆游的母亲。

唐介是北宋名臣，为官多年，刚正不阿，弹劾奸佞，不留情面，以"直声动天下"，做过知谏院、御史中丞、参知政事，是个耿直执拗的诤臣。陆游之母大概深得祖父真传，只要是她看不惯的事，谁都扳不回来。

出身官场名门，往往意味着荣耀和责任兼具。"放翁少时，二亲教督甚严"。父母对陆游的管束很严，希望他能好好读书，出人头地，扛起家族的旗号继续前行。

婚后，小夫妻"伉俪相得"，腻腻歪歪。陆母担心儿子醉心恋爱，荒废学业，便迁怒于新娘子，多次指责唐琬不识大体，耽误夫君的前程，况且过门一年，没能怀孕。

陆母觉得，这桩婚姻如果继续下去，不但会毁了陆游的仕途，而且会让家族陷入无后的风险，必须休掉唐琬。

父母之命，不敢不从。婚后三年，陆游不得不跟唐琬说"再见"。他本想"打个折扣"，另筑别院安置唐琬，一边继续偷偷幽会，一边等待着转圜的机会。然而，陆母没给这个机会：她让陆游另娶王氏为妻，断了陆游和唐琬的任何念想。

无奈，唐琬只好另择夫婿，嫁给了官至武当军承宣使的宗室子弟赵士程。虽然同在山阴①，但各过各的日子，互不打扰。

老天爷似乎对唐琬不太公平。不到二十岁，她就经历了从大小姐到新娘子，再到离婚和改嫁的人生巨变。不过，改嫁在宋代很常见，也宽容。

南宋学者洪迈的《夷坚志》里，收录了宋代改嫁妇女的案例六十一桩，其中二婚五十五桩，三婚六桩。其中，改嫁时间可考的四十一桩里，南宋占到了三十七桩。就连皇帝也对改嫁女性情有独钟。宋真宗的刘皇后（刘娥），宋仁宗的曹皇后、宋徽宗的韦贤妃，都有过改嫁的经历。

对于唐琬来说，跟"官二代"离婚，改嫁入"皇室"，没准是因祸得福呢。更何况，宋代女性改嫁后，并不意味着跟前夫恩断义绝。刘娥是被前夫龚美卖掉的，当她改嫁宋真宗后，竟然还把前夫龚美找回来，让他改姓刘，夫妻做不了，干脆做兄妹。宋真宗也不嫌弃，欣然接受。同样，唐琬和陆游虽然离婚，但情分还在。

绍兴二十五年（1155）三月初五，春光明媚，科举落败的陆游难得有些许雅兴，独自来沈园溜达、散心。

这是浙江绍兴的一座私家园林，大约造园的主人姓沈，故而得名。宋人热衷将私家园林向公众敞开大门，分享美景，正所谓"独乐乐不如众

---

① 山阴，今浙江绍兴。

乐乐"。

巧的是，唐琬和赵士程夫妇也在沈园游园。沈园溪桥，不期而遇，四目相望，既惊又悲。看着形神憔悴的表妹，以及站在她身边的赵士程，尴尬且凄凉。

分手之后，音讯全无。突然见面，双方都呆住了，连空气都凝固了。

唐琬略显主动，把赵士程介绍给陆游。小两口早已在凉亭备好酒菜，推杯把盏。此情此景，令陆游有些惆怅。

又是唐琬打破了沉闷，征得丈夫同意，招呼陆游一起入席。唐琬亲自斟酒劝酒，搞得陆游不知所措。

宋代的官酒常以黄罗帕或黄纸封口，故而得名"黄封酒"。唐琬招待陆游喝的，正是这款酒。毕竟，赵士程是宗室子弟，平时存点官酒，是很自然的事。

眼前劝酒的佳人，曾是自己的娘子，如今却嫁为人妇，陆游怅然若失，酒入愁肠更惆怅。本来只是邂逅，即便流连，也终有一别。这一刻，心都碎了。

唐琬夫妇走后，借着酒劲，陆游在斑驳的沈园粉墙上，一边抹眼泪，一边奋笔疾书，写下了爱情悲歌《钗头凤》。

其中的"红酥手"，指的是为他斟酒的唐琬；而"黄縢酒"，指的是陆游喝的这款"黄封酒"的别名。

对于陆游来说，唐琬已是历史，却怎么也忘不掉。对于唐琬来说，赵士程的宽厚、同情和谅解，正在修复她受伤的心灵，眼看快愈合了，与陆游的不期而遇，让她冰封多年的心灵创伤崩开了。她始终记得沈园，记得两人偶遇的场景，记得斟酒时陆游的脉脉含情。

一年后，怀着莫名的感觉，唐琬独自一人，再访沈园。徘徊在曲径回廊之间，漫步于流水溪桥之上，多想回到十多年前耳鬓厮磨、诗词唱和的岁月。忽然，看到斑驳的粉墙上，陆游的题词依稀可见，唐琬呆住了。

她泪流满面，伤感之余，提笔写了一首应和词，词牌也是《钗头凤》：

世情薄，人情恶。雨送黄昏花易落。晓风干，泪痕残。欲笺心事，独语斜阑。难！难！难！

人成各，今非昨。病魂常似秋千索。角声寒，夜阑珊。怕人寻问，咽泪妆欢。瞒！瞒！瞒！

世态炎凉，人情冷暖，黄昏时分，雨打桃花，此情此景，凄凉忧伤。晨风吹过，泪痕已干，想写心事，又放弃了，凭栏自语，但愿你能听到，虽然很难。

曾经知心的爱人早已离去，物是人非，伤感如秋千的绳子，晃来晃去。角声悠然，让人心寒，长夜漫漫，寂寞难眠。生怕别人追问，只好强颜欢笑，个中滋味，只能藏在心间。

追忆似水年华，叹惜世事无常。谁也没想到，沈园偶遇，竟是两人的诀别。唐琬越写越伤心，越写越煎熬，她忧郁成疾，就像秋天的一片落叶，在萧瑟和愁怨中离开了人间。只留下这首令人唏嘘的《钗头凤》，跟陆游的《钗头凤》同名对仗。

四十年后，陆游重游沈园。他在官场摸爬滚打多年，越发游刃有余，日子过得很好。眼看沈园三易其主，杂草丛生，题写《钗头凤》的墙体只剩半面，残破不堪，不仅潸然泪下，便再次题诗寄情：

枫叶初丹槲叶黄，河阳愁鬓怯新霜。林亭感旧空回首，泉路凭谁说断肠？

坏壁醉题尘漠漠，断云幽梦事茫茫。年来妄念消除尽，回向蒲龛一炷香。

春去春来，花开花落，七十五岁的陆游第三次来到沈园，盘桓在溪桥上，追忆起曾经的相见，久久不愿离去。于是，又把情愫宣泄于两首"沈园怀旧"诗：

城上斜阳画角哀，沈园非复旧池台。
伤心桥下春波绿，曾是惊鸿照影来。
梦断香消四十年，沈园柳老不吹绵。
此身行作稽山土，犹吊遗踪一泫然。

时光荏苒，对唐琬的思念依旧。六年后，纵然老态龙钟，纵然步履蹒跚，年逾八旬的陆游写下两首《十二月二日夜梦游沈氏园亭》诗：

> 路近城南已怕行，沈家园里更伤情。
> 香穿客袖梅花在，绿蘸寺桥春水生。
>
> 城南小陌又逢春，只见梅花不见人。
> 玉骨久成泉下土，墨痕犹锁壁同尘。

一年后，他又写了一首《城南》诗：

> 城南亭榭锁闲坊，孤鹤归飞只自伤。
> 尘渍苔侵数行墨，尔来谁为拂颓墙。

又过了三年，八十五岁的陆游在春日的一天突感身心舒适、精神舒爽。他本来要上山采药，但年纪大了，体力不支，便临时起意，前往沈园。此时，沈园修缮一新，大致恢复了原貌。陆游触景生情，写下了这辈子最后一首沈园情诗：

> 沈家园里花如锦，半是当年识放翁。
> 也信美人终作土，不堪幽梦太匆匆。

六十年刻骨铭心的爱，六十年痛彻心扉的愧，始终萦绕着陆游的感情生活。幽梦匆匆，牵挂一生，听者伤感，闻者落泪。

陆游和唐琬的婚恋之事，是一幕爱情悲剧。陆母棒打鸳鸯，是这幕悲剧的导火线。然而，这些结论都源自文学作品。

那么，陆游的感情世界究竟是什么样子的？他对唐琬究竟有几分深情？他到底是不是痴情男儿？他和唐琬的爱情故事，是否值得人们津津乐道、千古传颂呢？

四、言过其实的恋情

毋庸置疑，陆游和唐琬的婚姻是陆母棒打鸳鸯、强制拆散的。至于她为什么要拆散这段姻缘，坊间有两种说法：唐琬婚后没有生育，两口子卿卿我我耽误陆游考取功名。总之，陆母认为唐琬没有尽到当妻子的义务，无论是生孩子，还是贤内助，都不称职。

不过，这两种说法都经不起仔细推敲。

陆游和唐琬成亲不过一年光景，没生孩子纯属正常。更何况，宋代并不禁止读书人纳妾。只要想传宗接代，有的是办法。

好的爱情只会让人更加热爱生活，更加积极进取，更有开创精神。糟糕的婚姻会让人萎靡不振、瞻前顾后。唐琬出身书香门第，有学识、有品位，完全没必要也不可能将丈夫陷于床笫之欢。即便是丈夫耽于女色，荒废学业，责任也是夫妻双方的，不应该把板子都打在唐琬身上，甚至让她承受被"休"的后果。

按照常规逻辑，排除这两种可能性后，陆母硬拆这桩婚事的理由，大概只剩"妒忌"了。陆母既是名门之后，又是首都市长的正房太太，要风得风，要雨得雨，却人老珠黄，被年轻貌美的儿媳妇抢了风头。因此，小两口越是伉俪情深，陆母越是妒火中烧。

陆母的态度固然重要，但能否维系这桩婚姻的关键人物，不是陆母，而是陆游本人。

母亲的想法，陆游心知肚明。然而，婚姻是大事，非同儿戏。尽管两宋时代对女子改嫁总体宽容，但女子被休依然是耻辱，会被歧视，甚至寻死觅活。但凡陆游对唐琬有情有义，但凡陆游有起码的操守，也不会让爱妻无缘无故为陆母的执拗埋单。

遗憾的是，陆母没把儿媳的名节和生死放在心上，也没有尊重儿子的情绪和意愿。面对母亲的强硬姿态，陆游没有反抗，而是默默接受，将唐琬休掉了。

如果休妻出于无奈，只要陆游和唐琬一往情深，他完全可以暂时不再娶妻，算作是对母亲蛮横插手的软反抗。不过，陆游并没闲着，他很快接受了母亲的安排，再娶王氏，还纳了几房小妾，小日子过得优哉游哉。

唐琬被休，陆游有不可推卸的责任。休书已成，就该一别两宽，各生欢喜，恭祝前妻再遇良人，余生幸福。唐琬很快就改嫁了，赵士程是大宋宗室，论背景，论地位，不输陆游。问题就出在沈园偶遇。

人家两口子携手同游，好心请陆游吃酒，化解尴尬。陆游反倒心猿意马，对前妻又是题词追忆，又是深情凝望，勾起伤心事，搞得唐琬写了和词，郁郁寡欢，染病身亡。到头来，陆游不但捞到了"痴情男儿"重情重义的名声，还把《钗头凤》推成了文坛神作。

殊不知，他所谓的重情重义，却要了唐琬的命。

已经各自重组家庭，却要旧情难忘。对陆游而言，即是寄托情感，沽名钓誉；对唐琬来说，就是平静的新生活突起波澜，胸口多了一把刀刃向内的利刃。

如果真的一往情深，在休妻之后的八年里，陆游在忙什么？唐琬的苦又是谁在照顾，谁在抚平？

八年间，陆游忙着再婚、生娃、考功名。如果没有赵士程的陪伴照料，唐琬能不能活到沈园偶遇，都很难讲。

换句话说，陆游在沈园填词寄情，不但更像是刻意表演，而且是对赵士程不尊重，乃至挑衅。他有什么资格再来表演"一往情深"呢？

对于女人，陆游似乎从不痴情，逊色于对恢复中原的执着。休妻时的干脆利落，题词里的字字诛心，给人的感觉是：陆游并非真的爱唐琬，而是想占有、控制唐琬。

沈园偶遇的那一刻，他的种种做派，既在满足占有欲，更不想输给赵士程。

对他来说，这事关面子。

十年前，陆母妒忌陆游和唐琬恩恩爱爱，硬生生拆散小两口；八年后，陆游眼看唐琬和赵士程琴瑟和鸣，心气自然不顺。所以，他要用一首情深意切的诗词，以及"深情凝望"的行为艺术，留住前妻的心。

果然，不是一家人，不进一家门。有其母必有其子。自私、霸道，连操作都一模一样。

真正的爱，是奉献，是付出，是成全，是祝福；而虚假的爱，则是只顾自己潇洒，不管别人死活。

沈园偶遇，唐琬也有错。错在该珍惜的没珍惜，不该真爱的却真爱了。

在唐琬短暂的生命中，最值得珍惜的人是谁呢？

当然是他的第二任丈夫赵士程。他贵为宗室，甘当"接盘侠"，不离不弃陪伴八年，让她渐渐从第一段婚姻的伤痛中走出来。赵士程很清楚，妻子对前夫尚有旧情，剪不断，理还乱。沈园偶遇，他没有争风吃醋，而是豁达大度地请陆游入席，突破男女大防让妻子斟酒，既给足面子，又了断前缘，可谓仁至义尽。这样的男人堪称灵魂伴侣，值得倍加珍惜、托付一生。

遗憾的是，唐琬对第一段婚姻陷得太深，难以自拔。她用一生爱陆游，殊不知，这份遗落的爱情对陆游来说，只是青年时代的梦幻一瞬，只是悠长生命中的一抹遗憾。一往情深不假，久久难忘没错，但从没耽误他再婚生子、绵延后代、游走官场、安享天伦，还博得了"痴情男儿"的美誉。

陆游留下的诗词是美的记忆，带走的却是唐琬的幸福和性命。这究竟是真深情，还是真薄情？究竟是真丈夫，还是伪情郎？

真正的深情，应该是祝愿对方岁月静好。陆游没有做到，唐琬也没能静好。

《钗头凤》很唯美，但陆游和唐琬的爱情着实是一桩悲剧。

五、官场浮沉万事空

对陆游来说，科场失意、情感波折，都只是人生的瞬间。随着秦桧和唐琬的先后离去，这两段瞬间终成历史，一去不返。做官才是父亲给他规划的"正途"。

作为"官二代"，陆游小小年纪就享受了"恩荫"的待遇，官拜"登仕郎"。这只是个正九品下的低阶官职，承办宗卷、钱谷等事务性工作。不过，在陆游生活的时代，这样的官衔对"恩荫"来说，更像是有"编制"的闲差，不需要干什么实际工作。

绍兴二十五年（1155），秦桧死了，陆游"进步"的拦路虎没了。三十一岁的他，在业师曾几的推荐下，奉旨前往福州，担任宁德县主簿。当然，这只是个解决行政级别的过渡。

三年后，他调回京城，担任敕令所删定官。这是个从事中央政府政策性文稿校对工作的八品官。每天埋头爬格子，很苦很无聊。不过，皇帝赵构有意振作朝纲，便传旨鼓励大家针砭时弊，勇于进谏。

官场老油条们都清楚，这只是皇帝做的姿态而已。可是，陆游当真了。

他说，非宗室外戚，即使有功，也不能随意封王爵。惹怒一帮老官僚。

他说，皇帝酷爱珍稀玩物"亏损圣德"，应当杜绝。惹怒了赵构。

他说，杨存中掌管禁军太久，权力太大，该换人了。这次说到了赵构的心坎上，欣然采纳。于是，杨存中明升暗降，调任太傅、醴泉观使；陆游则升任大理寺司直兼宗正簿，转到司法领域当差了。虽然不是要缺，但依旧待在京城，还是有机会继续给皇帝吐槽的。

陆游素有杀敌报国、济世安邦的雄心壮志，深感内忧外患，时局艰难，一心期待为国效命，力挽狂澜。

他曾上书同知枢密院事黄祖舜："敢誓糜捐，以待驱策"；他呈送《条对状》建议赵构信诏令、慎名器、察奸蠹、容直谏；他甚至在向赵构面奏政见时，慷慨陈词，痛哭流涕，眼泪甚至喷溅到皇帝的龙椅之上。

可是，赵构的心思不在治国理政，他要维持现状，准备退二线了。

宋孝宗接班后，有志扭转官庸民怨、外患频仍的被动局面，尝试过改弦更张，推行新政，平反岳飞冤案，重新起用抗金老臣，将死气沉沉的政治局面迅速激活。

陆游也成了这波"一朝天子一朝臣"的受益者。新皇帝给了他赐进士出身的政治待遇，算是恢复了他当年的考试成绩和学历，圆了金榜题名梦，还提拔他做枢密院编修官兼编类圣政所检讨官，相当于御用撰稿人。

至此，陆游自感人生圆满，唯一企盼的，只有收复中原的家国梦想了。

新皇帝、新形势、新气象，陆游自感家国梦想越来越近。怀着激动的心情上书朝廷，建议迁都建康，整顿军纪，恢复中原。

毕竟人微言轻，陆游的上书没能掀起什么波澜，反倒是改变了自己的职业轨迹。宋孝宗觉得，既然你陆游这么热心，那就派你去前线好了。

就这样，陆游告别了欢乐的京城，来到了长江南岸的镇江府做通判，即地级市二把手。

很难说，这究竟是重用，还是贬官。毕竟，宰相起于州部，想要有大作为，地方官的历练少不了；然而，离开了京城，就等于远离了皇帝，是福是祸，谁也搞不清。

隆兴元年（1163），宋孝宗起用老臣张浚担任枢密使，都督江淮兵马，准备北伐作战。陆游闻讯，既兴奋又担心。兴奋的是家国梦有了兑现的可能，担心的是张浚久疏战阵，仓促用兵，能否旗开得胜，实在说不好。

他曾给张浚写贺信，不但表达了对北伐获胜的期待，也提出了放眼长远、积蓄力量、稳扎稳打、一击必胜的建议。遗憾的是，宋孝宗急于求成，催促张浚匆忙出兵。前线将领内讧，配合不力，符离之战，宋军先胜后败，张浚坐镇后方，鞭长莫及。

张浚不服输，第二年移师镇江，添置战舰，训练军队，准备再次北伐。陆游以世侄名义拜见，尽地主之谊。两人政见接近，相谈甚欢。可是，朝廷变心了。

北伐的失利，使年轻的宋孝宗看清了形势，也看清了宋军的底牌。在太上皇赵构的施压下，他必须直面现实，暂时放弃北伐，抓紧跟金国议和，稳住东南半壁江山。

谈判桌上，南宋方面的策略，是宁可丢面子，也要捡实惠。最终达成的"隆兴和议"，取消了宋人最感丢脸的"称臣"；岁币继续交，但减了十万。不过，堂堂大宋皇帝，要自降辈分，向大金皇帝自称侄儿。对于这个依旧屈辱的和议，宋孝宗咬咬牙，认栽了。

皇帝能忍，张浚忍不了，陆游更忍不了。

为了展现求和的"诚意"，宋孝宗甚至起用秦桧的党羽汤思退当宰相，并将张浚罢相，贬官福州。陆游曾经上书弹劾主和派官员，被视为和谈的障碍，以"力说张浚用兵"的罪名，一撸到底，撵回山阴老家。

带着些许遗憾和惆怅，他写下了这首《十一月五日夜半偶作》，其中几句说道：

寂寞已甘千古笑，驰驱犹望两河平。

后生谁记当年事，泪溅龙床请北征？

想当年，赴任福建的陆游，刚满而立；如今罢官回乡，已入不惑。十年浮沉，回到原点，前路茫茫，他有些灰心，更想避世退隐。在《长相思》中，他的情绪很低落："悟浮生，厌浮名。回视千钟一发轻，从今心太平。"

赋闲在家，无丝竹之乱耳，无案牍之劳形，衣食无忧，时间大把。于是，好诗词一首接一首。

比如《破阵子》："看破空花尘世，放轻昨梦浮名。蜡屐登山真率饮，筇杖穿林自在行。身闲心太平。"

比如《卜算子·咏梅》："驿外断桥边，寂寞开无主。已是黄昏独自愁，更著风和雨。无意苦争春，一任群芳妒。零落成泥碾作尘，只有香如故。"

乡村生活是慢节奏的，但陆游的情绪转得飞快；看淡成败得失，但盖不住那颗渴望重出江湖的心。正如《游山西村》所述："莫笑农家腊酒浑，丰年留客足鸡豚。山重水复疑无路，柳暗花明又一村。箫鼓追随春社近，衣冠简朴古风存。从今若许闲乘月，拄杖无时夜叩门。"

居庙堂之高则忧其民，处江湖之远则忧其君，不管是否在其位，不管有多大困难，都没有放弃报效国家的期待。这就是陆游。他渴望着转机的到来。

四年后，陆游收到了朝廷的征召文书。这次的目的地，是四川。

他能实现自己的报国梦想吗？

六、一寸赤心惟报国

为了和议，可以改年号，可以换大臣，但在宋孝宗心目中，和议只是权宜之计，他要休养生息，积蓄力量，等待时机。乾道五年（1169），宋孝宗觉得准备差不多了，又动了北伐的念想。于是，一批主张抗金的官员被重新起用。

陆游就是其中之一。乾道七年（1171），陆游就任夔州①通判，相当

---

① 夔州，今重庆奉节。

于官复原级。

比起镇江，夔州离京城更远，偏居西北边陲，经济条件更差。不过，夔州更靠近南宋抗金前线的西线，陆游反倒很高兴，他在这里无怨无悔地干了两年多。

即便默默无闻，也有脱颖而出的机会。陆游的抗金热情，枢密使兼西川宣抚使王炎是很欣赏的。只一封邀请函，王炎就把陆游招至幕府，担任宣抚使司干办公事兼检法官，成了南宋抗金西线统帅部的参谋。

级别不变，但寄人篱下，有职无权。陆游不在乎，他看重的，是宣抚使司的治所——南郑①。这个地方，前控三秦，后据两川，是南宋抗金西线的最前线，地势险峻，粮草匮乏，生活艰苦。

活了半辈子，总算在知天命之年，能有机会亲历血与火的较量，陆游格外亢奋。

中梁山下，他跃马射猎。"挺剑刺乳虎，血溅貂裘殷。"

广元道上，他侦察敌情。"奋戈直前虎人立，吼裂苍崖血如注。"

大散关前，他挺戈杀虎。"腾身刺猛虎，至今血溅裘；至今传军中，尚愧壮士颜。"

南郑幕府，他献计献策，建议积粟练兵，以守为攻，经略陇西，徐图关中。

三千里秦岭幽谷，十万亩林木肃杀，别人眼中的苦地方、苦差事，却成了陆游心中的香饽饽，激发了他一轮轮惊人的能量。

在《江北庄取米到作饭香甚有感》中，陆游自豪地写道：

> 我昔从戎清渭侧，散关嵯峨下临贼。
>
> 铁衣上马蹴坚冰，有时三日不火食。
>
> 山荞畲粟杂沙碛，黑黍黄穈如土色。
>
> 飞霜掠面寒压指，一寸赤心惟报国。

---

① 南郑，今陕西汉中南郑。

王炎和他一样，摩拳擦掌，等待着朝廷一声令下，就杀出战壕，奔向敌营。然而，等来的只是朝廷的一纸调令：调任提举宫观，去管理道观。

这是明升暗降。

王炎走了，幕府散了。陆游秒懂：只要太上皇赵构在，宋孝宗即便有心北伐，也是纸上谈兵。除了慨叹"良时恐作他年恨，大散关头又一秋"，他别无选择，只得离开前线。

接下来几年，陆游辗转四川多地做官，却始终渴望王师北进，渴望沙场建功，渴望收复失地。然而，主持四川军务的长官，换了一个又一个，唯独"和戎"政策没变。

工作闲冷无趣，北伐遥遥无期，陆游只好靠唱酬诗友、结交剑客、寻访隐逸、流连酒肆打发时光，失魂落魄，吐槽时政，抒发哀其不幸、怒其不争、欲战不能、壮志难酬的悲愤。

正如这首《剑门道中遇微雨》："衣上征尘杂酒痕，远游无处不消魂。此身合是诗人未？细雨骑驴入剑门。"

淳熙二年（1175），几经调动的陆游来到成都当参议官。这要拜时任四川制置使的好友范成大的安排。好友相见，分外亲切，经常饮酒作乐，激发创作灵感。陆游本就狂放不羁，加上抗金无望、事业受挫，更是借酒浇愁，放浪形骸，酒后失态，过于颓废。

不幸的是，这些脱离"主旋律"和"潜规则"的言行，被主和派官员拿为把柄，给他扣上"不拘礼法""燕饮颓放"的罪名。范成大顶不住内外压力，只好又将他免职。

此时，陆游年逾五旬。这个年纪，丢了饭碗，经济上亏大了，脸面也挂不住。好在按照南宋制度，罢官的大臣还可以去道馆领一份"祠禄"。于是，陆游在成都的浣花溪过了一段有钱没事的闲日子。不久，他离开四川，回山阴老家闲居。

入川九年，亲临一线，体验了战场气氛，经受了情绪波澜，掀起一波创作高潮。这九年的诗词收入《剑南诗稿》，书写了陆游诗词创作的辉煌一页。

入川时光，戛然而止。愤慨、悲哀、忧虑，一股脑涌上心头，全部倾泻到他的《关山月》之中，矛头直指当今皇上——宋孝宗：

> 和戎诏下十五年，将军不战空临边。
>
> 朱门沉沉按歌舞，厩马肥死弓断弦。
>
> 戍楼刁斗催落月，三十从军今白发。
>
> 笛里谁知壮士心，沙头空照征人骨。
>
> 中原干戈古亦闻，岂有逆胡传子孙。
>
> 遗民忍死望恢复，几处今宵垂泪痕。

两度罢官，陆游索性自号"放翁"，既是自嘲，也是轻蔑。

他在《梅花绝句》里这样写道："闻道梅花圻晓风，雪堆遍满四山中；何方可化身千亿，一树梅花一放翁。"听闻梅花冲破春寒，清晨绽放，远远望去，似遍布群山的堆堆白雪；多想化身亿万个"我"，每棵梅花树下，都有"我"随风而立。

诚然，陆游是"官二代"，但他成长于战乱，闲散于仕途，游走于官僚体制边缘，反倒跟老百姓有较多接触。

邻居建房告竣，他会携儿孙前来道喜；乡亲遭受饥荒，他会食不甘味，出面接济；有人罹患重病，他会背起药囊，客串江湖郎中；百姓遭遇不公，他会写诗谴责豪强恶霸；家乡粮食丰收，他会请来父老乡亲，把酒话桑麻。

关心呵护百姓，在南宋官场罕见，而对陆游来说，则是家常便饭。谁给百姓做好事，百姓就会记住谁。他们甚至给孩子们起名叫"陆"，聊表感恩。

是金子，到哪都会发光。陆游虽然罢官，但知名度依旧。这样集忧国、忠君、爱民三位一体的文官，打着灯笼也难找。三年后，宋孝宗重新起用陆游，让他到抚州①，去当提举江南西路常平茶盐公事，负责江西地区茶叶、食盐专卖事务。

这是个肥差。然而，上任不到一年，陆游就遇到了麻烦事。

---

① 抚州，今江西抚州。

淳熙七年（1180），抚州暴雨，田地和口粮被毁。老百姓虽然幸免于水灾，但吃饭问题很严峻。陆游当机立断，下令先开仓放粮，再向朝廷报备。

这种先斩后奏的做法，固然解民倒悬，却是违规行为，被谏官抓了把柄。救民反倒救出了罪过，气得陆游当即辞官归乡，还嘟囔道："江路迢迢马首东，临川一梦又成空。"

官僚体制最讲规矩、程序，宋朝尤其重视"祖宗之法"。然而，陆游就像个没长大的孩子，身上透着太多的书生气、倔强劲，总不循规蹈矩，屡屡自造把柄。每隔几年，都要给自己挖个坑，义无反顾地跳进去。"屡教不改"，也是醉了。

有一说一，宋孝宗还是宽容的。陆游闲了五年，又出山了。先是去做严州知州，而后调回京城，担任军器少监，负责兵器制作和修缮。

不久，宋孝宗退位，宋光宗受禅即位，陆游也跟着沾光，升任礼部郎中。如果不出意外，这应该是陆游仕途的最后一站，毕竟他已经六十五岁高龄了。

既然是最后一站，就该稳定心神，少说少做，安然等退休。不过，陆游依旧闲不住，上书建议宋光宗带头节俭、广开言路。谁知宋光宗性格古怪，哪容得这些谏言。于是，本该退休的陆游，却落个罢官的命运。

春寒料峭，细雨入夜，客居京城，独自听雨、写字、品茶、独酌，很寂寞，很想家。于是，陆游写下了《临安春雨初霁》：

> 世味年来薄似纱，谁令骑马客京华。
> 小楼一夜听春雨，深巷明朝卖杏花。
> 矮纸斜行闲作草，晴窗细乳戏分茶。
> 素衣莫起风尘叹，犹及清明可到家。

仕途，他真的厌倦了。

在山阴老家，陆游躬耕田野，过起"草草半盂饭，悠悠一碗茶"的简朴日子。

有时候，闲卧屋内，翻看陶渊明的诗句，一卷还没看完，又得趁着外面的小雨去瓜田锄草；有时候，漫步乡村阡陌，听闻远处寺庙的晨钟暮鼓，看着近处酒家的灯影摇曳，别有滋味；有时候，趁着酒兴，提笔疾书，借此宣泄郁郁不得志的愤懑和彷徨。

陶渊明是他的偶像，但陶渊明的恬淡境界，他做不到。

人一旦闲下来，就会度日如年。纵然几杯酒下肚，不想去理会国家大事，却又怎么都甩不开。因为，这样的闲日子，非他所愿；因为，他始终牵挂着抗金报国的梦想。

行至暮年，人似残烛，壮志未酬。这一生，未能上战场奋勇杀敌，至少可以在梦里做一匹战狼，金戈铁马，所向披靡。正如陆游在《十一月四日风雨大作》所写的那样：

> 僵卧孤村不自哀，尚思为国戍轮台。
>
> 夜阑卧听风吹雨，铁马冰河入梦来。

就这样，又过了十三年，七十八岁的陆游收到了朝廷的征召圣旨。不是请他领兵打仗的，而是请他去参加编写《孝宗实录》《光宗实录》和《三朝史》。

一年后，书编完了。陆游获准退休。多少次回故乡，都是罢官归隐，只有这次，是领着俸禄告老还乡。

在山阴老家，陆游见到了登门拜访的后生辛弃疾。两位大文豪，年纪相差十五岁，却一见如故，结为至交。不过，陆游婉拒了辛弃疾出钱修屋的好意，依旧住在那栋破草屋里。

在山阴老家，陆游听说权相韩侂胄发动"开禧北伐"，兴奋异常。尽管韩侂胄在文人圈里口碑很差，但看在收复中原的分儿上，陆游还是义无反顾地写了《南园记》和《阅古泉记》，讨好这位权相，为此横遭非议。

"开禧北伐"的结局是完败。前线，宋军全线溃退；后院，韩侂胄死于政变。南宋统治者把韩侂胄的脑袋送到金国，换取可耻的和平。

辛弃疾病逝在战败前夕，而陆游不但目睹了惨败的全过程，还因为"站错队"，被天下人诟病。不过，这些身外之物，对于年逾八旬的他，已经无所谓了。

陆游是幸运的。几次官场起伏，都没能阻挡他奔向高寿的步伐。享年八十六岁高龄，就连赵构也难以望其项背。

陆游是不幸的。他没能等到"王师北定中原日"，而是带着"但悲不见九州同"的遗憾离去的。正如辛弃疾在《浪淘沙·山寺夜半闻钟》所言：

万事皆空，古来三五个英雄。雨打风吹何处是，汉殿秦宫。

梦入少年丛，歌舞匆匆。老僧夜半误鸣钟，惊起西窗眠不得，卷地西风。

七、生活有味道

一生闯荡南北，爱国无问西东。

一辈子曲折沉浮，时而做官，时而退隐。报国梦常常受挫，郁闷和吐槽之余，陆游总不忘自嘲"老翁七十尚童心"。正所谓"我在各种悲喜交集处，唯一能做的是长途跋涉后的返璞归真"。

对陆游来说，报国是理想，不是包袱；活出大岁数，活出好味道，才能更好报效国家。

——陆游是个"吃货"。

他不但会吃会做，还写了一百多首诗，把烹饪手法记下来。如果把这些诗凑一起，简直是一部菜谱诗集。

《洞庭春色》云："人间定无可意，怎换得玉脍丝莼。"这里的"玉脍"，是被隋炀帝誉为"东南美味"的"金齑玉脍"，即把白色的鲈鱼切成薄片，拌上腌制好的、色泽金黄的花叶菜碎末。

《山居食每不肉戏作》的序里记录了"甜羹"的做法："以菘菜、山药、芋、莱菔杂为之，不施醯酱，山庖珍烹也。"引来江浙居民争相效仿。陆游还得意地赋诗云："老住湖边一把茅，时话村酒具山肴。年来传得甜羹法，更为吴酸作解嘲。"

宦海沉浮，陆游走到哪儿，做到哪儿，吃到哪儿。宦游蜀地，他怀念家乡菜，写出了"十年流落忆南烹"的诗句，甚至亲自掌勺制作葱油面。他喜爱川菜，念念不忘唐安的薏米、新津的韭黄、彭山的烧鳖、成都的蒸鸡，甚至感慨"还吴此味哪复有"。

年纪越长，陆游对吃的讲究越多。

他特别强调食材新鲜："霜余蔬甲淡中甜，春近录苗嫩不菝。采掇归来便堪煮，半铢盐酪不须添。"刚打过霜的新鲜蔬菜无需调味，摘回来就煮着吃，味道甘甜，不用放盐。

他不吃荤，只吃素，尤其对"荠菜"欲罢不能，这样既节俭，又养生，"但使胸中无愧怍，一餐美敌紫驼峰"。他认为，喝粥易于消化，温润肠胃，正如《食粥》诗里所述："世人个个学长年，不悟长年在目前。我得宛丘平易法，只将食粥致神仙。"

他提倡乡土风味，不必大鱼大肉、名贵食材，只要吃着顺口就行。为此，他曾写道："鲈肥菰脆调羹美，荞熟油新作饼香。自古达人轻富贵，例缘乡味忆还乡。"

他对饮酒特别节制，以不醉为底线，只喝一两杯。他觉得，"饮酒可不病，自酌随浅深"，适量饮酒对身体有好处。他的三餐时间相对固定，且控制食量，"半饥半饱随时过"。

吃完饭后，他会坚持"扪腹"，即轻轻敲打，再佐以饭后散步，有助消化。正如《午坐戏咏》中所写："贮药葫芦二寸黄，煎茶橄榄一瓯香。午窗坐稳摩痴腹，始觉龟堂日月长。"

——陆游是个"睡神"。

一天之中，除了吃饭，他最喜欢干的事，就是睡觉。《即事》诗里就有"嗜眠为至乐"的词句。跟许多文人挑灯夜读不同，他习惯于早睡晚起，且午休必不可少。就连睡觉这种事，他也要写几首诗：

《诵书示儿》中"翁老且衰常早眠，儿生夜半方泠然"，讲的就是暮年早睡的情况；《杂感》中"耋老却如童稚日，早眠晏起食无时"，讲的就是早睡晚起的习惯；《闲思》中"睡美精神足，心空忿欲轻"，强调每天都要把觉睡够，才有精神头办正事。

睡醒以后，他还不忘做眼保健操，按摩眼部。《午睡初起》里讲："曲腰桑上午鸡鸣，喔喔还如报五更。睡起展书摩病眼，油窗喜对夕阳明。"

——陆游是个"书虫"。

创作者的源泉，除了生活，就是书本。

他继承了父亲陆宰的嗜好，爱读书，爱藏书。在《读书》诗里，他就写道："放翁白首归剡曲，寂寞衡门书满屋。藜羹麦饭冷不尝，要足平生五车读。"

他给自己的书斋取名"老学庵"，在此挑灯夜读，废寝忘食，甚至把读书当作治病解痛的药方，读到忘情处，忽觉病痛消失。不管仕途多艰难、生活多清苦，只要钻进书本里，所有的烦恼皆抛脑后。

对他来说，读书是精神享受，书本上的灵感转化为写诗的乐趣，平添了几分愉悦。

他的诗，数量多，精品多，内容源于生活。国家大事、民生疾苦、历代兴亡、节令天气、自然风物、生活习俗、亲情友情、梦境幻觉，乃至个人思绪，都被写进了他的作品。写诗成了他每天的必修课，乃至"损食一年犹可健，无诗三日却堪忧"的地步。

通过丰富的诗句，讲出所见所闻，读出所思所悟，喊出郁闷愁苦，让精神更充实，让思维不淤塞，让心态更平和，让情绪变平稳，这大概也是他的长寿秘诀之一。

——陆游是个"型男"。

论身体素质，他可以很傲娇地自诩"老躯健似中年日""自惊七十犹强健""顽健人言见未曾""放翁毫齿犹朱颜""发犹半黑脸犹红""齿牢尚可嚼干肉""堪笑此翁顽似铁""暮年强健胜壮年"的诗句。套用今天的时髦词汇，他是个自我感觉良好的老"型男"。

他为什么身体这么硬朗？八十二岁那年，他总结了几句话："吾身本无患，卫养在得宜。一毫不加谨，百疾所由兹。"身体没病没灾，注重自我保养。

比如，经常下地干活，种瓜得瓜，强身健体；骑驴背囊，走乡串户，义务看病。既长了口碑，又保养了自己。

比如，像小朋友一样，童心未泯，自诩"无营无念饱即嬉，老翁真个似童儿""飘然且喜身强健，不怪儿曹笑老狂"。

比如，胸襟豁达，乐观自在，不被琐事搅了好心情。他在《书事》中写道："本来只道千钧重，看破元无一羽轻。日月光明天广大，不妨啸傲过平生。"在《书意》中写道："人生只要常无事，忿欲纷纷喜见侵。赠

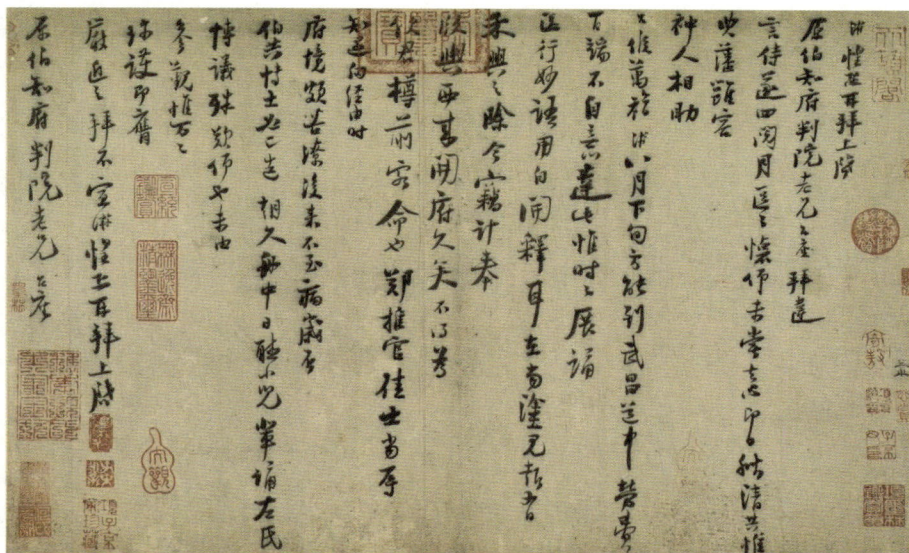

《致原伯知府尺牍》，又名《秋清帖》，南宋陆游，纸本墨书。是陆游写给友人曾逢（字原伯）的书信。书法风格沿袭颜真卿、苏轼，是陆游中年以后尺牍书法的典型。台北故宫博物院藏

子秘传安乐法，秋毫莫遣动吾心。"

比如，安贫乐道，不以物喜。他在《戏作野生》中描述了自己的极简生活："省事贫犹富，宽怀客胜家。充虚一箪饭，遣睡半瓯茶。有兴闲垂钓，逢欢醉插花。皋桥亦可死，处处是生涯。"他晚年自号"龟堂"，推崇道家清静无为的养生之道，摆出一副"万事罢经营，悠然心太平"的姿态，企盼像乌龟那样长寿。

——陆游是个"网红"。

他几次返乡，都不是衣锦还乡，而是贬官闲居。可他无论走到哪儿，不但是舆论焦点，而且很健谈，爱交朋友，简直是"社交达人"。

他没有官架子，平易近人，乐于助人，四邻关系融洽。大家也常拿好酒好菜招待他，时不时给他送东西。《东村》中有"野人喜我偶闲游，取酒匆匆劝小留"的记述。《贫病》里有"好事邻僧勤送米，过门溪友强留鱼"的描写。

他还主动出击，到集市上找人喝酒聊天，到邻村跟老农小酌，到寺

庙跟和尚结交。跟乡亲们喝酒喝到兴致处，会情不自禁地高喊"人如酒醴醇""吾亦爱吾邻"。那场面，感动得稀里哗啦。

跟人打交道，是个大学问，需要知识储备，客观上推着他必须看书、创作，刺激他精神亢奋、思维活跃、心情开朗，暂时忘却烦恼，乃至"高谈未觉耄年衰"。

当然，能对邻居嘻嘻哈哈，是因为邻居并非亲人，而是外人。这辈子他最对不住的，还是唐琬。也正因为对这段爱情悲剧的包装，使他的"网红"气质一直很足。

——陆游是个"驴友"。

读万卷书，行万里路。无论是宦游，还是退休，他决不当"宅男"。寄情山水，饱览胜景，是他的一大爱好。在《出游归卧得杂诗》里，他就自信地说："眼明未了观山债，力在犹能涉水行。莫笑轩然夸老健，身存终胜得浮名。"只要腿脚还好，他就坚持"平生爱山水，游涉老不厌"。因为，户外游览既丰富审美，陶冶情操，又强健体魄，养生益寿。

山阴老家，水网纵横，风景优美。他时而步行，时而坐滑竿，时而泛舟，把家乡逛个遍。即便刮风下雨、天寒地冻，也挡不住他那颗"为访梅花不怕寒"的恒心。"倚杖听啼鸟，临池看戏鱼。怡然又终日，底事解愁予"，这样的意境，让他流连忘返。

——陆游是个"穷人"。

父亲陆宰是个清官，积蓄有限。北宋时期，首都开封房价昂贵，陆宰掏空钱包，才在开封置了宅子。然而，赶上靖康之变，只得举家南迁，置业打了水漂。因而，陆游渴望收复中原，或许也想顺便把开封的这套房一并收回来。

南宋立国之初，版图缩水，人口骤增，财政吃紧。纵然作为"官二代"，进入"体制"，成了著名诗人，但"房事"一直是陆游的心头病。

跟唐琬结婚，只能在寺院办婚事，找亲戚借了套房子当婚房，这婚结得相当凑合。

宦游地方，就住当地衙署的后院，相当于干部宿舍，起码不用交房租。

他盼望当京官，因为更靠近皇帝，更容易被提拔；又害怕当京官，因为临安房价太贵，实在买不起，只好全家人挤在两间出租屋里，一点都不体面。

只有回到山阴老家，住着父母的老宅，再在城郊山村盖几间小房，他才感觉活得有尊严。

临安和山阴，同在今天的浙江省，地理距离不远，为什么房价差别这么大呢？

南宋前期，金兵入寇、盗匪猖獗。相比之下，大城市比小城市安全得多，导致许多人都往大城市挤，推高了临安这类大城市的房价。陆游只是个中级官员，不贪不占，光靠俸禄，根本买不起临安的房子。

于是，他一辈子没在大城市置业，也置不起业。

像山阴这样的中型城市，特别是它的郊区和山村，房价就便宜多了。陆游只用当镇江通判几年攒的钱，就能盖一套郊区小别墅。

别看在临安贫无立锥之地，回到山阴后的陆游，迅速拥有了"中人之产"。他的"三山别业"其实就是个建筑群，有二十多间瓦房，十多亩园林，分成东西南北四个园圃，可以种花、种菜、种药，既满足自用，还能出售换钱，小日子过得很惬意。

退休后的陆游，有一妻一妾，七子一女，其中六个儿子成家后都没有分家，再加上孙辈、奴婢，全家差不多四十号人。按照当时的消耗量，养活这些人，一年需要一百四十石口粮。如果把其他开销也折算成粮食，加起来超过两百石。

陆游曾自嘲"负郭无百亩"，一百亩耕地在南宋时期是打不出两百石粮食的。因此，他的田产起码超过百亩，足以跻身中等地主行列。

南宋官员退休后的俸禄是在职数额折半。陆游的退休金每年三万钱，相当于十多个雇工的薪水，但考虑家里人口众多，这点钱就捉襟见肘了。后来，几个儿子做了官，本指望给家里增收，无奈级别不高，只能管个温饱。这样看来，陆游家族的现金流状况相当一般。

一日三餐已经演化为宋人的社会风俗，但农闲时节的乡村，有些穷人还是一日两餐，能省则省。陆游也曾有过一日两餐的情况，显得落魄。全家人主要吃粳米，口感柔软，有时候也吃粗米。他最不能忍的，就是没肉吃，经常在诗里抱怨什么"今年彻底贫，不复具一肉"。

平心而论，以他的经济收入，根本做不到天天吃肉。因此，他不提倡大鱼大肉，除了养生需求，更有经济因素。

陆游是渺小的。他这辈子，朝天无门，做的都是小官，还时不时被当权者嘲弄和迫害，三番五次丢掉官职，成天跟柴米油盐打交道，还在感情世界里伤害了最爱自己的唐琬女士。

陆游是伟大的。他这辈子，跻身"中兴四大诗人"，坚定爱国，不做"墙头草"，矢志不移主张国家统一，这样的成就一般人只有仰视的份儿。

陆游是精明的。他这辈子，懂得理论和实践不能脱节。因此，他带着感情写出了"纸上得来终觉浅，绝知此事要躬行"的经典诗句，把所有的激情与夙愿，都寄托给了儿孙。

陆游是坚持的。经历多少磨难和绝望，从未放弃过，他以一种另类的英雄气概，带着家国情怀和民族信念，撑起了属于这个国家、这个民族的风骨：

一生不作牛衣泣，万事从渠马耳风。

张浚：千岁三分万户侯

　　迟日惠风柔，桃李成阴绿渐稠。把酒樽前逢盛旦，凝眸，十里松湖瑞气浮。

　　功业古难侔，宜在凌烟更上头。已向眉间浮喜气，风流，千岁三分万户侯。

南宋宰相张浚（1097—1164）的词作不多，《全宋词》只收录了这首《南乡子·迟日惠风柔》。字里行间，满是居庙堂之高的快感，满是青史留大名的自豪。

活着的时候，他是皇帝倚重的大人物，赵构曾书赐《裴度传》，将他比作唐代中兴名相裴度；他以文官之躯驾驭了岳飞、张俊、韩世忠、刘光世"中兴四将"，以及千军万马。

去世以后，他被宋理宗列为昭勋阁二十四功臣之一，由专人画像，悬挂在昭勋阁；明太祖朱元璋和清代顺治皇帝都曾把他的牌位放在历代帝王庙，配享宋代帝王，接受后人膜拜。

他力主抗金，支持岳飞、韩世忠、吴玠在前线抗金，扭转了南宋抗金战争的不利态势。他扶持和提拔了秦桧，却又反过来被秦桧排挤，仕途几度浮沉，充满坎坷。

他志大才疏，虽然政治上矢志不移，军事上却是坑队友的"衰货"，经常出状况。连赵构都气得吐槽："（张浚）措置三年，竭民力，耗国用，何尝得尺寸之地，而坏事多矣。"朱熹甚至说他"才极短，虽大义极分明，而全不晓事"，满是不屑。

需要强调的是，杭州西子湖畔的那尊耻辱的铜制跪像，是张俊，不是张浚。由于读音相同，字形相近，张浚替这位纵兵扰民、诬陷岳飞的军中败类背了多年的锅。

一、从"田舍郎"到"天子堂"

唐末，黄巢起义，打下长安。时任国子监祭酒①张璘跟着唐僖宗一起，仓皇出逃成都，索性在这里安了家。二百多年后，张浚作为他的后代，生于斯长于斯，算是正宗川人。

事实上，张浚的老祖宗可以追溯到西汉开国功臣张良，以及唐代名相张九龄的弟弟张九皋（曾任岭南节度使）。然而，这些荣耀除了体现在族谱，对他没什么用。

人活天地间，还得靠自己。羽翼未丰时，只能靠父母。

父亲张咸是个知识分子，进士及第，做过县令、州学教授。能吹一辈子的，就是两次参加贤良方正考试，都拿了第一。尽管与当权者政见分歧，第一次被刷掉了，但第二次还是脱颖而出，得到皇帝钦点。

新的委任状发了下来，"改宣德郎、签署成都节度判官厅事，转奉议郎"。然而，仕途刚有起色，张咸就病逝了。那年，张浚才三岁。

早早失去"拼爹"的可能，让张浚的家境瞬间跌落。母亲计氏含辛茹苦，一边养家糊口，一边言传身教，"方正有法"，使张浚从小养成了"视必端、行必直、坐不敧、言不诳"的优良品格。

母亲的教诲，令张浚受益终生。

绍兴年间，罢官退隐的张浚看到，秦桧怂恿赵构向金人求和，他强烈反对，打算上书阻拦，又担心连累老母。计氏告诉他，乃父张咸曾说过，"臣宁言而死于斧钺，不忍不言，而负于陛下"，以此激励他甩掉思想包

---

① 国子监祭酒，指的是国家最高学府负责人。

袄，一心追求真理。

后来，张浚被贬到永州，情绪低落。计氏主动开导他：贬谪全因忠直得祸，"汝无愧矣，勉读圣贤书，无以家为念"。

母亲的豁达心胸，为张浚树立了道德标杆。这孩子从小做事端正，出言谨慎，不说大话。认识他的人都觉得，这孩子必成大器。果然，他像是搭上了时代的列车，每一步都走得扎实，就连靖康之变这样的大灾难，都没能阻止他升官的节奏。

——政和八年（1118），张浚进士及第，职业生涯以"山南府士曹参军"起步。"山南"指的是山南道，即今陕西南部，宋代一般称为利州路，府治设在兴元府，即陕西汉中。

——靖康元年（1126），首都开封被围，张浚非但没受影响，反而升为太常寺主簿。这本来只是从七品的小官，只负责朝廷礼乐。可是，他居然干了件大事——上表弹劾李纲。

李纲时任兵部侍郎、尚书右丞、京城四壁守御使，主持京城防务，为人正派，但短于战事。在陆续抵达首都附近的各路勤王军队中，他更青睐姚平仲，而不是知名度更高的种师道。

在李纲的主持下，姚平仲主动出击，偷袭金营。然而，轻率的进攻沦为"反杀"，宋军中伏，几乎"团灭"。姚平仲没敢回开封，而是一路向南，跑到了川陕。

虽然朝廷没有降罪，但也不再重用，姚平仲就此解甲归田了。

战败一次就能狂奔数千里，古今中外，姚平仲独一份。

消息传来，朝野哗然。大家找不到姚平仲，就纷纷议论后台决策的李纲，但没人敢公开讲。只有年轻的张浚专门写了奏札，摆出一副"理学家"的姿态，弹劾李纲专权。

这次弹劾没多大用，毕竟朝廷风雨飘摇，正值用人之际，不能轻易追责动刀。

这次弹劾又有点用，张浚的奏札，给朝廷决策层留下了"敢说话"的印象。

靖康之变，汴京蒙尘。金人逼迫北宋降臣张邦昌组建"大楚"伪政

《寒林骑驴图》，北宋李成，绢本水墨。画中文人骑驴行于郊野，前后有童仆相随。张浚早年的求学生涯，意境与此相仿。纽约大都会艺术博物馆藏

权，充当统治中原的代理人，替金人继续敛财。之所以选中他，只是因为他曾陪赵构赴金营谈判，当了几天人质，算是金人的"熟人"。

张邦昌想坐这把龙椅吗？答案是不想。当皇帝，既要有"天命"，更要得"人心"，还得有军队加持。张邦昌哪条都不具备。坐上去，就是背叛大宋，当"卖国贼"。不坐，金人软硬兼施，甚至威胁屠城。张邦昌千躲万躲，还是没躲开，只好硬着头皮过起了"皇帝"瘾。

既然有了"国"，就得找几个大臣组班子。张邦昌想到了"敢说话"的张浚。

张浚说啥都不愿给伪楚政权打工。为了躲开张邦昌的一再"邀（胁）请（迫）"，他干脆躲到太学。听说赵构称帝，建立南宋，他二话不说，离开开封，直奔应天。

赵构的班子是新搭建的，急需用人。张浚主动投奔，火线提拔，从枢密院编修官起步，不到一年就擢升为殿中侍御史。这是个"纠弹百官"的官，很适合他磨炼嘴皮子，发光发热。

第二年，金人南下，赵构仓皇出逃，从应天跑到了扬州。韩世忠作为后军统制，一路护送。渡江时，场面混乱，随队的一个大臣居然被挤到江里淹死了。

出了人命，韩世忠当然有领导责任。不过，他打过西夏、方腊，作战经验丰富，人才难得。因此，赵构就想大事化小，小事化了，不再追究。

不过，张浚非得掰扯这事，用奏札告了韩世忠一状。赵构无奈，只好依法办事，褫夺了韩世忠的观察使职位。

也许有人觉得张浚不体察领导心思，缺乏同理心和人情味，但他用实际行动告诉所有人：别看南宋只剩半壁江山，但该有的规矩都得执行，一个也不能少。

二、通向枢密之路

扬州是个好地方。赵构来到这里，"禁中修造复兴，御前生活复作，宫中费用复广"。醉卧温柔乡、享乐无上限，懒得挪地方了。

张浚觉得，中原是国家的根本。如今，金兵已退，皇帝应当重返北方，指挥天下军队收复失地，而不该在扬州"躺平"。

这次，他虽然依旧"敢说话"，但没有劝皇帝返回应天，而是自己主动请缨，希望去修葺东京、关陕、襄邓，以待皇帝巡幸。

严格要求自己，总比严格要求领导更容易，更好开口。赵构龙颜大悦，特地任命他为集英殿修撰、知兴元府，到汉中上任。

临行前，赵构变了主意，自称想要有所作为，需要张浚这样的羽翼知无不言，言无不尽。于是，张浚留在扬州，升任礼部侍郎，授任御营使司参赞军事。

仅仅一年光景，张浚就由七品官摇身一变，跻身"副部级"行列，且在最高领导身边出谋划策。这样的"光速"升官，纵观整个宋朝，都极其罕见。

204

张浚升了官，但嘴还是闲不住。

他劝宰相黄潜善、汪伯彦，要严防金人再次南下。可是，两位宰相觉得他想多了。

黄、汪二相的底气是议和，但底气没底，不堪一击。建炎二年（1128）七月，金兵大举南下，席卷江北，次年二月就冲到了扬州城外。接下来的扬州大溃退，不但让赵构一路南逃，意外丧失了生育能力，还葬送了好多扬州百姓的性命。迫于舆论压力，黄潜善、汪伯彦被罢相。

谁也没想到，赵构的"危"，却成了张浚的"机"。大家发现，张浚先前的担心全部兑现，简直是"赛半仙"。要知道，预测事态发展的趋势，本来就是决策者的基本能力。这意味着，人们意识到，凭这张闲不住的嘴，张浚应该进决策层。

在杭州，赵构的日子过得也不舒服。因为他被绑架了。绑他的人，居然是御营司的高级军官苗傅、刘正彦。

这是一场宫廷政变。

在多数大臣眼里，苗、刘就是乱臣贼子。他俩逼迫赵构腾出皇位，交出权柄，不但触犯了政治禁忌，而且缺乏民意和威望，与其说是兵变，不如说是一场军事赌博。可是，人家大权在握，以新皇帝名义"大赦天下"。如果大家都接受赦令，那么"反贼"也就"转正"了。

这个时候，"站队"就很重要，关乎脑袋，关乎国运。

驻防平江府的张浚深知这个道理。生死关头，张浚站在了赵构一边。接到大赦令的同时，他下定决心：搭救赵构。

没有朝廷圣旨，没有同僚撺掇，全凭他对形势的判断，以及忠君爱国的儒家理念。接下来，他主动联络驻防建康的同签书枢密院事、江淮两浙制置使吕颐浩，以及分散在盐城、镇江、吴江的韩世忠、刘光世、张俊等武将。串联即摸底，他发现，大家的想法是一致的。

在张浚主导下，平江府传檄天下，首举义旗。群起响应，各路勤王大军齐聚杭州城下，击溃叛军主力，抓获苗傅、刘正彦。

苗、刘赌输了，赔了性命，丢了脸面。赵构惊魂未定，身心都很受伤。

除了清算"罪人"，还要封赏功臣。

那些关键时刻正确"站队"、果断勤王的功臣，都得到了封赏。吕颐浩升任尚书右仆射、韩世忠升任武胜、昭庆两镇节度使，赵构御赐"忠勇"手书，赞扬其忠心。

跟其他功臣相比，张浚的功劳最大。是他第一时间举旗勤王，集合各路勤王大军，挑拨离间瓦解叛军。他发挥了统筹组织、穿针引线的作用，俨然勤王主帅。于是，张浚顺理成章，荣膺中大夫、知枢密院事，正式跻身宰执行列，成为参预军务的重臣。

这年，他才三十出头。蹿升这么快的青年才俊，整个大宋除了寇准，就属他了。

一场兵变，赵构死里逃生，张浚却"赢麻"了，迎来了职业生涯的转折。

知枢密院事，就是宋神宗元丰年间将"枢密使"的官职改了个名字。绍兴七年（1137）又改回"枢密使"。作为名义上的全军总司令，张浚要展现新官上任的新气象，对南宋抗金各大战场的布局建言献策。

在他看来，大宋中兴"当自关陕始，虑金人或先入陕取蜀"。川陕、京湖、两淮三大战区中，川陕战区位于上游，位置得天独厚，可以作为收复中原的前进基地。

赵构一直在建康、杭州、扬州等地打转转，始终定不下来，张浚就提出，与其在江浙徘徊，不如御驾亲临川陕，"前控六路之师，后据两川之粟，左通荆、襄之财，右出秦、陇之马，天下之计，斯可定矣"。

想法很美好，现实很复杂。张浚自知，虽然贵为总司令，但他缺乏军旅履历和作战经验，难以驾驭各路武将。光靠动嘴提建议，恐怕无法服众。只有带头下沉地方，熟悉部队，指挥作战，树立威信，再号令三军。

既然看重川陕，他索性自请"身任陕、蜀之事，置司秦、川"，并对京湖、两淮战区也做了部署，形成了长江上中下游联动的防御链条。

随后，张浚兼任川陕京湖宣抚处置使，踏上了入陕之路，要在这里打开抗金的新局面。

张浚的入陕之旅，能旗开得胜吗？

三、富平惨败

赵构给张浚的圣旨，清晰地写了十个字："黜陟之典，得以便宜施行。"这意味着张浚拥有了经略川陕的全权，既可以任免各级干部，还可以在增印钱引、制造度牒、遣外交使节、置司类省试、封赐神灵等方面先斩后奏、便宜行事。

凭这十个字，张浚在川陕说一不二，"无敢言者"，甚至"事任己重，处断太专"。

赵构对张浚在川陕的四年工作是很满意的："张浚措置陕西，极有条理，荐人用士，持心向公。"赵构最满意的地方，就是张浚忠实扮演了皇帝代言人的角色，没有"出圈"，更没有割据。

赵构从不随便夸奖人。张浚对川陕的经营，确实把赵构的利益放在第一位。因此，当金兵再度南下，一路狂追，逼得赵构不得不出海逃命时，张浚决心组织五路人马，在川陕战场发起一场大会战，牵制金兵主力，减轻东南方向赵构的压力。

无论是提拔干部，还是铸钱运粮，无论是整顿军队，还是联系"八字军"等北方抗金义士，都是为了打好这一仗，挽救东南危局。

然而，很多川陕干部反对打这一仗，尤其是威武大将军、宣抚处置使司都统制曲端喊得最凶。他们的理由似乎也站得住脚：

金兵强化了关陕战区的力量，宋军尚未与之交手，不知其虚实；宋军各路人马互不熟悉，指挥和配合都不默契；川陕多崇山峻岭，凭险固守比主动进攻更容易。

曲端等人的建议，是凭险固守，不主动出击，耐心等待反攻时机。

不打的理由是技战术层面的，打的理由是政治层面的。皇帝希望打，为他前不久被金兀术追到海上的糗事找回面子；张浚希望打，为身处江浙的皇帝牵制金兵，减轻压力。

说白了，一切为了皇帝，政治压倒一切。

既然决心要打，就必须统一思想。凡是反对打的，都要靠边站。于是，张浚将"整人"的火力全部倾泻到反对打这一仗的官员身上。倒霉的曲端首当其冲，被张浚扣了个彭原店之战失利的罪名，撸了官职，投进监狱。

曲端才兼文武、战功卓著、德高望重，口碑很好，还栽培了不少青年才俊，人称"有文有武是曲大"。不过，他性格耿直，跟上级较真不留情面，还把关陕防区视为私人领地，不容"外人"置喙。像张浚这样的"外人"兼"外行人"指指点点，他当然不舒服，闹得最凶。

当然，这样的"教父"级人物，只因见解不同，就被残酷打压，搞得"恃端为命"的陕西军民"大不悦"。显然，南宋方面一开始就思想不统一、军心不稳定。

带着这样的糟糕状态，张浚上路了。

建炎四年（1130）九月，张浚集中步兵二十万，骑兵七万，马十一万匹，分成五路，摆在耀州富平①，拉开了决战的架势。熙河路经略使刘锡作为前敌总指挥。

富平，地处关中东部，物华天宝，群峰险峻，易守难攻，号称"周览形胜甲关辅"，乃兵家必争之地。兵马未动，粮草先行。张浚筹措了万两黄金，预借了川陕地区五年的赋税，堆积了数不清的钱粮。可以说，宋军

---

① 耀州，今陕西铜川耀州区。富平，今陕西富平，属渭南市。

为选择战场和后勤保障做了充分准备。

打大仗，主帅只有身处一线，才能克服通讯条件不畅的缺陷，第一时间了解战况，把号令及时传递给将士们。然而，主帅张浚却来了个"骚操作"：待在二百里外的邠州①遥控。

张浚以为，自己立了威，作了部署，一定能打赢。他没想到，对手发生了微妙变化。

建炎四年（1130），金兀术渡江攻打南宋，不但没抓到赵构，还在撤军途中遭到韩世忠截击，险些全军覆没。既然速灭南宋的图谋受挫，金国决策层索性调整了战略。

一方面，在中原地区扶植刘豫的伪齐政权，既当缓冲区，又当"狗腿子"，替金人进攻京湖、两淮战区，打一场"代理人战争"。

另一方面，在川陕战场直接"下场"：金兀术从东线调到西线，与陕西都统完颜娄室会合。集结在陕西的各路金军，统归右副元帅讹里朵（完颜宗辅）统辖。

讹里朵是金太祖阿骨打的第三子，又是金世宗完颜雍的老爹。要知道，完颜雍在位期间，是金国国力最强、政局最稳的时期。

在川陕投入重兵，金国决策层是想仿效历代王朝统一战争的共同做法，先北后南、先西后东、先上后下，采取大迂回、大包围战略，先拿下川陕，再顺江直捣临安，灭掉南宋。

这个重大变化，不但张浚不知道，就连赵构也不知道。他担心金人第二年卷土重来，便下令张浚在川陕战场发动攻势，发挥牵制作用，使金兵不敢全力进攻江浙。

战前，五路宋军里不乏头脑清醒的指挥官。忠州防御使吴玠提出："兵以利动，今地势不利，将何以战？"权秦凤路经略使郭浩提出："分地守之，以待其弊。"吴玠建议把部队部署在高地，郭浩提议凭险据守，以待时机。两人都主张利用有利地形争取主动。

可是，张浚没有采纳，而是执意把部队部署在地势低洼的河滩，想靠

---

① 邠州，今陕西彬县。

当地的芦苇荡和滩涂地，让金军骑兵派不上用场。

前线侦察发现，金兀术正在下邽①布防，兵力不过两万人，完颜娄室的部队远在千里之外的绥德。富平到下邽不过八十里地，如果宋军集中兵力，突袭下邽，有可能抢得先机。然而，张浚认为，既然是决战，就要堂堂正正地打，岂能搞偷鸡摸狗的买卖！

所谓"堂堂正正"，就是向完颜娄室投战书，约定日期，摆架势开打。可是，完颜娄室不但不接茬，反而偷偷调兵向下邽集结，且秘密宣布：凡生擒张浚者，奖励一头驴、一匹布。

不管怎么约战，完颜娄室不是故意失期，就是找借口搪塞，让张浚误以为金兵怯战。

张浚做着"迷之大梦"，完颜娄室却没闲着。他派兵潜入芦苇荡，用泥土和柴草垫在上面，硬是修出一条简易道路。

接着，金兀术亲率主力骑兵，顺利通过芦苇荡的滩涂地，一举击溃实力稍弱的环庆路宋军。其他四路宋军眼巴巴看着，没人上前接应。主将赵哲见势不妙，拔腿就跑。主将一跑，大家破罐破摔，队伍一哄而散，军械物资丢了大半。

金兀术没有追击，金兵缴获大量珍宝、钱帛，乘胜即收，扬长而去。

宋军输得很没面子。随军文吏郭奕目睹前线惨状，不禁赋诗一首，聊以自黑："娄室大王传语张老，谢得送到粮草。斗秤不留一件，怎生见得多少。"

听闻前线战败，张浚失魂落魄，连敌人的影子都没看见，便拔营起寨，从邠州退到了阆州②。战前喜听佞言，打压异己，战后畏敌如虎，带头逃跑。这样的大帅何以服众？

张中孚、李彦琪、赵彬，都是曲端一手提拔起来的军官。眼看连曲端这样德才兼备、文韬武略的大将都倒了霉，担心被株连，便纷纷投靠金国，调转枪口，给金人当向导。

---

① 下邽，今陕西渭南市临渭区下邽镇。

② 阆州，今四川阆中。

　　有了向导、有了缴获，吃饱喝足的金兵卷土重来，向西进攻秦州、熙河等地。自宋神宗用兵西夏以来，积五十年之功开拓的千里河西峡谷，仅仅半年光景，全部沦陷。南宋在秦岭沿线，只保有阶、成、岷、凤、洮五州，以及凤翔的和尚原及陇州的方山原。

　　富平之败，是张浚刚愎自用、独断专行、轻启战端、轻敌冒进带来的恶果。如果张浚主动担责、自我反省，或能亡羊补牢，稳住战局。然而，他把一切都归咎于前线将领们，毁了他取悦皇帝的春秋大梦，毁了皇帝通过打胜仗找回面子的期待。

　　恼羞成怒之余，他滥用朝廷赋予的"便宜黜陟"的特权，处死赵哲，贬逐刘锡。就连监狱里的曲端也跟着"躺枪"，被酷刑处死。

　　曲端之死，历史学界有不同的解读。有人觉得曲端死得很冤，是张浚一生的污点；有人觉得事出有因，不能以"冤"就一言蔽之。只能说，张浚杀曲端，有个勉强说得过去的借口：叛降金国当向导的三位军官，都是曲端提拔的心腹爱将。

　　既然曲端"不听话"，又被抓到了连带责任的硬伤。当张浚需要为向导的事找替罪羊的时候，曲端作为向导的伯乐，就被揪出来为张浚顶了雷。

　　毋庸置疑，曲端之死，是个悲剧。他的耿直，既是美德，也为他惹了祸。

　　富平之败，对南宋的危害是灾难性的。

　　司马迁曾说过，"夫作事者必于东南，收功实者常于西北"。关陕地区，地势高，关隘多，既是南宋收复中原的战略基地，又有繁育良马、发展骑兵的天然草场。它的陷落，不但导致攻守之势逆转，巴蜀的门户洞开，南宋在西北只能转攻为守，永远失去了强化骑兵军团的底气。不管此后岳飞、韩世忠、吴玠等人多么努力，都无法改变宋金均势的大格局了。

　　参加富平之战的宋军将士，大多军纪败坏、各自为战、互不配合，暴露了成堆的弱点，被金人各个击破。张浚的瞎指挥，特别是杀戮勇将、逼反军官的作为，无异于雪上加霜。曾经能征善战、为大宋开疆拓土的那支西北边防军，就这样垮掉了。

富平之战不但损兵折将，而且丢失了多年积累的大量军用物资。殊不知，这些都是战前横征暴敛来的，甚至是预收几年赋税搜刮的。巨大的窟窿，只能靠加税和滥发纸币来补，搞得百姓怨声载道，对张浚"恨不食其肉"。民心散了，以后还怎么破？

捅了这么大的娄子，张浚会受到朝廷严惩吗？

四、非要踏进同一条河流

"知错能改"，是先贤共同具有的魅力。列夫·托尔斯泰说，"改过迁善从不嫌迟"。西塞罗说，"每个人都有错，但只有愚者才会执迷不悟"。然而，认错和改错都需要勇气。

富平之败，张浚的瞎指挥铸成大错。他既没有改错的勇气，也没有改错的作为，而是在犯错的路上越走越远，一次次惹出新乱子。

张浚打了大败仗，但赵构没有第一时间追责，而是继续用他坐镇西北。这是为什么呢？

赵构认为，尽管张浚在战术上遭遇连败，但毕竟调动了金兀术，让金国把更多精力投入川陕，暂缓了对江浙的再次进攻。这意味着，张浚以川陕的惨败，为赵构赢得了几年太平。

试想，如果赵构采纳了曲端的建议，一开始就严防死守，以西北边防军的庞大规模，足以保全川陕，但赵构怎么办？金兀术一直没放弃攻取江南的图谋。难道让赵构再到海上躲几个月吗？难道让作为财赋重地的东南半壁再遭受一次蹂躏吗？

因此，赵构没有计较张浚的败绩，而是以继续留用的方式，肯定了他在战略上的得手，希望他戴罪立功，守住入川关口。

张浚深知，守住入川关口，恐怕是朝廷容忍的最后底线，不能有失。于是，他提拔当初同样反对出击的吴玠担任都统制，收拢宋军败兵，扼守大散关以东的和尚原，击溃了金兵，取得了南宋在西北前线防御战的首次大胜，让张浚守住了"底裤"。

绍兴四年（1134）二月，张浚奉旨调回临安，随即遭到弹劾，丢掉了知枢密院事的头衔，被贬到福州安置。或许谁都以为，这是"迟到且温柔

211

的报应"。然而，仅仅时隔七个月，张浚又官复原职了。又过了半年，他竟然升任右相兼知枢密院事、都督诸路军马，总中外之政。

张浚复职和升官，得感谢两个人：一是伪齐的刘豫。他火急火燎地大举南下，把赵构的抗金积极性撩了起来，各路宋军节节胜利，客观上需要一个总指挥来统筹。二是新任宰相赵鼎。在赵构考虑总指挥人选的时候，赵鼎推荐了张浚。

不管怎样，张浚当过知枢密院事，有过指挥几十万大军的经历，满朝文武无人能及。这个总指挥人选，舍他其谁。

张浚复职后，干了几件大事，比如镇压杨幺起义，支持岳飞收复襄阳六郡，指挥杨沂中在淮西的藕塘击溃伪齐军队。然而，接下来办的两件事，又重演了富平之败的一幕。

南宋初年，国难当头，赵构不得不倚重武夫悍将，替自己打江山、守江山。然而，将军们经常不服政令，擅自做主。武将跋扈，兵权旁落，时时令赵构如鲠在喉。尤其是苗刘兵变，记忆犹新，每每想起，都会担惊受怕。

赵构有心效法赵匡胤"杯酒释兵权"，重拾"重文轻武"的祖宗之法，又怕逼反了手握重权的将军们，失去抗金的钢铁长城。张浚敏锐地嗅出了皇帝的诉求，便有心替皇帝当"恶人"，先易后难，逐步削夺将军们的兵权。

遍览各个战区，他选中了刘光世的兵。

刘光世驻扎的淮西，是临安的北大门，战略位置重要。刘光世出身西北世家大族，在西北的金人占领区保有大量田产，对北伐没什么积极性。

有什么样的主将，就有什么样的兵。刘光世的兵军纪涣散，骄惰惧敌，早就被列入了赵构的"黑名单"。刘光世很滑头，听闻朝廷要裁他的风声，便主动上交了兵权。

于是，张浚先是派岳飞前去接收，又怕岳飞借机坐大，就出尔反尔，强行把刘光世的部队并入了自己的都督府。这么做，无疑得罪了岳飞。

岳飞盛怒之下，擅自离开军队，独自前往庐山为母亲守灵，激起了赵构的不满，君臣之间出现了裂痕，埋下了冤案的导火线。换句话说，张浚间接地坑害了岳飞。

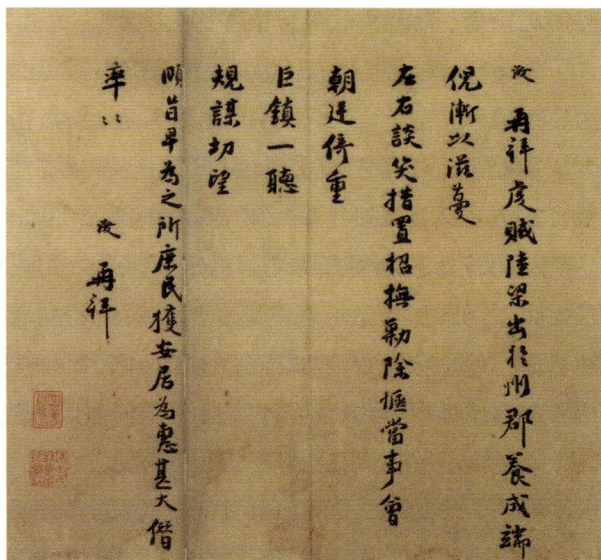

《谈笑措置帖》，南宋张浚，纸本墨书。此帖是张浚写给岳飞的书札，是张浚的代表性书法作品。故宫博物院藏

张浚觉得，身为枢密使，一直没有自己的直属部队，形同光杆司令，太不像话。于是，他盯上了刘光世的这支部队。

为了改造这支部队，张浚让刘光世的两员部将王德、郦琼分任正副统制。不料，这两人成见很深，互相不服。他又派兵部尚书、都督府参谋军事吕祉从中协调，弥补这个缺漏。问题是，吕祉是个文官，没带过兵，搞不定这场面。

不出所料，郦琼发动兵变，干掉吕祉，裹挟所部四万多人投降了伪齐。

显然，这场被称为"淮西兵变"的人祸，跟张浚的措置不当有关。兵变发生的时候，张浚又是不在一线，而是躲在大后方。

淮西兵变的直接后果，是两淮防线出现破口，临安失去了重要屏障；南宋一下子跑了十分之一的精锐部队，不但短期内很难补上，还增强了金人进攻南宋的力量。

更重要的是，赵构北伐的积极性严重挫伤。他自忖南宋国力贫弱，支撑不了大规模战争，便否定了张浚制定的对金进攻策略，转而采取防御策略。

这回，再也找不到替罪羊了，这口锅必须张浚自己背了。为了稳定军心，赵构只能牺牲张浚，让他引咎罢相，出知永州。

张浚下台，不但让各路抗金军队失去了主心骨，还给秦桧上位提供了历史性契机。

从此，张浚告别临安政坛，开始宦游地方，如闲云野鹤一般。当然，他也幸运地逃过了秦桧对抗金高官的陷害。这一走，就是二十五年。

赵构曾有几次想把张浚召回来，重新起用。话到嘴边，又咽回去了。因为张浚身在地方，心系朝廷，时不时给赵构写封奏章，主张北伐金国，收复中原。这不符合赵构苦心塑造的"绍兴体制"，没法重用。

人这一辈子，能有几个二十五年？对于张浚来说，这是有劲使不上的二十五年，这是毫无作为的二十五年。

绍兴三十二年（1162）七月，张浚接到圣旨，让他即刻返回临安。因为，新皇帝赵伯琮希望有所作为，改变南宋对金屈辱求和的尴尬处境。

张浚被贬出临安那会儿，刚过不惑之年，如今年逾花甲，鬓发斑白。然而，见到赵伯琮，听到那句"久闻公名，今朝廷所恃唯公"的话语，他落泪了。蒙新皇垂青，他只有不辱使命，为恢复中原再搏一把。

很快，张浚就任江淮东西两路宣抚使，不久又升任枢密使（即赵构时期的"知枢密院事"）。熟悉的岗位，熟悉的配方，熟悉的激情。赵伯琮曾公开对大臣们讲："朕倚魏公如长城，不容浮言摇夺！"这是一种史无前例的信任与厚望。

皇帝的力挺，令朝野人心为之一振，张浚本人也热血沸腾。可是，血一热就容易冲昏头脑。张浚本来就性子急，爱表现，轻浮冒进的老毛病又犯了。

当时，朝中主战派有两种意见。

右相史浩、左相陈康伯既反对屈膝求和，也反对急躁冒进，主张先巩固长江防线，等准备充分了再北伐。毕竟，宋金之间刚打过仗，金人换了新皇帝，很可能在黄淮地区部署重兵，有所防范。这个时候去北伐，胜算不大。

张浚摸准了赵伯琮急于建功立业、树立威信的心情，主张皇帝亲赴建康督战，宋军水陆并进，陆路攻两淮，水军打山东。这个建议虽然冒进，但赵伯琮喜欢。

不顾两位宰相的反对意见，张浚愣是绕开中书门下和枢密院，直接请旨北伐。在皇帝的默许下，他调动主管殿前司李显忠、建康都统邵宏渊，分别带兵出战。

此次北伐发生在隆兴元年（1163），史称"隆兴北伐"。

又是一次奇怪的战术布局。张浚坐镇建康，远离两淮前线；前线没有总指挥，李显忠和邵宏渊互不服气。尤其是邵宏渊，眼看李显忠战功更大，非常眼红。邵宏渊部下士兵违纪，被李显忠处斩，使两人的嫌隙越来越深。

这两个将军已经是南宋朝廷的"头牌"了，但比起岳飞、吴玠差远了，挑不起北伐中原的大梁。经过秦桧的折腾和迫害，朝中哪还有靠得住的良将啊！张浚虽说是"王者归来"，但也是"巧妇难为无米之炊"。

李显忠攻占宿州后，很快就遭到金国优势兵力的反攻。其时正值盛夏，天气炎热，邵宏渊一边按兵不动，见死不救，一边说着"当此盛夏，摇扇于清凉犹不堪，况烈日中被甲苦战乎"的风凉话。李显忠等不到援兵，军心涣散，独木难支，只好撤出宿州。

然而，撤退变成了溃逃。金兵在符离①追上了李显忠部，一通砍杀。

类似的情节，在富平，在淮西，都上演过，这是第三次了。为什么不长记性呢？

符离惨败，浇灭了赵伯琮的北伐热情，也打醒了张浚的恢复之梦。主和派再度抬头，求和的声音弥漫在朝堂之上。作为败军统帅，张浚没脸在临安立足了。在主和派官员的接连弹劾下，赵伯琮只好将他罢相，贬到福州当通判。

古希腊哲学家赫拉克利特说，"人不能两次踏进同一条河流"。同理，我们都在极力避免同样的错误犯两次。然而，张浚却活到老，学到老，犯错犯到老，而且每次都犯一样的错。

年岁大了，经此败局，张浚的身体吃不消了，还没抵达福州，就死在

---

① 符离，今安徽宿州埇桥区。

了路上。

张浚是文人，胸怀大志，权倾一时，也有才华。如果做个地方官，既开心又称职。然而，军事非其所长，同样的错反复犯，留下了志大才疏的历史印象，以及壮志难酬的无尽遗憾。

虽然军事业绩平平，但张浚在南宋初期的社会地位很高，名声总体正面。这得益于他为南宋定下的筑牢川陕以保江南的国策，在后来的抗金、抗元战争中发挥了大作用；更得益于他坚定主张抗金，塑造了清流派士大夫的好形象。

《宋史·张浚传》记载，张浚对《周易》钻研很深，《四库全书》就录有《紫岩易传》。他对《书》《诗》《礼》《春秋》都有过注解。如果不去领兵打仗，他没准能成个理学家，跟朱熹齐名的那种。

张浚没有实现的理学梦想，被他的儿子张栻实现了。某种程度上，张栻似乎更适合领兵打仗，却生不逢时，没机会施展。于是，他把才智投入到学术领域，创立了南宋的湖湘学派。

其实，学术成就的生命力，远比军事成就更持久。张栻赢了。

张浚走了，但赵伯琮依旧对北伐中原心心念念。然而，此时的临安朝堂，或许正如列夫·托尔斯泰在《战争与和平》中写的那样：

"太阳已落了，天空中有几颗明亮的星星开始闪烁；刚升起的满月在天际撒下一片绯红的火光，一个巨大的火球在灰蒙蒙的暮霭中神奇的荡悠着，天色发亮，暮色浓了，可是夜还未降临。"

赵鼎：所谓"中兴贤相之首"

赵鼎（1085—1147）是南宋政治家、词人。曾位极人臣，也一路坎坷。贬谪之后，他撰写了一首《洞仙歌》：

> 空山雨过，月色浮新酿。把盏无人共心赏。漫悲吟、独自捻断霜须，还就寝、秋入孤衾渐爽。

> 可怜窗外竹，不怕西风，一夜潇潇弄疏响。奈此九回肠，万斛清愁，人何处，邈如天样。纵陇水，秦云阻归音，便不许时闲，梦中寻访。

言语间，赵鼎对窗外竹子无惧严寒的品格羡慕不已，回想自己被秦桧陷害，"断崖"降职，悲切且愤懑。有心跟奸臣做斗争，有心为北伐做贡献，却无力改变"绍兴和议"的屈辱。

他还写过一首《花心动·偶居杭州七宝山国清寺冬夜作》：

> 江月初升，听悲风、萧瑟满山零叶。夜久酒阑，火冷灯青，奈此愁怀千结。绿琴三叹朱弦绝，与谁唱、阳春白雪。但遐想、穷年坐对，断编遗册。

> 西北欃枪未灭。千万乡关，梦遥吴越。慨念少年，横槊风流，醉胆海涵天阔。老来身世疏篷底，忍憔悴、看人颜色。更何似、归欤枕流漱石。

老来漂泊，寄居他乡，报国无门，心头隐痛，只能是"天涯海角悲凉地，记得当年全盛时"，靠"慨念少年"和"梦里寻访"来自我宽解。

在宋高宗时代，赵鼎活得并不如意，在他去世后的第八十个年头，另一个皇帝想起了他。

南宋宝庆二年（1226），刚上台两年的宋理宗突发奇想，效法唐太宗李世民，遴选两宋历史上的二十四位功臣，让画师画像，挂在昭勋阁里，称为"昭勋阁二十四功臣"。

宋理宗选的功臣里，武将只有曹彬、潘美、曹玮、李继隆、韩世忠，剩下十九位都是文官。《宋史》说，"论中兴贤相，以鼎为称首云"。凭这个名号，赵鼎跻身第十八位。

这是他应得的荣誉，也是迟到的官方褒奖。

南宋历史上，所谓"中兴贤相之首"，居然成了"好人未必有好报"的负能量案例，最终绝食而死。赵鼎究竟是怎样的政治人物？为什么会落到如此境地？

一、起步：我生多难伤暌离，茫然却顾当何归

北宋重和元年（1118），三十四岁的赵鼎写了一首《阅陶集偶有所感》，回顾他过去的政治生涯，展望未来的仕途前景。

> 彭泽县令八十日，束带耻为升斗污。
>
> 二十四考中书令，端委庙堂挥不去。
>
> 两公于此固无心，钟鼎山林随所寓。
>
> 慎勿蹉跎两失之，岁晚要寻栖息处。

东晋的陶渊明，不为五斗米折腰，毅然挂冠而去，归园田居，随心任性。

盛唐的郭子仪，权倾天下而朝不忌，功盖一代而主不疑，富贵一生，不留遗憾。

人生轨迹截然不同，但赵鼎找到了两人的相似点："随所寓"，即随遇而安，没有过高的期望值，也从不自暴自弃。他很佩服这俩人，希望如

他们那样"固无心"。

他有远大抱负，立志"男儿要自勉功名"。然而，理想和现实常常错位。赵鼎心心念念的"慎勿蹉跎两失之"，到头来却是"钟鼎山林"俱失之。政治失意的尴尬，欲归不得的无奈，令他意难平，总"吐槽"。

赵鼎有"吐槽"的本钱。

他的童年是不幸的。四岁那年，父亲因病去世。母亲毅然挑起养家糊口的重担。

他的童年是幸运的。樊氏出身名门，是个才女，主动给儿子当家教，把天资聪慧的赵鼎带成了"博通经史百家之书"的大才子，经史名篇张嘴就来。在稽古右文的北宋，这样的"学霸"焉有不被朝廷录取的道理？

崇宁五年（1106），虚岁二十二岁的赵鼎高中进士，离开山西闻喜老家，开始了漫长的政治生涯。金榜题名之时，他春风得意地写下了《登第示同年》诗：

> 氤氲和气凤城春，正是英豪得志辰。
> 雨露九重均造化，丹青千字富经纶。
> 古来将相皆由此，今见诗书不误人。
> 何处寒乡少年子，绿袍归拜北堂亲。

"学霸"要有"学霸"的样子。

他很清楚，要想成就大事业，必须从基层历练，一步一个脚印。在洛阳县令任上，赵鼎工作出色，受到上级垂青，很快被提拔为开封府士曹。

"学霸"要有"学霸"的风骨。

在首都当差，本来是受重用的好事，但在北宋末年例外。因为首都开封赶上了靖康之变。

金兵南下，包围开封。宋徽宗跑路，宋钦宗求和，父子皆是软蛋。

金人答应议和，但宋朝要交数量不菲的金银，割太原、中山、河间三镇。如果答应这两个狠条件，北宋不但要掏空国库和搜刮民脂民膏，首都开封也没了屏障，直接暴露在敌人面前。

宋钦宗拿不准，也担不起骂名，只好召集大臣们开会讨论，大臣们意见纷纷，莫衷一是，唯独赵鼎说了狠话："祖宗之地不可以与人，何必议！"

够直率，够刚烈，口气够爷们。不过，偌大的朝廷里，赵鼎只是个芝麻官，人微言轻。谁也不把他当回事。没把他赶出去就算不错了。

面对穷凶极恶的敌人，服软也没有好下场。很快，开封城破，"二圣北狩"。金人扶持的张邦昌"伪楚"政权随即成立。新政权急需网罗人才，既彰显正统，又壮大声势。不少官员为保命、为富贵，抢着跪拜新主子，毫无节操。赵鼎也接到了金人邀约，让他草拟议状。

赵鼎很倔，宁死不当贰臣，但若不写，会掉脑袋。他索性甩掉乌纱帽，躲进太学。跟他一起这么干的，还有秘书省校书郎胡寅，以及太常簿张浚。

几个月后，康王赵构在应天继位。他们仨闻讯，立即逃离开封，投奔过去，成了"定策"功臣。就这样，张浚升任枢密院编修、虞部郎，胡寅升任起居郎，赵鼎升任户部员外郎。

后来，他们仨都混得不错。张浚和赵鼎官至宰相，叱咤一时；胡寅官至礼部侍郎，还是理学宗师，脚踩官学两道。

"学霸"要有"学霸"的智慧。

张邦昌听说康王当了皇帝，马上废掉帝号，主动跑到应天谢罪。金人也不含糊，一路跟了过来，兴兵收拾赵构。

道路千万条，但对赵构来说，只有逃命这一条。从应天到镇江，从镇江到扬州，从扬州到杭州，从杭州到建康，他犹如惊弓之鸟，狼狈不堪。金人又发起了名为"搜山检海"的"斩首"行动。赵构逃到哪，金人就追到哪，像狗撵兔子一样。再这样下去，他迟早会当俘虏。

逃亡路上，赵构也在琢磨：为什么会混到这步田地？下一步究竟该怎么办？如何才能甩开金兵的追击，乃至赶走金人呢？他把这些问题抛给了大臣们。

跟着逃命的大臣也不是"猪头"。谁都不想让老板被抓的囧事重演。然而，赵构翻遍大家写的建议，只有这份名叫《陈防秋利害》的奏札有点干货："宜以六宫所止为行宫，车驾所止为行在，择精兵以备仪卫，其余兵将分布江、淮，使敌莫测巡幸之定所。"

奏札的作者，正是赵鼎。

赵鼎认为，皇上之所以甩不掉金人的追兵，就是因为他们知道皇上的踪迹。如果找不到皇上的踪迹，他们就没辙了。

为了隐藏皇帝的踪迹，赵鼎建议搞两个"宫"：一个后宫，一个行宫。六宫驻足之地称为"后宫"，皇帝驻足之地称为"行宫"。

护驾的官兵怎么调配呢？赵鼎建议挑选精兵留在皇帝身边，其他官兵散布于江淮沿线，迷惑金兵，让他们搞不清赵构的真实踪迹。

赵构依计而行，果然奏效。金兵被搞蒙了，不知道赵构住在哪儿，也不知道该追到哪儿去，彻底迷了路。之前疲于奔命的赵构，总算可以睡个安稳觉了。

金兵的"斩首"行动没了准信，只好撤军。赵构欣喜不已，提拔赵鼎为右司谏。就这样，"学霸"赵鼎在南宋朝廷站稳了脚跟，开辟了仕途的快车道。

二、立朝：声华一梦水流去，名迹千古山争穹

上台后的最初几年，赵构活得很窝囊。既要躲着金兵，还要提防自己人。最凶险的一次，就是禁军将领苗傅、刘正彦发动兵变，逼他退位。好在各路勤王大军压境，迫使苗傅、刘正彦跑路，才救了他一命。

勤王大军里，刘光世的部将王德奉命跟随韩世忠一起追击。王德号称"王夜叉"，作战勇猛，但贪功冒进，不听指挥。韩世忠只好派部将陈彦章去拦截，结果陈彦章又被王德杀了。

尽管王德追击叛军有功，但砍了上司派来的友军将领，终归是捅了大娄子。韩世忠写奏札弹劾王德，罪名是"擅杀"。

一边是怒气冲冲、得理不让人的大军头，一边是跋扈成性、身背杀人案的小军头。该怎么办？赵构拿不准，只好请大臣们出主意。

赵鼎表态了："（王）德总兵在外，专杀无忌，此而不治，孰不可为？"他认为，应该用王德的脑袋刹住军中歪风。不过，朝廷初创，内外交困，正是用人之际，王德军功卓著，不妨以军功抵罪，免其死罪，编管

郴州，相当于发配偏远地方监视居住。

韩世忠折了部将，很委屈。赵鼎反倒觉得，一个巴掌拍不响，王德的执拗跟韩世忠的做事风格不无关系。他批评韩世忠对部将管教不严，酿成流血事件，应当依法追责。

赵鼎的逻辑，是杀王德不足以整肃军纪，反而助长韩世忠的"跋扈"，不如厘清责任，对大小军头皆给处罚，起到处罚一小片，震慑一大片，又不至于自毁长城的效果。赵构欣然采纳。事后，"诸将肃然"，就连韩世忠也只好夹着尾巴做人，南宋军队的风气有所改观。

给领导提意见，是个技术活，需要胆识，更需要智商和情商。赵鼎向赵构提过四十项意见，采纳了三十六项。赵构觉得，这个敢说敢做的右司谏不得了："肃宗兴灵武得一李勉，朝廷始尊。今朕得卿，无愧昔人矣。"

赵构把赵鼎比作唐肃宗身边的大臣李勉。这个评价相当高。那么，李勉是谁呢？

安史之乱期间，洛阳长安先后沦陷，唐玄宗李隆基逃到成都，太子李亨逃到灵武。虽然李亨被拥立称帝（即唐肃宗），但他对怎样巩固皇位、镇压叛乱，还是很迷茫。这个时候，监察御史李勉悉心辅佐，帮助他指明前路，收复两京。

赵构觉得，赵鼎和李勉同为言官，同样被皇帝倚重，因而破格提拔其为殿中侍御史。

皇帝倚重，有时候是好事，有时候未必。宰相吕颐浩就对赵鼎受重用颇为眼红。

韩世忠在黄天荡围了金兵四十八天，这一仗犹如强心剂，打得南宋朝廷鸡血满满，宰相吕颐浩等人就头脑发热，认为金兵不过如此，主张皇帝赵构御驾亲征，督军前线，乘胜追击，一鼓作气全歼之。

问题是，如果金兵真如吕宰相说的那样拉胯，为什么赵构会被追得东躲西藏呢？

这时，赵鼎站了出来，认为敌我态势不明朗，不能让皇帝冒险亲征。

以当时宋金力量对比，赵构亲征形同主动找死。赵鼎挺身而出，客观上"救"了赵构，但代价是得罪了吕颐浩。

吕颐浩是老资历，居然被这个后生呛了一顿，很不愉快。随后，他就把赵鼎调去当翰林学士了。名义上升官了、重用了，但提意见的话语权没了，只能在翰林院跟笔墨打交道。

赵鼎看出，吕颐浩就是故意找碴儿，排除异己。于是，他也摆出执拗的姿势，不接委任状，拒绝去上任。

吕颐浩肚量小，没有宰相风度，但也怕事情闹大，不太好看，就又安排赵鼎改任吏部尚书。这官职比翰林学士还高，掌管人事实权，许多人踮着脚都够不着。

可是，赵鼎还是拒绝上任。

赵构听说后，问起此事。赵鼎答道："陛下有听纳之诚，而宰相陈拒谏之说；陛下有眷待台臣之意，而宰相挟挫沮言官之威。"说罢，直接请病假，回家躺着去了。过了几天，躺舒坦了，又向朝廷上书，数落吕颐浩的过失。

赵鼎很要强，摆出一副跟吕颐浩势不两立的架势。吕颐浩没想到，赵构也没想到。问题是，赵鼎数落的那些过失，几乎全都属实，吕颐浩没啥好狡辩的。

于是，吕颐浩罢相，赵鼎升任御史中丞，随后又升任端明殿学士、签书枢密院事。赵构不但给他升了官，还不吝溢美之词："朕每闻前朝忠谏之臣，恨不之识，今于卿见之。"

官职的提升，美誉度的增长，离不开皇帝栽培和自我用功，但光这些还不够。赵鼎升官，代表着一种政治势力乃至政治倾向的崛起，这就是洛学。

北宋后期，洛学和王学是互斥的。在政坛上，前者是守旧派，后者是改革派；在学术上，前者是传统派，后者是"维新派"。前者的代表是司马光，后者的代表是王安石。

宋仁宗时期，程颐、程颢在洛阳讲学多年，带出不少官场大人物。宋神宗时期，司马光被挤出开封，到洛阳担任西京留守，编纂《资治通鉴》。所谓"洛学"得名于此。

某种意义上，洛学和守旧派能画个约等号。

宋神宗死后，洛学和王学发生激烈斗争，原本围绕变法与否、怎样变法的争论，逐渐蜕变为派系倾轧、权力斗争，将长期困扰北宋官场的党争表面化、公开化。这是王安石变法最大的副作用。

宋哲宗年幼时，高太后力挺司马光上台，尽废新法，洛学势大，王学式微。宋哲宗亲政后，又恢复王学，打压洛学。

等到宋徽宗上台，又如法炮制，交替循环，先是召回守旧派代表苏轼，又重用所谓"改革派"代表蔡京。于是，蔡京打着"王学"的旗号，横征暴敛，巧取豪夺，搞得民怨沸腾。

新旧党争从未中断，互相挖坑司空见惯，北宋朝政也在党同伐异的恶性循环中日渐糜烂。

从汲取历史教训、树立本朝权威考虑，宋高宗赵构上台后，强调"是元祐而非熙丰""尊洛学而黜王学"。赵鼎恰恰追随洛学，自然跟皇帝站在同一阵营，奏请罢去王安石配享太庙的待遇，理由也很干脆。

赵鼎认为，王安石变法以来，借开疆拓土之名引发边境战争，借兴起理财之政导致百姓穷困，借设立虚无之学致使国无栋梁。到了崇宁年间，蔡京借宋哲宗"绍述"之名，恢复王安石之政，造成灾难性后果。如今南宋的险恶处境，始于王安石，成于蔡京。如今王安石居然还配享太庙，蔡京的同伙还没有除掉。这才是当前朝政最大的缺失。

这个理由，代表了当时许多政要的看法。他们将北宋灭亡的原因，都归咎于王安石破坏"祖宗之法"的"瞎折腾"。赵构为了彰显正统，也必须在名义上尊重"祖宗之法"。因此，抬出洛学，抬走王安石的牌位。

既然皇帝重视洛学，钻研和信奉洛学的官员就趋之若鹜了。物以类聚，政见相似者容易抱团。赵鼎的升官，离不开洛学派官员的力挺。一个庞大的洛学集团逐渐定型，它将成为赵鼎职业生涯的双刃剑。

三、外放：勿谓沧浪清可濯，此心原自绝纤尘

赵鼎的新职务，是签书枢密院事，也就是枢密院的二把手。

虽然赵鼎聪明绝伦，但打仗非其所长。金兵攻打楚州，他推荐张俊救

援。结果，张俊按兵不动，导致楚州沦陷。

战后，赵鼎自请去职，贬离京城。不过，他历任平江知府、建康知府、洪州知州，都是热门岗位，说明赵构依旧器重他，迟早还会重用他。

果然，绍兴四年（1134）三月，赵鼎升任参知政事（副宰相），跻身宰相行列。

赵鼎在升官的路上越走越远，南宋军队在打败仗的路上也是越走越远。打金兵打不赢，连伪齐都打不赢。不久前，坏消息传来：伪齐攻陷襄阳。

襄阳位于临安的上游，战略位置重要，一旦沦陷，将对南宋朝廷的安全构成严重威胁。因此，收复襄阳是南宋最大的政治。可是，谁来承担这项任务呢？

岳飞自告奋勇，上书朝廷："襄阳六郡，地位险要，恢复中原，此为基本。"

赵构召问赵鼎："朕打算派岳飞去收复襄阳，你看他行不行？"

赵鼎坚定地答道："知上流利害无如（岳）飞者。"在他眼里，岳飞就是不二人选。

这次，赵鼎没看错人。岳飞击溃伪齐军队，收复襄阳六郡。不但为今后北伐中原创造了条件，更让"岳家军"一举成名。作为幕后英雄，是赵鼎的推荐成全了岳飞的成功，解除了赵构的心病。因此，赵构准备提拔他为知枢密院、川陕宣抚使。

然而，赵鼎表示，自己不是那块料，还是算了吧。

假装推辞，是中国古代官场的一大特色。众臣劝进皇帝登基，皇帝会再三推辞，表示自谦，不贪恋权力；皇帝提拔大臣官职，大臣会再三推辞，要么是嫌官小，希望涨点，要么是找面子，希望皇帝多邀几次。

赵构以为赵鼎嫌官小，但实际情况是，这俩官职都是实缺，权力大得很。赵构语重心长地讲道："四川全盛半天下之地，尽以付卿，黜陟专之可也。"

诚然，赵构不但把南宋王朝一半的地盘托付给他，还给他升降官员的全权，还有什么不满意的呢？怎么可能嫌官小呢？赵鼎执意推辞，主要是因为四川有个牛人——吴玠。

作为川陕地区的悍将，吴玠不但作战勇猛，屡建奇功，而且麾下有一帮小兄弟，形成了地方势力，一般的空降干部不但拿他没辙，搞不好还会被他挤兑得很难堪。

赵鼎有自知之明，清楚自己军事才能远不如吴玠，担心一旦空降过去，俩人会尿不到一个壶里。于是，他在回奏中问道："臣与玠同事，或节制之耶？"既然级别一样，那么俩人搭班子，到底谁是老大呢？

赵构秒懂，马上改任他为都督川、陕诸军事，明确吴玠归他节制。皇帝把话说到了这个份儿上，赵鼎没法再推辞，总算答应了。

枢密院出缺，宰相朱胜非临时兼知枢密院。有人认为，宰相掌兵，权力太大，奏请让参知政事也兼任知枢密院，以分散军权。就这样，参知政事赵鼎兼任知枢密院，分了朱胜非的军权。

到手的鸭子飞了一半，朱胜非很不爽，加上意见不合，便跟赵鼎结了梁子。即将赴任四川之际，赵鼎上了一道条疏，就被朱胜非挡了下来。

对于朱胜非从中作梗，赵鼎也不含糊，直接上书"诉苦"："臣的前任张浚当初前往川陕之时，国力比现在强得多。当时，他有功劳，陛下有气魄，君臣一体，相互信任，可他还是遭人非议，被贬了官。如今，臣没有他那样的功劳，却担任他的官职，远离朝廷，奔赴四川，能没人在背后议论吗？臣带去的官兵只有几千人，半数老弱，随带的金帛也很少，臣举荐的干部还没下委任状，而弹劾臣的奏章已经到了。臣每天在宫中侍奉皇上，还做不到时时申辩，何况是在万里之外？"

对于赵鼎入川，朝廷内部是有争议的。很多大臣认为，赵鼎更适合在朝中做官，朝廷也离不开他这样的干部，甚至有人上书挽留他。

边关来报，军情吃紧，赵构平时就喜欢听赵鼎陈述用兵大计，这时更要请教他了。于是，当赵鼎进宫辞行之际，赵构反悔了："卿岂可远去，当遂相卿。"

四、为相：今主绍述更神武，回眸一视云烟空

绍兴四年（1134）九月，赵鼎荣膺尚书右仆射、同中书门下平章事兼知枢密院事，开启了为期四年的宰相生涯。诏令一下，满朝庆贺，都认为

朝廷做了件众望所归的大好事。

赵鼎为相，最突出的政绩是搭建了南宋经济体制的四梁八柱。

在中国古代社会，官与民之间最主要的经济关系就是税收。收多少，怎么收，以什么样的节奏收，一直是朝野讨论的焦点。征税思路无非两种，要么杀鸡取卵，要么先撒一把米。

南宋立国，地盘不及北宋五分之三，但财政支出不减反增。战事不断，时刻面临生存危机，军费开销浩大。正常的税赋都不够花，肯定要巧立名目加税，即"杀鸡取卵"，以解燃眉之急。然而，赵鼎反其道而行之，主张"固邦本之术，谋恢复之渐"，实行宽松政策。

赵鼎的宽松政策，主要有四个维度。

第一维度，整顿秩序，重建制度，平衡各方利益。

常平仓是地方官府赈济灾荒、调剂供需、平抑物价、应对危机的机构和制度，历朝历代都很重视。丰年收粮，荒年放粮，都带有强制性。

南宋立国后，为了精兵简政，废除了常平仓的管理机构。后来等局面稳定，又恢复设置，要求百姓交丰年该收的粮食。这通折腾，颇为扰民。赵鼎早就关注了这一问题。绍兴五年（1135），他奏称"湖南、江西岁旱，田亩灾伤，今秋成之际，民间已阙食，恐至来春大饥，欲令常平司多方广籴，以备赈济"。强调要发挥常平仓的调剂功能。

要维持朝廷机器运转，没钱是万万不能的。赵鼎必须千方百计找钱，给朝廷增加收入。他沿用吕颐浩推行的经制钱，并征收总制钱，拓展南宋朝廷的税源。

总制钱和经制钱属于商业附加税，涵盖卖酒钱、印契钱、头子钱。它们充分挖掘两宋商业经济的潜力，带动税基扩大。基于增加税收的需要，南宋官府对商业发展的管制较少。

盐税是朝廷主要税源之一。怎样管好盐业，既及时足额收到税钱，又不至于竭泽而渔，闹出乱子，是宋朝统治者面临的大问题。

北宋末年，蔡京更改盐法，要求商人先交钱，领取盐钞（官方许可证），再去产盐地取盐。这样做固然确保了盐税收益，但因盐钞发得太多太滥，朝廷索性在植货务（机构名）新设买钞所，只要商人拎着盐钞前

赵鼎画像

228

来，就得用部分旧钞加钱换取新钞，名曰"对带法"。

这是官府对盐商巧立名目的变相勒索，但如果形成制度，商人的负担也算固定下来，不再额外加征了。因此，赵鼎主张将"对带法"作为定制，既为朝廷带来丰厚的盐利，实现"出入有常，源源不绝"，又让盐商对税负成本有明确预期，客观上减轻了社会成本。赵构很满意，称赞"法既可信，自然悠久。盖自立对带法二年不变，故比之常岁有增也"。

第二维度，减税降费，节约开支，反对铺张浪费。

赵鼎主张，朝廷要为遭遇兵灾的州郡减免租税，以宽民力。"愿诏有司，严饬州县，应经残破之家，特蠲今年赋役差率等事，及竹木、砖瓦、米麦之类，权与免税，使之营葺生理，以渐复业"。他还建议皇帝带头，体恤百姓，实行"宽民"，以"固邦本""谋恢复"。

对于一些地方的加税冲动，赵鼎上书反对。他说，不应为了单纯追求经济利益而失去民心。既然要"宽民"，那就先"克己"，官府带头"节流"和降薪。"节省之道，始于宫庭，此陛下盛德也。"赵构南渡后，宰相级官员的薪俸被砍了三分之一，赵鼎主张再减百分之二十。

第三维度，广开财源，休养生息，减轻通胀压力。

赵鼎认为，"节流"是治标，要想治本，还得千方百计"开源"，增加财政收入。在赵构支持下，他陆续端出一揽子"宽民""养民"措施，"先撒一把米"，旨在积累社会财富，为朝廷"回血"。

《宋史全文》载，绍兴五年（1135）四月，"诏诸路营田司，官给种粮者每一耕牛，岁课毋得过十硕，民间自有耕牛者，除输纳税赋外，毋得抑令耕种营田"。十一月，诏"预借民户和买绸绢二分，止令输见缗，毋得抑纳金银。除头子钱外，每千文糜费毋得过十文"。这两项措施，旨在休养生息，扶持农业复苏。

绍兴六年（1136），朝廷设置"行在交子务"，发行三十万贯交子（纸币）。由于准备金不足，导致交子贬值，引发民怨。恰好，将军张俊在婺州①屯兵期间，临时发行了一种名为"见钱关子"的汇票凭证。商人缴纳现钱，换取等值的"见钱关子"，可以在临安的指定机构"榷货务"换取现钱或茶引、盐引，而张俊得了真金白银，用来周转，缓解了军费困难。

赵鼎认为这个办法好，既能募集社会闲散资金供朝廷周转，又能确保准备金充足，避免因超发纸币引发恶性通胀。因此，他奏准废"交子"，改"关子"，稳定了金融秩序。

绍兴七年（1137），赵鼎提议"榷货务出卖度牒，而远方不能就买，欲量付诸路"。赵构认为这样做会增加地方权力，便利了州县官以权扰民。于是，赵鼎又打了个补丁："不责以限数，则无科敷之弊。"

第四维度，扩大屯田，寓兵于农，补贴军粮。

绍兴五年（1135），张浚经略两淮，设官署，派专人，负责屯田，既遏制金人和刘豫对淮南的渗透，又积累军粮，为北伐中原打基础。

张浚的试点收效不错，"岁收数十万，逮今获其利也"。有大臣提议扩大屯田范围，赵鼎欣然采纳，奏准在川陕、京湖、两淮各战区开展大规

---

① 婺州，今浙江金华。

模屯田，寓兵于农，补贴军粮。

大规模屯田取得了丰硕成果。南宋的经济实力跃升，逐渐具备了支撑持久战的能力。赵构颇为自豪："淮南利源甚博，平时一路上供内藏，绸绢九十余万，其他可知。"

赵鼎抨击王学，但仍沿用了王安石的经济思想。四个维度的举措，强化了中央对地方财权的掌控，百姓在战乱中得以喘息，打得出粮食，撑得住生意，交得起赋税，逐步改善了南宋官府的财政状况，使朝廷得以挺直腰板，既制衡了地方军头，又扛得住宋金战争，熬到财政经济根本好转的那一天。事实证明，官府给百姓活路，百姓就会给官府出路。

赵鼎个性耿直，得罪过不少人。不过，他的相位很稳。这得益于赵构的信任和倚重。

赵鼎为相，"受任于败军之际，奉命于危难之间"。他有事业心，有责任感，坚定抗金，矢志不移。面对伪齐联合金国的大举进攻，南宋满朝震惊，多数将领建议避其锋芒，甚至奏请赵构逃命。而赵鼎力排众议，积极主战。

赵构采纳了他的主张，起用赋闲多年的张浚担任知枢密院事，前往两淮战场布防。这个时候，南宋内乱渐平，经济复苏，军民团结，同仇敌忾。前方捷报频频：韩世忠在扬州的大仪镇击溃金兵，岳飞在庐州击溃伪齐军。

还传来一个好消息：金太宗吴乞买病危。金兀术着急回去抢位子，竟然径自带着金兵撤了，只留下伪齐军队在风中凌乱。就这样，南宋转危为安，赵构顿感轻松，不禁慨叹："赵鼎真宰相，天使佐朕中兴，可谓宗社之幸也。"

虽然内忧外患，举步维艰，虽然事务繁忙，压力很大，但赵鼎越干越来劲，越干越有成就感，逐渐坐实了"中兴名相之首"的称号。

然而，当张浚和秦桧一前一后，跻身宰相队伍，跟他搭班子以后，一切都变了。

五、暗流：时当高秋雨霜后，木叶纷乱号悲风

没有赵鼎的举荐，张浚不可能复出，更不可能重返枢密院。两淮战事刚消停，赵鼎又举荐张浚加盟宰相班子。按说，他俩都是读书人，人品正直，主张抗金，情谊深厚，于公于私，理应合作愉快。然而，俩人一旦共事，矛盾就来了。

赵鼎淡定，张浚激进，赵鼎沉稳，张浚急躁，赵鼎主张稳扎稳打，张浚急于一战获胜。性格和做事风格上的巨大差异，很快就凸显在具体事上了。

绍兴六年（1136），刘豫调集三十万大军，分路进攻南宋。张浚运筹宋军各部抵抗，大获全胜。接下来，赵鼎主张乘胜即收，立即停战，张浚主张乘胜北上，开启北伐。

这还只是战术问题的分歧，还有探讨的空间，但在用人问题上的分歧就麻烦了。

赵构有意收兵权，张浚揣测上意，便先拣软柿子捏，建议将"中兴四将"里军纪最差、军功最少的刘光世免职，高薪养起来。赵鼎表示反对，认为轻易换帅会离散军心。

张浚刚打了胜仗，圣眷甚隆，赵构对他言听计从。至于赵鼎的劝谏，非但不听，反而干脆将其罢相，顶着观文殿大学士的头衔外放知绍兴府，相当于靠边站了。

后来，赵鼎的担忧变成了现实：张浚剥夺了刘光世的军权，却没能管好刘光世的部下，激起"淮西兵变"。四万人马齐刷刷投降了伪齐，严重削弱了南宋在两淮战区的军事力量。事情办砸了，张浚只好引咎辞职。

这时，赵构恍然大悟：敢情赵鼎当初说的有道理，连忙把他召回临安，重新当宰相。

虽说官复原职，但"二进宫"的感觉有些怪异。

赵构丝毫不念张浚当年的救驾之功，显得很绝情："浚罪当远窜。"甚至打算将其贬到岭南去。须知，以当时的气候条件，岭南可不是"日啖荔枝三百颗"的好地方，而是今生无缘再回京城的死地。赵鼎不愿看到昔日搭档落得如此悲惨，又不敢忤逆圣旨，只能技术性地先扣下皇帝诏书，

再去苦口婆心哀求赵构，放张浚一马。

赵鼎的伶牙俐齿，搞得赵构烦了，也心软了，勉强同意将张浚贬到永州，即是柳宗元《捕蛇者说》里讲的那个盛产"黑质而白章"的地方。当时虽然偏僻，但还不算"死地"。

远贬张浚，释放了重要信号：赵构抗金的决心正在松动，媾和的心态越来越重。

金国派人前来，开出了南宋称臣、纳岁币等条件，名为议和，实则逼和。几乎所有的大臣都觉得金人没诚意，条件太屈辱。可是，赵构却深信不疑，对反对议和的大臣多次发飙。

就在这样怪异的政治气氛里，赵鼎迎来了一个难缠的对手——秦桧。

建炎元年（1127），时任御史中丞的秦桧被金人俘获，三年后又突然出现在南宋。那个年代，逃离金国的人不少，但扶老携幼还能跑出来的，太罕见。秦桧就是其中之一。

更吊诡的是，秦桧在金国的所作所为，赵构并没有认真调查，反而直接将其拜相。只是这样的"火箭式提拔"太快太奇葩，无法服众。为了平息朝野议论，赵构只好又将他罢相。

张浚倒台后，秦桧取而代之。绍兴八年（1138）三月，秦桧出任尚书右仆射兼同平章事，赵鼎担任尚书左仆射兼同平章事。虽然赵鼎地位略高，但已经挡不住主和派的崛起之势了。

秦桧主张"南人归南，北人归北"，迎合了赵构偏安江南的政治底线。在这种情况下，反对议和的高官，很难在临安保有一席之地了。

果然，秦桧入相半年后，即这年十月，赵鼎被罢相外放，以忠武节度使外放知绍兴府。

这是他最后一次离开临安，直至去世，再未归来。

离开相位，日子也没消停。为了彻底搞倒赵鼎，秦桧不择手段，拼命构陷。

开封沦陷后，赵鼎曾躲藏在太学，拒不接受张邦昌的委任。这件事居然被秦桧颠倒黑白，说成赵鼎曾接受张邦昌的伪命。

此时，秦桧圣眷正隆，赵构言听计从。就这样，赵鼎又被贬到泉州当知府了。

这还不算完，秦桧又指使谏官指控赵鼎贪污十五万缗钱。欲加之罪，何患无辞。于是，赵鼎又被贬到了兴化军。这还没完。秦桧继续罗织罪名，赵鼎接连被贬到漳州、潮州，兼任清远军节度副使。堂堂宰相，一路向南。离首都越来越远，离"死地"越来越近。

迫害接二连三，赵鼎早有准备。抵达潮州后，一到休息日，他就闭门谢客，不谈政治，让秦桧抓不到把柄，也不让亲朋好友受牵连。

问题是，诬陷用得着实锤吗？秦桧的党羽詹大方污蔑赵鼎受贿。于是，秦桧让潮州的长官把赵鼎编在移民队伍里，驱赶到吉阳军①。在当时，这地方比苏东坡当年贬谪的儋州②还要偏僻。

接下来三年，赵鼎的日子更没尊严。不但门生故吏都不敢来往甚至写信，他甚至混到了家里揭不开锅的地步。幸好广西经略使张宗元鼓足勇气，时常派人渡过琼州海峡，送些吃的，才使赵鼎免于饿死。不久，秦桧继续使坏，把张宗元调走了。

赵鼎的悲催，都是秦桧一手搞出来的。那么，秦桧为什么非要置其于死地呢？

《三朝北盟会编》记载了一则故事：赵鼎罢相后，秦桧曾假惺惺地到渡口小亭为他设宴饯行。赵鼎没领情，简单拱手，登船告辞。

秦桧忙说："我已请示皇帝为君饯行，何不稍作停留呢？"

赵鼎冷冷答道："主张不同，何留之有？"扬帆而去，只留秦桧愣在岸边，一脸茫然。

高冷的格调，激化了赵鼎和秦桧的矛盾。秦桧将其看作"眼中钉"，必欲除之而后快。

一贬再贬，没有动摇赵鼎的报国之心。他在被贬到吉阳军的谢辞里写道："白首何归，怅余生之无几；丹心未泯，誓九死以不移。"在他的人生哲学里，皇上虐我千百遍，我待皇上如初恋。就连秦桧也恨恨地说：

① 吉阳军，今海南三亚。

② 儋州，今海南儋州。

"此老倔强犹昔！"

山雨欲来风满楼。面对秦桧的步步紧逼，赵鼎一度萌生了自杀的念想。他专门找人提醒儿子赵汾："桧必欲杀我。我死，汝曹无患；不尔，祸及一家矣。"

他曾留下一首《寒食》诗，寄托自己晦暗的心情：

寂寂柴门村落里，也教插柳记年华。

禁烟不到粤人国，上冢亦携庞老家。

汉寝唐陵无麦饭，山溪野径有梨花。

一樽径籍青苔卧，莫管城头奏暮笳。

村落冷清，仅有几扇柴门开着，即便如此，也要插几根柳条，作为每年的节令。寒食节禁炊烟、不吃热食的传统，虽然没有传到遥远的广东，但清明上坟祭祖的习惯跟中原一样。时至今日，汉唐两朝的皇家陵寝，已无人祭扫，山边溪间的小路上，仍然盛开着许多梨花。世事难料，不如把酒一杯，醉卧青苔，不必操心城门的号角是否响起。

多年的贬谪生涯，使赵鼎失去了做官的乐趣，剩下的，唯有回忆而已。

躲过了秦桧的加害，却没能躲过贫病的烦扰。绍兴十七年（1147）八月二十日，赵鼎在吉阳军绝食而死，享年六十二岁。

赵鼎是遗憾的，从他告别相府的那一刻起，朝政彻底变了味，岳飞也没了保护神。

赵鼎是悲壮的，他不但带走了自己，更带走了洛学在南宋的辉煌时代。

六、复盘：孤云天末山数峰，峰头隐隐衔乌龙

赵鼎两次拜相，权倾一时，号称"中兴贤相"，为什么会快速陨落呢？难道只因他力主抗金，反对议和，不合赵构的心意吗？难道只因他跟秦桧有政见分歧和权力之争吗？殊不知，秦桧虽坏，拍板赶走赵鼎的却是赵构。

那么，赵构为什么执意要把赵鼎整得这么惨呢？如果复盘赵鼎的宰相生涯，他的"贤相"之谓，盛名之下，其实难副。他至少触犯了五大政治

忌讳。

——立皇储。

在大宋朝，谁能当皇储，这是"国本"问题。尤其是赵构摊上不育症，唯一的儿子夭折，皇太子问题就更加敏感。

为了赵氏江山永续，赵鼎带头，领着一帮大臣不停地上书，奏请效法宋真宗、宋仁宗先例，选赵匡胤的两个七世孙（赵伯琮、赵伯玖）为养子，过继到宫里。而赵构总觉得"朕还年轻"，有大把的时间治病，将来还有机会生，不愿把皇位交给出自旁系的养子。

让亲生孩子继承家业，是父母的天然选项，皇帝更是如此。因此，赵构只把两个孩子接到宫里，立为养子，但并没打算从中选一个立为皇子，乃至皇太子。

赵鼎一心只想着国家大事，却没琢磨过赵构的小心思。他依旧坚持奏请立先入宫的赵伯琮当皇子，在宫里建资善堂，给赵伯琮讲学。

洛学大儒的"迂"，被赵鼎演绎得淋漓尽致。

绍兴六年（1136），赵鼎第一次罢相，有人就拿资善堂的事攻讦他。不久后复相的他，并没有长记性。

绍兴八年（1138），赵构打算加封赵伯玖为吴国公。赵鼎跳出来反对，说两个养子总要分个先来后到吧。赵伯琮先来，入宫三年才封"建国公"，封地在当时偏远落后的建州①。赵伯玖后来，入宫才两年，就给一样的封爵，而且封地在位置更好的"吴"，这怎么合适呢？

这话一说，搞得赵构很扫兴。

几天后，赵构又跟赵鼎提及此事。赵鼎攥着"兄弟之序不可乱"的理由，坚定支持赵伯琮。赵构意兴阑珊，甚至觉得赵鼎心存"异志"。

相比之下，秦桧参透了赵构的心思，主张立太子事从缓，"宜候亲子乃立"。他还指责赵鼎"咸怀异意，以徼无妄之福"，说他"欲立皇太子，是待陛下终无子也"。

没有对比就没有伤害。一个在重大问题上跟皇帝拧着干的宰相，是没

---

① 建州，今福建建瓯。

法合作下去的。从此，商量军国大事的时候，赵构经常撇开赵鼎，转而倚重秦桧。

——结朋党。

绍兴六年（1136），赵鼎第一次罢相外放，但赵构不舍，便将他安排到绍兴做知府，离临安不远，随时能召回来。然而，等赵鼎离开临安后，弹劾他的奏札就像雪片一样，飞进了临安皇宫。

大家几乎众口一词，说他"辄以私意取程颐之说，谓之伊川学，相率而从之""非独营私植党，复有党同之弊"。即打着"洛学"的旗号拉拢一批士大夫，结成政治集团。

结党是官场大忌。顶着这样的帽子，是不舒服的。赵鼎二度拜相后，就对那些弹劾过自己的大臣打击报复。完全不顾朝廷体面，只唯自己好恶。

如果没有张浚的举荐，赵鼎没机会重返临安，但他对张浚心存芥蒂。秦桧从中挑拨，放大了两人的分歧。赵鼎指使党羽非议张浚，甚至将张浚起用的四川籍干部几乎全部罢免。

打击报复一旦上瘾，就会形成顺我者升、逆我者贬的干部政策。秦桧极力讨好献媚，赵鼎便将其视为心腹，优先留用。赵鼎派人诬陷李纲是"违法虐民，毒流一路"，只因李纲反对他的迁都建议。更有跟他政见相左的官员，被扣上了"蔡京同党"的帽子。

仗着皇帝的器重，赵鼎自以为相位稳固，无人可比，胆子越来越肥，居然要挟赵构。

一次，赵构打算提拔勾龙如渊兼任权直学院。可是，赵鼎说啥都看不上他，不但强烈反对，而且拿出了自己的提名人选——吕本中。赵构实在拗不过，勉强答应。

几天后，时任中书舍人的勾龙如渊进宫面君。赵构就安慰说："朕本用卿直学士院，而赵鼎荐吕本中。他日（吕）本中罢，则用卿矣。"

安慰完，赵构又吐槽道："朋党之说，果已有之。数日前，赵鼎言，闻朕要用周秘为中承（御史中丞），陈公辅为谏议（大夫），朕何尝有此意？"

搞得皇帝连续吐槽，赵鼎确实把事情做绝了。

赵构并非昏君。他懂得"分朋植党,非国家福"。终其一生,都在防范文官结党、武将坐大。

百官并非瞎子。有人忧心忡忡地指出:"权纲不在人主,责任不及宰相,朋党之风炽,台谏之职轻,士不素虑而出。"也有人意识到,结朋党和相互攻讦,直接导致"在位之臣,亦或畏首畏尾,不敢展四体以从事",危及南宋小朝廷的统治秩序。

皇帝讨厌结党,赵鼎偏要结党,皇帝讨厌党争,赵鼎偏要党争,这让赵构怎能忍?

——两面派。

赵构继承了乃父乃兄的秉性,畏金人如虎,为私利求和。赵鼎倒有一副主战派的"人设",力挺岳飞等抗金将领。然而,他主张划江而治,求和退缩,抗金立场不坚定,更像"两面派"。

临安并非一开始就是南宋的都城。在很长一段时间,它是以"行在"的名义,作为赵构的栖身之地。从领导抗金斗争的需要看,赵构理应靠前指挥。许多大臣也将定都建康视为"政治正确"。

就在绍兴六年(1136),张浚统筹两淮前线击溃伪齐军队,中原地区掀起新一轮抗金浪潮,赵鼎却突然鼓动赵构"回跸临安,以为守计",打算乘胜即收,造成退守议和的局面。由于张浚等人的反对,赵鼎的"回跸"计划暂时没成。

次年,金国高层倾轧,政局变动,废掉刘豫,大批伪齐民众自愿南迁。如果善加利用,这些事件都可转化为南宋在战场上的优势。然而,此时的赵鼎竟撺掇赵构将临安由"行在"改为都城。赵构欣然同意。

绍兴八年(1138)正月,南宋正式定都临安。随后,赵鼎奉旨负责对金议和。南宋抗金军民大失所望:"人皆望其有所成就,不知他倒都不进前!"

即便是"议和",赵鼎也经常摇摆,出尔反尔。时而"凡遣使议论,悉是赵鼎所奏";时而"金人有许和之议,上与宰相议之,(赵)鼎坚执不可讲和之说"。和与不和,全看心情。仕途顺利、春风得意时,就主张议和;御前失宠、心态失衡时,就反对议和。

立场摇摆，反映了赵鼎的矛盾心态：既想通过议和邀宠固位，又想把面子工程做足，粉饰"抗金宰相"的"刚正"形象，给自己留后路。

正如秦桧所说，"（赵）鼎为首相，于议和通使，未尝不佥同议论。今命词如此，皆鼎风旨，欲窥伺和议之不成，为脱身之计。"

立场摇摆，使得谈判要价上不切实际。宋使王伦北上前，"问议割地远近，（赵）鼎答以大河为界"。朱熹也说："赵丞相亦自主和议，但争河北数州，及不肯屈膝数项礼数尔。"战场上没拿到的东西（黄河以南地区），幻想从谈判桌上拿到，岂非痴人说梦！

监察御史张戒就指出："今日议和，理有可得者，有必不可得者。画大河为界，复中原，还梓官，归渊圣，此必不可得者也。"

立场摇摆，也是一种圆滑。"以大河为界"的要价过高，很难谈成，赵鼎何尝不懂。他要用这个难以兑现的高要价，来掩饰其求和的一面。无论将来和局成不成，他永远有理有利。

难怪大臣王庶说他"首鼠两端，于陛下国事何益"。

赵鼎的"两面性"，无论在战和选择，还是做人做事上，都格外鲜明：一面痛斥别人朋比为奸，一面自己大搞朋党政治；一面塑造"刚直"人设，一面篡改《神宗实录》《哲宗实录》，把北宋灭亡归咎于王安石变法。

总之，罪过是别人的，功劳是自己的。

赵构心心念念求和，需要有大臣站出来，不折不扣地贯彻这个意图，敢于替皇帝背议和的锅。而赵鼎行动闪烁，变来变去，显然不是值得赵构托付的人。

——用错人。

宋人认为，赵鼎"好贤乐善"，所用皆为贤才。朱熹就称赞他"一时收用人才之盛，后来莫及"。李心传在《建炎以来系年要录》里也说赵鼎"以政事之先后，及人才所召用者，密条而置诸坐右，一一奏察，以次行之"。事实果真如此吗？

赵鼎重用洛学门人和元祐党人后裔，因为他们都跟"反对王安石"扯得上。问题是，简单以政治和血缘出身作为人才评价标准，不但做不到五湖四海、任人唯贤，而且有可能搞出个以赵鼎为中心的洛学政治集团。

南宋初年，距离"元祐更化"已过去四十多年，政治环境大变。片面重拾元祐政策，对巩固南宋统治没用。更何况，就算元祐党人都是能人，也不能保证他们的子孙都靠谱。

吕应问涉嫌贪赃，按律当斩，就因他是元祐党人吕公著的族子，赵鼎便横加干预，将其留用。这样做，破坏了法治公正，损害了朝廷信誉。

赵鼎热衷洛学，崇拜程颐，但没有见过程颐本人，也不清楚程颐有多少门生。有投机者谎称程颐门生，登门求官，居然也得偿所愿。不知有多少政治骗子从中捞到了实惠。

看出身，靠感觉，是赵鼎用人的不二法门，但"眼睛看"总有走眼的时候，跟着感觉也有走偏的时候。赵鼎用人的最大失误，就是推荐了自己原本并不喜欢的秦桧。

赵鼎得意的时候，秦桧放低姿态，百般献媚，讨得欢心和推荐，捞到了尚书右仆射（右相）的官职。赵鼎倒霉的时候，秦桧翻脸不念当年伯乐之情，转而造谣诽谤，挖坑陷害，将其方寸搞乱、名声搞臭，一贬再贬，直至客死他乡。

秦桧的"表演"，成了压倒赵鼎的最后一根稻草。

对于赵鼎用人，宋人的评价是尖刻的："植党如山，无敢言者。"在他一手擘画的朋党政治之中，朝廷上下"说一般话，行一般事，用一般人，诸贤聚会，一时号小元祐矣"。在他一手选用的"诸贤"鼓噪下，赵鼎终于戴上了"贤相"的帽子。

对于其中的门道和真相，拍马屁的"诸贤"们一清二楚。

——没正形。

赵鼎倡导的洛学，属于程朱理学的一部分，其主张尊立法、灭人欲，旨在让所有人安分守己，摒弃非分之想。然而，最信奉此说的赵鼎，带头没正形，生活奢靡，物欲横流，醉生梦死，令人瞠目结舌。

早年丧父，家贫如洗，在母亲教诲下，赵鼎生活简朴，克己奉公。然而，一旦拜相，再不克制，而是"以临安相府为不足居，别起大堂，奇花嘉木，环植周围"。

在临安置宅子只是迈向骄奢生活的第一步。

绍兴四年（1134）八月，赵鼎外放川陕宣抚使，旋即改任都督川陕荆襄诸军事。嘴上仁义道德的他，身体实诚得很，真把四川当成了"天府之国"。临行前，向朝廷申请"随军钱物须七百万缗"，比前任张浚赴任时足足多了五百五十万。

朝廷左右为难，拼尽全力才凑了三百万缗。赵鼎很生气，罕见地摆谱道："令我作乞儿入蜀耶！"意思是说，难道要打发我像乞丐一样入川吗？

拜相之后，赵鼎最大的爱好就是吃喝。他将相府的伙食费提高了十倍，天天摆酒席，同属官们"酣饮"。一顿午餐，能从日中吃到日落。

一边是前方吃紧，一边是后方紧吃；一边是路有冻死骨，一边是朱门酒肉臭；一边是抗金将领力主北伐，一边是朝廷命官酒色财气。这就是南宋初年"直把杭州作汴州"的奇特场景。维持这一切，只能通过巧取豪夺，盘剥百姓。

南宋的百姓是苦的。尽管赵鼎推行了一些恢复农业生产、规范赋税征收的财经政策，但民众的税负依然沉重，大大高于北宋。

十二世纪中叶，如果说北方的战乱令人命如草芥，那么南方的剥削令人生不如死。就连朱熹也感慨"古者刻剥之法，本朝俱备"。

国事如此，人亦如此，赵鼎又有何颜面自诩"中兴贤相之首"呢？

秦桧：皇帝身边的灰色"减震器"

南宋初期，金山寺的道月禅师不但精通佛法，而且在文学领域久负盛名。岳飞常与他讲禅论诗，一来二去，成了好友。禅师以诗会友，为岳飞写了一首《无题》诗：

> 风波亭下水滔滔，千万坚心把舵牢。
>
> 只恐同行人意歹，将身推落在深涛。

对岳飞的处境，道月禅师洞若观火。他深知南宋虽面临生存危机，但依然奉行"重文轻武""以文制武"的"祖宗之法"。岳飞战功卓著，反而会招致杀身之祸。

作为好友，道月禅师帮不上岳飞，只能以诗言志，暗示岳飞小心谨慎，度过此劫。尤其提防身边人，唯恐小人得道，害他性命。

遗憾的是，岳飞为南宋朝廷拼死拼活，仍不免蒙冤而死。他的死，既与赵构的猜忌有关，也与奸臣秦桧（1090—1155）的作祟难脱干系。

委身敌国、陷害忠良、专权跋扈、结党营私，秦桧顶着这四大标签，化身一尊铜像，跪在杭州西子湖畔。

纵然恶评如潮，但他在绍兴年间长期官居相位，贯彻的都是赵构的意志。换句话说，秦桧充当了赵构身边的"减震器"。只不过，这个"减震器"释放的能量，大多是"灰色"的。

一、曾经凛凛生气

青年时代，秦桧曾写过一首《题范文正公书伯夷颂后》：

> 高贤邈已远，凛凛生气存。
>
> 韩范不时有，此心谁与论。

曾几何时，他也是意气风发的热血少年，希望做范仲淹、韩琦那样的英雄人物。

秦桧生于湖北，长于江宁①。父亲做过知县，但没留下多少家产。为了谋生，秦桧做过私塾先生，靠着微薄的学费，过得很清苦。但梦想要有："若得水田三百亩，这番不做猢狲王。"当"孩子王"并非他的初心。

秦桧是有真本事的。他在宋徽宗"瘦金体"的基础上，综合王羲之、王献之、韩愈、柳公权等众家之长，自成一体，创制了便于印刷的新字体——宋体字。

宋体字在中国书法史上影响很大。南宋初期，临安的店铺、酒楼、勾栏瓦肆，就以悬挂秦桧的字匾为荣，官方文书也逐步被宋体字一统江湖。今天，人们在办公软件上打字，使用频率最高的还是宋体字。

不过，朝廷一开始并没有看出秦桧有多大本事。

政和五年（1115），二十六岁的秦桧高中进士，踏入仕途。他当过密州教授、太学学正，都是教育口的头衔，说明朝廷对他的职业生涯定位，还是个教书匠。

朝廷看不上，有人看得上。《朱子语类》记载，秦桧中进士后，曾和程颐的弟子游酢"同饭"。席间，有一隐者给秦桧相面，得出"大贵"的结论。游酢听罢"奇之"，对秦桧说："隐者甚验，幸自重。"

或许，游酢只是把隐者的预言当作酒后戏言。不然，他这辈子和秦桧不可能仅一面之缘。

如果天下太平，秦桧有可能会扎根教育口，辛苦半辈子，买个"水田三百亩"，聊度残生。可是，靖康之变改变了这条轨迹。

---

① 江宁，今江苏南京。

靖康元年（1126），金兵南下，包围汴京。宋徽宗仓皇退位，匆忙登基的宋钦宗打算议和，面对金人开出的苛刻条款（割太原、中山、河间三镇，纳巨款岁币），朝堂之上发生了激烈争议。有人主张照单全收，只要能保住黄河天险就行；有人主张全盘拒绝，集结勤王之师抗战到底。秦桧也提出"军机四事"：

——金人贪得无厌，割让三镇不可取，顶多把宋金联合灭辽后，北宋分得的燕京六州割出去。当然，这六州此时已被金人攻陷，北宋的"割让"只是追加承认而已。

——金人狡诈无信，要加强守备，不可松懈。当年宋金"海上之盟"说好的，灭辽后把燕云十六州交给北宋。可到交割时，金人先是耍赖不给，然后勒索一大笔军费，才勉强交割了燕京六州，在宋军接管前，又洗劫一遍，只留下几座空城。

——与金人达成的盟书，要召集百官逐字研议，以免疏漏歧义，被金人钻空子。

——金国使者只能在殿外觐见。礼节上寸步不让，不能惯着他们。

许多官员畏敌如虎，秦桧却大义凛然，"最美逆行人"的形象跃然宋钦宗眼前。虽然"军机四事"没被采纳，但秦桧着实露了脸，升任职方员外郎，从此告别教育口，转入行政口。

大众印象里，秦桧是"投降派"。为什么此时的秦桧，居然显得威武不屈呢？

两宋时期，复兴儒学的思潮涤荡着知识界。重建儒学权威，培养高尚人格，弘扬孔孟之道，是鲜明时代特色；《论语》《孟子》中的"三戒""三畏""九思""三乐"，是当时君子人格的标杆；"君子喻以义，小人喻以利"，是当时读书人的行为指南。

在这样的环境里，秦桧自幼耳濡目染，形成了异于常人的"君子之守"。这样的气质，将在危难关头拯救他。

慑于金兵恫吓，宋钦宗只好答应割让三镇，委派张邦昌为河北割地使。秦桧作为"干当公事"，协助张邦昌办理交割事宜。

面对这份跟"军机四事"相左的差事，秦桧不想接，多次推辞。宋钦

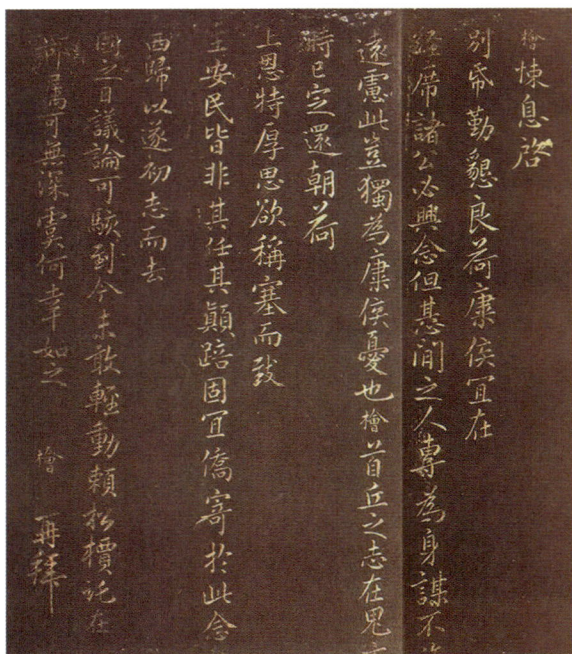

《别纸勤恳帖》，南宋秦桧，拓本。上海图书馆藏

宗索性给他官升一级，以"割地使"身份护送肃王赵枢出使金营，交割三镇。

差事办得"不错"。秦桧不但割地"有功"，还几经斡旋，把扣在金营的肃王赵枢救了回来。宋钦宗大喜，秦桧随即升任殿中侍御史、左司谏，踏入了监察系统。

这样的升官，真是讽刺。

不出秦桧所料，金人贪得无厌，并不满足于三镇，又以攻打汴京相威胁，向北宋讨要地盘。宋钦宗只好"集百官议于延和殿"，来个"举手表决"。结果，范宗尹等七十人同意割地，秦桧等三十六人认为不可。

尽管秦桧是少数派，但这次强硬表态，又为他赢得了好名声。不久，他升任御史中丞。这是御史台的最高长官。换句话说，秦桧从金榜题名到跻身高官，只用了十二年。

遗憾的是，国破家亡前夕的高官，已经不值钱了。几个月后，汴京城

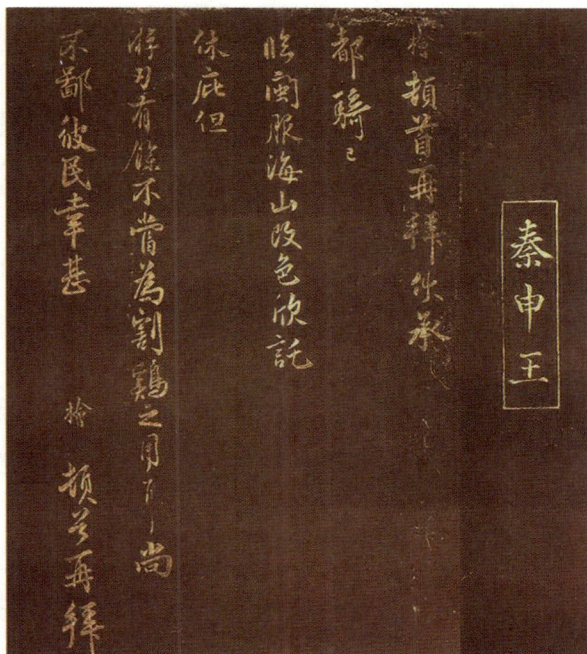

《都骑已临帖》，南宋秦桧，
拓本。上海图书馆藏

破，宋钦宗奉表降金，秦桧跟着当了俘虏。不过，囚于金营的秦桧对宋室依旧忠心耿耿。

"二圣北狩"，留下的烂摊子咋办？金人就找来当年的"河北割地使"张邦昌，立为傀儡皇帝。毕竟，他是北宋的宰相，有影响力，跟金人打过交道，金国主子比较熟悉。

秦桧听说后，严厉抨击张邦昌"专事宴游，党附权奸，蠹国乱政，社稷倾危实由邦昌"。秦桧觉得，张邦昌只会吃喝玩乐、溜须拍马，大宋朝就是被这种人搞垮的。他专门写了一份《秦桧状乞立赵氏》，"请立赵氏宗室"，哪怕只是个傀儡。

南宋纂修《三朝北盟会编》《建炎以来系年要录》时，曾搞到了一份《乞存赵氏议状》，篇幅长，内容杂，《宋史》将其收录。金国灭亡后，从其内府流出大量宫廷档案，其中有本《大金吊伐录》，收录了这份字数更少、内容更简的《秦桧状乞立赵氏》。经过历史学家考证，《秦桧状乞立赵氏》是真作，《乞存赵氏议状》像是伪作。

《秦桧状乞立赵氏》讲了些什么呢？

秦桧承认，金人灭宋是"吊民伐罪"，但建国立王是要"率众庶以奉一夫"，是"代天致理"的大事，要确保生灵"有所依靠，不坠涂炭"。他认为，张邦昌参与了"伐燕败盟之计"，不符合建国立王的标准，扶持他当皇帝会不得人心，导致天下大乱，"祸及无辜"，有损金人"吊民伐罪"的"好名声"。

他说如果金人"推天地之心，以生灵为念"，就应该在赵氏宗室里选一位没有参与"背盟之议"的人当皇帝，哪怕只做金人的傀儡。这样既使"奸雄无因而起"，又体现金国"元帅好生之德，通于天地"。他甚至放低姿态地恳求："桧虽草芥，亦被生成之数，无任待罪陨越激切恳求之至。谨具状闻，伏候台旨。"

其实，金国决策层早就决心断了赵氏的根脉，免得大宋朝死灰复燃，找金人秋后算账。因此，不管秦桧怎样乞求，金人都不会立赵氏宗室，哪怕只是个傀儡。

为了给张邦昌树"正统"，金人摆出一份立张邦昌为帝的"委任状"，用刀剑威逼，强令所有宋朝大臣签字。"众意唯唯""失色不敢答"。唯有"秦桧不书"，坚决不签。

只要签了字，就有机会留在汴京，打着伺候张邦昌的旗号，观望局势变化。两个月后，康王赵构在南京应天府称帝，建立南宋。这些大臣纷纷作鸟兽散，跑去向新皇效忠。就连张邦昌本人，也把穿了三十三天的龙袍扔掉，跪在赵构面前请罪。

"死心眼"的秦桧，因为拒签，惹怒了金人。于是，他也踏上了"北狩"之路。

越往北走，天气越冷，人气越差，氛围越糟。不断有王公贵族倒毙道旁，无人收尸。秦桧没见过这个阵势。是继续坚持凛凛正气，还是像宋徽宗一样屈膝投降呢？

二、虎口脱险记

建炎四年（1130）十月，临安皇宫来了一位不速之客。

他从北边来，自称委身金营三年之久。趁着战乱，杀了监视他的金兵，抢了小船，带着家眷，历尽万险，逃来南宋。

许多人怀疑，他是不是在编故事，但宰相范宗尹、枢密使李回深信不疑，竭力保举。

这位不速之客，就是秦桧。

问题来了：身陷金国三年的日子，他是怎样度过的？又是怎样"虎口脱险"的？

金国"大佬"粘罕读过《秦桧状乞立赵氏》。同样是主张立赵氏宗室为帝，别的大臣都是声泪俱下的愚忠姿态，而秦桧摆出的理由，主要是着眼金国的利益，体现金人"好生之德"，帮助金人巩固在中原的统治。

更何况，他特立独行的"不书"，让粘罕觉得，此人思维灵活，又讲原则，可堪一用。

北方的肃杀气氛，令秦桧胆寒。曾经的铮铮铁骨，在"靖康之耻"的残酷现实面前逐渐软化。人在屋檐下，哪有不低头。渐渐地，秦桧的人生观、价值观变了。

当了"亡国奴"，还要啥自行车啊！秦桧越来越相信"万事不如杯在手，一生几见月当头""人生得意须尽欢，莫使金樽空对月"的道理。既然粘罕态度松动，他便主动贴靠邀宠，希图改善境遇，不再受罪，至少落个"今朝有酒今朝醉"。

宋徽宗也是这么想的。听说第九子赵构登基，他就让秦桧给粘罕写了封信，表示愿意派人通知赵构，永奉金国正朔，称臣纳贡。这份形同卖身契的书信，没有改变宋徽宗的阶下囚处境，但信中摇尾乞怜的言语，却让粘罕格外受用。

于是，粘罕给了秦桧很多赏赐，还把他派到左监军挞懒（完颜昌）的麾下去当"参谋军事"，随军征战。随后几年，秦桧给南宋守将写过劝降书，向金人行贿送礼买平安。

秦桧的低姿态，换来了金人的"高看"。就连桀骜的金兀术，都曾特地宴请他，"左右侍酒者，皆中都贵戚王公之姬妾"。

有人说，"时势造英雄"。秦桧的迅速"堕落"，也离不开时势的力量。

早年的清贫生活，以及北宋末年的官场打拼，让谨小慎微、察言观色、工于算计的思维融入秦桧的骨髓。混迹太学的那段岁月里，他就表现得"博记工文，善干鄙事"。即便是每次游玩采办吃喝的琐事，他也想得周到，跑得勤快，办得利索，人送绰号"秦长脚"。

在金国做阶下囚的日子，备受煎熬和磨难，更令他认识到，只有活下去，才能有一切，而活下去的前提，就是趋利避害，不认死理，实用至上。

从官员到俘虏，身份上的落差和精神上的耻感，使秦桧心性大变。时间可以磨平一切，又岂止那颗"坚强"的心。此时的秦桧，再没了硬汉气质，只剩乞丐般的低三下四。

建炎四年（1130）十月，挞懒率兵进攻山阳^①，秦桧携家眷随军同行。就在这次军事行动期间，他带着家眷离开金营，一路颠沛，跟跟跄跄，来到临安。

他是逃回来的吗？

挞懒的根据地在山东。秦桧的"南逃"路线，是从这里启程，途经楚州，抵达南宋的涟水军水寨，而后乘船入海，抵达临安。千里之途，数不清的金人关卡，如果是逃亡，拖家带口，还杀人夺船，焉能轻易通过？

更何况，像秦桧这样的北宋降臣随军出征，家眷一定会被扣在后方当人质，岂能一同开赴前线？"逃亡"之路艰险异常，随时可能走散，岂能一家人同乘一船，安然抵达临安？

南宋宰相朱胜非在《秀水闲居录》里记载，秦桧"南逃"，随身携带了铜钱千缗，即一千贯，宋代一贯钱有七百多枚铜钱，每枚四克。因而一贯约合三公斤，一千贯就是三千公斤。也许这些钱款是为了打点路上的关卡，但如此形同搬家的"逃亡"，能逃得了吗？

---

① 山阳，今江苏淮安。

种种迹象表明，秦桧来临安，并非"死里逃生"，而是被金人放回来的。

《老学庵笔记》是陆游在秦桧死后四十年写的一本书。其时秦桧不但官方"人设"业已崩塌，而且陆游对其在科举考试设过绊子的事记忆犹新。于情于理，陆游都没必要为他讳饰。当然，陆游没有与秦桧共事过，这本书的叙述主要源自传闻。其中有这样一段话：

> 秦会（桧）之在山东欲逃归，舟楫已具，独惧虏有告者，未敢决。适遇有相识稍厚者，以情告之。虏曰："何不告监军？"会之对以不敢。虏曰："不然，吾国人若一诺公，则身任其责，虽死无憾。若逃而获，虽欲贷，不敢矣。"遂用其言，告监军，监军曰："中丞果欲归耶？吾契丹亦有逃归者，多更被疑，安知公归而南人以为忠也。公若果去，固不必顾我。"会（桧）之谢曰："公若见诺，亦不必问某归后祸福也。"监军遂许之。

陆游提到，秦桧曾与金国好几个大佬都表达了回南宋的想法，大佬们非但没阻拦，还设身处地替他考虑。对谈气氛平静，没有剑拔弩张。监军甚至还放了他。

要知道，秦桧随军行动，了解挞懒军中的许多情况。如果不辞而别，逃之夭夭，万一将金营虚实都转告南宋方面，挞懒不害怕吗？

如果没有金国高层的默许，谁敢为秦桧归宋开绿灯放行呢？

那么，秦桧南归，有没有金人特别的授意？他是不是携带了什么使命？他是传说中的"金国间谍"吗？

这几个问题，陆游没有给出答案。

从官场的一般逻辑看，秦桧被俘以前，是御史中丞。官职不小，但不及宰相，且封官于国破前夕，含金量不高。到了南宋，不管是论资排辈，还是跟赵构的私交，都不足以让他位极人臣、左右决策。

因此，金人释放秦桧，似乎并没有指望他南归后，能给金国办成什么事。

有人怀疑，秦桧背上"间谍"的恶名，可能是金国方面故意放出的信息，也可能是南宋高层反对秦桧的势力制造的言论。总之，这很像一场"舆论战"。

三年敌国生涯，令秦桧有口难辩。南北交通的阻隔，令秦桧无法自证"清白"。

然而，"绍兴和议"前后的三件事耐人寻味。

——第一件事：谁来主持对金和议。

绍兴八年（1138）十月，秦桧在和赵构的单独奏对中表示："讲和之议，臣僚之说皆不同，各持两端，畏首畏尾，此不足与断大事。若陛下决欲讲和，乞陛下英断，独与臣议其事，不许群臣干与，则其事乃可成，不然，无益也。"

这段记录在《三朝北盟会编》的叙述，在《建炎以来系年要录》和《宋史·秦桧传》里也有呈现。

不管秦桧说这话是出于什么目的，却在不经意间透露了一个事实：只有他秦桧出面主持，对金和议才能办成。

谁都知道，和谈是双方的事，剃头挑子一头热是不靠谱的。即便秦桧能替赵构做主，代表南宋答应一切，他又凭什么做得了金人的主？凭什么有把握促成双方和谈成功呢？

在皇帝面前夸的海口，一旦兑不了现，就是欺君大罪。以秦桧的智商，绝不会做这种没把握的蠢事。显然，只有一仆二主的"间谍"才能做得了双方的主。

——第二件事：秦桧必须当终身宰相。

"绍兴和议"期间，金人提出"不许以无罪去首相"的条件，变相要求秦桧必须做终身的正宰相。这在中国古代史上绝无仅有。

要知道，双方和谈时，金兀术新败，害怕宋军反攻。韩世忠、岳飞虽然解除了兵权，但人还在，随时可能官复原职，背弃和议，出兵讨金。因此，金人对赵构不可能完全放心。不过，将秦桧的政治生命作为一个谈判条件，可见其在金方的价值和地位。

——第三件事：百姓的评价。

绍兴八年（1138），秦桧作为唯一的宰相，力主对金议和。临安就有百姓贴出榜帖："秦相公是细作！"我们总说人民群众的眼睛是雪亮的，敢于公开抨击当朝宰相，想必也反映了当时百姓对秦桧身份的评判。

建炎三年（1129），金兀术南下"搜山检海"，非但没有抓到赵构，反而在北撤途中遇到韩世忠、岳飞顽强抗击。经此一战，金国高层意识到，很难一口吃掉南宋，挞懒等部分大佬就转变了既有打法。

建炎四年（1130）发生了两件事。七月，刘豫称帝，建立伪齐政权，作为宋金之间的缓冲区，以及进攻南宋的代理人。十月，秦桧逃回临安。这两件事，都是挞懒一手操办的。

金人对南宋的战略，从来都不是"单打一"，而是"组合拳"。既有亲自下场，又有"代理人战争"，还有安插"间谍"，三位一体。旨在强化南宋高层的求和愿望，帮助金国在谈判桌上捞到更多东西。

回到临安的秦桧，并没有断绝同金人的来往。换句话说，他被金人拿捏了。

秦桧的老丈人王仲山，人在江西抚州当知州，但在金人占领的济南还保有大量田产。

甚至坊间传言，金兀术曾许诺，如果秦桧搞定了赵构，每年给金人送来的岁币，金人都会给秦桧个人4%的返点，也就是银一万两，绢一万匹。

传言虽然真伪难辨，但至少可以说明，人们对秦桧的真实身份确有疑虑。不管秦桧乐不乐意，冲着真金白银，他也要死心塌地给金人卖命。

金人几次军事行动，都能快速抢得先机，离不开可靠情报的关键作用。而这些情报的提供者，极有可能就是秦桧及其同党。

也就是说，秦桧是金人在南宋布置的一颗棋子。虽然一时吞不掉这个小朝廷，但足以遥控它，让它俯首听命。

正如宋史大家漆侠所说，"秦桧是女真贵族豢养的、并被派到南宋的一个内奸"。学者邓广铭、王曾瑜也持类似看法。他们认为，金人将秦桧放归南宋，是在宋金战场上越发捞不到实惠的情况下，希望用"有本事"的降官，破坏南宋的抗金斗争。从这个意义上说，秦桧确是"间谍"。但也有学者持不同观点。

罗马不是一天建成的，宰相也不是刚回去就能当上的。秦桧更像是金人布在南宋的一颗"闲棋冷子"，平日悉心培养，战时大显神通。

三、南宋权相政治的起点

秦桧归宋后，被封为礼部尚书，连跟随他的马仔和船工，也都被封了官。

大家都以为，赵构这么安排，只是在树典型：困在金国的北宋旧臣，只要真心"反正"，一律重用。

没想到，过了四个月，秦桧就升任参知政事，跻身宰相行列。

更没想到，又过了半年，他竟直升右仆射、同中书门下平章事、兼知枢密院事。南宋实行双相制，右仆射就是第二宰相。

这是他第一次拜相。就升官而言，秦桧跑出了南宋第一速度。

秦桧先后两度拜相。第一次为期一年，随后下台外放；第二次干了十多年，其中大部分时间是唯一宰相，直至死在任上。

虽然坊间多有微词，但赵构对他言听计从。有皇帝撑腰，秦桧广布党羽，一手遮天。南宋的权相政治，自秦桧始。

为什么赵构会对秦桧情有独钟？秦桧是怎样蜕变为一代权相的呢？

——君臣合拍。

在君相矛盾暗流涌动的大宋官场，皇帝和大臣之间"琴瑟和鸣"的场景并不多见。赵构和秦桧就做到了。至少，两人的政治诉求是一致的。

秦桧一到临安，就端出了对金的策略建议："如欲天下无事，须是南自南，北自北。"即只有南北议和，各自分治，才能安享太平，皇位永固。

此时的金人，一面要镇压河北义军，一面要跟南宋军队在川陕、两淮、京湖一线交手，顾此失彼，焦头烂额。挞懒不得不将单纯军事进攻的政策，改为"以和议佐攻战"的策略。

"南自南，北自北"不光是秦桧的建议，也是挞懒的愿望。一旦实现，金人就可以集中精力消化北方新占领区，逐一消灭河北义军，对南宋长期保持压迫态势。

不管秦桧是不是"间谍"，他的和议主张客观上配合了金国的大战略。

建炎四年（1130）的南宋小朝廷，刚从金兀术"搜山检海"的噩梦中逃过一劫，朝野上下都对金人恨之入骨，抗金情绪高涨。韩世忠、岳飞在黄天荡、建康等地的战绩，加之河北义军风起云涌，提振了南宋军民的抗金热情。

然而，赵构的想法更多。他的底线是皇位和性命，中案是保有半壁江山，高案是收复中原。南宋初创，内外交困，无力支撑大规模、长时间的北伐战争；金人穷凶极恶，几次三番把他往绝路逼。因此，高案达不到，底线太丢人。唯有中案可以一试。

怎样才能达成中案呢？答案是议和。只不过，赵构希望前线宋军多打胜仗，为他在谈判桌上挣几张底牌。秦桧的建议，刚好说到了他的心坎上。

——替主分忧。

绍兴八年（1138），金国使臣萧哲一行抵达淮安，声称先册封赵构为帝，再讨论其他事。既然是册封，赵构就要对金人行屈膝礼。以皇帝之尊，给敌国使臣下跪，很伤面子："朕嗣守太祖、太宗基业，岂可受金人封册？"

眼看皇帝陷入尴尬，秦桧主动出列，放下身段，厚着脸皮，担当"减震器"，替皇帝下跪，接受册封，完成了这项只有不要脸才能完成的任务。

关键时刻挺身而出，替老板化解麻烦。这样的员工，哪个老板会不喜欢？

秦桧捞到了大尺度的奖赏：同年，他开始独自担任宰相，包揽议和大权，推动宋金双方达成了两次"绍兴和议"，实现了赵构的中案，确立了南宋前期的"绍兴体制"，还顺带要回了宋徽宗的遗骸和韦太后。当然，压根没要宋钦宗。

一番操作，不但以"相对较低"的经济成本保住了南宋半壁江山和小朝廷，还成全了赵构孝敬父母的美名，更解除了兄长"还位"的潜在威胁。可谓"一石三鸟"。

赵构的心头云开雾散，心情格外愉悦。

无论是当时，还是后世，都有人认为秦桧是"再造大宋"的功臣。《中兴小纪》记载，秦桧死后，赵构曾表示："秦桧力赞和议，天下安宁。自中兴以来，百度废而复备，皆其辅相之力，诚有功于国。"赵构专门为他加官晋爵，赠爵申王，谥号忠献，极尽哀荣。

——替主救火。

通货紧缩是世界性难题，南宋初年就面临这样的严峻局面。由于政局不稳，百姓不肯花钱，经常赊欠，搞得市面萧条，社会消费品零售额大跌。流通变慢，导致钱荒严重，商人赚不到钱，官府就收不到税。长此以往，莫说是支撑北伐，就连半壁江山也守不住。

缺钱，是摆在赵构面前的大难题。大臣们一筹莫展，还是秦桧耍了阴谋诡计，破了这困局。南宋学者张端义《贵耳集》讲述了这个故事：

秦桧叫来个理发师给他理发。按照市价，理一个头只需两个铜钱，可秦桧赏给理发师五千个铜钱，告诉他："皇上说了，这钱过几天就不能用了，你拿回去赶紧花掉吧。"

理发师一下子得了这么多钱，高兴坏了。他一溜小跑，到市场上采购了很多日用品，还不忘把宰相透出来的"重大经济情报"告诉身边的小伙伴。一传十，十传百，这可不得了，那些平时攒钱不花的人全都出动了，在临安城掀起一股抢购风潮：

有人置办不动产，有人纳妾，有人购买金银细软，有人买粮食，还有趁机行贿送礼的。不到三天，全市消费物价指数飙升，企业和商家的库存见底，"京下见钱顿出"。

在秦桧这只"看不见的手"的擘画下，临安市面一扫萧条，恢复了经济活力。

如果不讨论人品道德，仅看业务能力，秦桧算是个"理财行家"和"救火队员"。靖康之变后，大批北方人逃到南方避祸，导致南方人口暴增、资源紧张、环境承载压力增大。

秦桧没有动用行政手段，而是散布"内幕消息"，制造紧张气氛，不动声色地达到了扩大内需、稳定市场、安抚人心的目的，顺便给北方移民提供了新增就业岗位。从赵构统治中叶，到宋孝宗、宋光宗时期，近半个世纪的经济繁荣，跟秦桧那只"看不见的手"很有关系。

——为主挡枪。

南宋立国后，经过十年努力，赵构基本做到了两件事：一是将抗金战线稳定在川陕、京湖、两淮战场，临安逐渐远离战争威胁。二是镇压杨幺起义，荡平了洞庭湖地区的"内患"。

"内忧外患"不再急迫，赵构就开始琢磨削夺兵权，以防止前线悍将拥兵自重，蜕变为朝廷难以节制的军阀。

"重文轻武""以文制武"，是北宋的"祖宗之法"。作为北宋衣钵的继承者，赵构必须沿用"祖宗之法"，方能彰显正统。削夺兵权，就成了他保皇位、立皇威的必然举措。

赵构削夺兵权，分了两个步骤。一是绍兴七年（1137），先缴了淮西战区刘光世的械；二是绍兴十一年（1141），解除了韩世忠、岳飞、张俊的兵权。接下来，岳飞死于非命；韩世忠勉强捡了条命；张俊投靠秦桧，给岳飞泼脏水。

许多人把岳飞冤死的账，都记在了秦桧头上。岳飞冤案昭雪后，人们塑了秦桧夫妇的跪像，向岳飞墓永远忏悔。不过，没有赵构点头，秦桧纵然再坏，也绝不敢贸然杀岳飞。仅以害死岳飞这件事论，秦桧替赵构挡了枪、背了锅。

权力场上，君子与小人较量，小人往往更顽强。因为小人没原则、没底线，善于见风使舵、谄媚上级，猜君王之所想，投君王之所好。

秦桧就具备了这种本事，更适应官场生存法则。张浚、赵鼎、岳飞都不是他的对手。

岳飞死后，秦桧俨然成了赵构的"化身"。他利用皇帝的信任和授权，广结党羽，改组谏官，大兴文狱，钳制言论，篡改历史，一手遮天，成了连赵构都要敬让三分的"假皇帝"，揭开了南宋权相政治的序幕。

此后，韩侂胄、史弥远、贾似道，前赴后继，演绎了南宋权相政治的一幕幕大戏。

四、清醒与糊涂

人在什么时候最清醒？

天灾降临后，东窗事发后，大祸临头后，重病缠身后，遭遇重挫后，退休闲暇后。

尽管皇帝宠信，尽管大权在握，但秦桧的权相日子过得战战兢兢、如履薄冰。他很清楚"水能载舟，亦能覆舟"的道理：皇帝就是"水"，他只是一叶扁"舟"。

做了太多坏事，得罪了太多人。为自保，秦桧必须时刻关注细节，避免出瑕疵、留把柄。

面君奏事时，他不急不躁，给皇帝留出足够的思考时间，充分尊重皇帝的想法。和大臣辩论时，他不紧不慢，让对手先说，不争一时之短长，更不会面红耳赤，而是经常后发制人，一击必中，心理素质极稳。

皇帝喜欢的，就是他乐于效力的；皇帝不喜欢的，或者容易惹麻烦的，他尽量躲着，哪怕只是个小事。因为一旦处理不慎，小事也会变成大事，甚至是要命的事。

这天，皇后心情很好，邀请一票贵妇人进宫吃大餐，邀请名单里也有秦桧的夫人王氏。

皇后请客，伙食极好。其中一道名菜"淮青鱼"，肉质鲜美，产量稀少，一般人吃不起也吃不着。皇后特地安排，让这帮贵妇人开开眼，感受皇家滋味。

所有贵妇都啧啧称赞，只有王氏面色平静。皇后问她："你吃过这鱼吗？"言语间，夹杂着傲慢与炫耀。

"吃过，我家常吃，吃的鱼比这还大。如果皇后想吃，我明天送十几条过来。"

王氏这一答，皇后不爽了，但没写在脸上。饭局散后，贵妇人们千恩万谢，王氏以为帮老公创造了一个跟皇家套近乎的机会，兴冲冲回到家，让人准备十几条淮青鱼，明天送进宫去。

听罢原委，秦桧顿感天旋地转：此刻的王氏更像"猪队友"，俨然送他上了断头台。

如此名贵的菜，皇后也难得吃上一次，你王氏只是个宰相夫人，居然经常吃，而且吃的个头更大，张嘴就说能送十几条来。难道天下的大淮青鱼都先送到宰相府吗？

王氏的一番炫耀，却让秦桧顶了欺君的嫌疑。秦桧能不破口大骂吗？

现实问题是，怎样才能把这个巨坑填上呢？

秦桧思索良久，让人去买十几条大草鱼，明天一早送进宫里。这是什么操作啊？

第二天，皇后见到这些大草鱼，忍不住笑了，对秦桧说："我昨晚还跟皇上说呢，秦相府上怎可能有那么多淮青鱼呢，原来是夫人弄错了，把大草鱼当成了淮青鱼。"

"是，是，贱内没啥文化。"秦桧唯唯诺诺，顺水推舟，心里一块石头落了地。

跟岳飞、韩世忠等大英雄相比，秦桧做人不"敞亮"，却很细腻。

早年，秦桧尚未发迹，地位卑微，谁都不待见他，只有曹泳给了他两匹绢布。曹泳是曹氏家族第八代成员，祖上出过大将曹彬、女政治家曹太后。虽然家道中落，但还有点世家大族的范儿。

两匹绢布是小事，算点水之恩，但秦桧默记在心。等到飞黄腾达时，他就将曹泳引为心腹，一路提拔曹泳做到临安知府、户部侍郎。秦桧主导的很多大事，都有曹泳的参与。秦桧以这样诚恳的感谢态度和方式，换来了曹泳死心塌地地效忠。

赵构相信，只有宰相的头脑足够清醒，言行足够谨慎，手段足够细腻，他这个皇帝才能高枕无忧、皇位永固。

人在什么时候最糊涂？

春风得意时，来钱容易时，得权专横时，迷恋情爱时，想占便宜时，老年痴呆时。

秦桧的清醒和谨慎，完全建立在神经紧绷的状态上。岳飞蒙冤、韩世忠退隐后，秦桧再无对手，随着年纪渐老，神经也放松了，就越来越糊涂了。

他结党营私，排斥异己，密织文网，钳制舆论，构陷忠良，篡改历史。随便跺跺脚，大宋朝都要颤三颤。所有人都怕他，胜过怕赵构。

如果说岳飞的职场失误，是太把公司当回事，而没把老板当回事的话，那么秦桧的职场失误，就是太把老板当回事，而没把公司当回事，以至于认为自己跟老板是捆绑的，自己想怎样，老板就会怎样。

靠着"绍兴和议"里"不许以无罪去首相"的说法，秦桧当了二十年宰相。他还不知足，想把宰相当成家族禁脔，传给子孙。为此，他四处活动，为儿子秦熺接班宰相造舆论。

殊不知，赵构对秦桧早已审美疲劳。当年之所以重用他，只为收回兵权、媾和金人，保住半壁江山。皇帝需要的，只是灰色"减震器"，而不是权臣。

如今，兵权收了，和局定了，江山稳了，"减震器"就成了"冗余"。更何况，千百年来，宰相从来都是皇帝任免的，哪有世袭这一说？秦熺摆明了是冲着"权相"的身份而来，他能当得了"减震器"吗？

随着时间的推移，赵构对秦桧的看法，从倚重逐渐变成了害怕，怕到为了防身，靴子里总藏着一把匕首。这个微妙的变化，秦桧并不知道，也没有意识到。

没了皇帝宠信，秦桧的政治生命也就到了头。然而，他错判了形势，错判了主子的想法。

绍兴二十五年（1155）十月，赵构前来探望病重的秦桧，从旁伺候的秦熺突然开问："代居宰相者为谁？"

这本该是赵构和秦桧之间的对话，却被第三者先提了出来。显然，这是秦桧设计的场景。

没想到，赵构脸一沉，甩出一句："此事卿不当与！"意思是说，这件事不是你该问的。

皇帝金口一开，基本宣判秦熺没戏了。可是，这个家伙不死心，居然让其子秦埙出面联络一帮大臣，图谋上奏皇帝，推荐他当宰相。

这就是赤裸裸的逼宫。古往今来，有几个升职是靠员工要挟领导换来的呢？

秦熺果然是王氏的亲儿子，连"猪队友"的队形都是一致的，把秦桧坑惨了。

宫廷内外，没有不透风的墙。赵构很快获悉了一切，连夜部署。第二天早朝，两道圣旨接连发出：册封秦桧为康郡王，秦熺为少师。削除秦桧、秦熺、秦埙等人的官职。

这意味着，秦桧父子没了实权，只剩下华而不实的"荣誉"头衔和生活待遇了。

老谋深算一辈子的秦桧，再也没了改变命运的机会和勇气。只能接受现实。不管是糊涂，还是清醒，等待他的，惟有不久后的一命呜呼。

秦桧死后，三十八岁的秦熺被迫退休，在家无所事事，六年后患病身亡。靠两匹绢布发迹的曹泳也丢了官职，编管崖州，在遥远的海南岛聊度残生。

又过了七年，赵构退位，赵伯琮接班，岳飞平反昭雪，主和派全面退场，秦桧的形象也一落千丈。

至于秦桧的相府，早已被朝廷收回，改成德寿宫，成了赵构退位之后的居所。

五、人从宋后羞名桧，我到坟前愧姓秦

宋人笔记《朝野遗记》记录了这样的故事：

> 秦桧妻王氏素阴险，出其夫上。方岳飞狱具，一日，桧独居画室，食柑玩皮，以爪划之，若有思者。王氏窥见，笑曰："老汉何一无决耶？捉虎易，放虎难也。"桧挈然当其心，即片纸付入狱。是日，岳王薨于棘寺。

按照《朝野遗记》的说法，杀岳飞的决断，是秦桧在书房的画室里谋定的。可是，岳飞死于冬天，没有塑料大棚，没有反季节蔬菜，十冬腊月，怎可能"食柑"呢？正史记载，岳飞是被赐死的，但这里怎么变成了秦桧"片纸付狱……岳王薨"呢？堂堂相府，深宅大院，夫妻之间的私房话，怎会传给外人呢？

疑点纵然很多，但究竟还是个逻辑完整的故事，旨在认定秦桧夫妇就是杀人凶手。

百年以后，元人刘一清在《钱塘遗事》中又讲了一则故事：

> 秦桧欲杀岳飞，于东窗下谋。其妻王氏曰："擒虎易，放虎难。"其意遂决。后桧游西湖，身中得疾，见一人披发，厉声曰："汝误国害民，我已诉于天，得请于帝矣。"桧遂死。未几，子

（秦）熺亦死。夫人思之，设醮，方士伏章，见熺荷铁枷……备受诸苦。桧曰："可烦传语夫人，东窗事发矣。"

这个带有神话传说色彩的故事，前半段跟《朝野遗记》情节相仿，后半段讲了阴曹地府的冥报。最引人注目的，就是"东窗事发"。

从"画室"到"东窗"，竟是道士通过作法，从阴曹地府打探而来的，实在是不靠谱。然而，这样的故事毕竟抓住了秦桧的软肋：一辈子都活在阴暗面，心理阴暗，做事阴暗，精于权谋，寡廉鲜耻。

即便贵为宰相，也只是皇帝的员工，即便当个"减震器"，也应该晓得"举头三尺有神明"的道理。搞阴谋诡计，迟早会"东窗事发"。

今天的你我，守住一份善良，就不会重蹈"东窗事发"的故事，但岳飞已死，历史不会再给秦桧改错的机会了，况且他也从未真正忏悔过。

绍兴二十年（1150）正月，正是岳飞遇害八周年。秦桧坐着小轿去上朝，路过临安的众安桥①。突然，从桥下钻出一人，手持利刃，冲向轿子，举刀就刺。

也许是冲得太急，也许是用力过猛，刺杀失败。秦桧毫发无损，只是吓了一跳。

杀手被捕，投进大牢。秦桧气急败坏，亲审方知：杀手名叫施全，钱塘②人。原为殿司低级军官，旗帜鲜明反对议和，主张为岳飞平反昭雪。一脸正气的施全，无惧酷刑，对着秦桧破口大骂："举天下皆欲杀虏人，汝独不肯，故我欲杀汝也。"

《建炎以来系年要录》则给出了另一种说法：

自罢兵后，凡武臣陈乞差除恩赏，桧皆格之，积百千员无一得者。客行朝饿且死者，岁不下数十。至是，全以所给微而累众，每牧马及招军，劳而有费，以此怨忿，遂潜携刃伺桧出，乞用兵因而鼓众作过，若不从，则害桧。

---

① 临安众安桥，今杭州望仙桥。

② 钱塘：今属浙江杭州。

也就是说，施全的计划，是绑架秦桧，逼他放弃求和政策，转而对金人用兵，通过恢复战事，达到提高军人待遇、解决军人不得封赏、客死流亡的目标。如若秦桧不从，则刺杀之。

施全被处以极刑，这个结果并不意外。意外的是，秦桧没想到自己的所作所为，社会评价如此之低。如果不是金人有话在先，皇上庇护有加，他这个宰相八成是做不下去的。

施全之死，代表了两种相向而行的社会呼声。那就是昭雪忠臣，诛杀奸臣；重整军队，精忠报国。

群众的眼睛是雪亮的，只是害怕秦桧手中的令箭和屠刀。群众的智慧是无边的，既然推不倒、干不掉秦桧，就用别的办法"编排"他。

临安闹市区的一个烧饼铺里，有个伙计名叫王小二，为人厚道、聪明伶俐、人缘不错。他嫉恶如仇，痛恨秦桧，但作为小老百姓，手无缚鸡之力，不可能像施全那样行刺。于是，他运用自己的手艺"编排"了秦桧。

某日，他按照秦桧夫妇的样貌，精心捏了许多面人，让他俩背靠背粘在一起，放在油锅里，一边炸，一边喊："大家快看，油炸烩啦！"

路人顿时变身"吃瓜群众"，围了里三层外三层。一会儿工夫，"油炸烩"就被抢购一空。大家边吃边叫好，认为"油炸烩"谐音"奸诈"，恰到好处。

"油炸烩"一炮打响，传遍了临安城。

烧饼铺有了这个"网红"产品，顾客盈门，生意兴隆。王小二忙不过来，只好简化制作过程，略去脑瓜和身子，只剩两条长腿，粘在一起，取其象征意义，称为"油炸鬼"。这就是今天油条的前身。

因此，吃油条≈吃秦桧。

秦桧活着的时候，人们只能想方设法"编排"；等秦桧死了，老百姓敢写举报信了。他们纷纷要求为岳飞平反、追责秦桧。

在随后的几十年里，秦桧被夺了官职，改了谥号，铸了跪像，完全"社死"。两宋时期，没有哪个宰相能像他这样，"倒"得如此彻底。

秦桧坏事做绝，沦为了人人唾骂的千古罪人，但他的后代没有继续丢脸。

261

南宋后期，曾孙秦巨曾任蕲州通判，面对金兵围攻，带领将士们背城一战，血染战袍，毅然放弃突围，率领一家七口举火自焚，为国捐躯。

遗憾的是，摊上秦桧这样的曾祖父，就算秦巨做出了怎样的英雄壮举，他的事迹也被湮没，没能得到褒扬和传颂。

清代乾隆年间，江宁人秦大士才华横溢，高中状元。一次，他与友人一道前往杭州岳王庙，拜谒岳飞墓。看到岳飞墓前"青山有幸埋忠骨，白铁无辜铸佞臣"的对联，不由得为祖先的劣迹而内疚。

这时，友人带有捉弄意味地请他给秦桧跪像写个对联，跟岳飞墓的对联相对应。秦大士羞愧难当，挥毫写下了："人从宋后羞名桧，我到坟前愧姓秦。"

这是一副独具匠心、工整自然的奇趣对联。句中前"羞"后"愧"，句末"桧"前"秦"后，对仗工整，在那个强调"敬天法祖"的年代里，秦大士敢于表达对先人的蔑视和以先人为耻的复杂心绪，是很有勇气的。

难怪同行者慨叹："荷花者，洁白也，出污泥而不染，花根本色不尽同。"

"减震器"是灰色的，但人心是红色的。秦桧塑像是跪着的，但历史的判决是公正的。

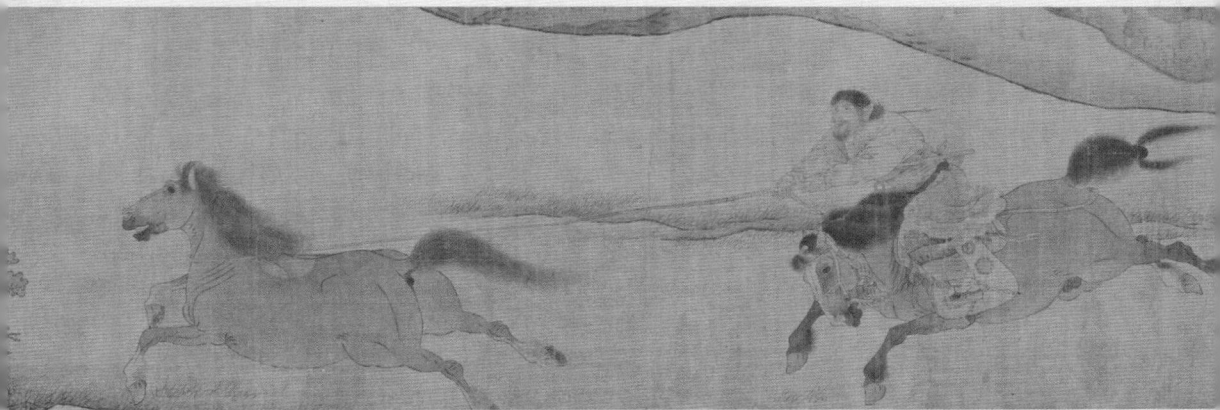

愁人：谁念万里关山，杀气横戎幕

　　赵构经常发愁。

　　愁的是皇位，愁的是皇权，愁的是赵家江山社稷，愁的是自己的身家性命。这些愁，说到底，都源自一群制造"愁"的对手。

　　首当其冲的，就是金人。尤其是金兀术和完颜亮。

　　金兀术跟岳飞多次交手，知名度很高。不过，赵构对他早有心理阴影，因为他曾把赵构从陆地追到海里，险些掀翻新生的南宋朝廷。

　　完颜亮兑现了金兀术的称帝梦，随后发动的对宋全面战争，尽管没打赢，还丧了命，但也搞得赵构身心俱疲，索性交出皇位，颐养天年去了。

　　刘豫建立的伪齐政权，横亘在宋金之间，充当进攻南宋的急先锋，让赵构恶心了好几年。

　　杨幺在洞庭湖畔活动多年，气势堪比水泊梁山，虽不足以推翻南宋朝廷，却被赵构视为心腹大患。

　　每次提到他们，赵构都很愁。他们制造的"愁"，正是宋高宗时代历史叙事的重要部分。换句话说，谈到宋高宗时代的大人物，他们不能缺席。

金兀术：打遍名将的"名将"

南宋词人姜夔写过一首《扬州慢·淮左名都》：

> 淮左名都，竹西佳处，解鞍少驻初程。过春风十里，尽荠麦青青。自胡马窥江去后，废池乔木，犹厌言兵。渐黄昏，清角吹寒，都在空城。

> 杜郎俊赏，算而今、重到须惊。纵豆蔻词工，青楼梦好，难赋深情。二十四桥仍在，波心荡、冷月无声。念桥边红药，年年知为谁生。

扬州，借助大运河的便利交通，商业发达、物资丰盈、市民生活多姿多彩，是唐宋时代数得着的大都会。然而，时至两宋之际，金兵南下，兵连祸结。昔日繁华，毁于一旦，十几年后，依旧杂草遍地、满目荒凉。物犹如此，人何以堪！

女真骑兵，是造成这场人间浩劫的直接推手。而金兀术（完颜宗弼），是女真骑兵中的"名将"。由于他跟岳飞经常交手，即便在南宋这边，也是响当当的名人。

只不过，与其他金国将领不同，金兀术几乎跟所有的南宋名将都交过手，输给每位南宋名将至少一次。可谓"雨露均沾"。

金兀术到底做了些什么，居然能让屡战屡败的他，赢得"名将"的声誉呢？他又有怎样的历史地位呢？

一、危局：从顺昌到郾城

绍兴十年（1140）五月，在东起两淮、西到陕西的千里战线上，金国对南宋发起全面进攻。前一年，双方曾达成第一次"绍兴和议"，河南、陕西归还南宋。时隔一年，金国单方面违约。赵构还没把河南、陕西捂热乎，就被金兵抢了回去。

这场军事行动的总指挥，正是金兀术。

他是个"欲壑难平"的将领。夺取河南、陕西只是第一步。他的终极目标，就是灭南宋。这是他心心念念十多年，屡次功败垂成的梦想。

欲灭南宋，必取临安；欲取临安，必占两淮。两淮战区是临安的门户，赵构布防重兵。即便如此，金兀术还是杀向淮南。

赵构闻报大惊。他觉得，镇守淮南的刘锜有可能顶不住，必须增派援军。派谁呢？遍观大宋军界，有能力跟金兀术一战，且离两淮战场不远的，只有岳飞的岳家军。然而，岳飞还在为母亲守丧。赵构立即传旨：国事要紧，守丧的事暂停几个月，先替朕抵挡金兵。

赵构的指令，是岳家军从襄阳出发，牵制金兵，减轻淮南战场的压力，如有机会，"图复京师（开封）"。不过，很快他就变主意了，因为两淮战场的局面发生了逆转。

向临安求救的刘锜，见援兵迟迟不到，只好硬着头皮跟金兵干。顺昌①之战，刘锜率领宋军击溃金兵，迫使金兀术后撤。两淮战场的压力迅速变小。

赵构本来就不想打仗，一看淮南消停了，大喜过望之余，突然想起给岳飞有过"图复京师（开封）"的话，怕他真的出兵北伐，便指示岳飞"兵不可轻动，宜且班师"。

岳飞一直有收复中原的期待。这次，他死死攥住赵构"图复京师（开封）"的话，认为金兵新败，喘息未定，机不可失，二话不说，立即大举

---

① 顺昌，今安徽阜阳。

北伐。

河南战区，岳家军势如破竹，进展神速，很快攻占了郑州、西京河南府、颖昌府、淮宁府①等地，并派人潜入黄河以北，联络抗金义军，加大袭扰力度，随时接应南宋军队渡河。

两淮战区，张俊麾下的宋军也在磨刀霍霍。

几个战略方向都在点火，金兀术该怎么办？

总不能眉毛胡子一把抓吧。他要做的，就是分清缓急，排个先后，果断调整。

论战术能力，金兀术连二流都够不上，在川陕、河南、两淮，都留下了他吃败仗的印迹。尤其在长江边的黄天荡，被韩世忠堵了几十天，险些全军覆灭。然而，论战略能力，金兀术确有跻身一流的本事。

对于金兀术坚持的战略，南宋方面概括为"更进迭退，忍耐持久。令酷而下必死。每战，非累日不决。胜不遽追，败不至乱"。的确，富平之战、黄天荡之战、柘皋之战，金兀术都是在陷入不利境地时，"更进迭退，忍耐持久"，最终逆风翻盘。

这次，作为统帅的他，再次施展了"大师"级的战略部署：张俊只是侧翼威胁，可先置之不顾；岳飞是正面之敌，必须集中兵力迎击；至于河北义军，虽然四处"点火"，但还不至于把事情"搞大"，也暂时放一放，交给后方的金兵先抵挡一阵。

事实证明，这个部署没有错。张俊所部行动迟缓，始终没能配合岳飞完成对金兀术侧翼的战略合围；河北义军虽然打得热闹，但也没能形成大气候。

眼下，岳飞兵分几路，分进合击，应该先打他哪一路呢？岳家军进展太快，兵力分散，犹如拳师伸出双拳，暴露了胸膛这个薄弱环节。金兀术敏锐地发现了这点，便亲率一万五千骑兵和十万步兵，向郾城②发起进攻。

---

① 西京河南府，今河南洛阳。颖昌府，今河南许昌。淮宁府，今河南淮阳。
② 郾城，今属河南漯河。

这是金兀术祭出的"掏心战术"。

郾城是岳家军的前线指挥中心。金兵一旦拿下郾城，挺进郑州等地的岳家军将不战而退。

在金兀术看来，拿下郾城不在话下。因为这里只有少量宋军驻扎，守备空虚，兵力和装备都不是金兵的对手。更何况，金兀术还特地带来了"铁浮图"和"拐子马"。

什么是"铁浮图"和"拐子马"？

二、噩梦："铁浮图"与"拐子马"

民间对"铁浮图"和"拐子马"的认知，主要源于岳珂撰写的《鄂国金佗粹编》中的《鄂王行实编年》："初，兀术有劲军，皆重铠，贯以韦索，凡三人为联，号'拐子马'，又号'铁浮图'，堵墙而进，官军不能当，所至屡胜。"

在这段描述中，"铁浮图"和"拐子马"是同一种东西：三匹马连在一起的重装甲骑兵。不过，岳珂是岳飞的孙辈。他出生的时候，岳飞已经去世四十一年。《鄂王行实编年》更是在岳飞蒙冤去世几十年后才写成。他没有亲历宋金鏖战，没有见过真正的"铁浮图""拐子马"，那么这段描述是否符合事实呢？

众所周知，乾隆帝鉴赏文物时最爱盖章。当然，盖章之余他也勤于思考，在《御批通鉴辑览》中，就写了一条"御批"，对"铁浮图"提出了质疑：骑兵贵在"控纵便捷"，"若三马联络，马力既有参差，势必此前彼却；而三人相连，或勇怯不齐，勇者且为怯者所累，此理之易明者"。

至于"拐子马"，只见诸《宋史》，而《金史》并无记载。

乾隆是满族人，深知"骑射乃满洲之本"。自古以来，骑兵最显著的优势就是机动灵活。如果把三匹驮着重甲骑士的马连在一起，虽然增强了冲击力，但只要一匹马出状况，其他两匹马也会跟着被拖累。这个弊端，岳珂也注意到了："一马偾，二马皆不能行，坐而待毙。"金兀术毕竟是名将，怎能干这种作茧自缚的事呢？

更何况，孤证不立。只凭岳珂一人的记载，是没办法说明一切的。

宋金战争中关于"铁浮图"和"拐子马"的最早记载，出自南宋文人杨汝翼的纪实文学作品《顺昌战胜破贼录》："四太子披白袍，甲马，往来指呼，以渠自将牙兵三千策应，皆重铠全装，虏号'铁浮图'，又号'拽叉千户'，其精锐特甚……有河北签军告官军曰：'我辈元是左护军，本无斗志。所可杀者，止是两拐子马。'"

需要解释的是，"四太子"即金兀术，"拽叉千户"即侍卫亲军，"河北签军"即金人在河北征发汉人组建的"伪军"。

在杨汝翼看来，"铁浮图"就是金兀术身边身披重甲的亲军骑兵；"拐子马"只是被"伪军"称为有斗志的金军部队，跟"铁浮图"分开叙述，没画等号。至于"铁浮图"的"三马相连"，杨汝翼从未提到。

可是到了岳珂笔下，不但"铁浮图"和"拐子马"合二为一，还给"铁浮图"增加了"三马相连"的特质，让人摸不着头脑。

无论如何，"铁浮图"是金兀术的侍卫亲军，是金军骑兵中的精锐，类似特种部队，其最显著特点是人马皆披重甲。这点毋庸置疑。

"铁浮图"的字面意思是"铁塔"，用来指金兀术的重装骑兵，主要是因为这些骑兵的盔甲装束好似铁塔一般。

作战的时候，"铁浮图"一般部署在阵型中央，利用其强大的防护力和冲击力，对敌阵实施正面攻坚。其功能有点像现代战争中的坦克。

"铁浮图"不是女真人的首创。契丹和西夏也有重装骑兵，名曰"铁鹞子"。北宋跟他们交过几次手，吃了不少亏。"铁浮图"则是"铁鹞子"的升级版，冲击力更强，更难对付。

根据邓广铭先生的考证，"拐子马"不是"铁浮图"，而是宋人对金人轻骑兵的称呼。这种骑兵，每人配备两匹马，可以交替骑乘，以保持机动性。手持格斗型冷兵器和弓箭，既能远距骑射攻击，又能近距突击搏杀。人和马匹都只穿薄盔甲，要的就是"轻快"二字。

"拐子马"一般部署在阵型两翼，战斗开始后往往实施迂回包抄，绕到敌阵背后进行突击袭扰，配合"铁浮图"打垮敌阵。其功能有点像现代战争的摩托化步兵营。

"铁浮图"和"拐子马"作为金军骑兵的主力，参加过多次对宋战争，屡屡取胜。毕竟，两宋的统治区内没有优良牧场，打造不出足以抗衡"铁浮图"的重装骑兵。面对"铁浮图"的强悍冲击，仅靠步兵和轻骑兵来抵挡，恐怕是打不过。

可以说，"铁浮图"是宋军步兵的噩梦。

然而，真到了战场上，打不过也要打。《宋史·刘锜传》就记载："兀术被白袍，乘甲马，以牙兵三千督战。兵皆重铠甲，号'铁浮图'。"刘锜在顺昌之战中，就跟"铁浮图"打了个照面。只不过，这是一场守城战，骑兵几乎没有用武之地。

真正的考验，还是两个月后的郾城之战。这是一场不折不扣的野战。能否打败"铁浮图""拐子马"，成了战事的胜负手。

早在北宋政和三年（1113），秦凤路经略使何常就给朝廷上了一份奏札，提出了对付西夏"铁鹞子"的办法——斩马刀。他建议，训练精锐士兵，在敌我混战中用长刀劈砍没有马甲保护的马腿和马腹，只要把马砍倒，敌人的骑兵自然就会倒地。

这是个没办法的办法。一方面，宋军确实没有拿得出手的骑兵跟对手抗衡；另一方面，宋军的步兵又不是对方骑兵的对手。既然"上三路"玩不转，那就走"下三路"。就像打坦克一样，无法破装甲，那就炸履带。毕竟，再强的敌人也有软肋。

岳飞的破解之策，跟何常的建议一模一样。岳珂在《鄂王行实编年》中记载："是战也，以万五千骑来，诸将惧，先臣笑曰：'易耳！'乃命步人以麻札刀入阵，勿仰视，第斫马足。"

既然何常早就提出了破解之策，为什么南宋军队里只有岳飞能做得到，其他将领及其军队就做不到呢？难道他们都想不到"铁浮图"和"拐子马"的弱点吗？

砍马腿这件事，说起来容易，做起来很难。

当"铁浮图"和"拐子马"冲过来的时候，步兵很难轻易砍中马腿。一旦砍不中，就可能反被金军骑兵射杀、砍杀或者碾压。就算砍中了马腿，马还有个向前冲的惯性，砍马腿的宋军步兵有可能会被倒下的敌方战马砸中。

总之，砍马腿的步兵，既要严守战术纪律，又要甘当敢死队员。能够做到这两点的南宋军队，唯有岳家军。岳飞要求他们"冻死不拆屋，饿死不掳掠"；金人感叹他们"撼山易，撼岳家军难"。

郾城之战，是宋金双方精锐部队的大会战。宋军以少胜多，给了金军沉重一击。岳家军前锋直抵朱仙镇，收复开封指日可待。

赵构获悉捷报，兴奋不已，立即发布《奖谕武胜定国军节度使湖北京西宣抚使岳飞郾城胜捷仍降犒赏诏》，予以嘉奖和赏赐。

对于金兀术来说，郾城之战是他一生中最惨痛的战败。他曾经设想：第一步，南下郾城，摧毁岳飞的指挥中心；第二步，回师北上，逐一敲掉散布在郑州、洛阳等地的岳家军各部；第三步，转进东南，吃掉两淮的张俊所部。第四步，乘胜镇压河北义军。

如今，第一步就搞砸了，后面几步就没了继续实施的可能性。

接下来，金兀术将面对岳家军的正面追击、河北义军的背后点火、淮西张俊的侧翼威胁，大有被合围的可能性。

处境如此险恶，金兀术该怎么破？

三、翻盘：胜不遽追，败不至乱

金兀术是被写入中小学历史课本的极少数金国人物之一。不过，为他打出知名度的，主要是一场大败仗——郾城之战。

打了大败仗的主将，有的会抹脖子，有的会逃跑，有的会一蹶不振。金兀术没这么做，而是屡败屡战，勉强撑到一个天大的"馅饼"降临——赵构连发金牌，催促岳飞班师。

不管赵构做出这项决策，是出于怎样的考虑，结果是，岳家军真的撤了。金兀术的"四步走"设想，直接跳过了前两步，来到了第三步。

金兀术令旗一挥，原先准备集中起来跟岳飞殊死一搏的金军主力，立即分散开来。一部尾随追击岳家军，一部杀奔淮西，击溃宋军杨存中部，一部赶往河北，帮那些被义军围攻的城池解围。

从绍兴十年（1140）八月到次年二月，仅仅半年光景，金兀术指挥各路金军左右开弓，基本荡平了河北义军，并集中兵力南下，挑起柘皋战役，击溃了淮西宋军。

这是一次重要翻盘。其后，宋金双方有长达二十年再无战事。金兀术以一己之力，将金国拉回谈判桌的强势地位。第二次"绍兴和议"的条款，远比第一次对金国更有利。

郾城之战发生在绍兴十年（1140）六月。其后两月，如果金兀术没有苦撑，而是退回黄河以北，或许金军主力会就此崩盘，再也等不到翻盘机会了。

"逆风翻盘"，对金兀术来说，不光这次。干这事，他似乎很有经验。

建炎三年（1129），金兀术率军南下，克扬州，下江浙，陷广德，攻安吉，收杭州，一路"搜山检海"抓赵构。这是一次孤军深入的军事冒险行动，如"孤胆英雄"般深入宋境，转战千里，在江南水网地带纵情跳跃，连战连胜。即便是在黄天荡被困，也只是战术上的小挫败，延缓了金军北撤节奏而已，不足以改变整个战局。

对于金兀术来说，"搜山检海"的战略成果非常大。

——打垮了赵构的自尊自信。

经此一战，赵构彻底患上了"恐金症"和"不育症"，不管能不能打胜仗，总之只想求和保偏安，没了收复中原的雄心壮志；不管皇位怎么传承，总之自己再也生不出儿子了，客观上改变了南宋未来的政治版图。

——削弱了江南的经济实力。

金兀术借助"搜山检海"，对江南富庶地区进行了一次"地毯式"扫荡，造成大量人口死亡和经济破坏，多年后也难以恢复。南宋财政因此连年吃紧，支撑不起浩大的军费开支。这也是赵构君臣力主求和的原因之一。

——奠定了金兀术的江湖地位。

金兀术是阿骨打第四子，人称"四太子"。靖康之变期间，他还是跟在二哥斡离不后面"跑龙套"，干点出谋划策、冲锋陷阵的活儿。占领开封后，他才有机会独当一面，在最短时间内歼灭了山东宋军，积累了赫赫战功。

适逢斡离不去世，金兀术接替了"大元帅"头衔，成了金国对宋战争的骨干。不过，金兀术更像是金国军队的前敌总指挥和"救火队员"，哪里有危情，就第一时间出现在哪里。

——迫使南宋重整西线布防。

建炎四年（1130），金兀术率军在富平之战中大败宋军张浚部，占领陕西大部地区，兵锋直逼四川。

富平之战的获胜，得益于宋军放弃坚固设防的据点，跳出来跟金兵进行平地的大兵团决战。只要是野战，金军骑兵就能把宋军的骑兵和步兵冲得七零八落，但遇到宋军坚固设防的据点时，就一筹莫展了。

比如和尚原，地势狭窄，山路崎岖，不利于大部队展开，仰攻冲锋伤亡太大。再比如仙人关，同样是有利于防守方的地势，金兵溃退时被堵在山路上，只能任由宋军砍杀。这样的地势，纵然"铁浮图""拐子马"的冲击力再强，也无济于事。

吴玠、吴璘兄弟就这样打败了金兀术，保全了陕南和四川。

金兀术打过很多败仗，却官运亨通。那么，他是靠什么屹立于金国决策层的呢？

四、不倒：出将入相，力挽狂澜

吴乞买是金国第二任皇帝，在位期间先后吞灭了契丹和北宋，把控制区从白山黑水间，迅速扩大到秦岭—黄淮地区。不过，他在金国历史上的存在感不强。太多能征善战的将领遮盖了他的光芒。

这些将领皆有战功，全是"大佬"，都自以为能当皇储，明争暗斗得一塌糊涂。吴乞买活着的时候，他们还顾及面子，略有收敛；吴乞买一死，他们纷纷跳出来，仗着是开国皇帝阿骨打的兄弟、儿子之类的血缘关系，"皆争立"。

金兀术是阿骨打的第四子，人称"四太子"。有这层血缘关系，自然也想插一杠子。然而，他常年征战在外，朝中没什么政治势力。当皇帝的事，他只能瞎琢磨。

在粘罕等"大佬"的力推之下，阿骨打嫡长孙合剌（完颜亶）即位，这就是金熙宗。

皇位尘埃落定，但大佬们还在为实权争得面红耳赤，不把新皇帝放在眼里。金兀术自忖实力不济，索性往返于前线和后方，装出一副不问朝中大事的样子，置身事外，静观其变。

绍兴八年（1138），挞懒掌控了金国实权，在废掉伪齐后，主张将伪齐占领区里的河南、陕西让给南宋，换取双方议和。

赵构平白捡到了大片地盘，欣喜若狂，尤其是恢复了开封、洛阳两大旧都，以及北宋皇陵，更是兴奋不已，立即批准和谈。

第二年，宋金双方达成了第一次"绍兴和议"（由于这年正值金熙宗天眷二年，故又称"天眷和议"）。南宋以向金国称臣和缴纳岁币银二十五万两、绢二十五万匹为代价，换取金国归还河南、陕西。相比于第二次"绍兴和议"的条件，这是一笔对南宋有利的买卖。

对南宋有利的另一面，就是金国吃了亏。金兀术坚决反对这项和议，但表面没动声色，功夫全在背后。他暗中派人扣留了南宋使臣，了解到"挞懒与宋交通"的实锤，随即入朝"密奏"，揭发挞懒等人"阴结彼国"。

金熙宗本来就不满挞懒集团的独断专行，金兀术刚好送来了搞掉他们的借口。就这样，挞懒集团背着"叛国"的恶名被铲掉了。金兀术取而代之，升任都元帅，即全军最高司令官。

军权在握后，金兀术决心纠正第一次"绍兴和议"的"失误"，把让出去的河南、陕西抢回来。对于金国来说，这个满是"爱国"情绪的目标，得到了满朝文武的一致支持。

没了后顾之忧，金兀术全身心投入情报收集和兵员、钱粮准备，然后趁南宋不备，仅一个月时间，就将河南、陕西旧地全部拿下。在后来订立的第二次"绍兴和议"中，这个战果得到了确认，奠定了宋金南北对峙的均势格局。

凭此战功，金兀术再次入朝。这个时候，在朝中能跟他分庭抗礼的，只有国相完颜希尹。

"一山不容二虎"。双方的分歧显而易见，迟早会打起来。

金兀术有次出征前夕，在府中设宴，完颜希尹应邀出席，却在席间乘着酒醉，忽然起身，摁着金兀术的脑袋，厉声辱骂道："尔鼠辈岂容我哺哉，汝之军马能有几何？天下之兵皆我兵也。"

举座震惊，场面尴尬。

也许是发酒疯，也许是发泄不满。总之，在这位老国相心目中，金兀术算什么？打了那么多败仗，居然还能当上全军最高司令，凭什么？

完颜希尹觉得，想当年自己也曾叱咤风云，威震内外，剑锋所指，所向披靡。如今，以前的同僚要么倒台，要么退隐，连个"鼠辈"都能当上都元帅，成何体统！

其实，完颜希尹一直是金熙宗搞派系斗争的工具。如今，几个派系都被打倒了，完颜希尹的存在，反而成了皇权的最大威胁者。因此，金熙宗提拔金兀术，就是为了制衡他。

对此，完颜希尹似乎迷糊了。

他孤傲自负、锋芒毕露，竟然对南宋使臣洪皓说出了不着边际的大话："孰谓海大，我力可干，但不能使天地相拍尔！"

他固执己见，罔顾皇命，无视金熙宗将战略重心转到内部建设的大动作，依然抱着打仗不放。

他忘乎所以，以为大权在握，便对手下大臣出言不逊。也许其他人看在他是老国相的面子，并不计较，但金兀术忍不了。

说者无意，听者有心。完颜希尹资历老，但城府浅，几杯酒下肚，就"真心话大冒险"。金兀术在自己的主场挨了骂，丢了脸，生一肚子气。他意识到，完颜希尹已经成了他升官路上的最大障碍。要想自己"进步"，必先把他掀翻。这通辱骂，坚定了他的"掀翻"决心。

完颜希尹的醉话说完，金兀术并没有回怼，而是假装醉酒，要上厕所。如厕完毕，转身到了马厩，骑马直奔太师完颜宗干的府上。

完颜宗干是谁？他是金兀术同父异母的哥哥，阿骨打的庶长子，时任太师。金熙宗赐他"入朝不拜，策杖上殿""设坐奏事"的特权，认为他很可靠，给了足够高的政治待遇。

见到完颜宗干后，金兀术厉声哀求："兄要援我！"

完颜宗干自认为跟完颜希尹交情不错，便告诉金兀术，完颜希尹说的都是醉话，岂可当真，没必要太在乎。

金兀术一看，哥哥不给力，只好悻悻离去。

不过，这事还没完。

第二天，金兀术进宫，向皇后裴满氏辞行，趁机告了完颜希尹一状。言谈之间，添油加醋，极尽诋毁。裴满氏对金兀术高度信任，就安慰道："叔且行，容我款奏皇帝。"

枕边风是很厉害的。裴满氏一开始没有转述金兀术的诋毁之言，而是讲了另一件事。

金熙宗和裴满氏是结发夫妻，但一直没有生育皇子。这是金熙宗的一块心病。裴满氏就对他说，完颜希尹在不同场合嘲笑皇帝没有生育能力，经常说"神器何归"这样的话。

不育，是每个男人的难言之隐，皇帝更是如此。裴满氏精准戳中了金熙宗的隐痛。接着，她又说这次视察燕京，完颜希尹总是将皇帝安排在环境艰险的地方，自己去环境优美的地方享受。在朝堂上，他提拔心腹，排斥宗室，前夜趁醉冲金兀术大喊"天下之兵皆我兵也"。

裴满氏说了这么多，结论就一条：完颜希尹是个大奸臣，必须尽早除掉。

金熙宗耳根子软，被皇后带了节奏。他立即下令召回金兀术，让他连夜派兵包围完颜希尹的府邸，以"奸状已萌，心在无君"的罪名将其处死。

政治斗争异常残酷。完颜希尹的醉话害人害己。不但自己丢了性命，还拖累四个儿子掉了脑袋，连右丞相萧庆也因是他亲信，一并身首异处。

不久，那位不愿出手帮忙的太师完颜宗干也病死了。金兀术独揽军政大权，出将入相，"与宰执同入奏事"，实现了"一人之下，千万人之上"。

这是金兀术人生最高光的时刻。

五、高手：因时而变，一将成名

虽然是搬弄是非的高手，但金兀术并不偏执。

在宋金交手的大多数时间里，他是最积极的主战分子。不过，顺昌之战和郾城之战吃了大亏，使他逐渐意识到，南宋不再是那个被"搜山检海"的南宋了，金国也不再是那个"佛挡杀佛"的金国了。

既然谁也吃不掉谁，不如释放先前扣留的南宋使臣洪皓，争取在谈判桌上多捞实惠。

于是，一个曾经的主战派，摇身一变，成了坚定的主和派。只不过，他的"和"，是只能占便宜，不能吃亏的。为了达成更有利的和议，他不惜再次派兵渡过淮河，致信恫吓赵构。

这种"以攻战佐和议"的做法，抓住了赵构的命门。赵构不但复信求和，而且将岳飞关进了监狱。

金兀术派使臣前往南宋，提出了非常苛刻的条件：南宋向金称臣，"以淮水为界，岁币银、帛各二十五万两、匹。又欲割唐、邓二州"，以及诛杀岳飞。赵构竟然全部照办。

南宋付出了这么大的代价，只是换回了老爹宋徽宗的灵柩，以及被金人反复糟蹋过的生母韦太后，以及偏安东南半壁的安稳日子。至于河南、陕西的地盘，提都不敢提。

这就是第二次"绍兴和议"。

金国在战场上没得到的东西，反倒在谈判桌上捞到了，这无疑是重大胜利。金兀术也获得了盖世功勋，在朝中的地位和威望更是无人能敌。

政治人物爬得越高，有可能摔得越惨。金兀术当权之前，多少大佬像走马灯般轮番亮相，下场都不太好。这些前车之鉴，金兀术铭记在心。他打了一辈子仗，深知汉文化博大精深，尤其喜读《孙子兵法》。渐渐地，他拥有了汉族政治家的谋略和心胸，做事不高调，做人留一线，比起那些曾经的大佬们要高明得多。

金兀术清楚，金国统治区里不光有女真人，还有契丹人、渤海人、中原汉人，以及南宋投降过来的文武官员，其中不乏可用之才。他果断摒弃了女真贵族长期奉行的任人唯亲政策，转而不分夷、汉，知人善用。只要是人才，只要肯卖命，不管出自哪个民族，都有出头的机会。

富平之战，金兀术一度陷入重围，情况危急。汉人将领韩常（时任"万户都统"）在作战时，眼睛挨了一箭，忍着剧痛，拔掉箭镞，不顾鲜血淋漓，随手抓起一把土涂抹在伤口上，随即跃马奋战，愣是帮着金兀术解了围。

黄天荡之战，金兀术被南宋将领韩世忠前堵后截，命悬一线。关键时刻，采纳当地宋人的计策，凿渠突围，火烧敌船，反败为胜。试想，献计的是敌方人士，如果金兀术没有对夷、汉大体一视同仁的观念，怎能轻易信任和采纳呢？

两宋之际，民族矛盾尖锐复杂。笼络和放手使用各族精英，需要政治胆略。仅此一点，金兀术就当得起"政治家"的名号。

论辈分，金兀术是金熙宗的皇叔。论政绩，金兀术后发制人，除掉了女真贵族中的保守势力，对于完善金国中央集权的官僚体制，向正规化的封建王朝过渡，发挥了积极作用。

对于金兀术的历史地位，金世宗完颜雍曾夸赞说："宗翰之后，惟宗弼一人。"《金史》也说"时无宗弼，金之国势亦曰殆哉"。

当然，这位生前风光无限的奸雄，其打造的功业，是用鱼肉苍生、残民以虐换来的。正如姜夔《扬州慢》里描写的那样："废池乔木""清角吹寒"。

真可谓"一将功成万骨枯"。

绍兴十八年（1148），金兀术病死。他施加给老百姓的灾难，最终又返还给了他的家族。几年之后，金兀术的子孙被金国皇帝完颜亮几乎杀了个精光。

不管是不是"名将"，出来混，总还是要还的。

完颜亮：毁誉参半的霸道直男

　　中国历史上的少数民族皇帝屈指可数，能写诗词的更是凤毛麟角。完颜亮（1122—1161）就是其中之一，且看他的《念奴娇·天丁震怒》：

　　　　天丁震怒，掀翻银海，散乱珠箔。六出奇花飞滚滚，平填了山中丘壑。皓虎颠狂，素麟猖獗，掣断珍珠索。玉龙酣战，鳞甲满天飘落。

　　　　谁念万里关山，征夫僵立，缟带沾旗脚。色映戈矛，光摇剑戟，杀气横戎幕。貔虎豪雄，偏裨英勇，共与谈兵略。须拼一醉，看取碧空寥廓。

　　北国雪景，惟余莽莽；豪情壮志，气魄宏大。境界高，词句奇，许多同时代的江南文人读过之后，都叹服"北地之坚强，绝胜江南之柔弱"。

　　词如其人，完颜亮就是这样霸道，无论是政治野心，还是生活作风，无论是为政举措，还是军事谋略。在整个十二世纪，他对中国历史和宋金政局的冲击力，不亚于岳飞。

　　完颜亮仰慕汉文化，曾拜汉儒为师，他的传世诗词，不但篇篇都是名作，而且真性情跃然纸上，堪称直男。

　　他是金国皇帝里的另类，更是中国历代君王里的另类。

　　然而，历史学家对他毁誉参半。也许，性情中人总是饱受争议，桀骜的个性既能成大事，也能惹大祸。

这才是完整的、鲜活的完颜亮。

一、也学君王著赭黄

完颜亮有个梦，诉诸笔端，在《书壁述怀》中写道：

蛟龙潜匿隐苍波，且与虾蟆作混和。

等待一朝头角就，撼摇霹雳震山河。

气势雄浑，狂放不羁。他自比潜藏沧海的蛟龙，有能力呼风唤雨、兴风作浪，却只能暂时与凡俗的"虾蟆作混和"。待到头角丰满之际，必将改天换地，"撼摇霹雳震山河"。

在题画诗《七绝·见几间有岩桂植瓶中索笔赋》中也写道：

绿叶枝头金缕装，秋深自有别般香。

一朝扬汝名天下，也学君王著赭黄。

279

字里行间，笔力雄健，气象万千，毫不掩饰对皇位的觊觎。然而，按照正常的皇族谱系，他是没机会圆皇帝梦的。

完颜亮是阿骨打的长孙，但不是嫡长孙，而是庶长孙。说得再具体一些，他的父亲完颜宗干是阿骨打的长子，母亲大氏出身唐代的渤海国王室后裔，只是完颜宗干的妾。

王爷的小妾生的儿子，即便再有本事，也没有继承皇位的份儿。更何况，完颜宗干并不是皇帝，拿什么传给完颜亮呢？

虽然没当上皇帝，但完颜宗干在朝中很有威望，被金熙宗尊奉为太傅、太师，封梁宋国王，享受入朝不拜、策杖上殿、制诏不名的特权。以足疾为由，还享受乘辇上殿、设坐奏事的特殊待遇。

父亲身居高位，给完颜亮抛头露面、展现才干提供了更多方便。绍兴十年（1140），完颜亮年仅十八岁，就以宗室子身份被封为奉国上将军，跟着金兀术在军中担任行军万户。七年后又升任尚书左丞。距离皇位只剩最后一里路了。

最后一里路，往往是最难走的。一方面，金熙宗是阿骨打的嫡长孙，"根正苗红"，轻易动不得；另一方面，金熙宗后期，政变不断，手握重权的大臣被杀了个精光。

完颜亮深知，如果没有这通滥杀，腾出许多位子，自己也不可能升这么快。不过，眼下位极人臣，会不会步那些前辈的后尘，死在金熙宗的屠刀之下呢？

人在屋檐下，哪有不低头？完颜亮开始了"表演"。

绍兴十七年（1147）十一月，金熙宗在跟完颜亮谈话时，提及阿骨打创业艰难的事，完颜亮竟失声痛哭，一把鼻涕一把泪。金熙宗据此认定，完颜亮这人忠心可用，政治上靠得住。更何况，两人都喜好汉文化，有共同志趣。于是，完颜亮的"最后一里路"瞬间提速。

眼泪换来了加强版的提拔。第二年，完颜亮先是官拜平章政事，而后升任右丞相。金兀术死后，他又兼任都元帅。至此，他不但军政历练全面，而且身兼金国最高行政首长和全军总司令，集军政大权于一身。这年，他才二十八岁。

金熙宗并不甘心做各路"大佬"的傀儡，年纪稍长、皇位坐稳后，就大开杀戒。不管是谁，只要坐上了宰相级高位，其下场皆死于非命。杀红了眼的金熙宗，越发不相信任何人，包括完颜亮。更何况，两人是堂兄弟：金熙宗是阿骨打的嫡长孙，完颜亮是庶长孙。

堂弟的存在和升职，让金熙宗越发不安。然而，完颜亮平时"老实本分"，一贯"忠心耿耿"，又令动了杀机的金熙宗抓不到把柄。

某日深夜，风雨交加。一道闪电，劈开了上京皇宫的寝殿，点着了龙床。金熙宗跳了起来，吓得魂飞魄散。从此，他再不敢回寝殿睡觉了。

按照"天人感应"的理念，金熙宗认为，龙床被烧象征着上天对他的警示。至于警示什么，为什么警示，他也搞不清楚。

几天后，他接到某地的奏报，说天上许多神龙在打架，搞得飞沙走石、房倒屋塌，"瓦砾人畜皆飘扬数十里"。其实，所谓"神龙"可能是龙卷风之类的极端天气现象，但古人习惯于将其归结为上天震怒。

又是警示，又是震怒，上天究竟想干啥？金熙宗搞不懂。不过，有一点是懂的：他是天子，即天的儿子。上天发飙，他必须谢罪。至于谢什么罪，他搞不清，索性让一个名叫张钧的汉臣代写"罪己诏"。

张钧接了这份差事，也是一脸懵，不知该从何下手。既然是谢罪，那就替皇帝挑毛病呗。他万万没想到，金熙宗心眼极小，容不得别人说他任何坏话，哪怕只是代写个"罪己诏"。

金熙宗认为，张钧对他的贬损过了头，再加上奸臣挑唆，说"汉人托文字以警主上也"。于是，皇帝动了杀机，张钧掉了脑袋。

这还不算完。金熙宗想当然地认为，张钧只是个文人，断没有胆量对皇帝如此贬损，背后一定有高人指点。究竟谁是张钧的后台呢？有人说是完颜亮。

金熙宗本来就想找碴儿，干脆借此机会，把完颜亮贬为汴京领行台尚书省事，相当于从"总理兼总司令"连降数级，贬为南部边疆省省长。

贬官是个悲伤的事，但对完颜亮来说，又因祸得福。

汴京，离上京会宁府数千里之遥，可谓"天高皇帝远"，是谋夺皇位的"好地方"。完颜亮在这里拉拢党羽、沙盘推演，一边做准备，一边等时机。

上京，俨然成了血海地狱。金熙宗杀人成瘾，搞得人人自危。喝酒吃饭时，只因一件小事，就能把身边侍臣杀掉；处理公务时，觉得哪个大臣工作态度不严谨，不管是普通官员，还是尚书左丞、平章政事这样的大官，无一例外，立即"杖之"，即摁在地上用木板打屁股。

光靠暴虐，是办不成国家大事的。金熙宗突然想起，那位能干的堂弟还在汴京待着呢。他一时心血来潮，又传旨将完颜亮官复原职，召回上京。不过，此时的完颜亮已经不再"忠心耿耿"，而是磨刀霍霍、随时造反。

对于这个变化，金熙宗毫无察觉。因为，完颜亮依旧是"影帝"，继续表演，继续掩饰。

没多久，河南发生兵变。有个名叫孙进的士兵，领着一伙人造反。他自称"吾乃皇弟"，自封"皇弟按察大王"，强调自己也是龙子龙孙，同样有资格做皇帝，一时忽悠了不少人。

金熙宗觉得，一个当兵的，哪有这么大的气魄自称"皇弟"，背后一定有人指使。他首先想到的，就是亲弟弟完颜元。

绍兴十七年（1147）四月某日，金熙宗主持宴会，传旨赐酒给这位真"皇弟"。完颜元不会喝酒，婉拒了。

臣子拒绝君王的恩赐，这还了得！金熙宗找到了动刀子的借口，便借着酒劲，拎着宝剑要硬灌。弟弟见状，三十六计走为上，赶紧溜了。

完颜元这一溜，把其他人坑了。金熙宗让尚书左丞完颜宗宪去把皇弟喊回来。没想到，完颜宗宪也被吓得胆战，一去不返。

左等不来，右等不来，金熙宗火大了，突然喝令站在一旁的户部尚书完颜宗礼跪下。完颜宗礼不敢抗拒，乖乖跪下。接着，就被醉醺醺的金熙宗砍了头。

宴会散了。金熙宗左思右想，觉得这一切不愉快，包括孙进造反，都是完颜亮在背后捣鬼。尽管没有实锤，他也不肯收手。

完颜亮并未坐以待毙。他对金熙宗讲："孙进反有端，不称他人，乃称皇弟大王。陛下弟止有常胜、查剌。特思鞫不以实，故出之矣。"

"常胜"即完颜元，"查剌"即完颜查剌，都是金熙宗的亲弟弟。完颜亮说，朝廷查案大臣完颜特思可能跟这两人暗通款曲、里应外合，蒙蔽皇上。必须另行查办。

金熙宗听罢，深以为然，马上成立新的专案组查办。新任的查案大臣参透了金熙宗的意图，做出了合乎"圣意"的查办结论：完颜元、完颜查剌确有指使孙进造反的事。

就这样，完颜元、完颜查剌，连同完颜特思一起，都被干掉了。

短短几年，金熙宗把完颜家族搞得血雨腥风、人人自危，也让自己变成了孤家寡人、"光杆司令"。

这正是完颜亮期待的局面。金熙宗得罪了所有人，一旦出事，就会被轻易地连根拔起。朝野各派逐渐达成了共识：不能跟着这个昏君暴君混了，是时候换掉他了。

绍兴十九年（1149）十二月某夜，早已被买通的宫廷侍卫，悄悄打开了宫门。完颜亮等九人随即进宫，直奔寝殿。金熙宗听到动静，伸手去抓挂在床头的佩刀，想做最后一搏。然而，佩刀不见了，大概是被人偷偷拿走了。

这个时候，完颜亮闯了进来。手无寸铁的金熙宗只好认栽，命丧龙床。

这是一场干脆利落、毫无悬念的政变。完颜亮以他的城府和"演技"，打败了一个又一个政敌，搬走一个又一个挡道的人。

他真的不简单。

二、大柄若在手，清风满天下

与其他女真贵族不同，完颜亮对汉文化的仰慕是渗入骨髓的。不过，他对汉文化并非邯郸学步，而是消化吸收，杂糅了宋词的婉约和女真骑兵的彪悍。比如这首《鹊桥仙·待月》：

停杯不举，停歌不发，等候银蟾出海。不知何处片云来，做许大、通天障碍。

虬髯捻断，星眸睁裂，唯恨剑锋不快。一挥截断紫云腰，仔细看、嫦娥体态。

连赏月都能写得如此霸气，前无古人，后无来者，桀骜之气跃然纸上，难怪王国维都说他"俚而实豪"。

完颜亮曾在折扇上信誓旦旦地表示："大柄若在手，清风满天下。"一副睥睨天下的豪迈气概，非常人能比。

干掉金熙宗的过程，比李世民的玄武门之变还要干脆利落。既已"大柄在手"，就要挥洒豪情，将曾经的雄心壮志一项项落地了。

——迁都燕京开新局。

女真人来自白山黑水之间，文化基础比汉人、契丹人、渤海人落后许多。完颜亮深知，要使金国长治久安，将中原占领区稳固住，必须"入乡随俗"，向更先进的文化看齐。对于汉文化，不光他自己热衷，更要所有的女真人接受。

在中国历史上，最难办的事就是改革。改革要动既得利益者的蛋糕，

283

好比触及灵魂。对民族文化的更新，又比一般的改革变法更难。毕竟，再落后的文化一旦形成了群体性习惯，想改掉就会难上加难。

俗话说，"树挪死，人挪活"。完颜亮认为，只有用"搬家"的方式，才能在地理距离上跟过去的落后文化做切割，主动拥抱更先进的汉文化。

更何况，第二次"绍兴和议"后，金国在北方的统治逐渐稳定下来，政治军事重心早已南移到中原地区。上京会宁府过于偏僻，以当时的交通通信条件，统治白山黑水尚且吃力，治理中原更是鞭长莫及，非常不利于北方经济的恢复发展。

因此，金国必须迁都。

284

绍兴二十一年（1151），完颜亮力排众议，宣布迁都燕京。这里曾是契丹的南京（陪都之一），融合了汉文化和契丹文化。对中原士大夫来说，北宋曾对这里心心念念百余年，有未了的情结。

以燕京为都城，南控中原，北连黑水，交融各族，条件更好。

然而，对于女真贵族来说，这道政令无疑是爆炸性的。许多人坚决要当"钉子户"，跟新皇帝对着干。完颜亮也不含糊，干了两件大事：

其一，委派右相张浩主持修建燕京城。张浩是渤海人，精通汉文化，广泛采用了契丹和北宋的都城风格。用了三年时间，在辽南京的基础上，一座更加富丽堂皇的都城拔地而起。硬件条件大大优于上京会宁府，让贵族们的新家有吸引力。

绍兴二十三年（1153），完颜亮正式迁都燕京，更名中都。

其二，对"钉子户"尽数"强拆"，逼其搬家。绍兴二十七年（1157），完颜亮下令，烧毁上京会宁府的所有宫殿，以及"诸大族第宅及储庆寺"。老窝被端，无家可归，贵族们只能入关，到中都定居。在皇帝眼皮子底下，他们即便再想守旧、搞事，也暂时不敢了。

金熙宗也想过迁都，但面对穷凶极恶、树大根深的各派贵族，他没有胆魄，也没有本钱，甚至没什么存在感。论进取心、执行力，他比完颜亮差远了。

最终，完颜亮办成了金熙宗想办而没办成的事。

当然，"强扭的瓜不甜"。"强拆"意味着树敌。四年后，完颜亮因此吃了瘪。

不管怎么说，迁都燕京都是有巨大意义的。燕京的战略位置十分重要，北有长城关隘，南压华北平原，雄踞"舆地之中"，"若坐堂隍、俯视庭宇"，足以号令天下。

这些优势，使完颜亮的继任者完颜雍（金世宗）也认可了迁都的必要性。从此，金、元、明、清的绝大部分时段，皆以燕京为都城，从而书写了北京八百年建都史的华丽篇章。

可以说，北京作为王朝都城的政治地位，始于完颜亮。

——畅通政令达四海。

完颜亮的改革，目光是朝向关内的。然而，金国在关内设立的两个奇怪的机构，却让他怎么看怎么不舒服：行台尚书省、都元帅府。前者是尚书省的派出机构，管理中原行政事务，具有很强的独立性；后者是军事指挥机关，中原的金兵都归它调遣。

宋金双方打了十几年仗，军务和政务常常是混在一起的。久而久之，就会造成政出多门、以军干政。掌管都元帅府的女真贵族，往往权势熏天，甚至阴谋作乱、威胁皇权。

绍兴二十年（1150），即上台第二年，完颜亮就推行了官制调整：取消行台尚书省，中原地区的各府州直接向朝廷汇报，政令统一于中央。效仿北宋，将都元帅府更名为枢密院，由皇帝直接任命枢密使、枢密副使，主管全国军事。

把军政大权上收中央，这只是完颜亮改革官制系列动作的第一步。

绍兴二十六年（1156），他又进一步改革官制，只设尚书省作为最高行政机关，其首脑尚书令直接听命于皇帝。尚书省下设院、台、府、司、寺、监、局、署、所，"各统其属，以修其职，职有定位，员有常数"。由于这年是金国的正隆元年，因而史称"正隆官制"。

对于金国来说，这是一次国家治理体系的大尺度提升。左右丞相、平章政事的头衔全部取消，以前杂乱无章的官制得以捋顺。《金史·百官志》记载："是以终金之世守而不敢变。"从后继者的角度看，这项改革是成功的。

制度固然重要，但关键还要靠人来执行。完颜亮深知，金国不但官制乱，吏治更乱。如果不整吏治，官制就白改了。因此，他一上台，就制定了"励官守、务农时、慎刑罚、扬侧陋、恤穷民、节财用、审才实"的七项新政。

完颜亮主张，"国家立法，贵贱一也，岂以亲贵而有异"。功臣阿鲁补（完颜光英）"取官舍林木构私第"，岳父徒单恭"强率取部人财物"，皆亲贵犯罪。如果在金熙宗时期，顶多象征性薄惩。然而，他俩在完颜亮麾下不得消停。最终，阿鲁补依法处决，徒单恭丢了官。

以前的部院衙门，作风漂浮，松松垮垮，管理混乱。完颜亮对各级干部"极限施压"。一方面，他要求官员不可"苟安"，不可"私徇"，一切"以民事为念"；另一方面，他宣布要"察其勤惰，以为赏罚"。

完颜亮是动真格的。对于称病不上班的官员，他让尚书省派监察御史和太医一起去问诊，倘若查实诈病，从严问责。他还设立"登闻院"，对于认为案子审得不对，或者事情办得不妥的情况，欢迎各级官民前来投诉。

喝酒是官员们的嗜好，喝多了又容易耽误事。因此，完颜亮颁布了禁酒令，"禁朝官饮酒"。他还压缩了机构数量，优化了俸禄计发制度，规定兼任多个官职的干部，只能领最高的那份薪水，不能同时领几份薪水。

整顿官场的种种措施，雷厉风行，冷酷无情，要的就是政令畅通，要的就是他的决策能够通达四方，贯彻到位，使"清风满天下"。

——不拘一格降人才。

诚然，完颜亮是女真人；诚然，他崇拜汉文化。不过，他并非任人唯亲，只用女真人或汉人。对他来说，不管哪个民族，不管出身贵贱，只要有本事，他都重用。

比如，渤海人张浩官至太傅、尚书令，渤海人高祯官至司空；汉人张中孚官至尚书左丞，诗人蔡松年官至户部尚书、参知政事；契丹人移剌子敬为官清廉，直接提拔为翰林学士；女真军官纳合椿年年少有为，从殿前都检点直接擢升参知政事，他推荐的石烈娄宝，"言行端正、无所阿谄"，擢升刑部尚书，转而升任尚书右丞、尚书左丞。

对于经济事务，完颜亮是外行，但他信任这些人才，放手让他们去推行经济改革。户部尚书蔡松年主持币制改革，铸造"正隆通宝"，这是金国第一款规范发行的铜钱，增强了朝廷调控货币市场的能力。朝廷还设立勾当官，负责财政收支，实现了财政经济管理权的统一。

这些高官的脱颖而出绝非偶然，其背后有着庞大的人才储备作为分母。

完颜亮改革科举制度，废除了南北分选制，一张卷子考天下。他擅长填词赋诗，便规定各地一律以辞赋取仕。创立殿试制度，亲临考场，亲自出题，亲自阅卷。

殿试的试题还是有水平的。比如，以"不贵异物民乃足"为题写赋，以"忠臣犹孝子"为题写诗，以"比国如饥渴"为题写论，关乎天道人伦，治国理政，理论联系实际的针对性很强。

这样的题，汉人书生见怪不怪，但女真人可能就会抓瞎。因此，他创办国子监，吸纳女真贵族和功臣子弟就读，规定女真贵族子弟要想当官，凡进必考。

考试就像指挥棒，推着年轻人学习汉文化，提升文艺修养，有利于民族交融，影响深远。

经过几年振刷，官场风气大为改观，大批人才各安其位，辅佐完颜亮"锐于求治"，恢复经济，开辟了"纪纲明，庶务举"的良治善政新局面。这在十二世纪以来的中国北方，是第一次。

需要强调的是，完颜亮的改革是强推的，其间伴随着很多不和谐的声音。对于这些声音，他的做法是强力碾压，这不可避免地带来流血事件。在接连不断的杀戮中，完颜亮也变得越来越冷血，越来越残暴，他内心深处的邪恶也越发暴露出来。

历史文献中对他"无道君"的定位，大概也源自于此。

三、鳞甲满天飘落，杀气横戎幕

昨日樵村渔浦，今日琼川银渚。山色卷帘看，老峰峦。

锦帐美人贪睡，不觉天孙剪水。惊问是杨花，是芦花？

同是写雪，跟《念奴娇·天丁震怒》的雄浑气势相比，完颜亮的这首《昭君怨·雪》显得更加婉约。时人对这两首词赞不绝口："一吟一咏，冠绝当时。"

强人完颜亮既能在笔尖婉约，也能将婉约付诸行动，让人以为，他是亘古罕见的明君。

大臣们为了拍马屁，给他上了个"法天膺运睿武宣文大明圣孝皇帝"的尊号。字很多，每个字都有讲究。可没过几天，他就传旨不要这个尊号了。

又过了几天，有官员上奏，说看到了祥云。完颜亮当即表示："朕何德以当此。自今瑞应毋得上闻，若有妖异，当以谕朕，使自警焉。"

这一系列"猛操作"，就是为了证明，他是不图虚名、勤勉务实的好皇帝。能有这个意识，就比他的三位前任，以及宋徽宗、宋钦宗和赵构强得多。

在当时的北方，鹅是稀罕物，价钱很贵。不过，皇帝如果想吃顿烧鹅，肯定吃得起。可是，完颜亮坚决不吃，而且下令把皇家园囿里养的珍禽异兽统统放掉。

按说，皇帝是讲究生活品位的。可完颜亮是个罕见的例外。许多大臣都见过，他经常穿打补丁的衣服，盖打补丁的被子，视察军队的时候跟士兵们一起吃饭，狼吞虎咽，吃得比谁都快。

这一系列"猛操作"，就是为了证明，他是崇尚节俭，不讲究吃穿，全心全意把精力放在事业上的皇帝。

路遇百姓的车辆陷入烂泥，完颜亮完全可以视而不见，可以把百姓轰走，但他没有这么做，而是派卫兵去帮忙推车，自己在路边等着。直到老百姓的车被推出来，他才继续前行。

路遇农民在田间收庄稼，完颜亮会下令停车，亲自到田间地头跟农民聊几句，问问收成，心情好的话还会赐给农民衣服穿。他还几次下诏"求直言"，允许官员和老百姓上书言事。

这一系列"猛操作"，就是为了证明，他是深入基层、虚怀若谷的皇帝。他要让所有人了解，他是接地气、关心民间疾苦的皇帝，民生艰难，他全知道。

太子过生日，皇后呈送了一幅《稼穑图》。第二天，完颜亮就召集群臣说道："昨太子生日，皇后献朕一物，大是珍异，卿试观之。"说罢便从锦囊中取出《稼穑图》，展示给大家看。

怕大家看不懂皇后献图的用意，完颜亮又解释道，皇后献此图，就是告诫太子，不能因为生于深宫，就不知民间稼穑的艰难。

这一系列"猛操作"，就是为了证明，他是负责任的好父亲。对太子的教育很上心，教的都是正能量。借夸赞皇后，以夸赞自己。

完颜亮有两个妈。徒单太后是嫡母，膝下无子；大氏是生母，父亲侧室。他把两个妈都尊为太后，还是摆不平她俩势同水火的矛盾。于是，只好设法把俩妈隔开，眼不见为净。

迁都燕京后，完颜亮只带走了生母，而把嫡母留在了上京。直至生母死后三年，才将嫡母以崇高规格请到燕京。此后，他每天给嫡母请安，恭顺伺候。嫡母起身，他亲自挽扶；嫡母乘舆，他步行陪同。

这一系列"猛操作"，就是为了证明，他是孝顺的好儿皇。"见者以为至孝，太后亦以为诚然"。

"猛操作"固然不同凡响，但太多太滥就有表演之嫌。完颜亮这位"圣君明主"，真如大家看到的那样柔情似水吗？

——并不节俭。

在公开场合，完颜亮拒绝吃鹅，但在私人场合，就想吃啥吃啥了。外出打猎时，他不惜重金购买一鹅一鹑，以快口腹。

吃点山珍海味，花费总是有限的，但搞起大工程，花费就没上限了。

营建燕京宫室，拆毁上京宫庙，都需要巨额开销。这还不够，绍兴二十七年（1157），他又启动了营建南京开封府的大工程。仅运一木之费就多达两千万，牵一车之力就需五百人。伐木采石，车辆塞途，大批民夫疲惫而死。

所建宫殿，雕梁画栋，遍饰黄金，间以五彩。施工期间，金屑飞舞，犹如落雪，一殿之费数以亿计。殿堂落成，稍不如意，便传旨拆了重建，反复折腾。

什么节俭？骨子里只有穷奢极欲，哪管百姓死活！

289

——并不纳谏。

从善如流，只是演给别人看的戏码。真实的完颜亮，刚愎自用，闻谏则怒，用屠刀来堵住悠悠之口。

修建南京开封府的宫殿，是为了打造攻打南宋的前进基地。大臣翟永固、韩汝嘉直言进谏道，燕京的宫室刚刚建成，国库空虚，民生未苏，岂可再兴土木；宋金媾和多年，南宋从未拖欠岁币，出兵征讨，师出无名。

完颜亮听罢，不但没有采纳，反而勃然大怒，将他俩赶出了殿外。

赶出殿外算幸运了。同一件事，太医使祁宰再讲一遍，竟领了"掉脑袋+抄家"的套餐。

至于"求直言"，更是行为艺术，千万别当真，否则后果很严重。完颜亮出巡时，有个人就突然拦住车驾，上书言事，迅即被斩首。或许这位小哥至死也没搞懂，自己遵旨上书，怎会被砍脑壳呢？

什么纳谏？骨子里只有唯我独尊，哪管他山之石！

——并不孝顺。

生母大氏对嫡母徒单太后非常谦恭，曲意逢迎，但依旧免不了被奚落。毕竟，在大房面前，二房是卑微的。更何况，大氏是渤海人，比女真贵族出身的徒单太后，出身也矮一头。这一切，完颜亮都清楚，为生母鸣不平，耿耿于怀。

大氏健在时，多次劝完颜亮不要"官报私仇"，当忍则忍。大氏去世后，他忍无可忍。更何况，徒单太后是宗室旧势力的代言人，对完颜亮的改革百般阻挠，让他心烦。

如今，徒单太后跳出来谏阻修南京、攻南宋的事，触动了完颜亮敏感的神经。他撕掉了"母慈子孝"的伪善面孔，派人勒死了徒单太后，焚尸宫中，弃骨于水。太后的亲属、侍婢等十余人，也身首异处。

什么孝子？骨子里只有眼前利益，哪管纲常伦理！

——并不亲民。

不打仗的时候，完颜亮还能装出亲民的样子。可战端一开，老百姓都成了牛马和炮灰。

为了打仗，他要征发五十六万匹马。各地层层加码，献马者昼夜不绝于途。时间紧，任务重，许多人被逼死、累死，尸体枕藉于道。

为了打仗，他要河南州县库存的粮米，只能用于军需，不得挪作他用。问题是，这些库存是为了备灾备荒，给老百姓应急的。

为了打仗，他要军民在中都[1]造军械。工期紧，工作量大，累死很多人。所用材料皆强令百姓供给，导致物价飞涨。一尺箭翎涨到千钱。百姓只好杀耕牛，凑齐造弓箭用的筋革。

为了打仗，他要工匠在通州造战船。官府出面，强拆民房，搜集门板房梁；连尸体都不放过，拿来焚烧炼油膏。

官逼民反，骚乱不断，有的攻城略地，有的占山为王。然而，为了打仗，他故意装糊涂，"恶闻盗贼事，言者辄罪之"。大臣们为了保命，纷纷三缄其口，道路以目。

什么亲民？骨子里只有民脂民膏，哪管民生疾苦！

——并不爱才。

完颜亮重视人才，也嫉妒人才。谁让他感受到威胁，谁就会命不久矣。尤其是德高望重者，往往是他重点提防和攻讦的对象。

左副元帅完颜杲领兵在外，屡建战功，深得军心，这反倒令完颜亮猜疑。结果，他指使人诬告完颜杲谋反，将其处死。

完颜亨是金兀术的儿子，文武兼备，颇似乃父。完颜亮心存妒忌，便指使人诬告他密谋行刺，将其处死。

完颜衮是完颜亮的弟弟，曾任吏部尚书，封王，才能出众，声望很高，令完颜亮恐惧、不舒服。恰好，完颜衮的家奴举报主子谋反。完颜亮不问真伪，索性将这位弟弟绑缚闹市，砍了脑袋。

什么爱才？骨子里只有随心所欲，哪管有无才德。

——并不婉约。

作为强人，完颜亮做得到笔触婉约，却做不到施政婉约。他的三观里，满是你死我活的权力斗争。他坚信，巩固皇权的最佳手段，就是杀人。谁敢威胁皇位，一律干掉。

291

---

[1] 中都，即燕京，今北京。完颜亮为金国营建的新都。

绍兴二十年（1150），刚上台不久的完颜亮就大开杀戒，七十多名皇亲贵胄惨遭屠戮。吴乞买一系的子孙彻底根绝。至于宗室大臣，不管是帮他发动政变的，还是反对他上位的，只要哪天不遂他的心意，一律满门抄斩。

为了迁都，他不惜将亲王以下封爵等次"参酌削降"，还将贵族们散居在中都、河间、大定、山东等汉人聚居区。这么做，就是要用汉文化消磨掉贵族们的反抗意志和守旧观念。

什么婉约？骨子里只有打打杀杀，哪管他人活路。

——并不浪漫。

作为政坛和文坛的双栖达人，完颜亮本该深受女粉丝热捧，演绎出若干"最浪漫的事"。然而，他的情感世界没有浪漫，只有强暴和乱伦。

称帝之后，他一手诛杀宗室诸王，一手收纳其妻其女，充实后宫，供他淫乐。这些女人，有的是姑嫂妯娌，有的是堂姐堂妹，有的是侄甥晚辈。反正，只要不是"生他的"和"他生的"，全都给他当嫔妃去。

贵族的家眷遭了殃，官员的老婆也倒了霉。只要是他看中的女人，做夫君的要么发往上京，要么外放地方，要么肉体消灭。一旦调虎离山，等待这个女人的，只可能是后宫受辱。

完颜亮在宫里宣淫，不顾羞耻。他"办事"时，要撤去帷帐，乐工奏乐，众妃围观。还在卧榻前铺上地毯，让妃嫔们裸身打闹，但凡他看上哪位，便上前抱住，就地"办事"。

什么浪漫？骨子里只有诲淫诲盗，哪管姑娘意愿！

如果说嗜杀是为了震慑政敌，奢靡是为了享受尊荣，扰民是为了图谋霸业，那么好色只是与政治无关的兽性发作。

问题是，完颜亮为什么会做出这种与自身文化修养极不相称的丑事呢？

原因之一，就是女真人在汉化进程中，尚未摆脱氏族部落的习俗，叔继嫂、侄继伯之类的收继婚陋习大行其道。因此，汉人史学家视为乱伦的行为，在完颜亮看来纯属正常。

然而，这样的说法并不能掩盖完颜亮纵欲的本性，反倒让他的暴戾多了几分"花边"。

四、尽得天下绝色而妻之

完颜亮曾对近臣高怀贞讲过自己的人生理想："吾志有三：国家大事皆自我出，一也。帅师伐国，执其君长问罪于前，二也。得天下绝色而妻之，三也。"

权力、战争、美人，完颜亮的人生理想很"直接"，跟他的诗词风格一样。

第一条，他做到了。

第二条，他想做，没做成。

第三条，他变本加厉地做，一遇美色，不分亲疏，立即霸占，甚至"欲夺人妻则使之杀其夫"。当然，就算把肾累垮，大概也做不到"尽得天下绝色"。

关于这第三条，完颜亮有许多艳史：

崇义节度使乌带的妻子定哥，貌美如花，早年和完颜亮有私情。乌带镇守边疆，每逢佳节或者完颜亮生日，都派家奴回京祝贺，定哥也派侍婢贵哥前去问候。

见到贵哥，完颜亮竟恬不知耻地让她带话给定哥："自古天子就有两个皇后，现在我身边还有个皇后的位子空着。倘若你能杀了你丈夫跟我，皇后的位子就是你的。"

听罢贵哥的传话，定哥长叹一声："年轻的时候，皇上不检点，跟我做了那种事。如今孩子们都长大成人了，怎能再像年轻时那样胡闹呢！"

完颜亮听说后，非但没有生气，反倒继续派人捎话给定哥："如果你不忍心干掉你丈夫，我就灭你全家。"不过，定哥还是没答应。

谁也想不到，完颜亮说到做到。他收买了乌带的家奴，将醉酒的乌带勒死了。紧接着，他又摆出一副猫哭耗子的姿态，厚葬了乌带。

葬礼刚结束，完颜亮就迫不及待地把定哥接进后宫，封为贵妃。

定哥没了丈夫，又惹不起完颜亮，只好认命。完颜亮待她不薄。在宫里，她的地位很高。游览瑶池的时候，她有资格坐车，其他嫔妃只能站着、走着。

定哥的妹妹石哥，是秘书监完颜文的妻子，容貌秀美。完颜亮垂涎已久，就对完颜文的庶母按都瓜下令："你应该把你的儿媳妇休掉，否则我就不客气了。"

按都瓜把完颜亮的命令告诉了完颜文，并且说道："陛下说的不客气，就是要杀你。你怎能为个女人而招致杀身之祸呢？"

显然，完颜文无论生死，都保不住石哥。这个可怜的男人，作为金国开国元勋斡离不的儿子。老爹死得早，他也没主意，只得含泪跟妻子相拥告别。

霸占人妻的目的如愿以偿，但完颜亮仍不满足。他执意要把"绿帽"大臣完颜文召到偏殿，一番羞辱，以为戏谑，满足近乎变态的心理。

阿里虎曾先后嫁给两位女真贵族，又两度"克夫"守寡。完颜亮发现，阿里虎有几分姿色，便强行纳其入宫，封为昭妃。阿里虎大大咧咧，嗜酒如命，每次喝得大醉，花容失态。完颜亮多次让她戒酒，可她依旧我行我素，便渐渐地失了宠。

奇葩事说来就来。

阿里虎当初进宫时，把女儿重节也带了进来。重节已为人妇，但年少貌美，楚楚动人。没想到，完颜亮竟跟她通奸。

阿里虎听说后，非常生气，掌掴了重节。完颜亮不悦，跟阿里虎自此结怨。

俗话说，上梁不正下梁歪。完颜亮纵情声色，后宫嫔妃也是丑态百出。有的嫔妃被冷落，索性偷偷让贴身丫鬟假扮男孩，陪床共枕。阿里虎失宠后，就跟贴身侍女胜哥卿卿我我，过上了"夫妻"生活。

没有不透风的墙。这丑事被厨婢三娘告发了。完颜亮只是告诫阿里虎不要报复三娘，并没有更多的处置。可是，阿里虎怀恨在心，竟把三娘活活打死。

消息传来，完颜亮大怒，顿起杀机。只是这个月太子要过生日，完颜亮才没动手。

直到这时，阿里虎才感到后怕。又是绝食，又是焚香祷告，祈求免死。可是，一切都没用了。一个月后，她还是被完颜亮处死了。

阿里虎的死，对完颜亮没什么触动。他很快又瞄上了新"猎物"——葛王妃乌林答氏。

葛王完颜雍，也是完颜阿骨打的孙子。其父完颜宗尧是阿骨打第三子，比起那些只知道打打杀杀的女真贵族，完颜雍更懂运筹帷幄，更有政治头脑。受父母的影响，他不仅精于骑射，而且宽厚沉稳，在军中威望很高。

葛王妃乌林答氏貌美聪慧，才色俱佳，在完颜雍人生的几次重大关头，常常扮演贤内助和高级参谋的角色。

完颜雍曾有一件传家宝，是父亲征战时得到的白玉带，宋朝皇帝用过，非常珍贵。乌林答氏告诉他："此非王邸所宜有也，当献之天子。"完颜雍觉得有理，就献给了金熙宗。

这份厚礼似乎起了效。金熙宗虽然酗酒嗜杀，但完颜雍不但独善其身，还颇受信任。

完颜亮上台后，深知完颜雍能文能武，威望很高，难以驾驭，便调他频繁轮岗。完颜雍先后做过会宁牧、东京留守、燕京留守、济南府尹、西京留守。[①]

即便如此，完颜亮还是心存猜忌。乌林答氏看出了端倪，建议完颜雍继续送礼，消除完颜亮的疑虑，免遭杀身之祸。完颜雍照做了。

于是，辽骨睹犀佩马、吐鹘良玉茶器之类的珍宝就被送入了中都皇宫。完颜亮见钱眼开，对完颜雍的猜忌淡化了。不过，他突然感觉，完颜雍可能是因为怕他，才会很恭顺。

既然完颜雍这么"好欺负"，完颜亮便得寸进尺，不但继续收礼，还想收人——抢走乌林答氏。

金朝制度规定，高官家眷要留在京城，作为人质，以便牵制和防范。完颜亮觉得，利用这个制度，就能名正言顺地把乌林答氏霸占了。于是，他把完颜雍调到济南当府尹。待完颜雍夫妇抵达济南后，又传旨让乌林答氏来中都做人质。

乌林答氏清楚，完颜亮是个色魔。一旦进了中都，好似羊入虎穴；倘若不去中都，就会给完颜亮制造口实，到头来夫君性命不保，自己迟早还会被霸占，下场更惨。既然横竖都是个死，还不如深入虎穴，起码能保住

295

---

① 金国的东京，今辽宁辽阳。金国的西京，今山西大同。

夫君。于是，她毅然决定，前往中都。

《良乡县志》里有篇《良乡哀》诗序，记载了乌林答氏的果决表现：

临行前，她向葛王府的臣仆张瑾交代道："汝，王之腹心人也。为我祷诸东岳，我不负王，使皇天后土明鉴我心。"她只希望家人能代她向泰山祈祷，只希望所有人都能理解她的心思——"我不负王"。

夜宿良乡驿，这里离中都只剩七十里了。趁陪同使者不备，乌林答氏自杀身亡。

对于这段故事，蒋一葵《长安客话》记载："金主完颜亮荒淫不道……召葛王乌禄妃乌林答氏。妃谓乌禄曰：'妾不行，上怒必杀王，我当自裁，不以相累。'行至良乡对，妃问何名，左右以固节对。妃曰：'吾得死所矣'。遂自杀。"[1]

临终前，乌林答氏给完颜雍留下了《上雍王书》的书信。

信中，乌林答氏满腔悲愤，强调始终坚持"女之侍夫，其心惟一"的操守，慨叹完颜亮的出现打破了她和完颜雍的婚后好日子，既然不得不屈从于皇权，便以途中自杀的方式洁身保节。她期待完颜雍唾面自干，勇毅前行，把心思放在"修德政，肃纲妃，延揽英雄，务悦民心，以仁易暴"，卧薪尝胆，等待时机，"一怒而安天下"。

《上雍王书》原载于明代人孙惟熊撰写的《采璧》，并有"未详何本，姑录之，以俟续考"之语。不过，从内容、口气和情感来看，大概率出自乌林答氏的手笔。

信中，乌林答氏自感深受完颜亮逼迫，处境堪比西晋高官石崇的宠姿绿珠。

西晋时期，高官石崇王恺斗富的典故家喻户晓。当时，官员孙秀看上了绿珠，但惹不起石崇。于是，孙秀攀上了掌权的赵王司马伦。

司马伦跟石崇的外甥有仇，孙秀见有机可乘，便"狗仗人势"，登门索要绿珠。石崇虽得罪不起司马伦，但还是明确表态：其他女人随便挑，绿珠是我最爱，坚决不给。孙秀不悦，便撺掇赵王司马伦出兵，包围了石

---

[1]（明）蒋一葵：《长安客话》，卷五，"畿辅杂记"，北京：北京古籍出版社，1980年。

崇的宅邸。

一介文官，何以挡得住虎狼之兵。危难关头，石崇对绿珠感叹："我现在因你而获罪。"绿珠也泪流满面地说："妾愿效死于君前。"言讫，坠楼而死。

绿珠纵身一跃，没能扭转乾坤。石崇被斩于洛阳东市，临刑前还嘟囔："这些人还不是为了我的钱财？！"倒是押解官更清醒："你既然懂得人为财死，为什么不早点把家财散了，做点好事？"石崇无言以对。

乌林答氏很清楚，如果向绿珠学习，一死了之，气节可嘉，但会激怒完颜亮，给丈夫带来灭顶之灾。如果遵从征召，又有辱贞洁。不得已，她只能"饮恨以行"，为的是让夫君免祸。这番操作，展现了一个弱女子的牺牲精神和无畏气概。

面对强势的完颜亮，乌林答氏身处险境，却拿起纲常伦理，作为反抗强暴的武器，展现了忠贞不渝的高贵节操和坚持正义的胆识。

完颜亮听说乌林答氏自杀身亡，顿足捶胸，大呼遗憾。他在琢磨：乌林答氏自杀这事，是不是完颜雍教唆的呢？于是，他将完颜雍调任西京留守，目的是就近监视。

睹文思人，完颜雍伤心欲绝，他听从亡妻的建议，忍辱负重，隐藏悲痛。调任路上，途经妻子自杀的良乡驿，他没有亲自操办后事，也没有流露出任何怨恨，而是让女儿鲁国公主代劳，把乌林答氏草草葬在良乡驿不远处的宛平县土鲁原。

完颜亮看不出破绽，只好放完颜雍一马，保持暗中监视。完颜雍则将夺妻之仇深藏于心，"君子报仇，十年不晚"。

机会，总是留给有准备的人的。

五、谁念万里关山，征夫僵立

完颜亮是女真人和渤海人的混血庶子，且"渐染中国之风，颇有意于书史"，上台后极力效仿汉族王朝，推行汉化改革。他崇拜十六国时期饮马淝水的雄主苻坚，大感"雄伟如此"，觉得这样的皇帝应该纳入本纪，而《晋书》将其写进列传，实为不妥。

他曾在跟完颜宗秀、蔡松年讨论《鲁语》时表示："至于夷狄虽有君，不如诸夏之亡也，朕窃恶之。"联系宋金划淮分治的现实，说周朝南北合一，如今区分哪一半是周地，哪一半不是周地，非要把女真人说成夷狄，这是"贵彼贱我也"。

诚然，完颜亮上台近十年，国内各派力量全部摆平，各项制度也步入正轨，"国家大事皆自我出"，个人威望达到新高度。然而，他并不知足。对他来说，要想摘掉"夷狄"的帽子，就必须争得正统；要想争得正统，就必须"加兵江左，使海内一统"。

如果只为个正统，完颜亮没必要打这一仗。第二次"绍兴和议"已经明确，南宋向金称臣、纳岁币，从法律意义上明确了主从关系。金国作为"君"，已经拿到了正统。可是，白纸黑字的"正统"有了，全民心理的"正统"还是人家南宋的。

因此，只有"天下一家，方可为正统"。南征灭宋，势在必行。

完颜亮的南征不是贸然之举。他做了多年准备。

——重建宫室，迁都汴京。

完颜亮特地委派尚书左丞相张浩、右参知政事敬嗣晖全权主持，征调工匠两万，民工数十万，拆掉北宋宫室台榭，"尺柱之不存，片瓦之不留"。运天下林木奇石，新建的宫墙要涂上金粉，柱石以玉垫砌，极尽奢华。他要让新都汴京，比中都更宏伟，比北宋都城更繁华。

——绘画魔改，虚构形象。

在派往南宋的使团里，完颜亮安插了一个叫施宜生的画工，顶着翰林侍讲学士的头衔，主要任务是绘制临安"城邑市井及吴山西湖之秀丽"全貌图。带回金国后，再魔改出一幅临安被焚图，图中吴山顶峰增绘完颜亮本人策马而立，"奋髯箕踞，不胜其锐"的样貌。

这还不算过瘾。完颜亮又让大臣蔡珪捉刀，写了一首《题画》诗，渲染他书同文、车同轨、耀兵西湖、奠定历史方位的"美好理想"：

> 万里车书一混同，江南岂有别疆封？提兵百万西湖上，立马吴山第一峰。

——百官拍马，舆论造势。

大臣们见皇帝如此兴致，纷纷投其所好，摇旗呐喊。一天，完颜亮在跟起居注官张仲轲讨论《汉书》时，听他讲道："本朝疆土虽大，而天下有四主，南有宋，东有高丽，西有夏，若能一之，乃为大耳。"

一百多年前，北宋词人柳永的佳作《望海潮》，勾起了完颜亮对"东南形胜"的浓郁兴趣。他没去过苏杭，渴望看到"三秋桂子、十里荷花"的美景。有大臣添油加醋，说南宋的刘贵妃姿色倾国，超越历史上的西施和花蕊夫人。美景佳人，令纵情无忌的完颜亮更加急不可耐，坚定了"投鞭渡江之志"。

——制造假象，蒙骗南宋。

绍兴二十九年（1159），南宋派员出使金国，受到热情招待。完颜亮不但派降将孔彦舟等人专司接待，安排酒宴，还托宋使向赵构转送"稀世之宝"玉带一条，说这是宋徽宗当年的随身之物，如今"赐给"赵构，让他睹物思人，"不忘朕意"。

这趟出使，赵构本来只打算取回生母韦太后的遗物，却有意外收获，连父亲的遗物也拿回一件。他很欣慰。两年后，完颜亮还下令在宋金边境增设榷场，鼓励双方百姓互市贸易。这些迹象都让赵构觉得，双方"和好如初"，不可能打仗。

赵构的误判，正是完颜亮需要的。

——突然备战，全国动员。

南宋高层放松了警惕，完颜亮却突然启动了战争机器。他一面公开指责南宋方面在边境买马置鞍，有增设骑兵的动向，还藏匿金国逃亡人员，违反宋金双方达成的和议，一面集中兵器，修造战船，征集战马和粮秣。

经过突击征调，总共集结了五十六万匹马，三万水军，以及二十七万步军，加上辅助军队，总计六十万人。其中，二十岁以上、五十岁以下的女真、契丹、奚等族男人全数服役，端出了金国的几乎全部家底。

战争机器的突然启动，打破了人们平静多年的生活。金国内部怨声载道、骚乱四起。许多大臣指出，南宋国力不弱，此时举兵，一旦契丹造反，后院起火，就会将金国置于险境。可是，正在兴头上的完颜亮压根听

《迎銮图》，南宋佚名，绢本设色。描绘宋金绍兴十二年和议以后，韦后和徽宗、郑后棺椁回归南宋的场景。上海博物馆藏

不进去。谁劝谏，砍谁脑袋，甚至"断其舌，钉而磔之"。导致"百官钳口结舌"。谁也不敢说话，大家纷纷躺平，坐看皇帝"瞎折腾"。

绍兴三十一年（1161）夏，完颜亮率百官离开中都，前往汴京，"累月不视朝"，全力备战。他还不忘继续编瞎话，谎称汴京之行只是短暂巡幸，不是军事行动，金人的祖庙皇宫都在北方，不可能弃之不顾，请赵构"无怀疑惧"。

到了秋天，完颜亮准备停当，六十万大军兵分四路，对南宋发起全面进攻。"兵号百万，毡帐相望，钲鼓之声不绝，远近大震。"

没想到，金兵的攻势遭到南宋军民奋力抵抗，连连受挫，进展不大。南宋官府更是发布公告，号召被金国强征的士兵，不忘"祖宗德泽"，如能反正，不管官职大小，"当议优加爵赏"，免税十年。这些实惠"诱惑"，搞得金军内部人心浮动，开小差的事时有发生。

更没想到，金国的后院起火了。

战争把百姓置于"民皆被困，衣食不给"的境地，导致"民不堪命，盗贼蜂起"。边庭的契丹人、中原的汉人，纷纷揭竿而起，攻城略地，杀死长官，打开府库，任人取用。其中，在济南起义的耿京，麾下有员猛

将，名叫辛弃疾。

是时任东京辽阳府留守的完颜雍，终于等来了梦寐以求的报仇良机。他拥兵称帝，这就是金世宗。

完颜雍"久典外郡，明祸乱之故，知吏治之得失"，地方治理经验丰富。他打出"讨逆"的旗号，挥师南下。一路减免赋税，安抚百姓，招募队伍，直捣中都。前线厌战的士兵纷纷倒戈，高喊"我辈今往东京，立新天子矣"。

完颜亮苦心经营十多年的"钢铁长城"瞬间破防。没了退路，他只得硬着头皮把仗打下去。豁出拼命的架势，完颜亮亲率中路军势如破竹，打到了长江北岸的采石矶。

金兵没有停歇，一百五十艘小船作为前锋，在完颜亮的催促下抢先渡江。原以为对岸的宋军吓破了胆，早已四散奔逃。没想到，完颜亮遇到了一个难缠的对手——虞允文。

虞允文时任中书舍人、参谋军事，奉旨到前线劳军。指挥部队不是他的本分，但面对高级将领溃逃，士兵们群龙无首的危险局面，虞允文展现了连武将也自愧弗如的镇定和勇气。他把溃兵组织起来，捏合成整体。而后用大船撞击，用弓箭"回敬"，把金兵水陆两路全都打得落花流水。

采石矶一战，宋军全歼金兵前锋，守住了长江防线。完颜亮即使挂出了"先济者与黄金一两"的悬赏，也没能成功渡江。

回军和州①，旋即转战瓜洲②，完颜亮越来越感到，战场态势正在翻转。为今之计，只能强令将士们不惜一切代价，三天内务必突破长江天堑，否则全部处死。

这是个完全不考虑现场实际状况的军令。瓜洲江面虽窄，却水流湍急。金兵不善水战，对岸的宋军又准备充足。金兵如果选择这个时候渡江，凶多吉少，欲速不达。于是，许多高级将领建议莫急，不如"徐为之谋，以伺其隙"。

完颜亮陷入了进退失据的尴尬境地，情绪火急火燎，战术急躁冒进，对于将领们"徐为之谋"的建议，他不想听，也听不下去。后院没了，他只能一路往南冲，争取"失之东隅，收之桑榆"。

为了赶紧抢南宋的地盘，金兵刚凑够百艘战船，完颜亮就传旨组织渡江，临阵脱逃者格杀勿论，还把逃跑后又被抓回来的一个军官杀了。这个做法，看似杀一儆百的"KPI考核"，非但起不到威吓和刺激作用，反而搞得将士们更加反感，甚至打算撂挑子、造反。

几天后，完颜元宜等一众将领，谎称宋军劫营，要求面见完颜亮汇报公务，借此机会突破层层保护，直接冲到完颜亮的大帐前，引弓齐射。完颜亮及其麾下近臣被乱箭射死。

完颜亮死了，金国就更不想再打了，战争突然停止，几十万金兵怎么打过来的，还怎么退回去。很快，金世宗遣使议和，规定仍以淮水为界，"各宜歇兵，以敦旧好"。

完颜亮积十二年打造的局面，两个月间灰飞烟灭，留下的政治遗产反倒被完颜雍全盘接管。完颜雍也因治理有方，被冠以"小尧舜"的名头。倘若不打这一仗，或许这个头衔，本该属于完颜亮。

---

① 和州，今安徽和县。

② 瓜洲：今江苏扬州邗江区南端。

完颜亮为什么会输？他输在师出无名，输在轻敌冒进，输在顾此失彼，输在宋军有备，输在不切实际、缺乏温情的KPI指标，以及极限施压式的考核方法。

治国好比打牌，完颜亮只会打顺风牌，一旦遭遇逆风牌，他没有帮手，胡乱出牌，搞得四面楚歌，败局已定。

曾经的荣光，曾经的威严，掩盖了许多矛盾。一旦局面失控，这些隐藏着的矛盾都会浮上水面，集中爆发。即便是十个完颜亮，也抵挡不住。

早年备受冷落、坎坷不顺的经历，使完颜亮形成了敏感善妒、欲求不满、好大喜功、缺乏安全感的个性。称帝前，他有所忌惮，还勉力约束；称帝后，无所顾忌，尽情释放。

完颜亮不是昏君，他为金国的转型做出了历史性贡献；又是歇斯底里的，过激的政治清洗，严重削弱了他的执政基础，特别是拉不到可靠的盟友襄助，危机迟早会来。战争只是双方祸根爆发的导火索。

绍兴三十二年（1162），完颜亮的冠冕被降了一档，只能凑合当个"海陵王"。正史对他的称谓，也就变成了"海陵"。没有帝号，没有庙号。十八年后，完颜亮被废为庶人。这就是一朝天子一朝臣的"新政"。

完颜亮生前写过一首《咏竹》诗，寄托了他如青竹一般的志向：

> 孤驿潇潇竹一丛，不同凡卉媚春风。
> 我心正与君相似，只待云梢拂碧空。

然而，俱往矣。他不是风流人物，不是一代天骄，只是个毁誉参半的霸道直男。

杨幺：南宋版水浒英雄

1945年盛夏，历史学家陈寅恪写了一首七言律诗，题为《乙酉七七日听人说水浒新传适有客述近事感赋》：

> 谁缔宣和海上盟，燕云得失涕纵横。花门久已留胡马，柳塞翻教拔汉旌。
>
> 妖乱豫幺同有罪，战和飞桧两无成。梦华一录难重读，莫遣遗民说汴京。

在那个决定近代中国前途命运的年代里，陈寅恪借古喻今，以诗明志。且不论他影射谁，暗指谁，抨击谁，只是其中"妖乱豫幺同有罪"一句，学术界一直有争议。

"豫"即刘豫。他投靠金国，甘做傀儡，穷兵黩武，横征暴敛，做了八年儿皇帝，便被金国主子抛弃，与石敬瑭同样为人不齿。

"幺"即杨幺。作为南宋农民起义领袖，以洞庭湖地区为根据地，发展生产，防御作战，左右开弓，将《水浒传》的梁山故事搬到了现实。

无论是历史评价，还是大众观感，这俩人都是迥乎不同的，不可能"同有罪"。

那么，杨幺是什么人？他对南宋历史产生了怎样的影响？为什么陈寅恪把他和刘豫相提并论呢？

一、乾坤挪移：洞庭"教主"的传说与现实

乾坤大挪移，是金庸小说《倚天屠龙记》里的明教盖世神功。能把这套神功练到第五层的教主，除了创始人之外，唯有"钟教主"。

这位"钟教主"，就是南宋初年的农民起义首领钟相，鼎州武陵^①人。小商人家庭出身。早在十二世纪初，他就在家乡利用"左道"给农民治病，积累了"神医"的名声，越来越多的"粉丝"慕名而来，加入了他的"粉丝群"——"乡社"。

进"群"的门槛不高，只要交点钱粮作"会费"即可。"群"里互助共济，谁家有困难，都能得到"群友"的帮助。在"皇权不下县"的古代社会，"乡社"起到了基层自治的作用。

钟相并不满足于自己的高人气和"粉丝群"的热闹，就在乡社里灌输明教信仰，提出了"法分贵贱贫富，非善法也，我行法，当等贵贱，均贫富"的口号。

明教，又名摩尼教，北宋中叶以来盛行。钟相所在的鼎州，是明教的传播中心之一。

"均贫富"的口号很朴素，很有号召力。周围几百里的穷人都踊跃进"群"。乡社的规模越来越大，影响遍及洞庭湖周边各县。

《下部赞·叹明界文》里说，在明界里，"金刚宝地极微妙，无量妙色相晖曜""饮食肴馔皆甘露，国土富饶无饥馑""世界充满诸珍宝，无有一事不堪誉""奇特妙形实难陈，诸灾病患无能害"。简直是乌托邦式的天堂。

因而，钟相对信众讲："若受其法，则必田蚕兴旺，生理丰富，应有病患，不药自安。"

这样的口号，这样的愿景，自然吸引人。大家爱屋及乌，就把钟相从"高人气"推成了"高威望"。于是，钟相按照明教的习惯，自称"老爷"。进"群"的老百姓全都听他指挥。

靖康二年（1127），钟相听说开封被围，便组织三百民兵，响应勤王

① 鼎州武陵，今湖南常德。

诏令，北上"勤王"。

这支小队伍还没到黄河边，就收到了开封沦陷的噩耗，以及赵构要求勤王民兵就地遣返的诏令。好不容易拉起的队伍，怎能说遣返就遣返呢？路费谁出？吃喝谁供？一切都没着落。

钟相大胆提出，以这支队伍为班底，筹划起义，建号称王。

这并非臆想。洞庭湖地区，既有"乡社"积累二十多年的群众基础，又有金兵、南宋官兵、溃兵匪徒反复洗劫，以及南宋官府横征暴敛带来的灾难。老百姓没了活路，各地揭竿之事频起，朝廷管不过来。因此，钟相有条件发动武装起义。

建炎四年（1130），金兵屠戮潭州 ，鼎州告急。打着保卫家乡的旗号，钟相率众起义，自称楚王，年号天载，将乡社的各级组织改为官署。

起义军践行明教"排斥异教"的主张，杀"席富厚以骄乡曲"的"儒士"，"禁诵说先王"，杀"媚豪右、诳蚩氓"的"僧道、巫医、卜祝"，"焚官府、城市、寺观、神庙及豪右之家"。

随后，他们把杀官吏称为"行法"，把平分官绅地主的财产称为"均平"，将宋朝国法斥为"邪法"，宣布保护"执耒之夫"和"渔樵之人"。只要参加起义军，就免去赋税差科。这些政策赢得了许多贫苦百姓的拥护。

起义军势如破竹，一路破州县、焚官府、杀贪官，不到一个月，连克十九州县，扩军四十万众，震惊了南宋朝廷。

洞庭湖区位于临安上游，既是抗金重要战区，又是朝廷财赋重地。赵构遍寻驻扎附近的官军，只有土匪出身的孔彦舟可用。于是，他加封孔彦舟为"沿江捉杀使"，组织弹压。

起义军扩张太快，缺乏训练，很快就被官军打败。钟相在天子岗遇袭被俘，英勇就义。从举事到遇害，仅仅三十九天。

钟相的败亡，当然有"乌合之众"敌不过"虎狼之师"的军事因素，也有遇袭不备的偶发因素，但政治因素同样不可忽视。

明教早已在中土流传，并与佛教、道教合流，实现了本土化。可是，钟相是个原教旨主义者，强调对"异教"的排他性，反对与佛教、道教融合。砸烂官府、寺观、"豪右之家"，杀戮官吏、僧侣、道士、巫医、卜祝和地主富豪，就是将"排斥异教"的主张付诸实践的表现。其结果，相当于破坏了整个社会的基层组织和宗法体系，跟所有社会阶层、所有其他宗教和信仰的人都结怨，客观上孤立了自己。

钟相死后，麾下几十万人马怎么办？谁来当头呢？

一个叫杨幺的年轻人站了出来，勇敢地接过了大旗。

二、杨幺接班：洞庭湖畔的水泊梁山

杨幺，龙阳①人。本名杨太，因为在钟相起义军的首领里年龄最小，按照荆湖地区的民间习惯，年幼的称"幺"，比如"幺妹""幺叔"，而"幺"和"么"通用。所以，杨幺有三个名字：杨幺、杨么、杨太。

跟钟教主不同，杨幺的本业是佃农和船夫。《钟相杨幺轶事》提到，杨幺的父亲给当地富人当佃农，"胼手胝足，肆力西畴，十余年不少懈"。富人待他不错，为他张罗亲事，盖茅屋安了家。富人死后，他就转行干起了船夫，为客商在洞庭湖上拉货，养家糊口。

杨幺小时候"颖悟"，曾跟着本地老儒念书。由于家贫，读了两年就不读了，跟父亲泛舟湖上，顺便帮客人洗洗涮涮。挽舟时，听客商们议论宋江"啸聚水泊，官军莫敢近，然其后受抚，则鲜善终者"的故事，很有感触。

钟相"布道"，吸引了许多人跟随，杨幺也是其中之一。相比于其他首领，杨幺虽然年纪小，但脑子灵、有胆略、熟悉当地水情。钟相对他很是倚重，称赞他"堪任繁剧，他日继我志者，必此子"。一把手的夸奖，也让杨幺有了群众基础。

孔彦舟吃了败仗，就改换打法，派士兵诈降，佯装入伙。钟相信以为真，"喜而纳之"。杨幺不以为然，不无担心地讲："我观来者，衣蓝缕，献谀词，殆非善类，愿大王察之。"钟相不以为意，认为"入法皆为兄弟，毋相猜嫌，苟萌恶念，神必殛之"。

307

———————

① 龙阳，今湖南汉寿。

尽管钟相信誓旦旦，但杨幺还是嘟囔："苟奸细入，虽悔何及。"事实证明，杨幺的担心和嘟囔并非多余。奸细的通风报信，使孔彦舟掌握了钟相的行踪。紧接着，一场"斩首"行动让钟相"领了盒饭"。

危难关头，杨幺再次扮演了关键角色。

逃亡路上，他发现钟相幼子钟子义躲在山间小路旁，二话不说，背起就走，抄小道赶回龙阳老家。

发预警，救少主，这些事让起义军首领们一致认为，杨幺最适合当这支队伍的新统帅。

杨幺深知，不能再按原来的路数，以攻为守，席卷荆湖州县。为了打破官军合围，让这支队伍活下去，他果断决定，队伍转入洞庭湖区，凭借湖泊港汊，自给自足，以守为攻，低调发展，愣是辟出一片南宋版"水泊梁山"。

"活下去"的生存秘笈，就是"陆耕水战"。

杨幺以"乡社"为基础，于交通要冲大量建造水寨。乡社首领即水寨首领。每个水寨即每个乡社辖区的军事、政治、经济中心，事实上兼顾了多种功能。

——军事功能。各寨守备严密，"以土为城"，外有城墙和陷马坑，环植杨柳树以为遮掩，既可抵御敌军，也可阻挡风浪，还可隐蔽自己。各水寨之间保持步兵和船只日夜巡逻，足以对任何方向的来袭做到第一时间预警。

——政治功能。杨幺在各水寨实施"等贵贱，均贫富"的政策。处死"众曰可杀"的恶霸，没收他们的田舍；将地主、寺观、祠堂田地分给穷人耕种；实施"无赋税差科，无官司法令"。在水寨区域内，没有孔庙，没有四书五经，没有宗祀、族谱、宗祠。

——经济功能。洞庭湖区春夏涨水，官军难以进犯，杨幺抓住时机，春耕夏种，秋冬征战，兼顾作战和生产。水寨里统一使用耕牛和农具，不误农时；修筑堤坝堰闸，提高防洪能力，及时引水灌溉，争取增产增收；捕捞鱼虾螺蚌，丰富渔业经营，吃不完的都做成"干鱼"，方便以后食用或售卖。

——社会功能。水寨里的人分成丁壮和老小。丁壮战时当兵，平时种田，称为"兵夫"。他们互称"兄弟"，互助互济，公平分配粮食。一旦断粮，首领和大家一起吃鱼虾螺蚌。水寨里有专职教书的"童子师"，保障孩子们受教育的权利。大家"群聚"寨中，过集体生活，"茅竹为舍，密比如栉"。遇有战事，"载老小于船中"，随军转移。

从功能设计上，杨幺的水寨俨然"桃花源"式的独立王国，与赵构统治的南宋社会有着天然区隔。在杨幺治理下，洞庭湖区"田蚕兴旺，生理丰富"。"乡有酒坊，村家有猪羊鸡鸭之类"。

人们有鱼吃，有酒喝，兜里有钱，社会秩序井然，情绪积极向上，连官军也羡慕不已，不少人开小差前来投奔。仅仅五年工夫，起义军就扩大到三十多万人，"寨栅绵亘甚广"，物资"储积甚富"。

洞庭湖区，湖面宽阔，北连荆江，汇通湘、资、沅、澧四江，可以沟通巴蜀和江南，是荆湖地区的交通要冲，也是长江中游的战略要地。在这种地方"搞事情"，要想"活下去"，除了扎硬寨、足衣食、增兵员外，还得发展一支强大的水军。

起义军官兵大多出身"舟人渔子"，熟悉驾船、泅渡的技巧，家家都有舟船，具备建立水军的基本条件。只不过，杨幺的水军大多是渔船改造而成，缺乏大船。"杨幺车船"的大量使用，将杨幺水军的实力提升了一大截，也为中国古代造船产业作出了巨大贡献。

那么，什么是"车船"？"杨幺车船"有什么特别之处？

三、车船舰队：洞庭湖面的水上堡垒

车船，是一种以人力为动力，以轮桨为推进工具的战船。杨幺并非发明者。早在盛唐时期，李皋（732—792）就曾"运心巧思，为战舰，挟二轮蹈之，翔风鼓浪，疾若挂帆席"。

杨幺拿到的车船样式，源自作战缴获。

南宋官军的车船，左右两侧和船尾都装有能转动的桨轮，一般二至八个。每个桨轮上装有八个叶片。桨轮与转轴相连，轴上装踏脚板，轴转轮也转。就像骑自行车一样，可进可退，正转前进，倒转后退，不用调转船头。"以轮激水，其行如飞"。

"杨幺车船"就是在官军车船的基础上改进而成,可谓"青出于蓝而胜于蓝"。

——人帆并举。

"杨幺车船"以人力为主要动力,配有风帆辅助,顺风则起帆,逆风则落帆,最大程度削弱了风力和风向的限制,有利于航行和战斗。

——航速提升。

官军车船有八个桨轮,"杨幺车船"最大者有二十四个桨轮。只要与船只吨位匹配,桨轮越多,动力越强,速度越快。车船桨轮的激水面积更大,可以利用人体重力,加快航速。

绍兴三年(1133)十一月十三日晚上,"杨幺车船"舰队追击宋军水师,从"初更以来"到"将近二更",大约一个半小时时间里,跑了十八公里,相当于时速超过十公里。同时代桨船的时速只有四到五公里。因此"杨幺车船"的航速是普通桨船的两三倍。

——船体高大。

"杨幺车船"最大者"高过十丈",装载千人。稍小一些的,"长一百步,底阔三丈,高三丈五尺,板厚七寸",能装三百人。即便是最小的,也有八个桨轮,装载百余人。这样的大船,足以在湖面扛住大风浪,具有冲击力。

——隐蔽性好。

"杨幺车船"的桨轮外面,还设有保护板,既避免碰坏,提高了可靠性,又挡住视线,不让敌人看到舱内情况。转轴装在船舱底部,水手在舱内踩踏,虽然操作环境闷热,但减少了作战负伤的几率。船上设有木制女墙,可以自上而下射箭、投石。

绍兴三年(1133)十一月十二日,杨幺只用八桨轮车船出战,"不见旗枪,亦不见人,交横流放而下",使宋军误以为是"空船",从而掉以轻心,招致惨败。

"杨幺车船"的历史影响很大。赵构退位前夕,南宋官军曾用这种船在采石矶大败金国完颜亮的进攻。直至元末明初,陈友谅也是使用车船跟朱元璋举行了鄱阳湖决战。鸦片战争期间,清军还曾使用车船抗击英舰。

蒸汽时代到来前，车船无疑是一款水上作战利器。

"杨幺车船"的技术是领先的。欧洲人直到1543年才开始使用车轮船。英国科技史专家李约瑟分析，中国在唐宋时期建造的车船，动力接近五十匹马力，航速能达每小时四海里，动力和航速都是全球第一。

不过，一支舰队单靠车船，还是玩不转的。再大的战舰，也需要众多辅助舰艇配合作战。"杨幺车船"舰队也不例外。

杨幺等人在大造车船的同时，还造了许多"海鳅船"。这种船，头似泥鳅，船体较小，吃水较浅，行动灵活，每艘船装载五十至八十人，使用木桨划进。作为一款轻型战舰，它的主要功能就是配合车船作战。

在"杨幺车船"舰队里，每艘车船就像一支分舰队的旗舰，配套几十艘"海鳅船"跟随。两者之间，"车船如陆战之阵兵，海鳅船如陆战之轻兵"，相互帮助，各显神通。

"杨幺车船"舰队的船只，类型众多，分工明确。主要分为战斗舰和后勤舰。

——战斗舰。

有舰队指挥船"浑江龙"，杨幺坐镇其上，统领全军；有"望三州"瞭望船，极言其高大，能望到鼎州、岳州、潭州，用于侦察敌情、预知天气；有"和州载"兵营船，极言其宽大，类似大型登陆舰，可容纳大量兵士、武器、粮食；有"八车船"，即有八个桨轮的小型车船，灵活快捷，作战能力强；有"海鳅船"，配合车船在浅水水域活动。

——后勤舰。

有粮船，在起义军离寨作战时用于携带粮食物资；有运输船，用于运送作战物资、生活生产物资，有时候也运送老小，或供他们临时居住。

一支舰队，光有船是不够的，还要有趁手的武器。"杨幺车船"舰队就配备了弩子、渔叉、木老鸦等五花八门的手持兵器，但最有名的，当属"拍竿"。

"拍竿"不是"自拍杆"的简称，主要用来拍打靠近的敌船，适合接舷战。这种最早出现在东晋的舰载武器，到隋朝时逐渐成形。隋文帝杨坚曾命越国公杨素制造"五牙"战舰，前后左右装备了六个拍竿，长五十尺。杨幺索性升级一倍，加到"长十余丈"，威力更大。

拍竿也有缺陷。一是只能拍击长度半径圈内的敌船，但仍有拍击死角。二是笨重，运转不便。于是，杨幺又根据"顺流冲角"的原理，把拍竿改为"前后左右俱置撞竿"，利用车船的航速四面撞击敌船。这种战法直至十九世纪蒸汽机铁甲舰时代还在沿用。

仰仗坚固的水寨、庞大的舰队，杨幺站稳了脚跟，驰骋洞庭湖。绍兴三年（1133），他恢复楚的国号，自号"大圣楚王"。不过，这份荣耀他没有独享。为了表示对钟相的敬意，他力主将钟子义立为太子。

楚政权的辖区，北及公安，西至鼎澧，东达岳州，南抵潭州。[①]

洞庭湖地区猛然冒出个新政权，拦腰截断了长江水道，把南宋版图一切为二，导致巴蜀和江南交通受阻。长此以往，川陕随时失控，甚至叛降金国。赵构震惊之余，无法容忍。

更何况，刘豫的使臣已经抵达洞庭湖区。他们到底想干什么？杨幺该何去何从？

四、你来我往：洞庭水战连连看

对刘豫来说，敌人的敌人有可能成为盟友。于是，他派了好几拨说客，到洞庭湖游说拉拢，希望联合杨幺共同推翻大宋。

杨幺曾与伪齐虚与委蛇，捞取大笔资助，却在动真格的时候缩了，没有迈出屈膝投降的实质步伐。伪齐派来的说客，大多有来无回，死在了杨幺的刀剑之下。

在大是大非面前，杨幺是有底线的。

赵构可不管这些。金人和杨幺都是要命的敌人，而杨幺首当其冲，必须先"解决"掉。

第一战：鼎口[②]之战。

这一仗，剧情有点像《水浒传》里的"智取生辰纲"，只不过小说里

---

① 公安，今湖北公安西北。鼎澧，今湖南常德、澧县。岳州，今湖南岳阳。潭州，今湖南长沙。
② 鼎口，今湖南常德东。

的"杨志"换成了鼎澧镇抚使程昌寓。建炎四年（1130），他新官上任，携家眷和大量财物乘船，前往鼎州。

杨幺闻讯，预先设伏。伏击地点位于鼎口。这里是沅水入洞庭湖的地方，河道狭窄，河汊众多，宋军护航船队容易拉长，无法前后照应，起义军容易躲藏，达到突袭效果。

准备停当后，杨幺又让这一地区的酒坊、店铺照常营业，保持市井繁荣的景象，诱使官军离船登岸，以便聚歼。

程昌寓的船队到来后，见"乡有酒坊，村家有猪羊鸡鸭之类"，便毫无防备地停船靠岸，前去采买。买着买着还演变成明抢，甚至打了起来，场面一时混乱。

见时机成熟，杨幺一声令下，起义军纷纷杀出，"各持器刀，乘势拦截舟船"，击杀官兵。程昌寓的船在船队后方，躲过一劫，但他的船队被冲乱，大批"官私金银物帛"被抢。

如果说程昌寓打算"新官上任三把火"，那么"火"还没点，就被搞了个下马威。

第二场，下沚江之战。

鼎口吃亏后，水手木匠高宣进呈车船图样，令程昌寓的心情"阴转晴"，随即下令按图打造，并招募当地兵丁，学习弓弩，扩充水军，准备报复。

绍兴元年（1131），程昌寓调动"八车船"两艘、"海鳅船"二十艘，向下沚江的夏诚水寨发起进攻。夏诚是杨幺部将，做了充分准备。而程昌寓立功心切，轻敌冒进，杀到了夏诚寨前，发现寨门大开，一片寂静。

程昌寓觉得，这是诱敌深入，等着瓮中捉鳖，坚决不能上当。于是，不管夏诚的起义军摆出什么造型，官军就是不攻水寨。

双方斗智斗勇，时间越拖越久。时值阴雨，宋军困于泥淖，人困马乏，毫无战意。待到雨过天晴，又赶上江水退潮，水道狭窄，大船搁浅。程昌寓只好下令撤退。此时，起义军趁机杀出，大败宋军，两艘车船，以及献图的工匠高宣，全被抓获。

程昌寓万万没想到，自己吃这场败仗，竟给杨幺白送了先进武器和高端人才。

第三场：外线袭扰战。

程昌寓的惨败，引起南宋决策层的关注。朝廷调动荆湖地区四路大军云集洞庭沿岸。曾在北宋末年坚守开封，且在南宋初年拥立赵构的宰相李纲，重出江湖，奉旨担任总指挥。

面对宋军的四路合围，杨幺创造性地提出，主动跳出老窝，到外线打击敌人。他们东攻岳州，西攻荆南，南袭潭州，北占公安，搞得各个方向的州县都向李纲告急。

李纲懵了。他是文官，打过守城战、阵地战，没打过这种"不讲武德"的游击战。一封封告急文书，搞得他没了心气，只好停止围剿。

第四场：阳武口之战。

绍兴三年（1133）杨幺称王，震惊南宋朝野。赵构再也不敢小瞧这伙洞庭湖的"盬贼"。他再也不敢指望荆湖本地的官府和军队，而是从其他战区调兵，凑齐三万军队和大量战船，由王燮担任荆南、潭鼎澧岳制置使，统一指挥对杨幺的围剿。

十月，官军抵达洞庭湖区，刚一接战就吃了亏。

官军船小，航速慢，官兵随身武器多为刀枪之类的"短兵"；起义军船大，航速快，使用拍竿、弓箭、木老鸦、搭钩、鱼叉等水战专用武器。到了战区，官军船舰立足未稳，就遭到起义军车船冲击，损失惨重。王燮本人也挨了流矢和木老鸦，勉强捡了条命。

十一月，重整旗鼓的官军从鼎州出发，沿沅水水陆并进，再次大举进攻。这次，王燮改换部署，他亲率主力一万余人，沿沅水上游从陆路进攻；崔增、吴全两员战将率水军设伏下游的洞庭湖口等处。待上游官军从陆路将起义军驱赶至此，再予以聚歼。

经过分析各方面情报，杨幺准确判断出王燮的企图，便将计就计，先放弃上游水寨，将寨中老小、牲畜全部转移隐蔽，派出部分水军牵制王燮的上游宋军，集中主力袭击崔增、吴全在下游设伏的宋军。

这是出其不意的一招。王燮的宋军对上游水寨逐一围攻，耗费了大量时间，拿下的全是空寨。崔增、吴全的埋伏等候多时，派人侦察，发现湖中飘来几艘起义军的车船。他俩判断，很可能是起义军已在上游溃败，逃到这里。于是，他俩按照先前约定，率领水军争相入湖，蜂拥进至阳武口。

阳武口这个地方，湖面宽阔。突然，那几艘漂流而来的车船杀声震天，藏在里面的兵士纷纷甩出拍竿、木老鸦等兵器，向官军冲撞而来。埋伏在此的起义军主力也乘船杀出。

崔增、吴全大惊，只好边打边撤。无奈官军大多是临时征调的海船，在湖水里掉头难、转向慢，无法发挥作用，经不起冲撞，纷纷翻沉。崔增、吴全连同近万宋军将士葬身鱼腹。

起义军获胜后，转头溯江而上，将忙着"清理"空寨的王𤫉所部打得大败。

经此一战，杨幺将"杨幺车船"的优势和诱敌深入的战法运用得出神入化，树立了"不好惹"的战场形象。

第五场：社木寨之战。

王𤫉吃了败仗，退回鄂州，十分窝火。绍兴四年（1134）正月，程昌寓率官军袭占皮真寨，俘获起义军八十多人，缴获三十多艘战船。接着，他就拿这场小胜，软硬兼施，招抚各寨起义军，打算分化瓦解，各个击破。

招抚活动持续了半年，几乎一无所获。六月，王𤫉来到鼎州，再次调兵进剿。杨幺依旧采取"跳出去打"的策略，绕道官军背后，袭击鼎州。

鼎州城外的江面上，官军设了三座水寨，各有守军五百人，是鼎州的门户。七月，江水暴涨，其中的社木寨地势低洼，很快就被洪水灌满了。守军缺少船只，无法转移，又孤立无援，只能"等死"。起义军乘虚而入，将其攻克，全歼守军。

门户洞开，鼎州危急。王𤫉担心大本营有失，只好撤军。南宋朝廷认为他劳而无功，屡战屡败，丢尽了脸，索性给他连贬三官，另派将领，准备彻底解决洞庭湖问题。

南宋会选择哪位主将来接替王𤫉呢？杨幺还能继续打赢吗？

五、四面受敌：最后的洞庭决战

绍兴五年（1135）二月，杨幺迎来了举事五年来最强劲的对手——岳飞。

赵构传旨，宰相张浚统筹各路兵马，调动洞庭湖区周边所有可用兵力，共计二十万人，压向潭州。岳飞从抗金前线调到洞庭湖区，担任荆湖南北路制置使，相当于前敌总指挥。

朝廷为什么派岳飞当前敌总指挥呢？

南宋抗金的三大战区里，荆湖战区的指挥官，一度是以王𤫉为正，岳飞为副的。王𤫉坐镇鄂州，岳飞坐镇江州。鄂州战略位置更重要，因而镇压杨幺的重任，就落在了王𤫉头上。

问题是，伪齐占领襄阳、杨幺势力膨胀，王𤫉腹背受敌，能力有限，实在扛不住。巧的是，岳飞异军突起，收复襄阳，办成了王𤫉想办而办不成的事。

有岳飞在，王𤫉在军界的江湖地位就崩了。更何况，王𤫉拿杨幺没辙，"崩"得更快。

于是，两人交叉换位。岳飞当正职，坐镇鄂州，多年后追封鄂王的缘由，即在于此；王𤫉贬官，坐镇江州。再后来，王𤫉的部队被淮东宣抚使韩世忠收编，他本人也退出了军职。

至此，荆湖战场的军事全权，落到了岳飞手中。正是凭此资历，岳飞跻身"中兴四将"，跟韩世忠、刘光世、张俊相提并论。

张浚汲取了王𤫉、李纲、程昌㝢的教训，改变先前长驱直入、分路合击的打法，转而四面合围、逐个瓦解，一点点敲掉杨幺的各个水寨。

五年，可以改变一瞬记忆，可以扭转一节印象，可以改写一段人生。杨幺早已不再是那个"浪里白条"般聪明伶俐、深孚众望的年轻人了。在起义军领导层，"等贵贱、均贫富"逐渐架空，只剩口号而已。

杨幺和钟子义早已不再朴素，俨然真皇帝和真太子，连睡觉的床都要金玉镶嵌。

威望提升了，脾气也变大了。杨幺焚毁宅院庙宇，屠戮书生僧道，把滥杀无辜说成是"行法"，把野蛮烧杀跟反抗朝廷画等号。一边种庄稼，一边搞破坏。自相矛盾的政策，使起义军高层越发迷茫。

表面上看，洞庭湖区各个水寨都听杨幺调遣，实则更像加盟店，各有据点和船队，有一定自主权。本质上看，杨幺的楚政权做不到中央集权，只是十里八乡的松散联盟。距离稍远的水寨，彼此并不熟悉，隔阂比合作多，统筹难度很大。

"等贵贱、均贫富"是起义军的努力方向，但几乎所有人起事的目的，只是为了过上安稳富足的小日子，并没有强烈的政治抱负。即便是杨幺，纵然自封为王，也始终奉行"不结盟"政策，既不接受南宋或者伪齐的"招安"，也不拉拢其他"盗匪"帮派，更没有把地盘伸展到湖区以外，只是"靠湖吃湖"。

这跟"大碗喝酒、大块吃肉、大秤分金银"的水泊梁山，几乎没什么区别。

杨幺起义军的这些缺陷，被张浚和岳飞一条条挖了出来，摆在推演的棋盘上，毫无秘密可言。而岳飞手里，有两张王燮拿不到的牌。

——宰相牌。

王燮围攻杨幺时，没有高级文官坐镇后方。他只能闷头单干，调不动手握重兵的其他军头。有些军头资历比王燮深厚，当然不愿屈居人下，听人摆布。

岳飞的背后，有宰相张浚坐镇，前线的文武官员都不敢造次，更不敢拆台。

作为前敌总指挥，岳飞深知，张浚坐镇川陕期间，干掉了桀骜不驯的"地头蛇"曲端。这样的老路不能走。所有的军情，他只向张浚报告，而非越级报给皇帝，给足了张浚面子。

张浚投桃报李，也给足了岳飞里子：不干预前线军务，只做好后勤保障。

如果没有张浚的力挺，地方的州县主官、其他部队的军头，谁会听岳飞调遣呢？即便皇帝授权岳飞节制他们，也会在具体事上闹矛盾。精力都花在内斗上，哪还有心思打仗呢？

如果张浚事事冲在前面，岳飞就会无事可做，形同架空，最终大概率打不赢。

张浚对岳飞足够信任、足够放权，创造了良好舆论环境，顺带向皇帝美言。有张浚的大撒把，岳飞可以放开手脚，跟杨幺干一架。

其实，宰相坐镇本身，就能在气势上压倒杨幺。毕竟，杨幺还没领教过这么大的官。

——招安牌。

起初，赵构认为，起义军都是"贼性不改"的家伙，不配招安，只能严惩。虽然王燮奏请"止戮渠魁"数人，余者不问，但赵构没有同意。

直到王燮打了败仗，赵构才意识到，光靠武力弹压，是无法消灭杨幺的，必须剿抚并用，以抚为主。为此，他放出话来：杨幺等人之所以反叛，都是孔彦舟的乱兵所迫。只要杨幺愿意投降，就可以给个知州的官做。其他人也会既往不咎，妥善安置。愿意当兵的，就给军饷，编入正规军；愿意务农的，也发给路费，给优惠待遇。

有了皇帝的授权，后面的事就好办了。

张浚行至醴陵，听说这里关押了几百名囚犯，都是给杨幺当探子的。张浚当即下令松绑，让他们携带文书，回到各自水寨。文书上写着："今既不得保田亩，秋冬必乏食，且馁死矣。不若早降，即赦尔死。"

张浚的文书开出的招安条件，是投降即免死。岳飞觉得还不够，又加了几条：他让人给这些俘虏发了笔路费，然后就地释放。同时给附近的生意人打招呼：遇到这些俘虏买东西，就低价卖给他们，差额找官府报销。

比起浩大的军费，报销这些差额是毛毛雨，但效果很明显。

俘虏们产生了错觉，以为官府重视当地民生了，调来大量物资压低物价。他们回到各自水寨，很快就把这个消息散布了出去。于是，许多弟兄的意志动摇了。为了这点实惠，甘愿离开起义军，回乡当个快乐的老百姓。

杨幺的得力助手杨钦率先接受招安。张浚大笔一挥，兑现承诺，给杨钦封了官。

杨钦的投降，展示了官府招安的诚意，具有"示范带动"作用。于是，杨幺的另一得力助手陈瑶也接受招安了。紧接着，军心浮动、部众离散，给杨幺带来了前所未有的麻烦。

宰相牌、招安牌，个个都是杀手锏。

更糟糕的是，南宋其他地区的叛乱先后被平定，官府可以腾出手来，全力围剿杨幺。而围剿杨幺的这支官军，跟金人和伪齐都打过仗，是经验丰富、信心十足的胜利之师。

以前，只要官军前来围剿，杨幺就在洞庭湖区大搞游击战、运动战。官军敢来，我就跑进湖区；官军敢进来，我就给你好看；官军不敢进来，我就在里面躲着，等你走了我再出来。好一个"敌进我退，敌驻我扰，敌疲我打，敌退我追"。

如今，形势变了。张浚和岳飞不但坐拥空前强大的军政资源，而且战术打法也改了。官军先拔外围，层层推进，剿抚并用，就是要把杨幺围死。倘若杨幺再像从前那样"敌进我退"，躲到洞庭湖区不出来，就只能等着饿死。

岳飞采纳杨钦、陈瑶的建议，派出大量士兵，专干土工作业。修建拦河坝，分流湖水，慢慢抽干湖区的存量湖水，让许多水寨变成了没水的"陆寨"。随后，重兵围困。

没了湖水，"杨幺车船"就没了用武之地。坐困寨中，很快就弹尽粮绝，没了出路。起义军将士被逼无奈，只好成批成批地投降，然后调转枪口，充当进攻杨幺的先锋。

等到外围水寨拔得差不多后，岳飞指挥官军又将先前修建的拦河坝挖开，将大量江水，连同砍伐的许多树木一起，重新注入湖内，堵塞港口，形成了大片无法正常行船的水域。接着，再由投降的起义军带路，向杨幺的核心水寨发起全面进攻。

这个时候，起义军只剩数千人坐困两座水寨，车船开不动，兵力又太少，面对二十万官军的围追堵截，杨幺聪明的脑瓜再也想不出高招了，只能拼死突围。

关于杨幺之死，历史文献说法不一。有说投水自尽，有说被岳飞部将牛皋擒斩，有说被部下所杀。总之，死于非命。只是，传说在遇难前，他还高呼"老爷"。这是钟相的称号。

是的，他曾经忘乎所以，但从未忘记自己曾经的领路人。

太子钟子义被部下出卖，挟持到官军大营斩首。杨幺起义彻底失败。

跟所有小生产者一样，杨幺有阶级局限性。以洞庭一隅之地，对抗渐趋稳定的南宋，注定是没有出路的。

跟所有内战相仿，杨幺起义和镇压杨幺起义，对洞庭湖地区的破坏都是惊人的。

钟相、杨幺将杀人劫财视为理所应当的"行法"和"均平"，杀了不少社会精英。

镇压钟相的孔彦舟，对待被俘的起义军士兵，或砍手指，或割耳鼻，还在头发上插个竹签，写有"爷若休时我也休"的字样，恐吓起义军投降他才撤军。

杨幺遇难后，麾下的几千残兵几乎全被官军处死。

然而，杨幺的起义是有价值的。

他提出的"均贫富、等贵贱"口号，表达了农民阶级在经济和政治领域的朴素主张，比梁山好汉喊出的"只反贪官，不反皇帝"的口号，站位更高，将中国农民战争推向了新的高度。他研制的"杨幺车船"，引领了中国内河造船技术的巅峰，谱写了一段湖上佳话。

战后的洞庭湖区，南宋官府对老百姓做了些让步，比如允许无业农民耕种闲置土地，沿湖百姓暂停三年租税。这说明，杨幺的反抗，给南宋君臣带来了心灵震撼，为了巩固统治、维持秩序，他们不得不调整统治策略，缓和阶级矛盾，让当地农民的日子过得去。

杨幺之死，对南宋朝廷而言，岳飞是"首功"，但在现代历史学家看来，岳飞又是镇压农民起义的"刽子手"，污损了他的一世英名。事实上，岳飞是朝廷的人，吃朝廷的饭，当朝廷的差。赵构让他做什么，他必须做什么。

岳飞是英雄，足够伟大，但他依旧是南宋体制的一分子，有高度的忠诚度和依附性。

相比之下，杨幺与南宋体制是隔阂的、决裂的，却又没能走出这套体制的窠臼，更没能开辟具有社会包容度的可持续性的新体制。因此，他形似水浒英雄，结局却更加悲伤。

刘豫：“伪皇帝”的五张脸谱

两宋之际的诗人宇文虚中在《在金日作三首其一》中写道：

遥夜沉沉满幕霜，有时归梦到家乡。

传闻已筑西河馆，自许能肥北海羊。

回首两朝俱草莽，驰心万里绝农桑。

人生一死浑闲事，裂眦穿胸不汝忘。

建炎二年（1128），宇文虚中奉诏出使金国，本指望迎回徽钦二帝，不料自己也被长期扣留。金人见其仪表堂堂、谈吐不俗，准备重用，他却坚辞不受，守节多年。

眼看南宋恢复中原无望，他只好屈从现实，入仕金国，官至礼部尚书。

金兵每每南下，宇文虚中一方面出来劝阻，说江南荒僻，不值得兴师动众，一方面暗结义士，渴望有朝一日逃到南宋。可是，计划败露，他也身首异处。

靖康之变后，许多中原文人跟随徽钦二帝，目睹了北宋亡国的惨剧。在金人的高压之下，以宇文虚中为代表的中原汉族士大夫，虽怀念大宋，却不敢直接表达不满，更不敢吐露对故国的眷恋，只能诉诸文学作品。

也有个别汉人士大夫，身处乱世，为谋自保，不得不委身金国，转而撩起了政治野心，甚至以为，接受金国册封，当个傀儡皇帝，未尝不是

"解救"中原士民。

于是，他们成了金人眼中的走狗，成了宋人眼中的"皇协军"，成了老百姓眼中的坏蛋。

刘豫（1073—1143或1146），就是这类人的代表。

在中国古代史上，"伪政权"是个罕见的现象。只有刘豫及其"大齐"政权，在正史里就背上了"伪"字，成了货真价实的"伪政权"。

那么，刘豫是谁？他为什么会走上给金人当傀儡皇帝的不归路呢？

一、北宋的大臣

金国灭北宋后，先后扶持了两个傀儡皇帝——张邦昌和刘豫。张邦昌是被逼上位的，干了三十三天，挨到赵构登基，说啥都不干了，脱掉皇冠，重新做臣；刘豫一屁股坐在龙椅上，就不想站起来了。

巧的是，这俩人是老乡。刘豫是景州阜城人，张邦昌是永静军东光人。[①]阜城县早在宋太宗淳化元年（990）就被划入了永静军，一度还降为镇，纳入了东光县的辖区。

刘豫在北宋的政治生涯，完整演绎了一个寒门子弟逆袭的典型经历。

曾经很自卑。刘豫世代务农，穷困潦倒，遭人歧视，抬不起头。即便入朝为官，还是被政敌揪住了小辫子，举报他年轻时偷同学东西，搞得他百口莫辩。

曾经很正直。在老丈人资助下，刘豫刻苦读书，考取进士，在地方辗转多年后，进京当上了殿中侍御史。然而，他老老实实地履行谏官职责，不断对宋徽宗赵佶搞的花石纲和祥瑞提出异议。这让宋徽宗很不愉快。

平时温文尔雅的赵佶，被逼急了也会骂街，说刘豫是"河北村叟，不识礼制"，索性踢他出京城，贬为两浙察访。刘豫也不示弱，拿出知识分子的拗劲，在谢表中自嘲"孰云河朔村俗之人，来领浙右廉访之事"。

---

① 景州，今河北衡水市景县。阜城，今河北衡水市阜城县。永静军，北宋河北东路下辖的州（军）级行政单位，辖区覆盖今山东德州市及河北东光、吴桥、阜城等县。治所位于东光县（今河北沧州市东光县）。

相比之下，老乡张邦昌是第一个奏请增加旗物，以装点皇家门面、粉饰天下太平的高官，从而深得宋徽宗赏识，走上了仕途的快车道。

拍马屁就能升官，说真话反而倒霉。此情此景，刘豫怎能心服口服？后来有人认为，"(刘)豫怨望之迹，已见于此时"。

宋徽宗并非绝对意义的昏君。他不喜欢的，只是作为谏官的刘豫。当刘豫重启地方官生涯的时候，宋徽宗的情绪就好多了。

刘豫回到了老家，担任卫州①知州、判国子监兼河北提刑。殊不知，老家的父母官并不好做。板凳还没坐热，金兵就打了过来。为了保命，他只好弃官南逃，跑到了江北的仪真②，接到了一件奇葩的任命。

建炎二年（1128），新成立的南宋朝廷急需把尚未沦陷的山东管起来，作为北部屏障。然而，新任济南知府张悦迟迟不赴任，因为济南地处抗金前线，周围流寇出没。

济南知府一直空着，赵构很发愁。就在这时，中书侍郎（宰相）张悫推荐了刘豫。

于是，赵构就把济南知府这个"烫手山芋"扔给了时任中奉大夫的刘豫。

刘豫心想，好事总轮不到我，轮到我的，不是最烂的，就是最危险的，凭什么让我去玩命，给你们挡枪子？不去不去！他向朝廷提出，当知府可以，但济南不去，能不能换个地儿？

好不容易找了个扛雷的，宰相们哪能答应呢？刘豫到处哀求，全吃闭门羹，深感"痛憾"。

他的"痛憾"，不光因为济南地处敌前，形势危险，更因他成了朝廷内斗的牺牲品。推荐他的张悫，是皇帝宠臣黄潜善、汪伯彦的政敌，黄、汪为了打压张悫，就先拿刘豫开刀。

有时候，干部心理的畸形和扭曲，就是这样的小事堆积起来的。

西汉时期，朝廷强迫宦官中行说跟着公主一起前往匈奴和亲。中行说

---

① 卫州，今河南卫辉。

② 仪真，今江苏仪征。

既生气，又无奈，临行前发誓："必我也，为汉患者。"果然，他到了匈奴就改换门庭，给单于出谋划策，帮着用兵汉朝，给汉景帝、汉武帝经略北方带来了许多麻烦。

刘豫后来叛宋降金，心理上的动因跟中行说没什么区别。

济南虽是前线，但济南知府是主政大员，在地面上说一不二。刘豫上任后，再也不用夹着尾巴做人了。他把"狠"字写在了脸上，诉诸行动。

这个知府性酷寡恩。出身进士，却不受礼教束缚，做人没有底线。擅用酷刑，用以泄愤，不分轻重，大搞株连。

这个知府胆大勇猛。面对围城的金兵，刘豫没有坐守孤城，被动防御，或者弃城而逃。相反，他派儿子刘麟出城作战，又派部将张东配合，居然把气势汹汹的金兵打退了。

这个知府厚颜无耻。南宋降金的地方官不少，但大多数是被迫投降，或者被人诱降，只有刘豫不但不顾全城百姓反对，主动献城降金，而且投降之后，再不回头。他管的老百姓，只要跟南宋方面眉来眼去，哪怕只是劝他重新归宋，都会惨遭杀身之祸。

建炎二年（1128）十二月，刘豫降金。从此，他不再是大宋臣子，而成了金人帮凶。

二、金人的傀儡

投降金国的大宋官员不少，金人为什么单单选中了刘豫呢？

金国起于白山黑水之间，在短时间内鲸吞契丹，攻灭北宋。对于迅速接管和消化这么大的地盘，这么多民族、文化、生活习惯各不相同的人口，金国决策层信心不足。

北宋亡国前后，中原汉人惨遭屠戮，这份血海深仇转化为此起彼伏的抗金起义，加大了金人对中原的统治难度。于是，立个汉人伪政权，既能"以汉治汉"，帮着金人"消化"中原，又能"以汉攻汉"，镇压抗金义军，替金人充当对付南宋的藩篱（缓冲区）。

南宋险些沦为这个"伪政权"。赵构就曾表示，"愿去尊号，用正朔，比于藩臣"，甚至提出"是天地之间，皆大金之国，而尊无二上"。

只要皇位能稳，哪怕是傀儡，赵构也能接受，至于割地、纳贡、称臣，都不在话下。

金人几次南下，都没能吞灭南宋，倘若真愿意接受赵构的条件，那么南宋将降格为地方政权，甚至是藩属国，金国就将在形式上完成南北一统。

即便赵构反悔，南宋继续抗金，金人也有反制的高招：把宋徽宗或者宋钦宗抬出来，立为傀儡皇帝。既能以父兄之尊抹杀赵构称帝的合法性，又能以老领导、老皇帝的权威解散抗金义军，让百姓接受和臣服。

因此，无论是法统，还是道统，当傀儡皇帝这事，老赵家的这几个人都是首选，怎么也轮不到刘豫。可是，刘豫捷足先登了，这出闹剧得拜金国决策层的派系博弈所赐。

金人立国的基础是部落联盟。开国皇帝阿骨打虽然能文能武，众人皆服，但也要遵从"部落民主"习俗。为了树立绝对领导地位，阿骨打不断地赋予完颜部宗室子弟更多兵权，让他们屡立战功，从而巩固他的军政强人地位。

随着阿骨打的病亡，继任者四弟吴乞买就弱得多，无力驾驭这些有军功的宗室贵族。于是，金国高层山头林立，派生出三个派系：阿骨打系、吴乞买系、粘罕系。

阿骨打系的代表人物是斡离不、金兀术，分别是阿骨打的第二子和第四子。

吴乞买系的代表人物是蒲路虎（完颜宗磐）、挞懒，分别是吴乞买的儿子和堂兄弟。

粘罕系的代表人物就是粘罕。其父撒改是金国开国国相，地位显赫，权势很大。另外两位代表人物完颜希尹和完颜娄室，是金国攻打契丹、北宋的悍将，手握兵权。

这三派各有来头，谁也不服谁。不过，随着时间推移，三派力量此消彼长。

斡离不去世，金兀术在建康和关陕连吃败仗，威信滑落，意味着阿骨打系暂时失势。

再看看吴乞买系和粘罕系。

粘罕特别欣赏有学识、敢战斗的汉人，凡是抓到这样的汉人，只要不是怒骂不止的，一律待为上宾。北宋的河东安抚使张孝纯，坚守太原二百多天，城破后被迫降金。粘罕对他颇为欣赏，让他主持当地科举考试，甚至还打算立他当傀儡皇帝。

只不过，张孝纯说啥也不干，动辄自请回乡下。粘罕不好勉强，只得另寻他人。

粘罕在找汉人代理人，挞懒也没闲着。他带兵围攻济南，最大的收获就是刘豫献城投降。有意思的是，刘豫降金，最初是响应粘罕的诱降。也就是说，刘豫脚踩两只船，既呼应粘罕，又跟挞懒直接互动，对金国决策层的两大派系都做足了功课。

刘豫降金后，当起了金人的向导，帮着金兵攻克了大名府。粘罕兑现承诺：虽然刘豫名义上受挞懒节制，只能驻军山东济南、东平，但握有"便宜行事"的特权。

有粘罕和挞懒的背书，刘豫在山东的势力迅速膨胀。因此，当吴乞买系和粘罕系都打算立个汉人傀儡皇帝的时候，两派笃定的人选交集，只有刘豫。

听说金国决策层选中自己，刘豫没有像张邦昌那样顿足捶胸，也没有像杜充那样扭扭捏捏，更没有像张孝纯那样拂袖而去。他踌躇满志，憧憬未来。尽管只是当个傀儡皇帝，但他认定：傀儡皇帝也是皇帝。老赵家能做得，我为什么做不得。

建炎四年（1130），刘豫正式称帝。因为驻军山东，故而国号定为"大齐"。

虽然同为皇帝，但傀儡皇帝和真皇帝还是有很大区别的。

——刘豫是金国册封的皇帝，需要金国高层各派点头，才能坐稳龙椅。金国和伪齐之间，是君臣关系。

——定都大名府，迁都开封府，都是金国选的。东平府只能当陪都，不能当首都。金人这样搞，就是要让他远离山东老巢，不但便于控制，不易割据，而且充当进攻南宋的先锋。只要金人乐意，随时就能废掉他。

——称帝时，刘豫必须先用金国的"天会"年号，几个月后，再由金国给他颁发"阜昌"年号。

——军国大事，刘豫都不能擅自做主，必须听金国主子调遣和拍板。重要的府州干脆任命金人当二把手，掌握实权。

——金国在册文里强调的"世修子礼"，刘豫统统默许，甘当儿皇帝。

——伪齐的疆域由金国划定。金国给多少，伪齐就接多少；金国不给的，想要也没门。

伪齐总体上延续了张邦昌"伪楚"政权的疆域，北至黄河故道，南至两淮、荆襄，西至关陕，东至大海，即今河南、山东、陕西，以及河北南部、湖北和安徽的北部。南宋官方语境中的"中原"，主要就是指伪齐的地盘。

那么，金国主子又给了刘豫怎样的政治待遇呢？

——让刘豫看起来像个皇帝。

为了让伪齐使劲卖命，金国决策层不惜设法提高刘豫的存在感，强化伪齐对中原的控制。

刘豫接见金国使者时，一开始是以藩王礼，金国高层认为不妥，就改成"惟使者始见躬问起居与面辞有奏则立，其余并行皇帝礼"。

每逢重大节日，伪齐、高丽、西夏都会遣使到金国朝廷朝贺。伪齐的排序总是第一位，以彰显其地位。

刘豫过生日，金国会派使臣祝寿。刘豫母亲去世，金国也会派遣使臣吊唁。让外界看起来，金国这个"爹"，确实有个"爹"样。不过，金熙宗上台后，干脆"诏齐自今称臣勿称子"，免得辈分上尴尬。

这一切都使刘豫看起来像个皇帝。

——以变通的方式免去"岁贡"。

"傀儡"不白当，是要给主子上贡的。张邦昌的"伪楚"政权，每年要给金国朝贡三十一万。第二次"绍兴和议"规定，南宋向金国"岁贡"银二十五万两，绢二十五万匹。不过，伪齐居然没向金国交纳过"岁贡"。这是怎么回事呢？

刘豫称帝之初，河南遭遇战乱，山东适逢大旱，连养活自己都费劲，遑论"岁贡"。伪齐立国后，还得给驻扎其境内的金兵提供军需，这又是很大的开销。

金国统治者觉得，中原的财富固然要榨取，但如果真榨干了，谁来替金人挡枪子，谁来替金人统治这些汉人呢？

更重要的是，刘豫提供的军需，几乎全部流入粘罕统辖的元帅府。至于怎么支配，粘罕说了算。刘豫清楚，自己的上位离不开粘罕等人的力挺。出于感恩，"每岁厚有馈献"。

因此，本该给金国的"岁贡"，很可能被拿出一部分，变成了对金国高层大佬们的"孝敬"。

给个人的钱毕竟比给朝廷的少，而且交好了关键人物，"用力"更精准，反而替伪齐省了不少银子。这是个"多赢"的事。利益受损的只有金国朝廷。

金国主子给刘豫的"特权"，不光是享受的，主要是"办事"的。那么，刘豫究竟替金人办了哪些事呢？

三、无奈的选项

经历了多年战乱荼毒，中原民众迎来了一位汉人皇帝——刘豫。相伴的，还有治国方略的巨变——放弃北宋"重文轻武"的祖宗之法，推行"重武轻文""轻礼重刑"的新国策。

刘豫为何要做出这项改变呢？

伪齐生于乱世。内有流寇和义军烽烟四起，外有西夏和南宋磨刀霍霍。这种情势下，刘豫急需的，不是只会填词作赋、粉饰太平的文官，而是能征善战、威震一方的武将。

毕竟，从立国之日起，伪齐面临的最大问题，就是先"活下去"。

于是，在伪齐的官员序列里，边境州军的长官，几乎全部出身行伍。这些人要么当过兵，要么当过匪，有的是文盲，有的是法盲，但只要能打仗、有战功，就破格提拔。比如荆超，原先只是北宋禁军的"班直"，伪齐直接擢升其为知郢州，专门对付襄阳的岳飞。

军人大翻身，是不是意味着其他职业出身的人就没了市场呢？非也。

刘豫用人，标榜"惟才是用，不问门阀"。只要他认为是人才，不论出身，一律重用。郁臻原先只是小吏，因献屯田之议，获得刘豫赏识，破格提拔为秉义郎、合门祗候，充白波辇运。李成、孔彦舟出身土匪，虽然接受南宋招安，跻身官军，但始终饱受猜忌，于是叛宋投齐，获得重用。

虽然"重武轻文"，但刘豫还是搞了两次科举考试，录取了一百五十多个进士。不过，这些号称"天子门生"的文人，只有状元罗诱得到了重用。同为进士，为何差别如此大呢？

一方面，伪齐急需有从政经验的官员治理地方，这些进士大多是"生瓜蛋"，做不到"即插即用"。另一方面，刘豫本人从骨子里看不起文人，连开封太学也不修缮，任其破败。

重用罗诱，不是看重状元头衔，而是看重他为伪齐行军打仗出谋划策的本事，给的官职也是类似"行军谋主"的名号。

历史学家鄙视伪齐，说它没有正统性，是个伪政权，重要原因之一，就是它轻视礼制。历朝历代，包括金国，都把尊孔作为强化自身合法性的基本手段，唯独刘豫是个例外。

当了八年皇帝，刘豫从未拜谒过文宣王庙，从不引用孔子的著述。至于孔子后人，虽然照样袭封衍圣公，主管祀事，但给的官阶只是迪功郎，连京官都不是，属于位卑人众、仕进无望的低阶职位。这么安排，只为贬损尊孔的规格。

《铁围山丛谈》记载，刘豫早年曾梦见自己拜谒孔子和释迦牟尼。按说，他完全可以大肆炒作这个梦，大兴崇儒敬佛之事，借助孔子和释迦牟尼来提高自己政权的合法性。然而，他更崇尚实用主义精神，不接受儒家的价值观。

虽然轻视礼制，但宋人认为伪齐"刑法太峻，民不聊生""深文密网，滥及无辜"。事实上，伪齐制定了国家法典，对社会生活各方面管得太细，比如规定老百姓不能穿鲜艳的衣服，不能乱说话，一旦被告发，轻则发配，重则杀头。地方官也把言论管成了奇葩。比如两人偶遇，如果一人问"哪里去"，另一人答"去南边"，就会被扣上叛国的罪名，掉脑袋。

法律够严苛，但执法有时严，有时松，尺度不统一。

刘豫虽然"重武轻文"，但对犯法的边将并不客气。他曾派官员巡视地方，直接罢免了"武悍自用"的边将，搞得"郡县闻风无敢犯者"。就连南宋宰相赵鼎也认为，伪齐"刑法极严整，人亦畏惮，官吏上下委无毫发之扰"。

然而，要求别人是一码事，要求自己又是另一码事。

刘豫曾公报私仇，杀了开封财主孟师齐；太子刘麟出兵南宋时，借故斩杀了两个属下，然后声称他俩叛逃到南宋了。

"依法办事"的原则，对于这父子俩，只是一纸空文。

当然，刘豫推行严刑峻法也有苦衷。一方面，靖康之变后，社会秩序混乱，急需整肃；另一方面，北宋末年，"州县玩习，相师成风，吏强官弱，民无赴诉，若非严加刑法，无由整肃"。作为金人册封的伪皇帝，刘豫上位不得人心，索性以刑诛心。

法网太密，倒霉的总是老百姓。那么，老百姓会认可这样的政权吗？

答案是认可。

这个答案令人吃惊，但细究起来，似乎也有其必然逻辑。

靖康之变后，中原老百姓盼星星盼月亮，非但盼不来"王师北定中原日"，反而看着赵构越跑越远，对南宋北伐、收复失地渐渐没了热情、没了信心。

是大宋抛弃了中原，而不是中原舍掉了大宋。

金人入主中原后，不但"禁民汉服"，而且强制剃发，激起各种社会不满情绪。由于语言不通，金人的政令都要靠通事（翻译官）来传达。于是，通事上下其手，以权谋私，"舞文纳贿"。中原百姓不但深受战乱之苦，而且被反复盘剥，对金国的印象极坏。

既看不到大宋回归的希望，又不喜欢异族统治的现状。令人鄙视的伪齐，好歹还是汉人政权，算是个无奈的选项。

战乱太久，牺牲太大，人心思定，中原百姓别别扭扭地接纳了这个伪政权。正如张孝纯所说，"臣伏念河东河北之地，皆以地深失援，故至陷秽，而山东之地，金人立一乱臣收父老心随亦逆平。百姓非不知宋之民，苟免屠戮以幸少安，不得不然"。

为了给这种接纳提提速，素来轻视礼制的伪齐小朝廷，开动宣传机器，拼命"黑"赵构，说他背弃宗庙祖陵和广土众民，偏安江南，任由中原百姓遭难，指责南宋政权贿赂公行、鱼肉百姓，声称伪齐将改革北宋末年弊政，恢复社会秩序。

包装自己、诋毁对手，刘豫的靶向宣传收效显著。随着社会秩序的稳定和农业生产的恢复，中原百姓逐渐适应了伪齐的统治。人心如水，"随所决而流"，对宋朝的期待越来越淡。

更重要的是，与赵构满足于偏安一隅的浑浑噩噩不同，刘豫立国之后，宁可放着德政不修，也要发兵进攻南宋，实现"混一区夏，定宗庙万世之业"。只凭这点，就足以让大量知识分子相信，伪齐比南宋更有朝气，更像个正统王朝的样子。

然而，老百姓对伪齐的态度，只是接纳，充其量"躺平"，而非拥戴。刘豫恐怕也不想当一辈子傀儡。若想独立自主，必先拿到正统；要想实现正统，必先完成统一。这意味着，伪齐和南宋的军事较量不可避免。伪齐续命的唯一方式，就是进攻南宋。

更何况，它还被金国定位为"以汉治汉"的样板、打击南宋的先锋和缓冲区。

那么，伪齐打南宋，有戏吗？

四、南宋的劲敌

一开始，伪齐并不想跟南宋迅速交恶，刘豫立国后，首先专注内部建设。南宋忙着镇压洞庭湖的杨幺起义，也不想跟伪齐开战，为此不惜在赦书里写上"大齐"字样，在边境开设贸易场所，非正式地承认了伪齐的合法性。

然而，金兵对南宋各个战区的进攻，把伪齐拖进了这场旷日持久的对宋战争。

金兀术在黄天荡失利后，转而进攻川陕，寄望突破秦岭防线，鲸吞巴蜀，雄踞长江上游的地利优势。和尚原激战正酣之际，刘豫也遵照金国部署，派兵进攻淮西战场的庐州，以为策应。

这一仗规模不大，却开启了宋齐军事冲突的序幕。其后一年间，双方在两淮战场互有攻守，谁也没占到太大便宜。

双方战事的转折点，发生在绍兴四年（1134）。五月，岳飞收复襄阳六郡，拔掉了伪齐楔入南宋腹地的一群钉子。九月，为了弥补丢襄阳的损失，刘豫联合金人用兵两淮，企图在采石矶、瓜洲两地渡江。然而，这轮声势浩大的进攻，没多久就戛然而止了。这是咋回事呢？

原来，赵构御驾亲征，振奋了南宋军民的士气；天降雨雪，金齐联军粮道受阻，士气受挫；吴乞买病危，金兵急于回师，把伪齐军扔在了前线。

刘豫一看，既然主子不玩了，咱也撤了吧。

其后，伪齐跟南宋交手就越来越吃力了。绍兴六年（1136），刘豫调集三十万大军进攻南宋，却在藕塘①遭遇战惨败，险些全线崩溃。从此再不敢染指南宋了。

虽然战场上拉胯，但刘豫治军还是有些干货的，对兵源培养、军事分工、军兵种建设和装备投入，一点也不含糊。

他以王安石保甲法、将兵法和金国的"签军"制度为蓝本，建立了兵农合一、全民皆兵的乡军制度，确保前线兵力缺多少就能补多少。

对于军事部署，父子俩是有分工和默契的。刘豫主抓陕西防务，接见陕西诸将，南攻南宋北抗西夏，将北宋的明堂改为讲武殿，用来校阅军队。太子刘麟兼任大总管，具体筹划和指挥两淮战区的对南宋战争，设立皇子府，作为进攻南宋的总参谋部。

刘豫极力主张"国家创业，力为生灵除祸乱，图康泰，以养马为急务"。在他的坚持下，伪齐的马政突飞猛进，光马匹就接收了四万多，这还不算战场上的庞大消耗，给骑兵部队攒足了装备。

除了常规的步兵、骑兵和水军，伪齐的特种部队也很厉害。俄藏黑水城文书显示，伪齐在陕西的驻军里，有抛掷火药的专业炮手。《宋史》和《建炎以来系年要录》记载，伪齐军队还装备了"痴车"和"毒药"，类

---

① 藕塘：今安徽定远东南。

似于今天的装甲部队和化学武器部队。

刘豫对付南宋的工具箱里，并不仅有"军事进攻"这一件工具。

伪齐在宿州设立"归受馆"，有奖招降南宋官民，摆出一副虚位以待的姿态。尤其是南宋高级将领李成、孔彦舟、徐文和郦琼，带着大批部队投降伪齐，随即调转枪口，给赵构带来了很大的困扰。

南宋也不含糊，针锋相对地搞起了"招抚"，手段更多、力度更大。

对于张孝纯这样的高官，南宋朝廷极力优抚其家属，录用升迁，赐给钱财。虽然没能将其招降过来，但至少将其立场软化为"亲宋"派，甚至暗通款曲，透露重要情报。

伪齐不是轻视知识分子吗？南宋特地"诏陕西路科举手诏"，鼓励伪齐读书人来参加南宋科举考试。

伪齐不是实施严刑峻法吗？南宋对伪齐的俘虏一律"宽贷"，给钱给米，释放回家。专门设立道场，为阵亡的伪齐将士招魂祭祀。

伪齐不是饱经战乱、民生凋敝吗？南宋在淮南、襄阳等地设立招抚司，招募伪齐流民，只要应募前来，立刻给田地、给农具、给种子、减免赋税，鼓励他们就地耕种。

南宋做这些，就是要体现赵构所谓伪齐官民皆"朕之赤子"的情怀，挖伪齐的墙角，争取把它"掏空"。

而伪齐除了招降之外，还派出大量间谍潜入两淮和临安，主要是刺探军事情报，兼顾其他"副业"。比如打入驻防淮西的刘光世所部，搞分化瓦解；比如在沿江州县纵火，趁机捣乱，干扰南宋的正常社会秩序。

为了对付这帮间谍，南宋官府一面鼓励群众"告官收捕"，一面亲自抓捕，抓到间谍就在脸上刺字后遣返，断了他们再当间谍的路子。不过，光有这样的防控措施，还是防不胜防，南宋官府便转守为攻，也向伪齐大量派间谍，刺探军事情报。

在这些间谍里，岳飞派出的王大节最成功，他混成了伪齐皇子府属官承务郎，深得太子刘麟信任，提前获知金齐联军南侵、刘豫被废这样的重大情报，帮助南宋朝廷争取主动。

道高一尺，魔高一丈。南宋间谍辛苦搞来的情报，不见得都是真的。

伪齐知道境内有南宋间谍，便将计就计，故意释放假情报，迷惑宋军。

绍兴六年（1136），临安收到了南宋间谍传回的情报："（刘）豫挟金兵来寇"，且联军总兵力多达七十万。获悉情报后，淮西安抚使刘光世大为震惊，宰相赵鼎甚至差点做出收缩兵力，撤出两淮，退守长江的决策。

实际上，刘豫并没拉到金兵帮忙，准备动用的伪齐兵力也仅三十万。不过，他有意虚张声势，不但号称七十万，而且"令乡兵伪金人服于河南诸处"，制造金齐联手南下的假象，把南宋决策层忽悠得一愣一愣的。

南宋初年，挫败金兵的几次南下后，主要劲敌就变成了伪齐。双方在川陕、京湖、两淮的数千里战线上打得昏天黑地。为什么刘豫执意要跟南宋打下去呢？

伪齐的对宋战争，诚然是被金人拖下水的，但其后的几次大规模战争，都是刘豫父子一手策划，并没有金人的预先指令。除了发动边境线上的战事，刘豫还派人"南通交趾，结连溪洞"，前往洞庭湖联络杨幺，企图对南宋形成中心开花、南北包抄之势。

显然，刘豫不满足于捞取川陕、襄阳、两淮。他的目标，就是灭南宋。

刘豫执意这么做，有他自己的考虑。

——南宋一直在筹划北伐中原，矛头直指伪齐。为了活下去，伪齐只能先发制人，把南宋摁死，以绝后患。

——刘豫也不想当一辈子傀儡。只要灭掉南宋，统一中原和江南，就更有底气以"开国皇帝"的身份摆脱金国的控制，博得政权的正统性。

——伪齐虽然充当了宋金之间的防火墙、缓冲区，但宋金双方也经常绕过伪齐，秘密通使，各自出价，尝试和谈。一旦谈妥，达成和议，伪齐存在的必要性就会大打折扣，甚至不排除被金国牺牲掉的可能性。

南宋使臣胡松年前往金国，途经开封，曾对刘豫毫不避讳地讲："主上（赵构）之志，必欲复故疆而后已。"刘豫听罢，非常恐惧。为了活下去，他必须想办法阻止宋金和谈。而阻止和谈的最好方式，就是不断地发动对宋战争。

打下去，其实是为了活下去。

为了当皇帝，刘豫不惜卑躬屈膝；为了活下去，他更能没脸没皮。那么，刘豫的底线究竟在哪里？他那不要脸的人生，究竟能维持多久呢？

五、不要脸的人生

刘豫的做人底线，大概是"深不可测"。

男女关系是宋代社会的敏感话题。因此，尽管两宋君臣中好色者比比皆是，但类似出轨、乱伦、嫖娼的事，还是遮遮掩掩，有所顾忌。然而，刘豫不讲究这些。他坚信，男人好色是正常现象，理应光明正大，放飞自我。

刘豫好色，大臣们就投其所好，"献妻得官，进姊妹得差遣"。有人为谋高官，竟厚颜无耻地以"以女奉（刘）麟，以子妻伴之麟"。刘麟也不含糊，自己"用"腻以后，又转手把这两个姑娘送给了老爹刘豫，搞个父子"同享"。

刘豫父子是典型的实用主义者，凡是他俩认为没用的东西，很不爱惜，能毁就毁。

刘麟曾到泗州①某个寺庙主持仪式，为父亲寿辰祝辞。等他敲钟的时候，怎么敲都不响，气得脸都绿了，当场下令放火把寺庙烧了，随后扬长而去。

为了敛财，刘豫不但紧盯老百姓的荷包，加重税负，还盯上了地下的财宝，专门设置"淘沙官"，负责偷坟掘墓，把开封、洛阳的各类坟墓搜刮了一遍，就连北宋皇陵也不放过。赵匡胤老爹赵弘殷的永安陵就倒了霉，被挖走陪葬品，搞得满地狼藉。

除了坟墓外，刘豫还盯上了北宋的皇宫，派人摧毁了景灵宫、天章阁、明堂，刨开地基，挖出"金四万两，大铜钱三百万"。

对于刘豫的个人生活，《伪齐录》给了九个字的评价："外示节俭，而内为淫侠。"

---

① 泗州：其辖区位于今安徽泗县、明光市、天长市、泗洪县、盱眙县。

这是典型的"两面人"形象。

究竟是务农家庭出身，刘豫有着质朴的农民思维，不讲究吃穿用住，不修豪华宫殿，还要求官员务求节俭，"凡民所输之税，一粒一钱，一丝一缕，更无妄用"；对老百姓的奢侈消费施以"变态级"限制，"衣著稍或鲜丽，又以宋顽民尚仍旧态，亦斩之"。

或许，他千方百计搜刮和聚敛的钱财，除了"孝敬"金国主子外，都用在了对宋战争。

打南宋，刘豫是不遗余力的，但打仗并不耽误做生意。伪齐和南宋之间的经济往来从未停止。双方边境地区设有榷场，在沿海地区也有货场。无论是陆地，还是海洋，既有官方主导的合法贸易，也有偷偷摸摸的走私贸易。

伪齐缺铜，便从南宋大量进口；伪齐军队要造弓箭，就出重金收购南宋的箭杆、羽毛；伪齐的士农工商都爱喝茶，又总是一闹灾就缺粮，于是，大批川茶和江浙大米源源不断地被运到了伪齐。当然，这些全是走私贸易。官府不认可，不保护，但管不住。

说到走私，刘豫的政策是"双标"的。他出台严刑峻法，禁止中原的军用物资流入江南。于是，走私贸易几乎成了单向的，也就是南宋出口，伪齐进口。要知道，没有暴利诱惑，谁会顶着官府的禁令搞走私呢？就这样，通过非战争手段，刘豫赚取了许多以前想都不敢想的经济资源。这可是意外收获。

伪齐立国八年，活得相当凑合，正在步入正轨。然而，金国决策层竟突然把它抹掉了，再也没立新的傀儡皇帝。

六、悄悄地突然离场

解铃还须系铃人。刘豫的生与死，全凭金人心情。然而，他被搞掉的直接原因，还是自己"太作"，深度卷入了金国高层的政治斗争。

刘豫的上位，是金国高层各派妥协的产物。没有粘罕和挞懒的点头，伪帝的宝座根本轮不到他。然而，他上台以后很快就把这俩人得罪了。

粘罕和挞懒原属不同派系，不可能一直容忍刘豫脚踩两只船。刘豫也清楚，粘罕在朝中的地位和权势远高于挞懒，故而有意疏远挞懒，贴靠粘罕。如此一来，挞懒就很不满。

打下山东以后，挞懒一直想据为己有。而刘豫又把山东视为自己的势力范围。粘罕为了削弱吴乞买系的力量，坚持把山东划给了刘豫，搞得挞懒很不高兴。

在挞懒途经东平时，刘豫不但不出城迎接，还宣称自己是皇帝了，不应再对挞懒行跪拜之礼。刘豫用这种方式表达了对粘罕的谢意和忠心，同时跟挞懒彻底交恶。气得挞懒哪怕是当着南宋使臣的面，只要一提到刘豫，就破口大骂他是"白眼狼"。

难道专心跪舔粘罕，就能稳住皇位吗？

在粘罕看来，最合适的傀儡皇帝人选是张孝纯。无奈人家不想干，才退而求其次，推选了刘豫。不过，粘罕对刘豫并不放心，还是把张孝纯安插在伪齐尚书右丞相的位子上，名为辅佐，实则监视。对刘豫来说，这不是他想要的局面。

很快，刘豫就安插儿子刘麟担任尚书左丞相，随后逼迫张孝纯自请退休，从而接管了尚书省，把伪齐搞成了"父子开店"。对于这个变化，粘罕既不悦，又无奈。

吃了几次败仗后，包括粘罕在内的一批金国权贵意识到，灭南宋已无可能。再打下去，除了徒增仇怨、消耗国力，没什么实际意义，还不如媾和，在谈判桌上捞到"长期饭票"，把更多精力投放到"消化"现有占领区。

然而，粘罕力推的对宋和谈，却遭到刘豫的百般阻挠。为了搅黄宋金和议，刘豫甚至绕开粘罕的元帅府，直接向金国皇帝讨要援兵。

这次，吴乞买未置可否，而是让权贵们开会讨论，各派力量都要发言。于是，长期备受排挤的阿骨打系看到了"咸鱼翻身"的机会。

右副元帅讹里朵是阿骨打第三子、金兀术的兄长，斡离不死后逐渐成长为阿骨打系的新代言人。他力主增援伪齐，跟拒派援兵的左副元帅粘罕唱起了对台戏。

此时，吴乞买系的态度就显得非常重要。

吴乞买渴望像阿骨打那样驾驭各方，无奈威信不足，搞不定阿骨打系和粘罕系。如今这两系公开闹矛盾，他也看到了"咸鱼翻身"的机会，就一踩一捧，默许讹里朵，打压粘罕。

就这样，金国高层批准了刘豫的乞师之请，派出了援兵。既然粘罕反对用兵，那就索性任用讹里朵为权左副元帅，挞懒为右副元帅，将粘罕挤出了军事指挥层。

刘豫得逞了。几次宋齐战争打下来，让赵构对金人的和谈诚意产生了怀疑。到头来，粘罕力推的和议无果而终。

刘豫失算了。他彻底得罪了粘罕，也就失去了高层奥援。没了靠山的他，皇位还稳吗？

绍兴六年（1136），伪齐再次进攻南宋。这次，不管刘豫怎么央求，金国主子都没派一兵一卒。没了女真铁骑的帮助，伪齐军队孤掌难鸣。十月，刘豫的次子刘猊率伪齐军在藕塘遭遇惨败，全线溃退。

如果说以前打败仗，还有粘罕护法。如今，粘罕"靠边站"，且跟刘豫结怨。挞懒、讹里朵、金兀术，都很讨厌刘豫。

早在一年前，吴乞买去世，继位的金熙宗完颜亶任用吴乞买系的蒲路虎为尚书令，把持朝政。蒲路虎主张对宋停战媾和，得到了阿骨打系成员的支持。

无论是人缘，还是策略，刘豫都陷入了孤立境地。

就在藕塘惨败的次月，金人遣使问罪，刘豫这才感到一丝恐惧，马上"丢卒保帅"，把刘猊废为庶人。然而，这样的"止损"并没管用。

蒲路虎为了专擅朝政，对粘罕系开刀。第二年，他抓捕尚书左丞高庆裔，定了个贪污的罪名，下狱处死。

要知道，让刘豫当这个傀儡皇帝，拍板的是粘罕，而主意是高庆裔出的。因此，高庆裔相当于刘豫的"再生父母"、粘罕的"左膀右臂"。

高庆裔之死，震惊了粘罕、刘豫。几个月后，粘罕忧惧而死，粘罕系退出了历史舞台，刘豫也彻底失去了"再生父母"，变得朝不保夕、风雨飘摇。紧接着，南宋宰相张浚在不经意间扮演了"神助攻"的角色。

张浚奉旨收兵权，由于处置不当，酿成淮西兵变。南宋边将郦琼率四万宋军投靠伪齐。刘豫闻讯大喜，马上建议，南宋兵变，机会难得，乞求金国派兵组成金齐联军，再攻南宋。

突如其来的兵变令金国决策层懵了：郦琼是真降，还是诈降？倘若是真降，郦琼拉过来这么多人，刘豫的腰杆子瞬间就硬了，还会听金国主子的话吗？

踌躇之间，金国高层决定，不能坐视刘豫变强，干脆废了他。

郦琼的叛降，非但不是刘豫的强心剂，反而成了伪齐的催命符。

既然伪齐向金国乞师，金国高层就以此为借口，要求伪齐全军必须听金国统一指挥。刘豫父子以为乞师成功，便放心大胆地交出了兵权。

而后，金国高层先将伪齐军队调离开封，又把太子刘麟以召见为名异地扣押。待一切准备就绪后，金兀术带兵冲进了开封皇宫。

这个时候，刘豫还在讲武殿阅射，毫无防备，当场就擒，就地降为蜀王。伪齐政权没任何抵抗，就彻底缴械了。

客观来说，金国废掉伪齐，虽是派系斗争的结果，也酝酿了好几年，但真正实施时，还是引起了巨大震动。无论是当时的南宋君臣，还是后世的历史学家，都认为金国此举过于冒失，没有做好平息连锁反应的预案。

伪齐的垮掉，令中原军民毫无心理准备。百姓害怕金人南下杀戮，军人害怕受到牵连报复。于是，成千上万的伪齐军民投降南宋。金国也失去了跟南宋谈判的一项筹码。

早在绍兴七年（1137），伪齐境内风传，有枭在皇宫后苑鸣叫，有龙摇撼宣德门，毁掉了牌匾上的"宣德"二字，有流星在平原镇坠落，等等。有人认为，这些都是不祥之兆，不出百日必有灾祸。刘豫不信，还杀了"妖言惑众"的人。

然而，所谓"妖言"和"灾异"，都在刘豫自己身上应验了。

被废之后，刘豫曾哀求昔日"伯乐"挞懒："父子尽心竭力，无负上国，惟元帅哀怜之。"昔日傀儡的摇尾乞怜，换来的不是同情，而是更强烈的鄙视："汝不见赵氏少帝出京日，万姓然顶炼臂，号泣之声闻十余里。今汝废，在京无一人怜汝者，汝何不自知罪也？"

刘豫听罢，一时语塞，无言以对。随后，他们踏上了前往临潢府①的

①临潢府，今内蒙古赤峰巴林左旗。

艰难旅程。

临潢府位于塞外，远离伪齐旧地，曾是辽国旧都（上京），如今沦为关押罪犯的地方。

曾几何时，刘豫曾被北宋的同僚压制，带着愤懑投降了金国；如今，他又被金人废掉，却再没勇气反抗，或者投降南宋。即便身处塞外苦寒之地，依旧厚着脸皮向金国主子上表谢恩。金人赐他田产，改封曹王，容他聊度残生。

八年来，他搜刮了金一百二十余万两、银一千六百余万两、米九十余万斛、绢二百七十万匹、钱九千八百七十余万缗，全被金人席卷一空。

从此，刘豫悄然离场，就像没来过一样。就连他死去的时间，出自同一主编主持纂修的正史，记载也各不相同：《宋史》记载是绍兴十三年（1143），《金史》记载是绍兴十六年（1146）。享年七十一岁或者七十四岁。

至于长子刘麟，凭着军旅的阅历和打仗的本事，一直混迹金国的官场，当过尚书左丞。

八年来，刘豫推行了一套名为"三省六部"，实则只突出"尚书省"行政办事功能的最高决策体制。此后，不管"尚书省"的名字怎么改，这套行政功能依附于皇帝、督查和封驳功能形同虚设的行政制度，得以保留，一直沿用到了清代。

八年来，刘豫虽然横征暴敛，但中原地区战乱渐息，不少人对金国的统治由恐惧、抵触到逐渐接纳、承认，反而淡化了对南宋的期待。进入中原的金人渐渐适应了汉人的生产生活习惯，加速了汉化的进程。

八年来，刘豫不断地进攻南宋，倒逼派系倾轧、一盘散沙的南宋朝廷，在抗击伪齐这个问题上形成了共识，增强了抗金的凝聚力、战斗力，为宋金对峙局面最终形成打了基础。这是刘豫万万没想到的结果。

站在上帝视角，这样的局面多少促进了民族融合。尽管这种融合伴随着刀光剑影、血雨腥风，还有几多不情愿。

这或许是刘豫及其五张脸谱，悄悄留给历史的些许印记。

（后晋）刘昫等：《旧唐书》，中华书局，1975年。

（宋）杨尧弼：《伪齐录》，清代抄本。

（宋）李幼武：《宋名臣言行录别集》，清道光十年（1830）南丰刘斯嵋、昆阳李文耕刻本。

（宋）朱熹、李幼武：《宋名臣言行录续集》，清同治七年（1868）临川桂氏刻本。

（宋）周必大：《周益文忠公集》，清光绪二十五年（1899）刻本。

（宋）章颖：《宋朝南渡十将传》，清宣统元年（1909）方氏碧琳琅馆刻本。

（宋）留正：《皇宋中兴两朝圣政》，台湾文海出版社，1967年。

（宋）程珌：《洺水集·丙子轮对札子》，台湾商务印书馆，1969年。

（宋）陆游，李剑雄、刘德权点校：《老学庵笔记》，中华书局，1979年。

（宋）罗大经撰，王瑞来点校：《鹤林玉露》，中华书局，1983年。

（宋）方勺撰，许沛藻、杨立扬点校：《泊宅编》，中华书局，1983年。

（宋）汪藻：《浮溪集》，中华书局，1985年。

（宋）熊克著，顾吉辰、郭群一点校：《中兴小纪》，福建人民出版社，1985年。

（宋）曾敏行著，朱杰人标校：《独醒杂志》，上海古籍出版社，1986年。

（宋）章颖：《皇宋中兴四将传》，全国图书馆文献缩微中心，1986年。

（宋）确庵、耐庵编，崔文印笺证：《靖康稗史笺证》，中华书局，1988年。

（宋）叶绍翁：《四朝闻见录》，中华书局，1989年。

（宋）李心传编撰，胡坤点校：《建炎以来系年要录》，上海古籍出版社，1992年。

（宋）李焘撰，上海师范大学古籍整理研究所、华东师范大学古籍研究所点校：《续资治通鉴长编》，中华书局，1995年。

（宋）赵彦卫著，傅根清校：《云麓漫钞》，中华书局，1996年。

（宋）李心传撰，徐规点校：《建炎以来朝野杂记》，中华书局，2000年。

（宋）王明清：《挥尘录》，上海书店出版社，2001年。

（宋）岳珂：《金陀粹编》，《文津阁四库全书》（一五二册），商务印书馆，2005年。

（宋）岳珂：《金陀续编》，《文津阁四库全书》（一五二册），商务印书馆，2005年。

（宋）朱熹：《晦庵先生朱文公文集》，（宋）朱熹：《朱子全书》，上海古籍出版社，2010年。

（宋）佚名撰，汪圣铎点校：《宋史全文》，中华书局，2016年。

（宋）赵鼎撰，李蹊点校：《忠正德文集》，上海古籍出版社，2018年。

（宋）徐梦莘：《三朝北盟会编》，上海古籍出版社，2019年。

（宋）黎靖德编，王星贤点校：《朱子语类》，中华书局，2020年。

（元）脱脱等：《金史》，中华书局，1975年。

（元）脱脱等：《宋史》，中华书局，1985年。

（元）马端临著，上海师范大学古籍研究所、华东师范大学古籍研究所校：《文献通考》，中华书局，2011年。

（明）陈邦瞻：《宋史纪事本末》，中华书局，2018年。

（明）杨慎编，刘琳、王晓波点校：《全蜀艺文志》，四川大学出版社，2022年。

（清）徐乾学：《资治通鉴后编》，清光绪刻本。

（清）毕沅：《续资治通鉴》，中华书局，1999年。

（清）徐松辑稿，刘琳等点校：《宋会要辑稿》，上海古籍出版社，2014年。

中国人民解放军军事科学院：《毛泽东军事文选》，外文出版社，1961年。

王曾瑜：《岳飞和南宋前期政治与军事研究》，河南大学出版社，2005年。

傅炳熙、傅乃芹辑校：《宋元明清咏岳飞广辑》，中州古籍出版社，2015年。

[英]崔瑞德、[美]史乐民编，宋燕鹏等译：《剑桥中国宋代史（上卷907—1279年）》，中国社会科学出版社，2020年。

后 记

向天再借九百年

北宋宣和四年（1122），康王赵构行成人礼。从此，他告别了皇宫，搬入宫外的府邸新居。这一刻，距今九百年。

包括他在内的许多人都没想到，仅仅五年后，险些成为俘虏的赵构，竟然重返皇宫，走上了"最高领导岗位"，一待就是一甲子。

六十年很慢。慢到让赵构厌烦了皇帝岁月，竟放弃了心心念念的皇位，做起了"快乐的"太上皇。后人为他追尊的庙号，是"高宗"。

宋高宗对得起这个"高"。因为他创立了南宋，有重建政权、中兴大宋的"高政绩"。正如《剑桥中国宋代史》所说，"二十年时间里，宋一直在抵抗金国，社会相对稳定，经济也得到了恢复，高宗可能被更好地记住了"。

宋高宗对不起这个"高"。因为他流浪四方，冤杀岳飞，差点毁了南宋。《剑桥中国宋代史》也提到，"他作为一个年轻的皇帝，统治期间一段时间内战事溃败损失惨重，政治危机一触即发，宋王朝面临着危亡绝境"。

宋高宗赵构的名声之坏，直接导致其后六百年间，没人敢用"高宗"这个庙号了，甚至连我都不愿用"宋高宗"三个字，而是直呼其"赵构"的尊姓大名。

六十年很快。快到让赵构送走了一批批大人物，既有下属，也有敌人，既有文人，也有军人，既有女中豪杰，也有俊男帅哥，既有文坛巨擘，也有民间英雄，既有真假妹妹，也有比亲儿子还亲的养子，是各行各业的代表。

十六个大人物，陪伴赵构勾勒了不同寻常的"宋高宗时代"。在这个时代，他们是不同场合、不同维度的表演者，他们演绎了诸多经典桥段、冤案悬案、爱情传说。

他们的成长曲线，他们的生离死别，他们的起承转合，留下许多历史经验和教训。

书写他们，不为歌功颂德，不为翻案取宠，不为吹毛求疵，只为汲取智慧，古为今用。

他们提供了许多有用的场景，比如遇到挫折，比如领导猜忌，比如同僚诬告，比如出身寒微，比如父子微妙，比如家族尴尬，等等。当我们抛开上帝视角，以代入的方式沉浸在这些场景里，该怎么做才会取得好的效果？怎么做会把事情搞砸？

"大人物"们通过身体力行，甚至是血的教训，为我们留下了有九百年历史的"大智慧"。

这些"大智慧"，蕴含着中国职场（官场）、情场、战场的人生哲理、处世之道、破题方案。它凝结了中华传统文化的诸多元素，又诠释了什么才是正确的世界观、人生观、价值观和方法论，什么样的办事、处世之道才能既对得起良心，又立得住脚跟。

这些"大智慧"，写的是两宋之际，但对今天的我们同样有思想性、前瞻性、哲理性，同样具有启发意义。正如英国历史学家柯林伍德所说，"一切历史都是思想史"。

这些"大智慧"，是由一个个鲜活的大人物来承载的，但作为个体的人集合起来，就是一幅两宋交替剧变中的社会全景。既有国之大者，也有青蘋之末，让历史学的光芒洒满各个角落。

这些"大智慧"，是全体中国人共同创造的。因此，我秉持"大中国观"和"中华民族"意识，不但书写南宋的大人物，还把关注点延伸到南宋的对手身上，将金兀术和完颜亮这两个女真族的代表性人物囊括进来，让"大人物"的群像更"中国"、更"全面"。

囿于战争形势，宋高宗不敢贸然"重文轻武"，但随时不忘"以文制武"。因此，南宋依然是文人的天堂、诗词的盛宴。诗词也是一个研究大人物、理解大人物的好渠道。每个人物，每个篇章，我都会来一段诗词赏析，跟人物搭边，让故事更饱满，印象更深刻。

这部《宋高宗时代的大人物》，既是《宋仁宗时代的大人物》的续集，又独立成书，所反映的人物精神风貌和社会整体风格，与北宋中叶已有很大差异。这对于全面准确理解把握宋朝的特点，及其在中国历史中的定位，会有积极作用。

这部《宋高宗时代的大人物》，素材积累了很多年，动笔写了一年多。其间遭遇了2022年疫情的反复折腾，以及各种繁忙、加班、琐事，以及临时插队的其他写作和录课任务，书稿的撰写也反复中断。直至2022年年底才基本完稿。核稿、统稿和审校过程中，又先后顶住奥密克戎和甲流的连番袭击，总算于2023年3月全部杀青。我尽力了。

这部《宋高宗时代的大人物》，要感谢广东人民出版社柏峰老师、陈其伟老师、赵璐老师，以及广东人民出版社北京分社的高高老师、段洁老师。他们在定题、策划、催稿子、编辑、包装和衍生品制作方面，付出了很多智慧和力量。

这部《宋高宗时代的大人物》，要感谢《满江红》剧组和中央广播电视总台、中国电影报、中国新闻出版广电报的同仁，尤其是叶青女士和李雪昆先生。2023年春节档，张艺谋执导的电影《满江红》上映，票房不错。我应约撰写了影评文章《电影〈满江红〉：历史叙事与价值情怀的变奏曲》，发表在中国电影报，并转载到"学习强国"平台。这既是对宋高宗时代历史风貌和精神价值的再挖掘再思考，也是对岳飞这样的大英雄最诚挚的致敬。

这部《宋高宗时代的大人物》，要感谢工商银行总行的刘康博士，在两宋经济和金融方面提供的跨学科建议，很珍贵。在金融行业的"大染缸"里，她对于学术研究的执着追求，是我学习的榜样。

这部《宋高宗时代的大人物》，要感谢我的家人，包括天上的爸爸，是他们给了我坚持下去，把书写完的不竭动力。要把这部书献给我的女儿唐令怡，以及新生的二公主。她俩和这部书，互为镜鉴，一同成长，未来有期。

这部《宋高宗时代的大人物》，更要感谢所有我爱的和爱我的读者。我的主业是清史和近代史，但这两年出了宋史的专著，发表了论文，参加了全国级别的纪念王安石诞辰1000周年学术研讨会，还"不慎"被推成讨论组牵头人和评审专家。我始终认为，历史是一脉相承的，钻研清史，也应该懂得其他断代史，包括宋史。我想所有的读者也抱着这样的期待。

那么，就让我们一起，读宋史，增智慧，当好主宰自己命运、书写自己历史的"大人物"，走好自己在职场、战场、情场的每段人生路。

唐　博

2023年3月10日于北京永定门